马克思主义经典著作研究

主　编／杨金海
副主编／李惠斌　鲁　路

Human All-round Development: From Theory to Index System

人的全面发展

从理论到指标体系

万资姿/著

目 录

总序：开创马克思主义经典著作研究的新境界 …………… 001
序 …………………………………………………………………… 001
前言 ………………………………………………………………… 001

导论　人的全面发展：从理论到实践 ………………………… 001
　　一、研究的缘起 ……………………………………………… 001
　　二、研究的意义 ……………………………………………… 003
　　三、研究的方法 ……………………………………………… 005
　　四、主要研究内容 …………………………………………… 006

第一章　人的全面发展指标体系研究述评 …………………… 008
　第一节　国外主要相关指标的研究与发展 …………………… 008
　　一、单一 GDP 指标及其局限 ……………………………… 009
　　二、PQLI 体系的发展及限度 ……………………………… 011
　　三、ASHA 指标体系研究及其阈限 ……………………… 013
　　四、ISP 指标体系研究及其方法 ………………………… 015
　　五、人类发展指标体系解析 ………………………………… 016
　　六、千年发展目标研究及启示 ……………………………… 027
　　七、MDP 指标体系研究与发展 …………………………… 030
　　八、主观幸福指标体系研究与探索 ………………………… 032
　第二节　国内主要相关指标研究 ……………………………… 037

一、生活质量指标体系的相关研究 …………………………… 037
二、中国全面建设小康社会指标体系的分析 ………………… 043
三、当前我国可持续发展指标体系的特点 …………………… 048
四、社会和谐指标体系评价 …………………………………… 051
第三节 推动人的全面发展指标体系研究的些许思考 ………… 056
一、关于现有指标体系的简短结论 …………………………… 056
二、和谐社会建设中人的全面发展指标体系研究应解决的
问题 ………………………………………………………… 057

第二章 人的全面发展指标体系之建构依据 …………………… 059
第一节 理论依据：马克思主义人的全面发展思想 …………… 059
一、一种和谐论的人的全面发展观 …………………………… 060
二、必须廓清的几对关系 ……………………………………… 070
第二节 现实依据：当代中国人的全面发展的现实目标 ……… 079
一、根本目标：经济社会发展和人的全面发展相协调 ……… 081
二、总目标：全体社会成员整体发展和个体自由发展的协调
并进 ………………………………………………………… 095
三、具体目标：三个方面九项目标 …………………………… 097

第三章 人的全面发展指标体系之总体构思与设计 …………… 109
第一节 人的全面发展指标体系设计之总体思路 ……………… 109
一、指标设计原则 ……………………………………………… 110
二、指标体系的筛选方法 ……………………………………… 112
三、一、二级指标框架结构 …………………………………… 113
第二节 人的全面发展指标体系的确定 ………………………… 144
一、各子系统相关研究的现有成果 …………………………… 144
二、专家咨询结果与指标体系的最终确定 …………………… 172
三、对于各指标的相关解释 …………………………………… 178
第三节 人的全面发展综合指数及其权重 ……………………… 209

一、综合指数领域的确定 …………………………………………… 210
二、客观综合指数的确定 …………………………………………… 212
三、客观综合指数权重的确定 ……………………………………… 213
四、客观综合指数标准化 …………………………………………… 216
五、客观综合指数的计算步骤 ……………………………………… 219
六、客观综合指数比较国的确定 …………………………………… 220

第四章 人的全面发展指标体系的应用：中国的现实与选择 … 221
第一节 我国人的全面发展客观领域的比较 …………………………… 221
一、我国人的全面发展客观状况的纵向比较 ……………………… 222
二、我国人的全面发展客观状况的国际比较 ……………………… 262
三、我国人的全面发展状况的国内比较 …………………………… 286
第二节 部分城市居民主观幸福感受的调查 …………………………… 302
一、人口社会特征与总体幸福度相关分析 ………………………… 305
二、不同领域的幸福度分析 ………………………………………… 319
三、不同发展地域的主观幸福感受 ………………………………… 330
第三节 选择与对策：推进我国人的全面发展的若干措施 …………… 342
一、方向目标：坚持"以人为本"的科学理念和指导思想 ……… 342
二、战略重点：坚持经济转型与人的发展同步协调 ……………… 344
三、对策建议：把人的全面发展作为我国发展的全局性战略
　　选择 ……………………………………………………………… 347

结语　评价与展望 …………………………………………………… 393
附录一 ………………………………………………………………… 398
附录二 ………………………………………………………………… 407
附录三 ………………………………………………………………… 418
参考文献 ……………………………………………………………… 424
后　记 ………………………………………………………………… 436

总序：
开创马克思主义经典著作研究的新境界

马克思、恩格斯的名字是于 1899 年传入中国的。从那时起，中国学者已经开始了对他们思想的研究。但真正把马克思主义作为观察中国和世界命运的思想武器并深入研究马克思主义经典著作，则是从五四运动时期李大钊等人开始的。从这个意义上说，马克思主义经典著作研究在我国大致经历了三个发展阶段，即建国前的初步研究阶段、从新中国成立到改革开放前夕的系统研究阶段、改革开放以来的深入研究阶段。

经过一代又一代学人的不懈努力，我国马克思主义经典著作研究取得了巨大成就。特别是改革开放以来，我国马克思主义经典著作研究取得了一系列标志性的重要成果。如黄楠森、施德福、宋一秀主编的《马克思主义哲学史》（三卷本），黄楠森、庄福龄、林利主编的《马克思主义哲学史》（八卷本），庄福龄主编的《马克思主义发展史》（四卷本），余源培主编的《马克思主义哲学史教程》，叶汝贤主编的《马克思主义哲学发展史 1837-1949》，杨春贵主编的《马克思主义哲学发展史教程》等。其中，黄楠森、庄福龄、林利主编的《马克思主义哲学史》（八卷本），直到今天还是世界上最大部头的马克思主义哲学史研究著作，在国内外学术界有着重要影响。

除了上述对马克思主义发展史进行系统的梳理和研究之外，学者们还对马克思主义发展史上的重要文本进行个案研究，如对《黑格尔法哲学批判》、《1844 年经济学哲学手稿》、《关于费尔巴哈的提纲》、《德意志意识形态》、《共产党宣言》、《资本论》、《费尔巴哈论》、《反杜林论》以及列宁的《哲学笔记》、《唯物主义和经验批判主义》等经典文本进行细致的研究和阐述。对马克思、恩格斯的青年、中年、晚年不同时期思想进行了分期性研究。马克思主义发展史进行了多侧面的纵向研究，如对马克思恩格斯的人学思想、实践思想、社会发展理论等。

通过长期的研究探索，我国马克思主义经典著作研究积累了丰富经验，形成了自己独特的研究范式。这种研究范式至少具有这样几个特点：一是宏观性，即在宏观的层面上对马克思主义经典著作进行总体性研究，包括研究马克思、恩格斯、列宁等人的生平事业，某一著作的时代背景、主要思想以及各种著作的内在联系等，力图在宏观上把握马克思主义理论的精神实质和科学内涵。二是学科性，即从哲学、政治经济学、科学社会主义以及政治学、社会学、法学、新闻学、美学、历史学、军事学、民族学、人类学、宗教学等多方面进行研究。三是规范性，即各个方面、各个学科的研究都形成了自己的学术传统，具有比较稳定的话语体系、学术体系和学科规范。四是现实性，即紧密联系我国的革命和建设实践进行研究，积极推进马克思主义中国化。五是独立性，即主要以经典著作的中文版本为基础，进行相对独立的研究。这些特点实际上也是我们在研究中自觉或不自觉坚持的基本原则和方法，是我们取得上述丰富研究成果的宝贵经验。

这些学术成果和研究经验对我们深入理解马克思主义经典著作，推进马克思主义中国化的历史进程起了重要作用，为我们党的思想理论建设和我国哲学社会科学乃至整个现代文化建设做出了重要贡献，同时，为我国马克思主义发展史、马克思主义哲学史等学科建设、教材建设以及队伍建设做出了重要贡献。

在新世纪新阶段，我们要推进马克思主义经典著作研究，就需要认真总结和学习历史经验，同时以学术界前辈的学术成果和研究经验为新的历史起点，拓展新的研究领域，开创新的学术境界。为此，我们至少需要在以下几个方面努力。

一是应当加强宇观研究，即以传统的宏观研究为起点，借用物理学的思维方法，大力开拓研究空间，向马克思主义理论研究的宇观领域进军。这也就是说，要立足于马克思主义经典著作的文本研究，同时又要超越于文本之上，深入研究马克思主义的一系列元问题，包括什么是马克思主义、什么是马克思主义基本观点、什么是马克思主义的科学理论体系、马克思主义发展的规律有哪些等。我国理论界有许多问题长期以来争论不休，归根到底就是因为在这些元问题上大家缺乏统一认识。只有把这些元问题研究清楚了，才能在具体问题上统一认识，把理论研究推进到新的境界。

二是应当加强微观研究，即同样借用物理学的思维方法，大力开拓研究空间，向马克思主义理论研究的微观领域进军。这也就是说，要立足于马克思主义经典著作的文本研究，深入研究经典著作中所蕴涵的话语体系，对经典作家的一系列基本概念、基本观点做仔细的梳理，弄清其来龙去脉，形成一系列专题性的研究成果。例如，可以对经典作家关于生产力、社会结构、社会有机体、所有制、劳动价值和剩余价值理论、社会主义和共产主义、意识形态与文化、马克思主义政党建设和政治文明等基本概念和基本观点进行专题研究。特别是要对那些过去不太重视而今天看来对我们特别具有意义的基本概念和基本观点，如马克思恩格斯的全球化思想、人的全面发展思想、人与自然协调发展思想等进行深入研究，这样才能充分体现马克思主义理论研究的时代性和生命力，更好地发挥理论指导实践的功能。

三是应当深化文本和版本的研究。以往的马克思主义经典著作的文本研究主要集中在几部成型的著作上，如《共产党宣言》、《资本论》、《反杜林论》、《国家与革命》、《唯物主义与经验批判主义》等。今天看来，经典文本研究的范围有待拓展，既应该包括成型的著作，也应该包括尚未成型的手稿、笔记、信札等。更为重要的是，随着MEGA2版的陆续出版，一批新文本将随之面世，加强对这些文本的研究，将会使我们对马克思和恩格斯思想的理解更为准确。同时，应当对经典著作的版本进行考证式研究。比如要弄清某本著作中文版的翻译演变过程，它与MEGA版的关系等，都需要进行深入的版本研究。在这方面，已经有一些学者对建国后马克思主义经典著作的出版情况和《马克思恩格斯全集》的三种主要外文版本（德文版、英文版、俄文版）和历史考证版进行了初步研究。还有一些学者对《共产党宣言》、《德意志意识形态》等单行本著作的诸种中文版本进行了考证式的梳理。但就总体来看，这项工作无论是就整体进度、覆盖广度还是就研究深度而言，都还需要继续加强。只有通过对文本和版本的考据学、解释学研究，才能深入把握经典作家思想的演变以及马克思主义中国化的具体历史进程。

四是应当深入开展比较研究。以往由于历史条件的限制，我们的研究基本上以中文版的《马克思恩格斯全集》、《列宁全集》等为主要研究资料和研究对象。今天看来，应当加强对经典著作的原文本与中文本的比较研究。只有通过比较研究才能辨清哪些是经典作家本来的观点，哪些是在版本转化过程中附加给经典作家的观点，哪些是被遗漏掉的重要信息。可喜的是，近些年来一些学者已经在自觉地进行这方面的比较研究。可以说，随着 MEGA2 版以及其他相关新文献的不断引进，以及我国新一代学者外文研究能力的提高，原文本研究以及各种文本的比较研究将会进一步展开，这将会有力地促进经典著作研究和马克思主义发展史研究的深入，在研究方法、对象和内容体系等方面也必将取得新的成果。

正是出于以上考虑，我们中央编译局的部分学者愿和国内同仁一道，共同推进马克思主义经典著作的研究，并由中央编译出版社陆续推出"马克思主义经典著作研究"系列成果。

杨金海
2007 年 5 月 18 日
于北京西单

序

《人的全面发展：从理论到指标体系》是万资姿博士在其博士后出站报告的基础上进一步补充、修订、完善而成的。在本书即将付梓之际，作者请我为其作序，作为她的合作导师，我很高兴应允并为本书的出版表示由衷的欣慰和祝贺。

大家知道，"人的全面发展"思想在马克思主义理论体系中占有相当重要的地位。如果说马克思终身不渝的科学追求是要揭示人类社会发展的客观规律，那么马克思一以贯之的核心价值取向就是要寻求人类解放和人的全面自由发展之道。

一般而言，人的全面发展包括人的自身"素质"的发展和人的"客体"的发展两大方面。

人的"素质"是人身上的社会文化因素所构成的体系。人的"素质"的发展包括几个层次的内容。一是人的内在需要的发展，包括物质需要和文化需要的发展。二者又紧密联系在一起。人的物质需要层次越高，其中包含的文化因素越多，表明人的文明程度越高。满足物质需要的方式也是如此。马克思说得很好："饥饿总是饥饿，但是用刀叉吃熟肉来解除的饥饿不同于用手、指甲和牙齿啃生肉来解除的饥饿。"二是人的能力的发展，包括人的内在能力和外在能力的发展。人的内在能力是人的"体力和智力的总和"。人的"体力"里面已经包含着很多文化因素，而且劳动技能越高级，其中包含的文化因素越多。实际上，正如马克思所说，人的所有感觉器官，比如"有音乐感的耳朵，能感受形式美的眼睛"，会弹钢琴的手指，等等，都是社会文化熏陶的产物，因而都是"社会器官"。而这些器官所具有的能力都是人的重要能力。人的"智力"包括认识问题、评价事物、决策行为等能力，更是社会文化陶冶的产物。人的"内在能力"必然要通过实践等显示出来，于是就有"外在能力"，如语言表达能力、分析问题的能力、评价事物的能力、决策方案能力、社会交往能力、社会管理能力等等。这些能力的发展构成人的自由而全面发展的重要内容。三是人的"主体意识"的不断觉醒。"主体意识"是人的"自主意识",包括人的自我意识、信仰意识、追求真理意识、自信自尊意识、怀疑批判意识、理想设计意识、改造世界意识、权利责任意识、伦理道德意识、民族国家意识、全球人类意识,等等。人的"主体意识"的不断觉醒是人的发展的更高层次内容。

人的"客体"是人的"身体的延伸",包括人的活动的自然条件(如土地、房屋等)和社会条件(即生活于其中的各种社会组织)。没有这些条件,人的活动与发展就是一句空话。一个社会给人们提供的这些条件越多,就越有利于人们的全面发展。如此看来,人的全面发展还体现在经济、政治、文化、社会等各个方面。

因此,要推进人的全面发展,就至少应该从以下四个紧密联系的方面着手。一是要尽快地使全国人民都过上更加宽裕的小康生活,并不断向更高水平前进。这包括不断改善人们的吃、穿、住、行、用的条件,完善社会保障体系,改进教育、医疗、卫生条件等。一句话,要不断提高人们的生活质量。这一点是讲人的物质生活或经济生活的发展,这是人在自然界获得自由的体现,是人的全面发展的基础。二是要充分发挥人民群众的主观能动性和创造性,保证人民能够充分发挥聪明才智而建设国家,同时行使充分的民主权利,构建更加和谐的社会关系。这是讲人的政治生活的发展,是人在社会政治生活中获得自由的体现,是人的全面发展的升华。三是要提高全民族的思想道德素质和科学文化素质,实现人们思想和精神生活的全面发展。这是讲人的文化生活的发展,是人在精神生活中获得自由的体现,是人的全面发展的较高层次。四是要促进人和自然的协调与和谐,使人们在优美的生态环境中工作和生活。这是讲人与自然的关系的发展,即可持续发展,是每一代人都能从自然和社会中获得自由的体现,是人的"类存在"的发展,是人的全面发展的最高层次。

在当代中国,人的全面发展问题得到了前所未有的重视。人的全面发展已经从哲学理念上升到中国共产党治党治国的执政理念。江泽民在庆祝中国共产党成立八十周年大会上的讲话中,根据我国经济社会发展取得巨大成就的情况,适时提出并把"促进人的全面发展"写进党的纲领性文献,用以指导党的实践,这在马克思主义发展史上还是第一次。近些年来,以胡锦涛为总书记的党中央紧握时代脉搏,明确提出以人为本的科学发展观。在这里,"以人为本"成为我们党在新世纪新阶段的核心执政理念,凸显了马克思主义关于人的全面发展理论的时代性。胡锦涛明确指出:"坚持以人为本,就是要以实现人的全面发展为目标,从人民群众的根本利益出发谋发展、促发展,不断满足人民群众日益增长的物质文化需要,切实保障人民群众的经济、政治和文化权益,让发展的成果惠及全体人民。"

可见,人的全面发展在当代中国已从过去的价值理念层面,逐渐转变为社会发展的客观要求和现实呼唤。因此,如何在理论和实践的不同层面上正确理解和把握人的全面发展思想,在实际工作中更好地贯彻落实以人为本思想,成为理论界和广大干部群众特别关心的问题。

尽管这些年来大家对人的全面发展问题研究很多,但仍然有很多问题需要深入探讨。例如,当前理论界对于人的全面发展问题的研究还主要局限于理论论证、定性研究层面,相关的实证调查、定量研究尚未深入开展。因此,为了进一步落实以人为本,推进人的全面发展研究,开展人的全面发展指标体系研究,有着十分重要的理论和实践意义。只有构建一套科学合理的人的全面发展指标体系,才能够对当代中国乃至一个地区推进人的全面发展的程度进行比较科学的监测和评估,才能够对我国与其他国家的相关发展进行比较研究,也才能够把人的全面发展理论转化为政府决策部门可以操作的实践方案。

万资姿博士的《人的全面发展:从理论到指标体系》一书的突出价值就在于,以马克思主义关于人的全面发展思想为指导,以实证调查、定量研究为独特视角和方法,对人的全面发展的指标体系进行了富有创新性的研究。本书告诉我们,人的全面发展应该是外在客观经济、政治、文化、社会、环境与人的内在能力、发展机会、自由选择以及人自身主观感受的和谐发展。它既同人赖以发展的客观条件密切相关,又与人的内在发展需求和价值诉求不可分割。人的全面发展正是由这些因素共同作用的结果,表现为作为主体的人对自身存在和发展状况的一种积极完善。在当代中国,人的全面发展的现实目标是促进经济社会和人的全面协调发展、全体社会成员整体发展和个人自由发展协调并进,具体而言,就是对高效富足的物质条件、和谐有序的社会条件、民主法治的政治条件、日益丰富的文化条件、可持续发展的自然条件、全面自主的能力发展、公平公正的机会发展、自由理性的选择发展以及充盈的主观幸福感受的追求与实现。

作者认为，构建符合我国实际的人的全面发展指标体系，既要着眼于宏观层面的体系构建，又要反映具体的经济社会发展的实际；不仅要使用一般的通用性指标，也要将反映我国实际的特色指标纳入其中。本书将人的全面发展指标体系划分为 9 个一级指标、32 个二级指标和 161 个三级指标，从而尝试性地建构了人的全面发展指标体系。进而，本书对中国改革开放前后进行了纵向比较，并就国际与国内进行了横向比较，比较清晰地再现了我国居民自身发展的状况，也明确了我国居民发展状况所处的国际地位。研究表明，改革开放以来我国人的全面发展取得了重大进展，但与发达国家相比还有较大差距，且存在着严重的城乡、地区发展不平衡问题。本书对我国六大城市（北京、广州、长沙、郑州、兰州、昆明）居民主观幸福感受进行了问卷调查和深度分析。最后，本书有针对性地指出，当代中国应该贯彻落实"以人为本"的科学发展观，以坚持经济转型与人的发展同步协调为战略重点，把人的全面发展作为我国发展的全局性战略选择。

总之，任何问题的研究只有在深入到定量分析或至少是接近定量分析的时候才算得上真正完善的科学研究。人的全面发展问题研究也是如此。尽管《人的全面发展：从理论到指标体系》还仅仅是对人的全面发展的指标体系进行初步的实证的定量研究，但毕竟是一本极富创新性的著作。当然，既然是具有探索性的研究，其中必然有可以进一步研究的很大思想空间。希望作者在以后的研究中取得更大的成就，也希望有更多的同志关心和参与这些问题的研究。

杨金海
2011 年 7 月 1 日
于北京西单

前　言

人的全面发展是马克思主义人学研究的重要问题，也是"人"的研究与"发展"的研究中的重大问题。当代中国，这一问题更是得到了前所未有的重视，已成为社会主义和谐社会的本质规定和最高价值目标。然而，目前理论界对于人的全面发展问题的研究还主要局限于理论定性层面，相关定量实证研究却尚未深入开展。因此，为了进一步推进人的全面发展问题的研究，本书旨在整合以往与人的发展相关的指标研究的基础上，建构人的全面发展指标体系，并尝试对该体系进行应用研究。从结构框架来看，本书由"导论"、"结语"和四章内容组成。

第一章：人的全面发展指标体系研究述评。在借鉴、吸收国内外已有相关指标及体系（如 GDP 指标、PQLI 体系、ASHA 指标体系、ISP 指标体系、MDP 指标体系、人类发展指标体系、千年发展目标、主观幸福指标体系、生活质量指标体系、全面建设小康社会指标体系、可持续发展指标体系、社会和谐指标体系等）研究成果的基础上，本书指出：作为衡量一个国家或地区人的全面发展状况的重要参照，人的全面发展指标体系，不仅要着眼于宏观层面的体系构建，还要反映出经济社会发展的实际，随着社会发展进行调整，从而赋予人的全面发展新的内涵；不仅要包含一般的通用性指标，也要将反映我国实际的特色指标纳入其中，进而构建符合我国实际的人的全面发展指标体系。

第二章：人的全面发展指标体系之建构依据。建构人的全面发展指标体系，具有理论与现实的双重依据。其一，马克思主义人的全面发展思想是本研究的理论依据。在此指导下，本书认为，人的全面发展应该是外在客观经济、政治、文化、社会、环境与人的内在能力、发展机会、自由选择以及人自身主观感受的和谐发展，它既同人赖以发展的客观条件密切相关，又与人的内在发展需求和价值不可分割。人的全面发展正是由这些因素共同作用而产生的主体对自身存在和发展状况的一种积极完善。其二，本研究的现实依据就是当代中国人的全面发展的现实目标，即促进经济社会和人的全面协调发展、全体社会成员整体发展和个人自由发展协调并进，具体而言，就是对高效富足的物质条件、和谐有保障的社会条件、民主法治的政治条件、日益丰富的文化条件、可持续发展的自然条件、全面自主的能力发展、公平公正的机会发展、自由理性的选择发展以及充盈的主观幸福感受的追求与实现。

第三章：人的全面发展指标体系之总体构思与设计。就总体思路而言，本章旨在建构一套能衡量当前和未来人的全面发展状况的指标体系，这是本书的重点与难点。根据特定的原则，本部分综合运用经验选择法、德尔菲法选取人的全面发展的指标，确定人的全面发展的一、二级指标框架。然后，在现有的各子系统相关研究成果的基础上，通过调查、分析现有统计资料，选取并设计相应的三级指标。总体而言，人的全面发展指标体系包含了9个一级指标、32个二级指标和161个三级指标，分别从不同维度对人的全面发展进行量化与测评，从而完成了人的全面发展指标体系的建构。此外，本书在对众多指标加以有机综合、提炼的基础上，得到了关于人的全面发展的客观综合指数的五个分指数及其相应权重分配与计算方法。这一研究的意义就在于，通过具体的客观综合指数可以较直观、形象地反映出人的全面发展的现实水平和实际状况，从而避免了繁杂的指标体系可能造成的评价迷失，当然，本书对此也作出了一定的解释和说明。

第四章：人的全面发展指标体系的应用：中国的现实与选择。本章由三部分组成。第一，根据人的全面发展的指标体系与客观综合指数，本书对中国改革开放前后进行了纵向比较，并就国际与国内进行了横向比较，比较清晰地再现了我国居民自身发展的变化，也明确了我国居民发展状况所处的国际地位：改革开放以来我国人的全面发展取得了重大进展，但与发达国家相比还有较大差距，且存在着严重的城乡、地区发展不平衡问题。第二，本书对我国六大城市（北京、广州、长沙、郑州、兰州、昆明）居民主观幸福感受进行了问卷调查，分析表明：①我们编制的主观幸福感调查表具有良好的效度和信度；收入水平、文化程度、婚姻状况等对我国城市居民主观幸福感影响显著。②领域幸福度分析表明：在物质发展条件相对提高的前提下，我国城市居民在知足充裕满足感方面有了更高的要求；对身心健康愉悦感的分析反映了我国城市公共卫生建设的软肋；对自我实现成就感的追求使得人们对工作薪酬分配机制、升迁机制等的公平性提出了更高的要求；对人际关系认同感的分析表明了我国诚信建设水平亟待提高；在心态平衡自信感方面，对社会公共福利享受的不平衡最为显著；在婚恋家庭幸福感方面，总体比较满意。③我国不同城市的主观幸福感调查表明主观幸福与经济发展水平有密切关系，但二者并非绝对的正相关关系。第三，本书针对我国人的全面发展的现实提出了一些对策和建议，主张贯彻落实"以人为本"的科学发展观，以坚持经济转型与人的发展同步协调为战略重点，把人的全面发展作为我国发展的全局性战略选择。

最后，需要指出的是，人的全面发展不是现成的东西，而是历史的产物。本书关于人的全面发展指标体系研究也只是初步的，还需进一步研究与完善，但重要的是，我们已经开始了这项研究。

导论　人的全面发展：从理论到实践

毋庸置疑，人的全面发展问题是马克思主义人学研究的重要问题，且一直以来都是"人"的研究与"发展"的研究中的重大问题。当代中国，这一问题更是得到了前所未有的重视，成为社会主义和谐社会的本质规定和最高价值目标。客观地讲，以往的研究更多侧重于或者停留在理论论证层面，相关的实证、定量研究比较少。因此，基于理论深化和社会实践的双重需要，为了进一步推进人的全面发展问题的研究，我们有必要开展人的全面发展指标体系研究。

事实上，当我们探寻世界上某个国家或地区的人的全面发展问题时，需要提出这样的问题：我们如何来评价，我们需要获取哪些信息？什么标准与人的"全面发展"真正相关？对此，在理论研究中，我们可以假定有一个足够全面的清单来表现人的全面发展，且从实际出发，这个清单可以首先包括最基本的条件和方面，再逐步扩展到有统计资料的更多项目。

由此可见，从理论到实践，"人的全面发展"问题研究有着极大的必要和可能的描述空间。

一、研究的缘起

人的全面发展问题的研究意义，在于其目的性作用。而关于人的全面发展及其指标体系的研究则是随着历史环境的变化和人们对自身发展认识的演进不断深化和明确的。新中国60多年，特别是改革开放以来，物质资料的不断积累和社会管理制度的不断优化，带来的是人的主体性的空前增加，可以说，今天的中国人拥有的是中华民族五千多年以来作为人的最广阔的发展外延。人的全面发展不再是简单由GDP的增长或是一些社会指标的提高就可以实现的，而是一个各方面条件协调发展的过程。如此一来，如何认识人的全面发展与各方面条件之间的关系，怎样将各方面条件纳入到人的全面发展建设中来,都是有着重要现实意义的问题。

同样,人的全面发展及其指标体系的研究与发展经济学的兴起是分不开的。"经济增长"向"经济发展"的转变可谓是发展经济学思想的根本转变,纯粹的"经济发展"向全面的"社会发展"的演变则是人类社会发展的重大进步,关注"人的全面发展"更是"以人为本"科技新世纪的时代要求。于是,不少研究者都认同这样一种观点,即人们参与社会生活的各种行为动机其最终目标都将聚焦在追求人的全面发展上。

事实上,人的全面发展思想也是马克思主义人的发展理论的重要内容和组成部分,理论界对此已经进行了长期的研究。发展的目的是什么?什么样的发展才是人的全面发展?人的全面发展的目标具体体现在哪些方面?因此,在理论上,经济学家、政策制定者、社会科学家和哲学家们所面临的一个重要问题就是——人的全面发展的测量和评估问题。他们需要知道世界上许多地方的人们发展得怎么样,他们需要知道提出这个问题真正涉及什么因素。当他们认真地面对这个问题时,可以说,面对它,会感到惊奇;也就是说,会意识到评价人的全面发展的深刻复杂性,并且愿意承认,至少是初步承认,对于怎样处理这个问题,对于可以信赖的标准,其实有着极大可能的描述空间。因此,为了丰富人的全面发展的研究,使人的全面发展的研究形成自己的话语系统,有必要从理论走向实践,在对人的全面发展研究加以系统讨论的基础上,给予定量化、指标化描述。

与此同时,我党更是明确地将人的全面发展作为治党治国的重要理念。江泽民同志在2001年的"七一"讲话中强调指出:"我们建设有中国特色的社会主义的各项事业,我们进行的一切工作,既要着眼于人民现实的物质文化生活需要,同时又要着眼于促进人民素质的提高,也就是要努力促进人的全面发展。"[1] 在新的历史条件下,以胡锦涛同志为核心的新一代领导集体在十六届三中全会作出的《中共中央关于完善社会主义市场经济体制若干问题的决定》中,提出了五个统筹,并指出要"坚持以人为本,树立全面、协调、可持续的发展观,促进经济社会和人

---

[1] 江泽民:《在庆祝中国共产党成立八十周年大会上的讲话》,载《人民日报》,2001年7月2日。

的全面发展"①,明确提出:"坚持以人为本,就是要以实现人的全面发展为目标"②。这就是说,实现人的全面发展这一人类远大目标,在当代中国已从过去的价值理念层面,逐渐转变为社会的客观要求和现实呼唤,构建一套科学、合理的人的全面发展指标体系,对当代中国推进人的全面发展的程度进行全面的监测和评估,成为我国社会科学界和政府决策部门当前一项极为重要而且迫切的工作。

然而,目前理论界对于人的全面发展问题的研究主要还是局限于理论层面的定性研究,尚未进行详细而准确的定量研究。虽然,国际组织和国内外科研机构已提出了很多与人的发展相关的经济指标和社会指标(体系),但得到公认或很好使用的却很少。纵观现有的各种与人的发展相关的指标(体系),我们必须看到,在直接关于人的全面发展的指标体系研究方面,结合我国实际开展的具有成效的研究成果尚且不多,在某些方面也缺乏马克思主义理论和方法的正确指导。

因此,开展人的全面发展指标体系研究,既有一般原因,又有特殊原因。一般原因即我们认识到人的全面发展指标研究与人的全面发展研究之间的密切关系:人的全面发展指标及其体系既是人的全面发展研究的重要手段,又是人的全面发展研究的必要途径。特殊原因即我们提出的关于人的全面发展研究的观点——人的全面发展研究是关于人的全面发展的条件和机制的综合性具体科学——不仅需要定性的说明和论证,也需要定量的描述和解释。很显然,人的全面发展指标及其体系的研究有助于做到这一点,为此,本书也试图在这方面作出一些初步的尝试。

二、研究的意义

基于理论与现实的双重需要而开展人的全面发展指标体系研究,标志着人的全面发展研究从定性分析向定量研究、从理论论证向实践操作研究的重大跃迁和范式转换。因此,在和谐社会建设的宏大背景下,以马克思主义人的全面发展思想为指导,通过借鉴、吸收国内外相关研究成果必将把人的全面发展问题的研究引向深入,由此一来,开展人的全

---

① 《中共中央关于完善社会主义市场经济体制若干问题的决定》,载《人民日报》,2003年10月22日。

② 胡锦涛:《在中央人口资源环境工作座谈会上的讲话》,见《十六大以来重要文献选编》(上),中央文献出版社,2005年版,第850页。

面发展指标体系研究就具有极其重要的理论意义和现实意义了。

因为，实现人的全面发展，这一目标并不仅仅是一句口号，更重要的是要有一定的可操作指标体系。指标体系是对客观现实系统的主观抽象和模拟，是测度实现人的全面发展的基础和核心。人的全面发展指标体系既可作为其进程中的发展目标，又可作为其发展阶段性评价标准，是人的全面发展过程和阶段的统一，是人的全面发展的外在的、操作的表现形式。建立完善的指标体系就是为人的全面发展与建设确定具体的奋斗目标，借此，人的全面发展也由感性的抽象到理性的具体，使人们能够更清楚地认识其内涵和实质。这不仅是人的全面发展从理论阶段进入可操作性阶段的前提，有助于实现人的全面发展从理论到实践的研究范式转换，进一步推进并深化人的全面发展理论的研究，而且还将为全面监控、评价和预测我国人的全面发展状况，尽早发现人的全面发展在现阶段所存在的问题，为更好地贯彻落实"以人为本"的科学发展观提供可资借鉴的衡量标准和决策依据。

而对于实现人的全面发展来说，作为社会现代化的重要组成部分，在发展进程当中，它不是孤立独行的，势必还要受到社会各方面因素的影响和制约，包括经济、政治、文化科技、教育和制度等等。人的全面发展的实现，必定是社会、政治、经济、文化等制度水平发展到一定程度，与人自身内在能力、机会、选择协调发展相互作用的结果。因此要想实现人的全面发展，就要考虑人的全面发展与我国社会各个方面的同步发展关系，根据社会各因素的发展现状，协调人的发展事业，量身制定未来人的全面发展的战略和规划。而以中国为研究对象，人的全面发展指标定量化则更可以较为具体、清晰地显示出我国当代各主要社会群体在走向自由和平等发展方面究竟达到了哪一个层面，主要问题究竟在哪里，这样就可以更准确地确定努力方向和工作重点，抓住关键所在，实现突破性的发展。这不但可以为我国政府制定人的全面发展战略及政策提供依据和理论支撑，也在于为了研究和探索我国和谐社会的建设问题，为了解决我国和谐社会建设进程中人的全面发展出现的规律性问题。

此外，本书所尝试设计的指标特别是主观幸福指标可以为小康社会的指标体系的建构作出探索，可以为动态地把握我国公众的民意走向提供一种重要的指示器，也可以为评价我国人们精神状态提供一种可供选择的工具。而本书的有关数据比较与分析也将为国际社会更好地了解当代中国人的全面发展状况提供参考。

综上表明，以构建人的全面发展指标体系为主要内容，首先它是我国人的全面发展研究的重要组成部分，并对重新认识和构建人的全面发展理论的基本框架意义非凡。

三、研究的方法

本书以马克思主义人的全面发展思想为指导，在分析、比较、吸收、借鉴国内外已有相关研究成果的基础上，紧紧围绕人的全面发展这一总目标，结合当代中国人的全面发展的现实状况，在实证调查研究和科学分析相关统计资料和数据的基础上，探索出一套既具有中国特色又具有一定普遍意义的人的全面发展指标体系；同时，以这个指标体系为重要参照来全面地监测、评估和谐社会建设中人的全面发展的实际状况，深入分析其在当代中国的现实应用情况并特别指出当前中国所存在的不足和问题，进而探索提出实现人的全面发展应该采取的具体对策和有效举措，为我国实现人的全面发展的目标提供政策支持和实践指导。

基于研究的需要，本书将在马克思主义科学方法论的指导下主要拟采用两种具有代表性的研究模式，即斯堪的纳维亚模式和美国模式相结合的方法。

斯堪的纳维亚模式的焦点是客观的发展条件，这种研究方法深受简·德利诺斯基（Jan Drewnowski）和理查德·蒂特姆斯（Richard Titmuss）两人著作的影响。他们都认为人们的发展水平是由人们所需要的客观资源所决定的。这些客观资源主要有收入、资产、教育和知识技能以及社会关系网络等。更进一步说，人的发展所处的外部环境也被视为其全面发展必不可少的组成部分，因为它们决定了人的发展领域和资源的效用。这种模式很明显主要使用客观的外在指标来衡量人的全面发展这个概念。它认为发展的客观方面（资源或者能力）决定了人的发展水平，是人们达到自身全面发展的充分必要手段。美国模式则是根据自行评估的需求满足程度来衡量人们的发展程度。根据这种模式，人的全面发展的最终目标并不是客观方面，而是人们的主观满意感和幸福感。因此，这种模式对人的全面发展这个概念的具体操作化主要集中于主观满意度和幸福度[①]。

---

① 参见周长城等：《社会发展与生活质量》，社会科学文献出版社2001年版，第38—39页。

两种模式，分别从不同的角度能对人的全面发展进行考察，尽管未能成功地为我们提供一个全面综合的人的全面发展概念及改善和提高人类发展水平的方法，但我们却可以在两者的有效结合上找到一个综合的、能被普遍接受的人的全面发展概念。为此，本书将结合这两种模式，既强调客观指标的运用，又注重对个人的主观满意度和幸福度的考评，在两者的有机耦合下，做到主客观指标的内在统一。

两种模式结合下，具体采用的研究方法有：

（1）文献资料法。收集国内外已有相关指标体系研究成果，主要包括有关中英文学术著作、论文和国内各相关部门的统计数据与资料分析结果。

（2）定性与定量分析相结合的方法。在对人的全面发展进行定性研究的基础上，着重对社会调查中所获数据、信息进行定量分析，体现人的全面指标体系的量化、可操作性特点。

（3）德尔斐法，即"专家评议法"。本研究根据特定程序选取本领域相关专家若干名，发放关于人的全面发展指标的总体框架和具体指标的调查问卷或意见咨询表，采用匿名发表意见的方式，经过反复征询、归纳、修改，最后汇总专家基本一致的看法，为人的全面发展指标体系的建立和具体指标的设计提供重要参考。

（4）社会调查法。为了准确把握和分析我国现阶段人的全面发展（特别是主观幸福感受）的实际状况，本研究组织实地社会调查，分别选取我国经济发达地区、经济一般发达地区以及经济欠发达地区的六大城市居民作为调查对象，进行调查研究。

四、主要研究内容

本书拟在充分吸收前人研究成果的基础上，编制一套适用于引导我国实现人的全面发展的指标体系，全部的研究工作都是围绕着我国人的全面发展指标体系编制这一主题展开的。

本研究认为，编制一套科学而有效的人的全面发展指标体系的前提，在于能否通过整合已有的研究成果、对人的全面发展进行明确的界定，从而夯实人的全面发展指标体系研究的理论基础，这也是促使目前人的全面发展指标研究走出困境，取得一定突破的关键。为此，本书第一部分主要是对国内外有关人的全面发展指标体系的研究现状进行系统的梳理，通过分析与综合、横向与纵向的比较，指出现有研究的进展及其限度，特别是要深入剖析存在的问题及其原因，为本研究提供借鉴和参照。

第二部分力图为人的全面发展指标体系的设计进行必要的理论准备。主要回答和谐社会建设中建构人的全面发展指标体系何以可能的问题，着重探讨并分析建构人的全面发展指标体系的理论依据和现实依据。一方面以马克思主义经典作家关于人的全面发展的学说为理论依据，力图从多重整合的观点出发，对人的全面发展的含义进行界定；另一方面，又着重从现实出发，探讨指标设计的现实依据，那就是和谐中国人的全面发展的现实目标。通过对理论和现实双重依据的探讨，进一步为人的全面发展指标体系的设计做好准备。

第三部分是人的全面发展指标体系之总体构思与设计。这是整篇的核心部分。本部分是在第一、二部分研究的基础上进行的。旨在遵循特定原则（科学性原则——实事求是原则；价值性原则——"以人为本"原则；实践性原则——可操作性原则；具体性原则——国际和本土化、概括性与直观性、全面与突出重点相协调的原则以及独立性、可比性原则等）基础上，把经验选择法、德尔菲法综合运用于对人的全面发展指标进行选取，确定人的全面发展一二级指标框架，随后在依据各子系统相关现实研究以及调查和科学分析现有统计资料的基础上，各选取一些最具代表性的核心指标，精心设计相应的三级指标，形成一个完整而系统的指标体系。在此基础上，对众多指标加以有机的综合、提炼，从而得到关于人的全面发展的客观综合指数的各个分指数及其相应权重分配与计算方法。这一部分的意义在于，通过具体的客观综合指数可以准确而完整地反映出人的全面发展实际水平和现实状况，从而避免繁杂的指标体系所造成的评价迷失。同时，本书还试图给出一种为什么会这样的解释。

第四部分人的全面发展指标体系的现实应用：根据所建立的指标体系和客观综合指数，从改革开放前后的纵向比较、国际与国内横向比较两个角度，对个人的全面发展各领域进行比较和评价。这样既能清晰地看到我国居民从改革开放至今自身发展的变化，也能明确我国居民发展状况所处的国际地位，所存在的问题。与此同时，在编制个人主观幸福调查问卷的基础上，展开实地调查，对我国城市居民主观幸福感受进行抽样问卷调查，收集数据之后利用SPSS统计软件对不同层次的统计变量进行处理，实现对抽查样本中大量数据资料的归纳、比较和深入的推论性研究，对统计结果进行理论分析，并得出相关结论。最后，本书为当代中国人的全面发展提出了一些对策性建议。

第一章 人的全面发展
指标体系研究述评

人的全面发展问题是长久以来各国学者都高度重视的问题。作为一个综合性的指标体系，人的全面发展指标体系就必须立足于国内外已有研究成果的基础之上。事实上，与人的全面发展指标体系研究直接相关的理论资源莫过于国内外已有的相关指标体系研究，这些研究成果构成了本项目研究的重要参照系与研究起点。现就国内外通用的一些与人的全面发展指标体系研究直接相关的代表性研究成果与典型性综合评价指标简单综述如下：

第一节 国外主要相关指标的研究与发展

没有任何一个单一的指标能完整地衡量人的全面发展程度。因此，在继国内生产总值（GDP）或人均国内生产总值（GDP per Capital）指标之后，人们逐步意识到对人的全面发展程度的衡量必须采用某种指标体系。

自上世纪70年代以来，国际社会中逐渐形成通用的一些以人为中心的社会进步评价指标体系的理论原则和方法，这些评价指标体系，提供了从现实出发分析各国人的发展状况的主要目标和各类指数，及对当代世界发达国家和发展中国家进行对比的平台，它们为研究中国现阶段的人的全面发展的目标提供了具有科学价值的定性定量分析工具和人的发展的标识性范畴及分类方法。具有代表性的有美国社会健康协会用就业率、识字率、平均估计寿命、平均国民生产总值增长率、出生率和婴儿死亡率等六个指标来综合计算的ASHA指标值，美国海外开发署大卫·莫里斯（M. D. Morris）用平均预期寿命、婴儿死亡率和认字率三个指标综合计算的生活质量指数（PQLI）体系，美国宾夕法尼亚大学的理查德·J·埃斯蒂斯（R. J. Estes）教授提出的ISP指标体系，联合国计划发展署提出的人类发展指数（HDI）和人类发展指标，联合国的人类千年发展指标以及目前某些西方发达国家机构正在研究的国内发展尺度（MDP）体系、主观幸福指标体系等。

一、单一GDP指标及其局限

人的全面发展指标研究的兴起可以说是社会现代化发展战略目标转移的结果。

第二次世界大战后，无论是美国等西方国家还是苏联、东欧等国家以及广大第三世界国家，都先后加快了社会现代化的前进步伐。然而，直到上世纪60年代，这种社会现代化发展的战略目标都基本上是一种经济目标，即把经济增长、工业化的发展视为基本目的，这就是所谓"增长第一战略"。这一战略认为，只要经济增长了、国民收入增加了，就可以改善人民的物质福利、提高人民的生活水平、消除贫困，进而促进人的进步。与这一战略相吻合，当时人们衡量现代化发展的最主要的指标是：国内生产总值（GDP）或人均国内生产总值（GDP per Capital）。人们不仅把GDP、GDP per Capital作为经济发展的尺度，而且也常把它们作为衡量整个人类社会发展状况的指标。

然而，战后20余年的实践逐渐暴露出了这种片面强调经济增长战略的弊端。人们开始对"增长第一战略"提出怀疑并指出，在发展中国家伴随经济增长同时出现的是社会不平等的加剧，贫富差距更大，处于极端贫困线上的人数增多，结果90%以上的人几乎不能从这种增长中得到好处。片面的工业发展使环境恶化、生态系统遭受破坏，造成资源、能源的极大浪费。因此，无论在发达国家还是发展中国家，人们已普遍感到仅仅靠制定经济发展计划已经远不能满足人们的广泛需要和发展，仅仅靠经济指标并不能反映出人类发展实况。因此，自上世纪60年代末70年代初，越来越多的研究人员开始否定传统的"增长第一战略"，开始提出以人为中心或以满足人的多方面需求为中心的发展战略。如联合国大学提出的"人类与社会发展"战略、经济合作与发展组织提出的发展战略、国际劳工组织提出的"基本需求战略"等。

随着发展战略的转变，传统的经济指标的局限性也日益暴露出来了，很多人特别指出了以"GDP"或"人均 GDP"为代表的各种单维指标①作为人的发展尺度的缺陷。

第一，它们不能反映很多市场活动以外或非市场活动的与人发展相关的因素。事实上，与人发展相关的许多活动并不都是通过市场买卖进行的，如一些服务与社会娱乐、交往活动就被排除在外了。现行的 GDP 指标完全排除了人们对志愿性工作付出的义务劳动、为社会失落者付出的健康医疗、人们为节省社会资源而自我提供的种种服务（例如，自己种植食物、自己进行烹调、自己承担家庭清理、自己动手修理物品等等）；一些重要的与人自身发展相关的社会因素也常被忽视，如：同时一美元在不同地区或国家的"购买力"是不同的；同样的人均国民生产总值在不同国家满足着不同程度的需要，因此，它们并不能反映人民的真实发展水平。

第二，以货币为广泛的衡量范围并不合适。反映人们发展所需生活与福利的许多现象——如城市中空气、水、安宁等环境因素的状况，人们的健康状况、寿命等——是不能用货币表现出来的。

第三，国民生产总值等是一种总量指标，它们往往掩盖了一些与人的发展需要相关的具体的实际类别的情况。比如，在西方总产量的统计中，有些属于军火生产，有些甚至是毒品生产，它们本是不利于人民发展、幸福的，但却被纳入国民生产总值。

第四，它们忽视了人们的实际分配状况。人均国民生产总值或收入常常与人们的实际收入状况有很大差距。当人均总收入呈上升趋势时，社会上一些人、一些群体或集团的收入却可能是下降的，很多第三世界国家现代化的实践已证明了这一点。因此，这些尺度用来说明国与国之间的比较固然有很大意义，但他们却反映不了一国内部人们的收入与分配状况。

第五，国民生产总值等经济指标不能反映人们精神上的满足或幸福，它们的增长并不等于人们的幸福程度、心理上的满意程度增长，有时两方面会正好相反，如果盲目相信前者，便会隐伏着社会危机。总之，国

---

① 也可能是复合指标，例如，绿色 GDP 和福利 GDP 的计算包括很多项，属于复合型指标，但这些项属于同一类型，它们仍然只反映发展的一个特定的领域，仍属于单维指标。而多维指标是指从多个方面来反映发展问题，不仅从经济和贫困等单方面，还可能包括健康、教育等许多其他方面，它们共同构成多维的指标体系。

民生产总值等经济指标固然重要，但它所反映和测量的只是与人的全面发展相关的部分而不是整体。

于是，人们便试图寻找能综合反映人类发展多方面状况的多维、复合性发展指标。

二、PQLI 体系的发展及限度

随着发达国家经济的持续发展，社会物质生活水平得到不断提高。"生活质量"成为人类发展研究的一个新领域。其中对物质生活质量在人的全面发展方面的作用也给予了高度重视。最典型的代表就是——PQLI（The Physical Quality of Life Index）①，又译"实物生活质量指数"、"生活的物质质量指数"。

事实上，PQLI 是为测度物质福利的水平而开发的一个综合性指数，该指数是 1975 年在大卫·莫里斯（M. D. Morris）博士的指导下，由美国海外发展委员会提出的，正式公布于 1977 年，旨在测度世界最贫困国家在满足人们基本需要方面所取得的成就。

PQLI 体系由 3 个指标构成，即婴儿死亡率指数、预期寿命指数和识字率指数，用最简便的方法换算为各自的指数，然后用算术平均求得 PQLI 指数。其具体计算步骤为：

（1）将识字率、婴儿死亡率、1 岁预期寿命换算成指数形式

识字率指数就是识字率本身，它是指全国 15 岁以上人口中识字者的百分比。其设计思想是：当识字率为 0 时，计 0 分；当识字率达到 100% 时，计 100 分。

婴儿死亡率指千个新生儿中的死亡率，将婴儿死亡率按下式换算成婴儿死亡率指数：

婴儿死亡率指数 =（229 - 实际每千婴儿死亡率）/2.22

这个公式是这样得来的：1950 年以来，根据联合国统计纪录，婴儿死亡率最高的是加蓬为 229‰，当达到 229‰ 时，计 0 分。最低的是瑞典为 8‰，估计到 2000 年最低可降到 7‰，计 100 分。因此，婴儿实际死亡率每改变 2.22‰，婴儿死亡率指数就改变一个单位。

1 岁预期寿命是指已活满 1 岁的人口，平均每人可以再活多少年。1 岁预期寿命指数根据下式计算：

---

① 参见赵秋成：《PQLI 法的不足及其改进》，载《上海统计》，1998 年第 1 期。

1岁预期寿命指数 = （1岁预期寿命 − 38）/0.39

这个公式是这样计算的：第二次世界大战以后，1岁预期寿命最低的是1950年的越南为38岁，当达到38时，计0分。1岁预期寿命最高的是瑞典为75岁，估计1岁预期寿命最高可达77岁，如果达到77岁计100分。这个公式说明，当1岁预期寿命每变动0.39岁，1岁预期寿命指数就变动1个单位。

（2）将换算后的三个指数，用简单算术平均法求得PQLI值

PQLI指数值 = （识字率指数 + 婴儿死亡率指数 + 1岁预期寿命指数）/3

所得数据作为衡量一个国家或一个地区人口的营养、卫生、保健、国民教育等生活质量方面的总水平。

莫里斯创立PQLI后，受到各国政府及有关学者的关注，褒贬不一，赞扬与批判共存。但总的来说，PQLI对度量世界穷国人们的发展状况创立了一种为多数人所认可的新方法。特别是这种方法简便易行、通俗易懂，适于推广和进行国与国之间的比较研究。而这一点也是莫里斯在设计PQLI指数时所遵循的主要原则之一。且从指标的选取可以看出，PQLI选取的三个指标主要涉及的是身体素质方面，在工业化程度比较低的社会中，能比较好的反映人们各方面素质状况，而且指标选取简单，也便于操作。

然而，作为一种衡量人的发展的综合指数，POLI在反映人的全面发展上的缺陷也很明显。

首先，在PQLI的3个构成指标中，反映健康状况的就有两个指标，即婴儿死亡率和1岁预期寿命，实际上是赋予健康指标以双倍的权重。这在方法论上是难以自圆其说的。莫里斯在设计PQLI构成指标时，已有学者对此提出异议，但他辩解说，婴儿死亡率与1岁预期寿命是衡量不同的结果和不同的社会过程，死亡的原因而各异。"健康"不是由单一条件决定的，它是不同社会特性作用的复杂混合物，是生理、营养、环境、社会和文化等内在作用的外在表现。影响婴儿死亡率的社会政策和家庭行为不一定对儿童和成年人产生影响。

我们认为，莫里斯的解释并没有解决批评者的疑问，他只说明两个指标本身所具有的不同特殊性，但都不能脱离反映"健康"状况这一总的框框。如果说反映健康状况可以用婴儿死亡率和1岁预期寿命两个指标，又为什么只用一个识字率反映基本文化指标呢？事实上，仅用成人

识字率作为文化素质指标,并没有体现人们的文化教育水平。

其次,PQLI 指数主要适合于那些发展中国家居民的生活质量的评定,其适用的国家受到较大限制;因为,PQLI 值是从 0—100,数值越高代表一国或一地区的居民发展程度越高。根据 PQLI 的计算,世界人口发展可分为三种类型,低于世界人口发展指数平均值 65 的属于低发展人口类型,65—80 属于中等发展人口类型,80 以上属于高发展人口类型,北美洲 95,欧洲为 93,亚洲为 58,最低的是非洲,平均为 33 左右。中国在 1990 年的 PQLI 值为 85,处于较高发展水平。使用 PQLI 指数可以进行各国间或地区间比较,但这一综合指数对发达国家失去了敏感性,因为发达国家的 PQLI 指数均在 90 以上,数值相近,难以用 PQLI 指数测量发达国家之间的差异,没有很好地反映人口发展的变化弹性。

即使在衡量穷国人们生活发展状况时,使用 PQLI 指数也有其局限性。由于发展中国家情况千差万别,发展极不平衡,当今世界已进入高科技时代,仅以识字率来反映发展中国家的文化的最低需求,同时代脉搏相去太远了,因而,亟待对 PQLI 中的指标进行改造。

再次,涉及面很窄,PQLI 仅从健康和识字两个方面来反映穷国人们生活质量状况,显然过于简单,对于全面分析人的发展状况是不够的。

总体而言,PQLI 所关心的是发展政策能否成功地满足贫困国家人民的基本需要这一问题,并不力图测度所有的"发展",也不测度自由、公平、安全或其他无形的东西。同时,它也不包括"生活质量"一词所意指的许多其他社会和心理特征,诸如安全、公平、自由、人权、就业、满意感等。因而它被冠以"physical"生活质量指数的称号,而不是一个全面的"发展"指标。

三、ASHA 指标体系研究及其阈限

ASHA 指标(American Social Health Association Index)[①]。是美国社会健康协会提出并以该协会命名的一种综合性评价指标,比 PQLI 增加了一些变量,主要用来衡量发展中国家的社会经济发展水平以及在满足人民基本需求方面所取得的成果,因此也是与人的全面发展相关的重要指标。

ASHA 指数由 6 项指标值组成:①就业率;②识字率;③平均预期寿命;④人口出生率;⑤人均国民生产总值增长率;⑥婴儿死亡率。

---

① 参见 American Social Health Association. Http://www.ashastd.org.

具体计算公式如下：

ASHA =（人均国民生产总值增长率×就业率×识字率×预期寿命指数）/（出生率×婴儿死亡率）

其中，平均预期寿命需要先转化为指数形式（其他五个指标直接采用指数形式），其公式为：

预期寿命指数 =（平均预期寿命/70）×100%

该协会规定，比较理想的数值是：人均国民生产总值增长率为3.5%，就业率为85%，识字率为84%，平均预期寿命指数为70，出生率为25‰，婴儿死亡率为50‰，由理想指标算出的 ASHA 指数等于20.23，并把其作为发展中国家2000年的奋斗目标[1]。

ASHA 指标计算公式仅用了六个指标不仅反映了"满足人民基本需求方面的成果"，而且还较好地衡量了经济发展的状况和人口质量，其优点在于简明扼要，易懂易算，有较大的代表性，使用方法也比较合理，而且这些指标在有健全统计资料的国家都能从年度统计中获得，具有国际可比性。

与此同时，根据公式计算我国 ASHA 数值却发现这一指数在反映社会发展水平方面还存在某些不足之处。根据 ASHA 计算公式，我国早在1988年，除识字率之外，其他各项指标都达到或超过了2000年的奋斗目标：1988年我国的各项指标分别为：就业率为98%，识字率为69%，平均预期寿命为70岁，人均国民生产总值增长率为5.4%，人口出生率为22.37‰，婴儿死亡率为31‰，ASHA 值则为52.66。这一数值一方面表明尽管我国是发展中国家，经济发展水平还较低，但在满足人民基本需要方面还是取得了较大的成就。但另一方面也反应了该指标使用在衡量人的全面发展上仍存在一定的局限性，主要表现在：（1）指标选取多偏向于社会指标，而经济指标及其两者相交叉指标考虑较少；（2）没有对各个指标进行标准化处理；（3）乘除合成法使得指标值的变动对每个指标过于敏感，尤其是较小的指标值的变动对指数的影响作用过于突出。

---

[1] 参见唐建荣：《社会发展综合指数比较》，载《统计与决策》，1999年第4期。

四、ISP 指标体系研究及其方法

社会进步指数①（Index of Social Progress），缩写为 ISP，是由美国宾夕法尼亚大学的理查德·J. 埃斯蒂斯（R. J. Estes）教授在国际社会福利理事会的要求和支持下于 1984 年提出的，它涉及 10 个有关社会经济领域，选择了相应的 36 项指标。在此基础上，1988 年埃斯蒂斯又提出了加权社会进步指数 Weighted Index of Social Progress，缩写为 WISP。该指数将众多的社会经济指标浓缩成一个综合指数。

埃斯蒂斯的社会进步指数所包括的 10 个领域分别为教育、健康状况、妇女地位、国防、经济、人口、地理、政治参与、文化、福利成就，其中既包含如人均国民生产总值、年通货膨胀率、人口出生率和死亡率、婴儿死亡率、学生入学率、预期寿命等常用指标，也包括一些我们不太熟悉的指标，如侵犯公民自由指数、各种福利法规的公布年限等。有些指标是正指标，有些指标是逆指标。

社会进步指数有加权和未加权两种。未加权社会进步指数的计算，实际上是将每个指标的权数看做 1，假定各指标在描述国家的发展水平方面具有同等的重要性。加权社会进步指数是在 ISP 的基础上，对各子领域的指数值作因子分析得到一组统计权数，然后对各子领域得分进行加权，最后得到加权社会进步指数值。根据埃斯蒂斯的计算，1983 年中国的未加权 ISP 为 74，属 124 个国家中的第 77 位，加权 ISP 为 37，属 124 个国家中的第 71 位。

从其指标的设计来看，10 个领域都与人的全面发展息息相关。也正是在这个意义上，我们可以把这一指标看做是评价人的发展的又一重要尺度。

作为评价人类发展状况的有效工具之一，社会进步指数在评价社会发展的同时不仅可以用于不同国家、不同地区间人口发展状况的比较，也可用于一国内部不同地区间人口发展水平的横向比较，还可用于一国不同时期人口发展水平的动态比较。与 PQLI 相比，社会进步指数的计算在社会经济领域及指标的选择上也比较广泛，因而能在一定程度上较全面地反映一个国家的社会和人口发展进步状况。

---

① 参见李晶：《人类发展的测度方法研究》，中国财政经济出版社 2009 年版，第 70 – 71 页。

此外，此种运用综合指数法的优点是简单、灵活，易于操作和理解。通过把选定的多个指数合成一个综合指数达到了松散的指标体系所达不到的效果，不失为一种有效的评价方法。但这种方法的局限性较大：第一，合成指数将若干指标压缩为一个综合指数，既损失了原有指标的大量信息，也使其结果变得更为抽象，又难以解释其含义。第二，在发展领域及指标的选择上，未作出详细的理论说明。为什么选择这些领域作为评价社会进步的依据？这些领域是否包括了发展的所有方面？这些领域及相应的指标是否适合于对所有国家社会和人口发展水平的比较？等等。换句话说，在指标选择上多取决于研究者所研究问题的主观认识，选择哪些指标、选择多少指标都存在着一定的任意性。第三，在指数合成上没有普遍认同的科学方法，且在各子领域指标的选择上也极不平衡。比如，国防子领域仅选择了军费支出占 GNP 比重一个指标，而人口子领域则选择了 5 个指标，这势必影响加权指数中权数构造的准确性，使得在指标的权数分配上，缺乏统一的定量标准，难以很好地反映客观实际，仍属于一种比较粗略的综合统计评价方法。第四，在子领域和指标的选择上，该指标体系仍忽略了一些重要的人类发展领域。比如，缺乏反映社会秩序与安全、闲暇时间的利用以及反映财富分配方面的指标。最后，所选择的这些领域及相应的指标，并不适合于反映所有国家的社会和人口进步状况，没有注意到处于不同社会发展阶段的国家间的差异性，因而势必影响比较的准确性。

五、人类发展指标体系解析

20 世纪 60 年代末、70 时代初，以满足人的多方面需求为中心的指标运动开始从美国走向世界，并迅速发展。自 70 时代末以来，无论是发达国家还是发展中国家都纷纷着手建立各自的相关指标体系。70 年代初，有 30 多个国家建立了相关指标体系，到 70 年代末、80 年代初，这个数字已扩大为 80 余个。除了各国政府之外，不少世界性的和区域性的国家组织也都积极从事与满足人的需要相关的指标体系的建立、改进、推广工作。在世界范围内，比较重要的研究活动主要有：

经济合作与发展组织所进行的相关指标研究。这是一个有各成员国参加的国家组织，自 1973 年起，该组织便根据各成员国的具体情况，以人为出发点，以人的生存、人的发展、人的幸福为总目标，着重研究反映各国人口生活质量发展状况的指标。为寻求各国一致同意的人类首要发展目标的基本领域，它进行了数年的研究，最后提出了诸如健康、安全、闲暇和物质、社会、政治环境这样一些基本领域。

联合国经济与社会事务部统计处所组织的相关指标研究。60 年代初期以来，联合国统计处对系统地收集和处理社会人口统计数据的方法开展了研究。1969 年，以理查德·斯通为首的专家组开始了建立社会与人口统计体系的研究工作。1972 年，联合国第 17 届统计委员会讨论了斯通教授关于这一工作的报告，并决定发表有关这一课题的文献。1975 年，联合国统计处发表了《社会和人口统计体系》一书。该书被认为是人类指标研究发展过程的最具有代表性的文献之一。[①]

联合国教科文组织所开展的相关指标研究工作。早在 1967 年，联合国教科文组织就曾组织了有关人力资源指标的研究，并出版了《为建立一个给较不发达国家使用的人力资源指标体系而努力》一书。自 80 年代以来，关于妇女、儿童、残疾人和老年人等处于不利条件下的人口群体参与发展的社会指标问题、关于少数种族及其文化的相关指标的制定问题、关于促进各国生活质量等问题，更是成为其着重研究的领域。

此外，联合国的其他一些组织也都从事了与人的发展相关的指标研究活动。例如联合国大学组织就曾组织了一项题目为"发展的目标、过程与指标"的研究工作，这项研究的核心是要确定发展的指标，通过这项研究该大学在 1985 年出版了题为《人类发展之社会指标》的研究报告。

在此研究基础上，为了更好地从根本上扭转发展理论忽视人的因素的趋势，也为了区别于已有的关于人的发展的思想，联合国开发计划署提出了"人类发展"概念和一系列相应的发展理念、衡量标准和政策议程。

"人是一个国家真正的财富"，这是联合国开发计划署（United Nations Development Programme，UNDP）《人类发展报告》系列的第一部报告——《1990 年人类发展报告》第一章的开头明确肯定的。"人类发展是扩大人民选择机会的过程。"《1990 年人类发展报告》是这样给出定义的。在以后各年度的《人类发展报告》中，"人类发展"更是被以不同的词句和方式描述。《2000 年人类发展报告》提出："人类发展是通过扩大

[①] 参见联合国经济与社会事务部统计处：《社会和人口统计体系》，许成钢等译，中国财政经济出版社 1985 年版，第 1 页。

人的作用和能力，以扩大人的选择机会的过程。"①《2004年人类发展报告》提出："人类发展首先、而且根本的是让人们过上他们选择的生活，并为他们提供条件和机会使之能够实现这样的选择。"②《2006年人类发展报告》提出："人类发展首先、而且根本的是让他们过上他们喜欢的生活，并且使得他们能够实现其作为人类的潜能。"③

正是这一系列作为联合国开发计划署之重要产品的报告，曾被誉为"联合国开发计划署（UNDP）的一颗王冠宝石"④。而联合国开发计划署之所以以《人类发展报告》为傲，理由之一便是《人类发展报告》不仅提出了关于"人类发展"的崭新而具有持久生命力的定义，而且提出了超越GNP、GDP等核算标准的发展尺度，即人类发展指数（Human Development Index，HDI）。

事实上，到2004年为止，人类发展报告已经逐步形成了以人类发展指数（HDI）为中心，发展中国家的人类贫困指数（HPI-1）、高收入国家的贫困指数（HPI-2）、性别发展指数（GDI）和性别赋权尺度（GEM）指标共同构成的，包括八大方面、32个系列、100多项的评价和目标体系。其中八大方面是（更具体的见表1-1）：

检测人类发展，扩大人类选择：人类发展指数、人类发展指数趋势、人类与发展中国家的收入贫困、人类与OECD国家及相关国家的收入贫困。

过上健康长寿的生活：人口统计趋势，对卫生保健的承诺（资源、可及性与服务），水、卫生设施和营养状况，导致全球健康危机与风险的因素，生存状况（进步与倒退）。

获取知识：对教育的承诺（公共支出）、读写能力与入学状况、技术（扩散与创造）。

获得体面的生活所需的资源：经济业绩、收入或消费的不平等、贸

---

① UNDP, Human Development Report 2000: Human Rights and Human Development. Oxford University Press, 2000, pp. 17.

② UNDP, Human Development Report 2004: Cultural Liberty in Today's Diverse World, Oxford University Press, 2004, pp. v.

③ UNDP, Human Development Report 2006: beyond scarcity: power, poverty and the global water crisis, Oxford University Press, 2006, pp. v.

④ UNDP, Human Development Report 1998: Consumption for Human development, Oxford University Press, 1999, pp. v.

易的结构、富国的责任（援助）、富国的责任（债务减免和贸易）、援助流量和私人资本与债务、公共支出中的优先事项、OECD 国家中的失业。

为后代而保护环境：能源与环境。

确保个人安全：难民与军备、罪犯受害者。

实现男女平等：与性别相关的发展指数、性别赋权尺度、教育中的性别不平等、性别工作负担与时间分配、妇女对政治的参与。

人权与劳工权利文书：重要国际文书的签署情况、劳工权利基本公约的签署情况、人类发展指数地区视角、联合国其他成员国的基本指标。

在这一体系中，人类发展指数是其核心，这个指数同时量度人民的健康、教育情况和经济表现，各指标的重要性均等。包括——健康生活：预期寿命；知识水平：成人（15 岁及以上）识字率、入学率知识，用成人识字率（占三分之二的权重）以及小学、中学和大学综合毛入学率（占三分之一的权重）来表示；生活标准：人均国民生产总值（按购买能力评价）。

在计算 HDI 之前，需要先生成以上三个方面的分项指数，即预期寿命指数、教育指数和国内生产总值指数。首先选定每个指标的最大值和最小值，采用下面一般公式把每个方面的数值表示为 0 到 1 之间的数值。

分项指数值 =（实际值 – 最小值）/（最大值 – 最小值）

一旦 HDI 指数被计算出来，HDI 即为三项指数的算术平均。HDI 介于 0 和 1 之间，可分为——高度人类发展地区：人类发展指数在 0.8 或以上；中度人类发展地区：人类发展指数在 0.5 至 0.799 之间；低度人类发展地区：人类发展指数在 0.5 以下。

该指数从动态上对人类发展状况进行了反映，揭示了一个国家的优先发展项，为世界各国尤其是发展中国家制定发展政策提供了一定依据，从而有助于挖掘一国经济发展的潜力。同时，通过分解人类发展指数，可以发现社会发展中的薄弱环节，为经济与社会发展提供预警。

人类发展指数影响广泛源于其自身的优点。该指数表明：对一个国家福利的全面评价应着眼于人类发展而不仅仅是经济状况。它易于获得数据，倾向于关注人类发展而不是经济状况以对国家的综合福利开展排名。它易于计算，并且使用的方法比较简单。人类发展指数适用于不同的群体，可通过调整反映收入分配、性别差异、地域分布、种族之间的差异，这样人群的悬殊差别将不会在国民人均 HDI 中漏掉。

目前，以人类发展指数为主和以性别发展指数与性别赋权尺度、发展中国家的人类贫困指数、高收入国家的贫困指数作为补充的人类发展指标体系已经得到国际社会和各国的普遍接受。这一指标体系既被用于衡量各国人类发展状况的国际排名，也被用于衡量各国内部不同地区的人类发展状况。每年公布的人类发展状况的国际排名已经引起各国政府、媒体和公民社会的关注。

总之，将 HDI 作为全面评价人类发展水平的测度指标，与在其之前甚至在目前仍是最主要的比较国家间经济实力和发展水平的指标 GDP 相比，无疑有着明显的进步，包括对 GDP 的调整、对健康和教育的关注，都向着人的全面发展的含义更靠近了一步，也无疑为人们评价人类全面发展程度提供了一个新的思路。但人类发展指数也存在一定的缺陷：

首先，在指标选择上也具有任意性，特别是确定人类发展所包括的三个部分。这三个方面几乎不存在内在联系，甚至仅取决于文化背景。如前所述，它仅仅选择预期寿命、成人识字率和实际人均 GDP 三个指标来评价一国人口全面发展情况是不全面的，而且这三个指标仅与健康、教育和生活水平有关，无法全面反映一国人口素质发展水平，也不可能反映出人类发展的完整图景。其次，据有关研究表明，HDI 与其各个构成指标之间存在高度的正相关；而且该指标还主观认为三个分项指标对人类发展水平的共享或影响总是恒定不变的，这样就有可能掩盖人类发展中存在的不协调现象。

当然，对于在和谐社会建设中建构人的全面发展指标体系的研究而言，人类发展指数仍然不失为重要的参照思路之一。

表 1-1　联合国计划发展署《人类发展报告》中使用的主要人类发展指标

一、人类发展指数

1. 出生时预期寿命（岁）
2. 成人识字率（占 15 岁及以上人口的百分比）
3. 小学、中学和大学综合毛入学率（%）
4. 人均 GDP（PPP 美元）
5. 预期寿命指数
6. 教育指数
7. GDP 指数
8. 人类发展指数（HDI）数值
9. 人均 GDP（PPP 美元）位次减去 HDI 位次

二、人类与收入贫困发展中国家

1. 人类贫困指数（HPI-1）/数值（%）、人类贫困指数（HPI-1）/位次
2. 自出生起不能活到 40 岁的概率（占同群组人口的百分比）
3. 成人文盲率（占 15 岁以上人口的百分比）
4. 不能持续获得改善水源的人口（%）
5. MDG 相对于年龄体重不足的儿童（占 5 岁以下儿童的百分比）
6. MDG
   低于收入贫困线的人口（%）/每日 1 美元
   低于收入贫困线的人口（%）/每日 2 美元
   低于收入贫困线的人口（%）/国家贫困线
7. HPI-1 位次减去收入贫困排名位次

三、人类与收入贫困 OECD 国家，中、东欧和独联体

1. 人类贫困指数（HPI-1）/数值（%）、人类贫困指数（HPI-1）/位次
2. 自出生起不能活到 60 岁的概率（占同群组人口的百分比）
3. 不具备功能性识字技能的人口（占 16—65 岁人口的百分比）
4. 长期失业者（占劳动力的百分比）
5. 低于收入贫困线的人口（%）/只及中等收入的 50%
   低于收入贫困线的人口（%）/每日 11 美元
   低于收入贫困线的人口（%）/每日 4 美元
6. HPI-2 位次减去收入贫困排名名次

四、人口统计趋势

1. 总人口（百万人）
2. 年度人口增长率
3. 城市人口（占总人口的百分比）
4. 15 岁以下人口（占总人口的百分比）
5. 65 岁及以下人口（占总人口的百分比）
6. 总和生育率（每名妇女生育数）

五、对卫生保健的承诺：资源、可及性与服务

1. 卫生保健支出/公共（占 GDP 的百分比）
              /私人（占 GDP 的百分比）
              /人均（PPP 美元）
2. MDG 1 岁儿童完全免疫情况/结合病（%）
                        /麻疹（%）
3. 口服再水化疗法使用率（%）
3. 避孕普及率（%）
4. MDG 熟练医护人员护理下的分娩（%）

5. 医生（每 10 万人拥有量）
6. MDC 可持续获得可负担的基本药物的人口

六、水、卫生设施和营养状况

1. MDG 可持续获得改善的卫生设施的人口（百分比）
2. MDG 可持续获得改善的水源的人口
3. MDG 营养不良人口（占总人口的百分比）
4. MDG 相对于年龄体重不足的儿童（占 5 岁以下儿童百分比）
   相对于年龄身高不足的儿童（占 5 岁以下儿童百分比）
   出生时体重不足的婴儿（百分比）

七、导致全球健康危机与风险的因素

1. HIV 流行情况（占 15—49 岁人口的百分比）
2. MDG 上一次高危性行为中避孕套使用情况
   （占 15—24 岁人口的百分比）/女性
   /男性
3. MDG 疟疾病例（每 10 万人）
4. MDGS 岁以下儿童/使用经杀虫剂处理蚊帐的儿童（百分比）
   /得到抗疟药物治疗的发烧儿童（百分比）
   /每 10 万人
5. MGD 结核病例/通过 DOTS 诊断的（百分比）
   /通过 ODTS 诊断的（百分比）
6. 吸烟流行情况（占成人的百分比）/女性
   /男性

八、生存状况：进步与倒退

1. 出生时预期寿命（岁）
2. MDG 婴儿死亡率（每千例活产儿）
3. MGDS 岁以下儿童死亡率（每千例活产儿）
4. 自出生起活到 65 岁的概率/女性（占同群组人口的百分比）
   /男性（占同群组人口的百分比）
5. 孕产妇死亡率/报告的比率（每 10 万例活产）
   /调整后的比率（每 10 万例活产）

九、对教育的承诺：公共支出

1. 公共教育支出/占 GDP 的百分比
   /占政府总支出的百分比
2. 各级教育的公共支出（占所有教育级别的百分比）/学前和小学教育
   /中学
   /大学

十、读写能力与入学状况

1. 成人识字率（占 15 岁及其以上人口的百分比）
2. MD 青年识字率（占 15—24 岁人口的百分比）
3. MGD 小学净入学率（百分比）
   中学净入学率（百分比）
4. MGD 读到五年级的儿童（占一年级学生的百分比）
5. 理工科大学学生人数（占大学学生总人数的百分比）

十一、技术：扩散与创造

1. MDG 电话主线（千分比）
2. MDG 移动电话用户（千分比）
3. MGD 移动电话用户（千分比）
4. 国内居民获得的专利（件/百万人）
5. 收到的版权与许可权费（人均美元）
6. 研究与开发支出（占 GDP 的百分比）
7. 从事研发的科学家与工程技术人员（每百万人）

十二、经济业绩

1. GDP / 10 亿美元
       / 10 亿 PPP 美元
2. 人均 GDP / 美元
            / PPP 美元
3. 人均 GDP 年增长率（百分比）
4. 人均 GDP / 的最高值（P 即美元）
            / 达到最高值的年份
5. 消费价格指数年均变化（百分比）

十三、收入或消费的不平等

1. MGD 占收入或消费的份额（百分比）/ 最贫困的 10%
                              / 最贫困的 20%
                              / 最富裕的 20%
                              / 最富裕的 10%
2. 不平等的衡量尺度 / 最富裕的 10% 与最贫困的 10% 之比
                / 最富裕的 20% 与最贫困的 20% 之比
                / 基尼指数

十四、贸易结构

1. 货物与服务进口（占 GDP 的百分比）
2. 货物与服务出口（占 GDP 的百分比）
3. 初级商品出口（占商品出口额的百分比）

4. 制成品出口（占商品出口额的百分比）
5. 高科技产品（占商品出口额的百分比）
6. 贸易比价（1980 = 100）
7. 净官方发展援助（ODA）拨付额／总额（百万美元）
　　　　　　　　　　　／MGD 相当于 GNI 的百分比
8. 捐助国人均 ODA（2001 年美元）
9. MDG 给予欠发达国家的 ODA（占援助总额的百分比）
10. MDG 对基本社会服务的 ODA（占援助总额的百分比）
11. MGD 非捆绑式的双边 ODA（占援助总额的百分比）

十六、富国的责任：债务减免与贸易
1. 债务减免／对 HPIC 信托基金的双边承诺（百万美元）
　　　　　　／放弃的双边债务总额（百万美元）
2. 贸易／平均关税壁垒与非关税当量
3. 货物进口／来自发展中国家／总额（百万美元）
　　　　　　／占总进口的份额（%）
　　　　　　／来自欠发达国家／总量（百万美元）
　　　　　　／占总进口的份额（%）

十七、援助流量、私人资本与债务
1. 收到的官方发展援助（净拨付额）／总额（百万美元）
　　　　　　　　　　　　　　　　　／人均（美元）
　　　　　　　　　　　　　　　　　／相当于 GDP 的百分比
2. 净外国直接投资流入量（相当于 GDP 的百分比）
3. 其他私人流量（相当于 GDP 的百分比）
4. MGD 债务本息偿还总额／相当于 GDP 的百分比
5. 相当于货物与服务出口额的百分比

十八、公共支出中的优先事项
1. 用于教育的公共支出（相当于 GDP 的百分比）
2. 用于卫生保障的公共支出（相当于 GDP 的百分比）
3. 军费开支（相当于 GDP 的百分比）
4. 债务本息偿还总额（相当于 GDP 的百分比）

十九、OEDC 国家的失业
1. 失业人口（千人）
2. 失业率／总失业率（占劳动力的百分比）
　　　　　／年均失业率（占劳动力的百分比）
　　　　　／女性失业率（相当于男性的百分比）
3. MGD 青年失业率／总失业率（占 15—24 岁的劳动力的百分比）

　　　　　　　　　　/女性失业率（相当于男性的百分比）
4. 长期失业率（占总失业人口的百分比）/女性
　　　　　　　　　　　　　　　　　　　　/男性

二十、能源与环境

1. 传统燃料消费（占总能源需求量的百分比）
2. 人均电力消费（千瓦时）
3. MDG 单位能源使用产生的 GDP（1995 年 PPP 美元/千克石油当量）
4. MDG 二氧化碳排放量/人均排放量（公吨）
5. 占世界总排放量的份额（%）
6. 对环境条约的批准情况/卡塔赫纳生物多样性议定书
　　　　　　　　　　　/气候变化框架公约
　　　　　　　　　　　/关于气候变化框架公约的京都议定书
　　　　　　　　　　　/生物多样性公约

二十一、难民与军备

1. 国内流离失所者（千人）
2. 难民/按收容国计算（千人）
3. 按原属国计算（千人）
4. 常规武器交易（1990 年价格）/进口（百万美元）
　　　　　　　　　　　　　　　/出口（百万美元）
　　　　　　　　　　　　　　　/所占份额（%）
5. 武装力量总数/千人
　　　　　　　　/指数

二十二、罪案受害者

1. 年份
2. 罪案受害人数（占总人口的百分比）/总罪案
　　　　　　　　　　　　　　　　　　/财产案
　　　　　　　　　　　　　　　　　　/抢劫
　　　　　　　　　　　　　　　　　　/强奸
　　　　　　　　　　　　　　　　　　/威胁
　　　　　　　　　　　　　　　　　　/行贿受贿（腐败）

二十三、与性别相关的发展指数

1. 性别发展指数（GDI）/排名
　　　　　　　　　　　/指数值
2. 出生时预期寿命（岁）2002/女性
　　　　　　　　　　　　　　/男性
3. 成人识字率（占 15 岁以上人口的百分比）/女性

　　　　　　　　　　　　　　　　　/男性
4. 小学、中学和大学综合毛入学率（%）
5. 收入估计数（PP美元）/女性
　　　　　　　　　　　/男性
6. HDI位次减去GDI排名

二十四、性别赋权尺度
1. 性别赋权尺度（GME）/排名
　　　　　　　　　　　/数值
2. MGD妇女在议会中的席位（占总席位的百分比）
3. 女性立法人员、高级官员和管理人员（占总数的百分比）
4. 女性专业和科技工作者（占总数的百分比）
5. 女性对男性收入估计数之比

二十五、教育中的性别不平等
1. 成人识字率/女性识字率（占15岁及其以上人口的百分比）
　　　　　　/女性与男性识字率比率
2. MDG青年人识字率/女性识字率（占15—24岁人口的百分比）
　　　　　　　　　/女性与男性识字率比率
3. MDG小学净入学率/女性入学率（%）
　　　　　　　　　/女性与男性入学率比率
4. MGD中学净入学率/女性入学率.（%）
　　　　　　　　　/女性与男性入学率比率
5. MDG大学净入学率/女性入学率（%）
　　　　　　　　　/女性与男性入学率比率

二十六、经济活动中的性别不平等
1. 女性经济活动参与率（15岁及其以上人口）/比率（%）
　　　　　　　　　　　　　　　　　　　　/指数
　　　　　　　　　　　　　　　　　　　　/相当于男性参与率的百分比
2. 按经济活动划分的女性就业（%）/农业/总数
　　　　　　　　　　　　　　　　/相当于男性就业率的百分比
　　　　　　　　　　　　　　　　/工业/总数
　　　　　　　　　　　　　　　　/相当于男性就业率的百分比
　　　　　　　　　　　　　　　　/服务业/总数
　　　　　　　　　　　　　　　　/相当于男性就业率的百分比
3. 作出贡献的家庭劳动者/女性
　　　　　　　　　　　/男性

二十七、性别、工作负担与时间分配

1. 年份
2. 工作负担/总工作时间（分钟/日）/女性
　　　　　　　　　　　　　　　　/男性
　　　　　　　　　　　　　　　　/女性工作时间（相当于男性的百分比）
3. 时间分配（%）/总工作时间/市场性活动
　　　　　　　　　　　　　　/非市场性活动
　　　　　　　　/女性的时间花费/市场性活动
　　　　　　　　　　　　　　　/非市场性活动
　　　　　　　　/男性的时间花费/市场性活动
　　　　　　　　　　　　　　　/非市场性活动

二十八、妇女对政治的参与
1. 妇女获得下列权利的年份/选举权
　　　　　　　　　　　　/被选举权
2. 首位妇女当选（E）或指定（A）为国会议员的年份
3. 部级政府官员中的妇女（占总数的百分比）
4. MGD议会中妇女占有的席位（占总数的百分比）/下议院或专项议院
　　　　　　　　　　　　　　　　　　　　　　/上议院或参议院

资料来源：联合国计划发展署：《2004人类发展报告》。

六、千年发展目标研究及启示

在2000年联合国总部纽约举行的千年峰会上，世界189个国家的147位元首和政府首脑一致通过了一份《千年宣言》，这份宣言代表了一系列简单而有力的客观标准与目标，不仅代表了各国为促进发展作出的庄严承诺，而且也成为国际社会衡量各国发展进程的重要尺度。

整个宣言由8个总目标和18项具体目标构成，它们是所有与会的联合国成员国都承诺到2015年要实现的目标。8个总目标分别是：一、消除极端贫困和饥馑（在1990—2015年间，将每天生活费不足1美元的人口比例减半；在1990—2015年间，将遭受饥饿的人口比例减半）；二、普及初等教育（确保到2015年所有的男孩和女孩完成全部的初等教育）；三、促进性别平等，赋权于女（最好到2005年消除初等和中等教育中存在的性别不平等现象，到2015年在各级教育中消除性别不平等现象）；四、降低儿童死亡率（到2015年将5岁以下儿童的死亡率降低2/3）；五、改善孕、产妇健康（到2015年将产妇死亡率降低3/4）；六、与艾滋病、疟疾及其他疾病作斗争（包括到2015年遏止并开始扭转艾滋病的蔓延,以及到2015年遏止并降低疟疾及其他主要疾病的发病率);七、确保环境的可持续能力(即将可持续发展的原则与国家政策和计划相结合,扭转环境资源流失的趋势,将无法持续地获得安全饮用水地人口比例减少一半,到2020年,使至少1亿贫民窟居民的生活有明显改善);八、建立促进全球发展的伙伴关系(内容涉及建立公正合理的国际贸易和金融体制、满足最不发达国家的特殊需要、满足内陆国和小岛屿发展中国家的特殊需要、解决发展中国家的债务问题、与发展中国家合作为青年创造就业机会、与制药公司合作为发展中国家提供基本药物、与私营部门合作提供新型科学技术等)①。

这些目标是以一些国际公认的基本的价值观为指导的,如自由、平等、宽容、尊重自然、共担责任,是基于人类的基本需要,以人为中心并且是可以测量的。它将关注的焦点放在人们的生活状况之上,重视培养和提高贫困人口基本能力和素质,将公正作为衡量社会进步的重要指标,并重视环境的可持续发展,因而尽管多数属于人类生存的基本需要层次的,但也并非在中国都已经彻底解决了,其中也有一些应当是建设社会主义和谐社会中实现人的全面发展的最基础的,也是最基本的目标(详见表1-2)。

表1-2 联合国"千年发展目标"

目标Ⅰ 消除极端贫困和饥饿
1. 每日收入不足1美元(PPP)的人口比例
2. 贫困差距比例(贫困的发生率X深度)
3. 最穷的20%人口占全国消费的比例
4. 5岁以下体重不足儿童比例
5. 饮食摄入热量低于最低水平的人口比例

目标Ⅱ 普及初等教育
6. 小学净入学率
7. 读到5年级的小学生比例
8. 15—24岁的青年人的识字率

目标Ⅲ 促进性别平等,赋权于妇女
9. 初、中、高学校中女孩对男孩的比率

---

① 参见 United Nations, Indicators for Monitoring the Millennium Development Goals, NY: UN, 2003.

10. 15—24 岁之间识字女性对男性的比率
11. 非农业部门带薪女性职员的比例
12. 国民议会中女性占据席位的比例

目标Ⅳ　降低儿童死亡率

13. 5 岁以下儿童死亡率
14. 婴儿死亡率
15. 周岁儿童接种麻疹疫苗的比例

目标Ⅴ　改善孕产妇健康

16. 孕产妇死亡率
17. 有熟练医护人员护理的分娩所占比例

目标Ⅵ　与艾滋病、痢疾及其他疾病作斗争

18. 15—24 岁孕妇中艾滋病感染率
19. 避孕措施普及率中避孕套的使用率
19a. 15—24 岁青年人中对艾滋病有全面正确了解的人的比例
19b. 10—14 岁孤儿在校生与非孤儿在校生的比率
20. 10—14 岁孤儿在校生与非孤儿在校生的比率
21. 疟疾的感染率和死亡率
22. 疟疾高危地区使用有效的疟疾预防和治疗措施的人口比例
23. 结核病的感染率和致死率
24. 结核病病例中用 DOTS 发现和治愈的比例

目标Ⅶ　确保环境的可持续性

25. 土地森林覆盖率
26. 为保护生物多样性而设立的保护区域地表面积之比
27. 每 1 美元 GDP（PPP）使用的能源（千克石油当量）
28. 人均二氧化碳排放量和对消耗臭氧层的含氯氟烃的消费量（ODP 吨）
29. 作为固体燃料的人口比例
30. 城市和农村可持续获得改善后水源的人口比例
31. 城市和农村可获得改善后卫生设施的人口比例
32. 能获得可靠的住房使用权的家庭所占比例

目标Ⅷ　建立促进发展的全球伙伴关系

33. ODA 净拨付额（总额及对欠发达国家的援助额）占 OECD/DAC 捐助国国民总收入（GNI）的百分比
34. OECD/DAC 捐助国对基本社会服务（基本教育、基本卫生保健、营养、安全用水和卫生设施）的全部双边、可针对行业拨付的 ODA 所占的比例
35. OECD/DAC 捐助国非捆绑式的双边 ODA 所占的比例
36. 内陆国得到的 ODA 相当于国民总收入的百分比

37. 小岛屿发展中国家得到的 ODA 相当于国民总收入的百分比
38. 发达国家从发展中国家及欠发达国家免征关税的进口总值（按价值计，不含武器）所占的比例
39. 发达国家对来自发展中国家的农产品、纺织品和服装征收的平均关税需要
40. 经合组织国家农业补贴估计相当于其国内生产总值的百分比
41. 为帮助建设贸易能力而提供的加 A 所占的比例
42. 已到达 HIPC 决定点的国家总数和已到达 HIPC 完成点（累积性）的国家总数
43. 在 HIPC 债务倡议下承诺的债务减免
44. 债务还本付息额占商品和服务出口的百分比
45. 15—24 岁之间的男性、女性和总体失业率
46. 能持续获得负担得起的基本药物的人口比例
47. 电话主线和移动电话用户（每百人拥有量）
48a. 在用个人电脑（每百人拥有量）
48b. 因特网用户（每百人拥有量）

资料来源：联合国计划发展署《2003 人类发展报告》。

七、MDP 指标体系研究与发展

2004 年 3 月，英国新经济基金会组织（NEF）的蒂姆·杰克逊（Tim Jackson）教授发表了一文，提出一个新的衡量人类发展进步的指标体系——国内发展尺度（MDP, Measure of Domestic Progress），它通过将经济进步、环境成本、资源消耗和社会因素包含在一个简单的复合指标中来反映对于人类发展的社会进步。综合这些因素强有力地揭示了在一段时期内与国内人口发展目标相关的趋势。事实上，在此前的 20 多年中，西方国家的研究人员为建立这类指数进行了各种尝试，其中包括：诺德豪斯和托宾的经济福利指数、戴尔和库伯的可持续经济福利指数（ISEW），以及美国的"发展重定义组织"（Redefining Progress）建立的真实进步指数（GPI）。过去 10 多年里，德国、瑞典、澳大利亚、意大利、智利和其他国家也纷纷创设类似标准。MDP 模型参考了这些成果，尤其是参考了 ISEW[①]。

最终，国内发展尺度（MDP）指数的确提供了从一系列不相干的指

---

① 仲大军：《MDP——衡量经济发展和社会进步的新指标》，载《国际先驱论坛报》，2004 年 4 月 7 日。

标中无法得到的深入认识。特别是，它的确反映了旨在影响社会进步、经济增长、环境保护和谨慎使用自然资源的政策所发挥的作用。可以说，国内发展尺度指数使我们得以在很长时期内对国内持续发展方面的进步作出系统性的监测和评估。

此外，从指标设计上，MDP 指标体系主要由 4 个方面 21 个指标构成，涉及经济指标、社会成本、环境成本、节约使用自然资源（见表 1-3）。这些目标更关注的是，经济的可持续发展和人与人、人与自然的和谐安全，人的生活质量。因此，与传统 GDP 指标的主要不同，在于 MDP 指标体系是一种调整过的经济指标，它扣除了为抵消社会和环境成本而耗费的开支（保护性开支），考虑了长期的环境损毁和自然资本贬值，肯定了为确保谨慎投资和贸易平衡进行的一系列经济调整，收入分配方面的变化也被考虑在内。换句话说，此种指标体系改变了 GDP 的消费开支，使其包含通常不在计算范围之内的社会和环境代价及收益，从而提供一个单一的成绩指标。这个指标体系作为一种积极的衡量经济可持续发展的国内指标的设想，弥补了 GDP 只重数量产值的缺陷，为我们找到同自然界和谐相处的人的全面发展模式和目标，提供了需要特别值得注意和借鉴的方面。

表 1-3 英国 MDP 指标的构成

类型	指标	对 MDP 的影响
经济指标	消费者支出	+
	国内劳动力服务价值	+
	教育与卫生的公共(非防御性)支出	+
	消费者耐用品和服务流的支出区别	-
	净资产增长	+
	净国际地位	
社会指标	在收入分配中的不平等效果	
	教育卫生上的私人(防御性)支出	
	交通指标	
	车祸指标	
	噪声危害指标	
	犯罪指标	
	家庭破裂指标	

类型	指标	对 MDP 的影响
环境指标	个人污染控制指标 空气污染指标 水污染指标 气候变化估计指标 臭氧损耗指标	- - - - -
自然资源的谨慎使用	自然资源的流失 耕地的流失 有限自然资源的耗用	- - -

注："+"表示正影响,"-"表示负影响。
资料来源：英国新经济基金会，2004。

八、主观幸福指标体系研究与探索

可以说，作为发展研究一个重要领域的发展指标，在60年代之前的几乎都是客观层面的内容。进入60年代以后，由于综合发展观的影响，研究也逐步向更广泛、深入的领域扩展，主观层面的内容在发展指标体系中的地位开始受到重视。其中以测量个体维度主观层面的生活满意度或幸福感的指标体系研究，在当时美国兴起的"社会指标运动"中出现了。

事实上，幸福是人们对现实生活的主观反映，它既同人们生活的客观条件密切相关，又体现了人们的需求和价值。幸福指数是一种人们主观感受的尺度，衡量主观幸福（Subjective Well-Being, SWB）的不同方面，例如生活满意度或快乐感。它可以为我们提供反映一国在任何时刻"心情"的心理"快照"[①] 近年来它对人类发展评价的价值，也在国际上引起重视，可望成为衡量国家人口发展水平的一个重要标准。

具体说来，幸福指数最早是由美国经济学家萨缪尔森提出的。他认为幸福等于效用与欲望之比，即，幸福＝效用/欲望。效用是人们消费某种物品或服务所得到的满足程度，而欲望则是一种缺乏的感觉与求得满足的欲望。当效用给定时，欲望越大，幸福值越小。这个幸福方程式表

[①] Tim Jaekson: Chasing Progress: Beyond measuring economic growth http://www.neweconomics.org/gen/z_sys_Publication.

明:幸福就是通过调节自己的需求,从工作中获得成就和生活的充实。

20世纪70年代,南亚的不丹国国王第一次将幸福指数引入宏观领域中,创造性地提出了由政府善治、经济增长、文化发展和环境保护四方面组成的国民幸福总值指标,提出政府应关注人民幸福,以实现幸福最大化为目标。不丹模式得到了世界许多国家的认同。此后,"主观幸福"等较具代表性的主观发展指标在人类发展研究和测量中日益扮演着一种不可替代的角色。

近年来,美国、英国、荷兰、日本等发达国家都开始研究"幸福指数",并创设了不同的幸福指标模式。

1996年,《美国工商人口》杂志发表了由它们构建的幸福指数,每个月公布一次,以全面衡量国民的幸福状况。这是一个包括收入和就业机会、生产力和技术、休闲、消费者态度、社会和物质环境五大领域的复合指标。

同年,荷兰Erasmus大学的社会学教授维黑文(Ruut Veenhoven)研究了一套衡量多国人民生活质量的快乐生命期待值指数[1]。他研究了20世纪90年代初期48个国家公民的平均快乐生命期待值。研究发现,在一些富裕、自由、平等、教育程度高、社会和谐的国家,快乐生命期待值较高;相反的国家就较低,比如在西欧国家其期待值大约为60,而非洲国家则低于35。高快乐生命期待值意味着公民寿命长且生活快乐,低快乐生命期待值表示公民寿命短且生活不幸。中等快乐生命期待值包括三种情况:①寿命、幸福均中等;②寿命长但生活不幸福;③寿命短但生活幸福。

2006年7月,英国"新经济基金"与该国"地球之友"组织共同撰写了一份名为《幸福星球指数》的报告。该报告对全球178个国家及地区做的一次"幸福指数"大排名。幸福星球指数(HPI)不是用于衡量地球上最幸福的国家,或最宜居住的国家,也不是用于衡量世界上最发达的国家或对环境最友好的国家,它是一个衡量各国人民在创造长久、幸福生活的同时看各国在生态资源利用上是否合理、有效,是否以较少的消耗实现了较大的价值,即人类幸福生活的生态效率的指标。

幸福星球指数由三部分构成:生活满意度、预期寿命及生态足迹。

---

[1] Veenhoven, Ruut. 1996. "Happy Life – Expectancy: A Commprhensive Measure of Quality – of – Life in Nations." Social Indicators Research39.

计算公式为：幸福星球指数 =（生活满意度 × 预期寿命）/ 生态足迹。

其中，生活满意度数据主要来自世界幸福数据库（world database of happiness）和世界卫生组织 2002 年的世界卫生调查；预期寿命数据来自 2003 年联合国人类发展报告；生态足迹数据主要来自全球生态足迹网（global footprint network）中的《2004 年地球生态报告》（living planet report 2004）。生态足迹（Ecological Footprint）是一个高度综合的复杂指标，它最早由加拿大不列颠哥伦比亚大学规划与资源生态学教授里斯（Willian E. Rees）提出，并由其学生瓦克纳戈尔（Wackernagel）于 1996 年完善。它是通过收集一个区域或国家人口的衣、食、住、行以及他们所产生的废弃物方面的数据，把它们折算成可以生产或吸收这些资源的陆地或水域生态系统的面积计算得出。

幸福星球指数在所有的幸福指数中可算是独树一帜，具有鲜明的特色。首先，大部分幸福指数注重衡量幸福的产出，而幸福星球指数则关注幸福的投入产出比；其次，它衡量的是一种相对的幸福，而其他多数幸福指数衡量的却是绝对幸福；最后，如果说多数幸福指数衡量的是人类的幸福，体现以人为本的思想，而幸福星球指数衡量的则是人类和生态的共同幸福，反映的是可持续发展的观念。

就国内研究来看[①]，幸福指标从上世纪 80 年代以来，也开始见诸中国报端和中国的学术界。而对主观幸福感的测量，大致是从 80 年代中期开始的。一些研究者在研究我国人民生活质量的过程中，不同程度涉及主观幸福感测量问题。他们大致沿用了国外同类研究的思路和方法。例如，林南等对上海市民的生活满意感研究，主要考察指标便是家庭生活、职业的社会特征、职业收入与家庭经济、文化休闲条件、公共服务设施、住房及环境、家庭外社会关系、子女教育 8 个具体领域的满意度[②]。胡君辰采用自编的《生活满意感心理测试问卷》对中老人的生活满意感进行了跨文化研究，他的问卷包含了 35 个项目（其中 5 道测谎题），涉及过去自我、现在自我、未来自我、社会物质、人际关系、社会活动 6 个方

---

① 为了资料的完整性，本书将国内主观幸福指数研究置于此处，以便于更好地归纳与分析，下文将不再赘述。

② 参见林南、卢汉龙：《社会指标与生活质量的结构模型探讨》，载《中国社会科学》，1989 年第 4 期。

面的满意感①。这类研究一般也涉及总体满意感的测量，但基本上没有见到总体满意感的多项目自陈量表使用报告。也有人采用安德鲁斯（Andrews）和薇西（Withey）的人的主观幸福感测验对大学生的主观幸福感进行了研究②，但没有见到对该工具在中国被试中试用的测量特性报告。随后有人更是采用《性格与社会心理测量总览》一书中所介绍的一些主观幸福感量表对我国城市居民主观幸福感进行了研究，他们在研究中采用了欧洲晴雨表、梯形评尺、卡曼（Kammann）情感量表等，但基本上也没有对这些量表在我国城市居民中运用的测量特性进行报告③。

国内心理健康层面主观幸福感研究主要针对的是一些特殊群体。在老年人主观幸福感研究方面，杨彦春较早采用纽芬兰纪念大学幸福度量表对我国老年人幸福度进行了调查研究④。后来有人对该量表进行了修订。这一量表在最近几年国内的老年群体主观幸福感研究中得到较多的运用。郭晋武较早报告了采用生活满意指数量表对我国城市老年人生活满意感方面研究的结果⑤。许淑莲等在一项有关离退休干部生活质量方面的研究中，采用了安德鲁斯（Andrews）等人编制的生活质量量表、布拉德本（Bradburn）情感平衡量表以及纽芬兰纪念大学幸福度量表⑥。有的研究者对我国少儿群体主观生活质量进行了测量，他们所编制的问卷也具有明显的心理健康取向。

在与健康有关的生活质量方面，有人根据世界卫生组织生活质量量表编制了 WHOQOL–100 中国版⑦。有研究者还自编了一些测量特定病症患者生活质量的量表，例如，用于测量社区正常人以及直肠癌病人生活

---

① 参见胡君辰：《中老年人生活满意感的跨文化心理学研究》，华东师范大学博士论文，1988年。

② 参见何瑛：《重庆大学生主观幸福感状况及其影响因素》，载《重庆师专学报》，2000年第2期。

③ 参见迟丽萍、辛自强：《幸福感：认知与情感成分的不同影响因素》，载《心理发展与教育》，2002年第2期。

④ 参见杨彦春：《老人幸福度与社会心理因素的调查研究》，载《中国心理卫生杂志》，1988年第1期。

⑤ 参见郭晋武：《城市老年人生活满意感及其影响因素的研究》，载《心理学报》，1992年第1期。

⑥ 参见许淑莲等：《离退休干部的生活质量与自觉幸福感及其影响因素研究》，载《中国心理卫生杂志》，1993年第2期。

⑦ 参见方积乾等：《世界卫生组织生活质量量表中文版的信度与效度》，载《中国心理卫生杂志》，1999年第4期。

质量的综合性生活质量量表（GQOLI）、直肠癌病人生活质量评估问卷（QOLI - RCP）、中国癌症患者化学生物治疗生活质量量表（QLQ - CCC）、老年原发性高血压患者生活质量表等。

本世纪以来，有两位学者的研究则起到了至关重要的带头作用。一位是山东省委党校的邢占军，另一位是芝加哥商学院的奚恺元教授。多年研究幸福指数的邢占军博士提出主观幸福感测量问题。他认为幸福感是由人们所拥有的客观条件以及人们的需求价值等因素共同作用而产生的个体对自身存在和发展状况的一种积极的心理体验，它是满意感、快乐感和价值感的有机统一。根据中国的文化背景对已有的国际幸福指数的多种研究，邢占军提出了中国城市的幸福衡量包括知足充裕体验、心理健康体验、社会信心体验、成长进步体验、目标价值体验、自我接受体验、身体健康体验、心态平和体验、人际适应体验、家庭氛围体验10个方面，涉及人的健康、满足和发展3个方面与需求和潜能发展相关的主要要求得到满足的程度（此内容在随后的章节中还将详细阐述）。而奚恺元教授对我国几大城市生活幸福感的调查也引起了人们的热烈关注。2004年他与瞭望东方周刊合作，以随机访问的方式，对北京、上海、杭州、武汉、成都六大城市进行幸福指数测试。2005年他与中国人力资源开发网合作，采用随机抽样电话访问的方式，对北京、上海、天津、重庆、成都、杭州、南京、沈阳、西安和广州十个城市进行城市幸福度调查。

总观之，所有这些有关幸福指数的研究表明，国内外的研究都得出了同一个十分接近的结论：目前通用的纯客观的经济社会评价标准，还不能充分反映人的全面发展的需要满足的程度和社会进步的程度，一个国家一个社会发展进步，还必须最终要以实现人自身的幸福快乐发展为目标。这个幸福快乐的目标，既有物质的前提，也有环境的、精神的、能力的、人际的、心理的构成。这对于我们准确定位当代中国人的全面发展的目标，建构人的全面发展指标体系，具有重要的启发和借鉴意义。

第二节 国内主要相关指标研究

在我国，人的发展评价研究始于20世纪80年代。基于社会发展和管理的需要，我国依据联合国组织关于"鼓励会员国自己确定它们所关心的社会问题并建立最适合各国社会、经济和其他发展领域的社会指标"的提示于20世纪80年代初开展了相关指标的理论研究和实践应用工作，相继建立了与人的全面发展相关的人口、环境、人民生活、教育、科学文化、卫生、体育、社会救济、社会治安等专项的社会统计，从不同角度反映人口发展变化。可以说，这些指标研究和统计工作无论是理论上还是方法上都有不少合理的、积极的成果，给我们提供了许多值得借鉴的东西。对此，本书试做一些简要的评述。

一、生活质量指标体系的相关研究

我国在20世纪80年代开始重视生活质量研究。80年代末90年代初在小康指标研究中中国社会学学者在某些地区作了生活质量实证研究，积累了一批有用资料。值得指出的是，我国的生活质量指数相对于PQLI指标（The Physical Quality of Life Index）即物质生活质量指数具有更加广泛的内涵，它不仅探讨了影响人们发展的客观条件，而且也在主观条件方面进行了探讨。总体说来，我国生活质量指标研究积累的资料来自两个方面，即小康指标体系（其中含生活质量指标）和社会学学者对生活质量指标体系的研究（分析理性研究和实证研究）。二者研究在大的方面有共识，但具体指标不尽一致。本文评析生活质量指标体系，以此探讨其在人的全面发展指标体系研究中的重大进展与意义。我们将以往生活质量指标研究归类为：主观指标和客观指标、小康指标和学者指标。

（一）客观生活质量指标

客观生活质量把研究重点放在影响人们全面发展的客观物质条件方面，即从影响人们物质生活和精神生活的客观条件方面入手。

世界银行在《1989年世界发展报告》中将生活质量指标归纳为4项，即平均多少人有1名医生，平均每日摄取热量，通货膨胀率，人均能源消费量。朱庆芳根据国际通行的贫困型、小康型、宽裕型、富裕型标准列出了按贫富区分的社会指标体系（国际标准）①，其中生活质量指标 9 个：平均多少人有 1 名医生、平均每日摄取热量、恩格尔系数、人均住房面积、农村饮用清洁水人口比例、年劳动工时、人均能源消费量、通膨率、贫富差距。还有人均收入，每万人拥有电视机、电冰箱，每百人拥有电话机，每日摄取蛋白质以及人均绿化面积，"三废"处理率，服务网点等等。这些是从物质基础上衡量居民发展所应具备的生活条件。还有婴儿死亡率、预期寿命等从客观结果上反映居民发展的客观条件。客观生活质量指标从居民消费、收入、吃、穿、住、行、社会文化、社会环境、社会服务等方面测量居民发展。

发展中国家大多重视客观发展指标。其原因有二：一是它们尚欠发达，居民尚处于求温饱之中。在物质需求没有得到充分满足时很难会有精神方面的追求。他们追求和最关心的当然也就是物质条件了。二是社会统计受社会发展程度制约。发展中国家的统计工作不可能超越社会发展阶段，发展中国家社会统计发展制约着指标的选择。这就是说发展中国家无论从需要上还是从客观可能性上都只能选择客观生活指标。

客观生活指标的局限性：一是物质条件与生活质量的不一致性。物质条件是生活质量的基础，没有一定的物质条件无从谈论生活质量，这是唯物论决定论原理。但是物质条件与生活质量，富裕并不一定等于幸福。处于相同物质条件的人们生活质量可以相差甚远，生活质量相同的人，其物质条件可能高低不同。具有相同的物质生活条件的人并不具有相同的主观感受，同样对生活均感到满意的人，他们不一定有相同的物质条件，知足常乐者即使对低物质条件也会感到满意。不仅如此，虽然巧妇难为无米之炊，但是不同的人，不同的安排，不同的计划，不同的关系，却可以使低收入的人生活得好，小至一个家庭，大至一个国家都如此。而客观指标无法评价人们的精神生活，精神生活与物质生活不一致。有些家庭物质生活并不富裕，但一家人和睦相处、子女成才、老人健康、夫妻恩爱、邻里友好。这样的家庭物质生活可能只是一个温饱，但整个生活质量却较高，家庭成员发展水平也能较好。有的家庭经济上很富有，但夫妻冷战、不思理家、子女没人爱，老人没人孝。这样的家庭能说生活质量高吗？不能！因此单由客观指标测量生活质量结果会走

---

① 朱庆芳：《小康社会体系及 2000 年目标的综合评价》，载《中国社会科学》，1992 年第 1 期。

上机械决定论误区。正是这种局限性引起我国学者对主观生活指标的兴趣。

(二) 主观生活质量指标

把研究重点放在对人们主观生活感受方面，旨在从反映人们生活舒适、便利程度的主观感受方面理解生活质量和人的发展。

以林南以及与其合作研究的卢汉龙、王玲等为代表，他们提出生活质量是人们对生活环境的满意度和对生活的全面评价，即对生活及其各方面的评价和总结。在林南及国外学者影响下，国内学者提出生活方便程度、精神生活、生活满意度、与领导的关系、与同事关系、朋友交往、社会安全感、婚姻生活、配偶理解程度、家庭成员间关系、子女教育、邻里关系、业余生活、生理心理感觉、工作声望、工作晋升机会、才能发挥、社会风尚、社会秩序，以及难以测量的既非主观也非客观的指标：衣着打扮、工作的稳定性、劳动强度与形式等。它主要涉及人们生活、发展状况，人们是否满意等主观感觉。

主观生活质量指标的局限性：一是主观评价与客观条件不一致性。一般而言，较好的客观条件人们感到满足，但这也不一定，"端碗吃肉，放下筷子骂娘"的现象告诉我们，物质生活好不等于生活质量高，相同的物质条件主观评价迥异，相同的主观评价而物质条件相差甚远。由此出现发达地区低满意度，不发达地区的高满意度。最不满意的是城市人，农村条件虽然差，但农村居民对生活满意的方面远比城里人多。这说明主观评价往往与客观物质条件不一致。二是自然方面与社会方面追求不同。生活在优越的自然环境中的人（如山区农民）会向往城市文化。农村人进城要去最热闹、人最多的地方玩。生活在城市社会文化氛围下的人会追求自然环境的净化、美化。城市人回归自然，一有空闲就去海边，就去享受鸟语花香。三是个体特征会影响主观评价。个体的年龄、性别、职业、文化修养都会影响其对生活质量以至于自身发展的评价。在物质生活达到一定程度后，老年人可能更多地追求宁静、舒适的生活；青年人可能更多地追求旅游、交友，有刺激的生活；女性追求感情的细腻、家庭的稳定；男性追求感情的潇洒，家庭的温馨；知识分子追求文化环境。四是参照标准和个体的期望值会影响主观评价。以发达国家作参照标准会对我们目前的生活质量和发展评价很低，若以几十年前作为参照标准，会觉得现在的生活和发展比过去甜蜜，如果与周围有钱人相比会感到自己生活、发展条件太差，与比自己贫困的人相比，会对自己的生活、发展条件感到满足。究竟采取何种标准决定于人们的主观态度。同时，主观感受与自己的期望值有很大关系，期望值高的人会对自己的生活和发展评价低，期望值低的人会对自己的生活和发展感到满意。因此，单用主观指标评价会使评价失去标准，成为人们随心所欲的事情。社会学者看到了这种局限性，由此出现了客观指标与主观指标复合的趋势，也就是将主客观两种理解结合起来，从影响生活质量、个人发展的物质条件方面和在这条件下表现出居民对生活满意度的结果两方面理解生活质量。我国学者卢汉龙、卢淑华、叶南客、朱庆芳、胡荣等都在自己的实证研究中选择了客观和主观两方面的指标。我们以为这是一种方向。虽然引入主观指标后会使生活质量评价标准准确度受到一定影响，但我们认为，在一定历史时期、一定地域环境下，大多数人对于一定的客观物质条件会产生大致相同的满意或不满意的主观感受。也就是说，从概率意义上讲，感到满意是大概率事件，即对某一水平的物质条件，以大多数人感到满意为生活质量高的标准。从这种意义上说，主观指标评价并非随心所欲而不客观。

（三）小康指标

我国生活质量指标体系研究起源于社会发展指标，特别是小康指标研究，小康指标是一种社会发展指标，即达到小康的社会发展指标。现有的社会发展指标有：（1）1952—1988年社会发展指标，其中生活质量12个具体指标[①]。这就是居民平均消费水平、人均收入、人均住房面积、恩格尔系数、人均能源消费量、10种耐用消费品占消费零售额比重、每万人有商业网点、平均每万人口有电话机、全民职工人均劳保费、平均每百人每天有报纸、人均储蓄余额、零售物价指数。权重为28。（2）按贫富区分的社会发展指标（国际标准），其中生活质量具体指标9个[②]。这就是：平均多少人有1名医生、平均每日摄取热量、恩格尔系数、人均居住面积、农村饮用清洁水人口比例、年劳动工时、人均能源消费量、通货膨胀率、贫富差距（即基尼系数）。（3）中国大城市社会发展综合评价指标，其中生活质量12个具体指标。城镇居民人均生活费收入、城镇职工年平均工资、每一就业人口负担人口数、居民消费品物价指数、城镇人均储蓄余额、城镇人均居住面积、人均日生活用电量、人均日生活

[①] 殷理田：《中国小康社会论》，人民出版社1996年版，第109页。

[②] 同上，第188页。

用水量、燃气气化率、每万人家庭电话拥有量、恩格尔系数、人均文化娱乐旅游消费支出。权重为20。（4）城市小康社会发展指标（1990—2000年），其中生活质量26个具体指标[①]。这就是：城镇居民人均生活费收入、职工平均工资、城镇居民消费水平、食品占消费支出比例、猪肉人均消费量、食用植物油人均消费量、食糖人均消费量、各种布人均消费量、人均衣着消费额、每百户彩色电视机拥有量、每百户电冰箱拥有量、人均生活能源消费量、人均生活用电量、每百人电话机拥有量、每万人拥有公共车辆、人均居住面积、住的支出占消费支出比重、燃气普及率、居民非商品支出比例（其中文娱文化支出）、每万人口拥有影剧院、每万人口拥有商饮服务网点、每万人拥有商饮服务人员、人均储蓄余额、工业废水处理率、废气净化处理率、工业固体物综合利用率。权重为40。（5）2000年全国小康社会指标体系，其中生活质量22个具体指标[②]。这就是：城镇居民生活费收入、职工平均工资、农民人均收入、居民消费水平、职工人均社会保障支出、食品占消费支出比例、猪牛羊肉人均消费量、人均每日摄取热量、人均纺织品占有量、人均各种布消费量、人均居住面积、电视机每百户拥有量、电冰箱每百户拥有量、每人乘坐车船、飞机人次、每百人电话机拥有量、人均生活能源消费量、人均生活用电量、每万人口拥有商、饮、服务网点、居民非商品支出比例、人均储蓄余额、职工每周工作时间、"三废"处理率、农村饮用清洁水占农村人口比例。权重为35。具体指标数多少不等，权重从20、28上升到35、40，可见在我国制定小康规划时，人们生活质量和发展显得越来越重要，这反映了在与人的全面发展相关指标研究上，社会发展指标与生活质量指标研究复合趋势。人们对生活质量指标研究已逐渐从把生活质量作为社会发展的"方面"指标转向以它作为社会和人们发展的核心指标，或者说从结果上看社会和人们的发展就是看生活质量高低。生活质量高低是社会和人们发展的总体体现和全面结果。这是我国社会发展和人们全面发展指标的一个发展趋势。

但是，国家统计局的专家认为，上面所提到的小康指标，是总体小

---

① 殷理田：《中国小康社会论》，人民出版社1996年版，第311页。
② 同上，第173页。

康的指标①。总体小康和后来的全面小康（随后我们将会论及）的区别就在于：总体小康是一个低标准的小康，全面小康是一个较高标准的小康，小康水平有一个从低到高的发展过程，总体小康只能说是刚刚跨过小康的门槛。全面建设小康社会，在促进人的全面发展方面将使人民生活更加殷实、宽裕。总体小康是一个偏重于物质消费的小康，而全面建设小康社会，除了注重物质生活提高外，还特别注重人们的精神生活，所享受的民主权利，以及生活环境的改善等方面，实现人的全面进步。全面建设小康社会，追求的是人口的物质、政治、精神和生态文明的共同发展。总体小康是一个人的全面发展不均衡的小康。

（四）学者指标

相比较之下，许多学者研究与人的全面发展紧密关联的生活质量时更多是从实证研究方面入手，如林南、卢汉龙、卢淑华、叶南客、朱庆芳、胡荣、易松国、赵细康等，他们调查的科学性、方法论、样本代表性也长短互见。他们提出的生活质量指标体系都是主观、客观指标的复合。如林南、卢汉龙上海城市居民生活调查提出 13 项具体指标②：家庭生活、经济生活、职业社会性、居住条件、人际关系、公共关系、公共设施、闲暇生活、子女教育、生理感觉、人际经验感觉、心理感觉、社会期望行为、个体自觉性行为。林南、王玲等天津调查提出 22 项具体指标③：工作、劳动形式和程度、工作环境和条件、职业的社会声望、工作的社会贡献、工作的复杂性、工作单位地点远近、工作给予你的权利、工资收入、工作的福利待遇、工作晋级和提升机会、身体状况、家庭经济状况、同事关系、和领导关系、朋友交往、家庭生活、家庭成员间的关系、住房情况、居住环境、业余生活、邻里关系等。卢淑华（北京大学社会学系）在北京、西安、扬州三地调查提出"总体生活满意度"，具体指标 13 个：家庭收入、吃、健康、文化实用程度、家庭生活、住房、家务、用、交通服务业、业余生活、居住本市、工作、存款等。

若暂且不论这些研究的得失，从总体上看，我们可以发现：我国在与人的全面发展相关的生活质量指标评价体系研究上具有以下几个特点：

---

① 张贺福：《中国共产党人的雄心壮志——论全面建设小康社会的奋斗目标》，载《中国青年报》，2002 年 11 月 17 日。
② 林南、卢汉龙：《生活质量的结构与指标》，载《社会学研究》，1987 年第 5 期。
③ 林南、王玲：《社会指标与生活质量的结构模型》，载《中国社会科学》，1989 年第 4 期。

1. 从主观和客观之争逐渐过渡到主观与客观有机结合的大趋势。最初的生活质量研究，不同学科从各自的领域出发进行研究，出现了经济学视角、社会学视角、心理学视角等。随着研究的深入，理论界人士认识到单独从一个方面是无法真实反映人们的生活状况的，就将生活质量的主观方面与客观方面进行了有机结合，来构建生活质量、发展评价体系。

2. 生活质量研究的一般性与特殊性结合。生活质量的研究特殊与一般、全面与局部同时并存，研究的范围领域不同，则对主观指标与客观指标会有不同的侧重。通常，一般的、全面的研究由于其涉及面广、人与人差异过大、资料收集存在困难等原因，学者们偏重于以客观指标为主来评价人们的生活质量、发展状况。而特殊的、局部的研究由于研究对象的特殊性、限制在某一较小范围，人群差异度不大，便于资料收集，同时出于某种特殊成果需要，学者们会侧重生活质量的主观角度，从人们的主观感受方面评价其生活质量、发展水平的高低。

3. 中国生活质量研究偏重总体指标研究，社会层面指标与个人生活层面指标、宏观指标与微观指标没有有机结合起来。我国生活质量评价体系主要从政策层面或者说从社会总体指标方面来进行研究的，而较少涉及个人生活层面。社会总体基础设施、投入产出等方面水平的提高是个人生活质量水平提高的前提，从这一角度看，生活质量研究应主要涉及宏观政策层面，但个体生活质量、发展水平的高低是社会发展水平高低的反映，部分弱势群体很可能在物质丰裕的社会里却在贫民窟过着极其艰辛的生活，因此，生活质量的研究应该宏观与微观相结合，社会总体水平研究与个人生活层面研究相结合，只有这样才能在目前社会结构复杂、多样的情况下真实地从不同角度反映人们生活质量、发展水平的高低。

二、中国全面建设小康社会指标体系的分析

2000年10月，党的十五届五中全会明确提出将全面建设小康社会作为我国的发展目标。党的十六大报告把"社会更加和谐"作为"全面小康"的重要内涵，十六届四中全会又进一步提出"构建社会主义和谐社会"，指明了我国发展的重要方向。全面小康的基本内涵是促进社会经济的协调发展，不断提高人口素质和生活质量，走向共同富裕的道路。可见，全面建设小康社会对人口发展有着内在的现实要求，因此我国现有

的全面建设小康社会的相关指标,可以作为人的全面发展指标体系构建的重要参照。在具体指标的设计上,根据党的十六大明确提出的全面建设小康社会的总体目标,具有代表性的指标主要有三个:

(一) 中国社会科学院全面实现小康社会指标体系

中国社会科学院"全面建设小康社会指标体系研究"课题组参考英格尔斯提出的十个现代化指标,形成了由28个指标组成的指标体系,包括社会结构指数、经济与科教发展指数、人口素质、生活质量和环保、法制及治安五个子系统并预测了2010年将达到的目标值(表1-4)。

表1-4 中国社会科学院全面实现小康社会指标体系

指标	权重	2010小康社会目标	2001年已实现的目标	实现目标/%	小康内涵
综合指数	100			68.7	
一、社会结构指数	20			78.8	
1. 第三产业从业人员比重	5	35%	27.7%	79.1	产业结构社会化程度
2. 城镇人口占总人口比重	5	45%	37.7%	83.8	城市化程度
3. 非农业增加值占GDP比重	4	90%	84.7%	94.1	产业结构非农业化程度
4. 出口额占GDP比重	3	30%	23.0%	76.7	对外依赖度
5. 教育经费占GDP比重	3	4.0%	2.3%	57.5	政府智力投资
二、经济与科教发展指数	25			61.5	
6. 人均GDP	6	12800元	7543元	58.9	综合经济社会产出率
7. 人均社会固定资产投资	4	5340元	2928元	54.8	投入水平
8. 工业企业总资产贡献率	3	13%	8.9%	68.5	工业投入产出率
9. 城镇实际失业率	3	4.0%	4.8%	83.3	城镇就业状况
10. R&D(研究与发展)经费与GDP比	3	1.3%	0.89%	68.5	知识创新投入
11. 人均教育经费	3	300元	165元	55.0	知识化程度
12. 每万人专利受理量	3	3.5件	1.3件	37.1	发明创造能力
三、人口素质	20			72.0	

指标	权重	2010 小康社会目标	2001年已实现的目标	实现目标/%	小康内涵
13. 人口自然增长率	4	5.6‰	6.95‰	80.6	人口控制和自然承载力
14. 每万名职工的专业技术人员	4	4500 人	2829 人	62.9	知识化和科技化程度
15. 每万人在校大学生人数	2	130 人	56 人	43.1	知识化程度
16. 大专以上文化程度人口占6岁以上人口比重	3	7 人	3.8 人	54.3	知识化程度
17. 每万人医生数	4	20 人	16.5 人	82.5	医疗资源占有
18. 平均预期寿命	3	73 岁	70 岁	95.9	生活质量高质化程度
四、生活质量和环保	20			62.8	
19. 恩格尔系数	4	335	44.2%	74.7	消费结构现代化程度
20. 人均生活用电量	4	320 度	139.5 度	43.6	家电现代化程度
21. 每百户拥有电话	3	30 部	14.1 部	47.0	信息化程度
22. 每百户拥有电脑	2	30 部	13.3 部	44.3	信息化程度
23. 工业"三废"处理率	4	85%	76.1%	89.5	环保水平
24. 农村饮用自来水人口占农村人口比	3	85%	76.1%	89.5	农村环保水平
五、法制与治安	15			71.0	
25. 每万人刑事案件立案数	4	22 件	35.1 件	62.7	治安与法制化程度
26. 每万人治安案件发案率	3	20 件	38.2 件	52.4	治安与法制化程度
27. 每万人拥有律师数	4	1.1 人	0.96 人	87.3	法制化
28. 每10万人交通事故发生率	4	6.4 人	8.3 人	77.1	交通秩序

资料来源：李培林：《中国小康社会》，社会科学文献出版社2003年版。

（二）国务院发展研究中心的全面建设小康社会的指标体系

国务院发展研究中心发展战略和区域经济研究部李善同完成的一项报告提出，根据全面建设小康社会的内涵及其目标确定的原则，建议全面建设小康社会的指标体系包括经济、社会、环境和制度四个方面的16项指标，经济方面4项指标，社会方面7项指标，环境方面3项指标，制度方面2项指标①。具体指标如下表1-5：

表1-5 国务院发展研究中心的全面建设小康社会的指标

序号	指标名称	全国2000年	2002年	2020年
1.经济	1.人均GDP(元)	7086	8184	25000
	2.非农产业就业比重(%)	50	50	60
	3.恩格尔系数	49.1	46.2	30
	农村	39.4	37.7	30
	城市			
	最低收入1/5人口			
	4.居民收入(元)	6280	7702.8	20000
	城镇居民家庭人均可支配收入	2253.4	2475.06	8000
	农村居民家庭人均纯收入			
2.社会	5.基尼系数	71.4		75
	6.社会基本保障覆盖率(%)			100
	7.6岁及6岁以上人口的平均受教育年限	7.62	7.73	10
	8.出生时预期寿命(岁)	71.4		75
	9.文教体卫增加值比重(%)	3.6		10
	10.犯罪率(起/万人)	28.5	33.76	15
	11.日均消费性支出≤5元的人口比重			0
3.环境	12.能源利用效率(元/千克标准煤)	6.8	7.1	20
	13.使用经改善水源人口比重(%)	75		100
	14.环境污染综合指数			
4.制度	15.廉政建设——全国监察机关直接立案数与国家机关、党政机关和社会团体就业人数比(起/万人)	41	41	10
	16.政府管理能力——非正常死亡率(‰)	15	16	5

资料来源：李善同：《全面建设小康社会的16项指标》，载《经济参考报》，2004年3月12日。

另外，具有代表性的还有2001年朱庆芳等根据国家统计局城调队编写的《1992年中国城市统计年鉴》，选择了32个能反映城市小康的有代表性的重要指标组成指标体系，包括城市化水平和城市建设、人口素质、经济效益、生活质量、社会秩序和稳定、经济实力六个子系统。具体指标及权重如表1-6。

---

① 李善同：《全面建设小康社会的16项指标》，载《经济参考报》，2004年3月12日。

表1-6 城市小康指标体系

指　　标	权重
一、城市化水平和城市建设	2.4
1.非农业人口占总人口数	0.3
2.第三产业劳动者占社会劳动者比重	0.4
3.人均生活用水	0.3
4.燃气普及率	0.3
5.人均道路铺装面积	0.3
6.每万人拥有公共车辆	0.2
7.建成区绿化覆盖率	0.3
8.工业废水处理率	0.3
二、人口素质	1.6
1.文教卫生占财政支出比重	0.3
2.人口自然增长率	0.3
3.每万职工科技人员	0.3
4.每万人口在校中学生人数	0.2
5.每万职工成人高校人数	0.2
6.每万人口拥有医生	0.3
三、经济效益	1.9
1.人均国内生产总值	0.8
2.社会劳动生产	0.4
3.工业企业资金利税率	0.4
4.人均地方财政收入	0.3
四、生活质量	2.3
1.城镇居民家庭人均生活费收入	0.5
2.人均居住面积	0.5
3.人均生活用电量	0.3
4.每百户拥有彩电	0.3
5.每百人拥有电话机	0.3
6.每万人拥有商饮服务人数	0.2
7.人均储蓄额	0.2

指　　标	权　重
五、社会秩序和稳定	1.0
1. 城镇就业率	0.2
2. 职工生活费指数	0.2
3. 每10万人刑事案件数	0.2
4. 每10万人交通事故死伤人数	0.2
5. 每百万人火灾死伤人数	0.2
六、经济实力	0.8
1. 国内生产总值	0.5
2. 地方财政收入	0.3

资料来源：朱庆芳等著：《社会指标体系》，中国社会科学出版社2001年版。

总体说来，这些指标系统主要聚焦并反映了中国整个国家经济、政治、文化、社会全面持续发展的主要标准和中华民族整体全面发展的水平标准，包含了对当代中国人的全面发展在一些方面最低应达到的目标的追求，也涉及了当代中国人的经济、政治、文化和能力需要的满足和相关条件的基础发展目标。因此，全面建设小康社会指标体系构成了本研究的又一重要参照。

三、当前我国可持续发展指标体系的特点

可持续发展思想形成于上世纪80年代。世界环境与发展委员会1987年发表《我们共同的未来》（Our Common Future）的报告，第一次明确给出了"可持续发展"的定义："可持续发展是既满足当代人的要求，又不对后代人满足其需要的能力构成危害的发展。"这个概念是人类探索自身长期生存和发展道路的最有影响和最有代表性的表述，它的提出改变了传统发展观念和思维方式。

随后，对可持续发展问题，全世界各国都开展了积极的研究。在我国，这方面的研究也很多。而对与人的全面发展相关的人口与环境相互关系问题则研究的较少，对人口发展与环境、经济社会发展诸多因素相互影响的关系也研究得少之甚少。为此，在进一步加强人口与环境各自在内在规律研究的同时，有必要将人的发展、环境和可持续发展结合起来加以剖析，揭示人的全面发展系统与环境系统之间的相互影响和相互作用，探讨作为人的全面发展要素的环境与社会经济对人的全面发展的意义，为人的全面发展战略目标服务。

上世纪90年代初以来,我国理论界、学术界在开展对可持续发展理论研究的同时,对可持续发展指标体系进行了一系列研究。当前的可持续发展指标体系已包括国家层次的可持续发展指标体系、区域性的可持续发展指标体系、社会发展综合实验区的可持续发展指标体系、部门的可持续发展指标体系等层次。

其中,由中国科学院可持续发展战略研究组设计的中国可持续发展战略指标体系,分为总体层、系统层、状态层和要素层4个等级①。其中,总体层将表达中国城市发展的总体能力;系统层由城市基础实力支持系统、城市竞争能力支持系统、城市社会安全能力支持系统、城市管理能力支持系统和城市可持续能力支持系统5大系统组成;状态层是在每一个系统内能够代表系统行为的关系结构,在某一时刻的起点,它们表现为静态的,随着时间的推移呈现为动态的特征;要素层采用可测的、可比的、可以获得的指标及指标群,对系统状态层的数量表现、强度表现、速率表现给予直接度量,由104个指标组成。

国家统计局统计科学研究所和《中国21世纪议程》管理中心尝试建立一套国家级的可持续发展指标体系②,其总体结构是将可持续发展的指标体系分成经济、社会、人口、资源、环境和科教6个子系统。在每一个子系统内,分别根据不同的侧重点建立描述性指标,共计83个指标。由于在上述子系统与指标中尚存在一定的重复和交叉,目前他们正在深入开展案例研究,并根据研究成果对原有指标进行深化、提炼和创新。

郝晓辉按照社会发展、经济发展、资源和环境4个领域分别列举了重点指标,还应用ECCO(Evolution of Capital Creation Options)方法模拟运行,产生出一系列非货币指标,从总体上构成可持续发展的指标体系③。

清华大学的刘求实等人建立了包括人口、资源、生态环境和经济、社会等诸多方面在内的38个指标,综合考察区域的可持续发展状况④。

中国科学院的毛汉英建立的山东省可持续发展指标体系,分为经济

---

① 参见中国科学院可持续发展战略研究组:《2005中国可持续发展战略报告》,科学出版社2005年版。
② 刘传祥、承继成、李琦:《可持续发展的基本理论分析》,载《中国人口·资源与环境》,1996年第2期。
③ 郝晓辉:《中国可持续发展指标体系探讨》,载《科技导报》,1998年第11期。
④ 刘求实、沈红:《区域可持续发展指标体系与评价方法研究》,载《中国人口·资源与环境》,1997年第12期。

增长、社会进步、资源环境支持和可持续发展能力4个方面，每个方面又分为若干主题，如经济增长包括了总量指数、集约化程度指数、社会稳定指数和社会保障指数4个主题等等①。每个主题之下又包含多项具体指标，整个指标体系共选用了89项指标。该指标体系已被应用于山东省发展状况及发展趋势的研究和综合评价。

另外，中国科学技术促进发展研究中心提出了实验区可持续发展评价指标体系，包括目标层、准则层和含42个指标的指标层②。陈年红依据全面性、科学性、定性和定量相结合、引导性和综合性原则建立的中国可持续发展评价指标体系包括5大子系统③，即经济、社会、资源环境、人口、科学教育，15个二级目标，84个指标。魏雪莹按照客观性、系统性、可评价性、层次性以及可操作性所设计的广西可持续发展指标体系拟由社会指标、经济指标和环境指标3类共计67个指标构成，分为经济、社会、人口、科技、资源与环境6大子系统④。

国内这些关于可持续发展的指标体系，大多遵循可持续发展原则并结合各被调查和评估点的具体情况而制定。但共性问题客观存在：一是可持续发展指标体系中均值的使用频繁，然而人均数值并不能完全科学客观地反映和评估大多数人、特定群体的生存和发展状态的指标。人均会遮蔽群体间的不公平与差异的现象，基尼系数只是反映全社会的收入分配的平等与差异状况而已。二是现有体系中缺乏测量和评价个人主观感受的指标。

人的需求系统分为基本需求子系统、环境需求子系统和发展需求子系统三个子系统。人的基本需要，包括衣、食、住、行等生存生理需要，也包括生态环境需求和精神心理需求。经济增长是重要的，经济增长的目的是为了人的发展，为了提高人民的全面发展水平。经济的变化反映着人们的生存境遇但是却不能与人们的主观感受呈完全的正相关。以诺贝尔经济奖获得者丹尼尔·卡尼曼（Daniel Kahneman）为首的科研人员，通过问卷调查法、实验法、环境瞬间评估技术、昨日再现法等测度方法分析并证明：当收入达到某个临界水平后，收入的边际效用递减，增加

---

① 毛汉英：《山东省可持续发展指标体系初步研究》，载《地理研究》，1996第4期。
② 谢洪礼：《关于可持续发展指标体系的述评（三）》，载《统计研究》，1999年第1期。
③ 陈年红：《我国可持续发展评价指标体系研究》，载《技术经济》，2000年第3期。
④ 魏雪莹：《广西可持续发展指标体系建立与评价初探》，载《理论探讨》，2001年第5期。

收入不再持续有效地增强幸福感[①]。一切发展都是为了人,这是新世纪的以人为本的现代发展观。但现有可持续发展指标在这方面有所缺失。

四、社会和谐指标体系评价

构建社会主义和谐社会,是党的十六大和十六届三中、四中、六中全会提出的重大任务,是建设中国特色社会主义新的伟大实践,适应了我国改革发展进入关键时期的客观要求,也是全面建设小康社会和现代化建设的重要内容,体现了广大人民群众的根本利益和共同愿望。因此从根本上是适应我国社会和人们深刻发展变化的。

2005年2月19日,胡锦涛总书记指出:我们所要建设的社会主义和谐社会,应该是民主法治、公平正义、诚信友爱、充满活力、安定有序、人与自然和谐相处的社会,从而深刻而科学地概括了和谐社会人类发展的科学内涵。为了更加有效地实现这一宏伟目标,国内众多学者开始对和谐社会的评价指标体系进行了深入的探索研究。

其中,以国家统计局课题组完成的"和谐社会统计监测指标体系研究"最具代表性(见表1-7),此评价体系以"社会和谐指数"为总目标,向下分解为民主法治、公平正义、诚信友爱、充满活力、安定有序、人与自然和谐6个层次的子目标,每个子目标分别设置3—6个具体指标,共有25个单项指标,为我们呈现出构建和谐社会发展量化考评体系的雏形。

---

① Daniel Kahneman, Alan B. Krueger, David Schkade, Norbert Schwarz, Arthure. Stone. Would You Be Happier If You Were Richer? A Focusing Illusion. [J]. Science, 2006 (312): 1908 - 1910.

表1－7

国家统计局“和谐社会统计监测体系”指标构成及测算结果

	分层目标	指标	单位	数据情况	目标值	不容许值	层次权量	层内权量	测算结果 2000	2001	2002	2003
社会和谐指数	民主法治	1. 公民自身民主权利满意度	%	暂无	—	—	18	6				
		2. 廉政指数	%	暂无	—	—		6				
		3. 社会安全指数	%	有	x≥100	—		6	100	94.87	93.39	92.07
	公平正义	4. 基尼系数	—	有	0.3≤x≤0.4	x>0.5	16	4	83	69	60	50
		5. 城乡居民收入比	以农为1	有	1≤x≤2.85	x>4		4	100	96.51	89.52	83.81
		6. 地区经济发展差异系数	—	有	x≤0.75	—		4	100	99.77	99.85	99.31
		7. 高中阶段毕业生性别比	女性=100	有	100	x<80 或 x>120		4	32.6	61.15	69.4	69.25
	诚信友爱	8. 合同违约率	件/万人	暂无	—	—	16	4				
		9. 银行业主要金融机构不良贷款率	%	有	x≤10%	—		4	38.46	45.45	43.42	56.18
		10. 消费者投诉率	件/万人	暂无	—	—		4				
		11. 慈善捐款占GDP比重	%	有	x≥1	—		4	2	2.1	2	3.7
	充满活力	12. 基层选举投票率	%	暂无	—	—	18	3				
		13. 人口流动率	%	有	x≥20%	—		3	57.05	60	62.5	65
		14. 制造业新产品销售收入比重	%	有	x≥25%	—		3	42.44	43.68	45.92	45.2

社会和谐指数	充满活力	15. 企业注册率	%	暂无	—	—	3			
		16. 万人专利数	项/万人	有	x≥6	—	3	12.5	13	14.5	19.33
		17. 万人注册商标数	个	有	x≥8	—	3	12.75	16.38	16.5	19.88
	安定有序	18. 5岁以下儿童性别比	发性=100	有	100%≤x≤110%	x<94 或 x>120	4	0	13.9	0	0
		19. 城镇调查失业率	%	有	3%≤x≤6%	x>8%	4	100	100	100	100
		20. 基本社会保障覆盖率	%	有	x≥80%	—	4	24	26.63	38	41.75
		21. 居民生活满意度	%	暂无	—	—	4				
	人与自然和谐	22. 万元GDP综合能耗	吨/万元	有	x≤0.84	—	4	57.53	60	59.15	57.14
		23. 森林覆盖率	%	有	x≥23.4	—	4	70.73	71.97	73.21	74.49
		24. 常用耕地面积指数	%	有	x≥100	x<90	4	100	96	90	59.3
		25. 环境质量指数	%		100	—	4	64.98	57.02	53.23	57.85

注：测算结果部分单位为%，其各年数值为测算期实际值相对于目标值的实现程度。

社会和谐统计评价指标体系初步研究建立后，国家统计局课题组用其对2000—2003年我国社会和谐程度进行了测算，结果显示，社会和谐现状喜忧参半。在能够测算的18项指标中，有5项指标呈上升趋势，5项指标呈下降趋势，7项指标呈波动状态，只有城镇调查失业率指标已经达到3%≤x≤6%的既定目标值。

另外，朱庆芳在《社会经济和谐度指标体系综合评价与分析》中，选取38项指标构成社会结构指数（16）、人口素质指数（15）、经济效益指数（14）、生活质量指数（25）、社会秩序指数（15）、社会稳定指数

(15),再由这六个指数加权计算出综合指数,得出社会经济和谐度指数。从他的研究中可以看出,一方面38项指标的选取具有主观任意性,而且很多指标之间具有较强的相关关系,从而会出现信息重叠,产生多重共线性现象。另一方面,在权数的设置上也没有避免主观任意性的现象,从而降低了指标的解释力。此外,深圳市于2005年也开始实施"和谐深圳创新工程",主要任务就是解决如何测量与人的全面发展息息相关的"和谐"和"幸福"问题。深圳市社科院的院长乐正是这个项目的负责人之一。他认为,幸福指数改变了过去单纯计算GDP的统计方式,增加了人文因素,更加关注个人的主观感受,这是社会进步的表现。2006年初,深圳社科院打造出和谐指数体系。这个评判体系由社会发展、社会公平、社会保障、社会关爱、社会安全和生态文明六个基本点和39个指标构成(见表1-8)。

表1-8

深圳"和谐指数"体系部分指标构成	
6个基本点	部分指标
社会发展	人均可支配收入、住房面积、恩格尔系数、教育支出占GDP比例、每万人拥有医生和律师、专利申请数、每十万人批准登记公民组织数、市民城市认同率
社会公平	基尼系数、收入差距、性别平等指数、政府民主决策率、重复上访率
社会保障	登记失业率、社保参保率、劳动合同签订率、最低工资标准
社会关爱	——
社会安全	传染病发生率、每万人治安案件数、每十万人安全事故死亡人数
生态文明	——

除深圳市之外,北京、西安等城市也相继开始着手"和谐社会"的落实工作。2006年1月,北京首次对外公布了"和谐社会"评价体系(见表1-9),测评所采用的指标体系分三大类,包括两个客观指标和一个主观指标。其中,一、三大类为客观指标,第二类为主观指标,在主观指标中包括:"底层市民自我认同度"、"社区归属感"、"相对剥夺感"等分类指标,其中"幸福指数"也将纳入其中。市民对生活境遇、工作境遇等的满意度都可能成为幸福指数,幸福感的调查从个人收入、工作、居住条件、人际关系以及综合评价等五个方面观察居民对自己生活的满意程度。

表1-9

北京和谐社会评价体系构成	
大类指标	亚类指标
反映社会冲突客观现状的指标	贫富差距、社会安定、环境资源
社会冲突协调机制现状的指标	社会保障、舆情反映、民主法制、社会应急、社区控制
反映社会主体社会诉求的指标	对和谐社会的认同度、人的生活态度和价值观、相对剥夺感、底层市民自我认同度、幸福感、社区归属感

除此之外，张德存在《和谐社会评价指标体系的构建》一文中，对和谐社会指标体系的建立，将民主法治、公平正义、充满活力、安定有序、人与自然和谐相处作为5个一级指标，并设有29个二级指标，利用模糊综合评判技术确定指标体系的权重，避免了权重设置的主观性。他的指标体系中很多指标比较生僻，比如诚信评价体系、全社会的创造力、保障公共安全和处置突发事件的能力，在现有的统计体系中很难找到数据进行实证研究，从而影响了指标体系的推广和应用。

此外，朝歌、陈晓芳的《省域社会和谐程度定量化测度模型研究》、胡学锋的《对和谐广东的统计描述和评价方法的研究》、蒋剑辉和王嘉佳的《浙江省和谐社会影响因素的因子分析及对策研究》分别都从不同角度对和谐社会的统计测度进行了研究。

由此不难看出，我国现阶段的和谐社会指标体系建构，可以说均是在坚持"以人为本"原则下对人的全面发展各项社会指标的一种有效探索，因而在很大程度上是有助于我国人的全面发展目标的推进。

同时，通过对国内相关研究的研究可以看出缺乏理论指导是一个严重的缺陷，因为：（1）从理论上讲，缺乏理论根据的社会指标没有多大的解释力，从而就降低了它的适应范围；（2）从实践上讲，凡是得到广泛应用的指标，如GNP，都是以理论为后盾的。在我们看来，国外指标运动从高潮转入现在的低潮的一个重要原因，就是每一个指标背后没有一个坚实的理论框架作为基础。在我们构造社会发展指标的时候，我们有必要认真考察一下前人对社会发展的大量思考以及这些思考所形成的理论流派。这种考察，一方面可以使我们获得一些表征社会发展的最基本概念和体系，在综合和分析的基础上，为构建社会和人的发展指标提供理论依据；另一方面，社会发展理论也是社会发展内涵的一个重要方面，因为，作为一种社会文化遗产，各种社会理论都在不同程度上影响着社会发展的推动者，进而影响到社会发展和人们发展进程本身。

总之，立足于上述国内外已有相关指标体系研究，通过比较、分析、归纳、综合，既要看到已有研究的优势和长处，又不能忽视各种指标的不足与局限，既要积极汲取和借鉴近年国际社会以人的发展为中心的各种目标指数的最新探索，也要认真分析并指明这些指标尚没有侧重反映的方面，进而对于在和谐社会建设中建构人的全面发展指标体系的总体构思以及基本框架，得出某种可供实践和讨论的框架性东西。

第三节 推动人的全面发展指标体系研究的些许思考

在国内外现有研究成果的基础上，进一步推动人的全面发展指标体系的研究，不仅需要我们总结经验，获得启发，更需要在系统思考下，明晰进一步研究的任务和需要解决的主要问题。这是阶段性研究的成果，也是开启下一步研究的基础，对于构建科学的人的全面发展指标体系具有程序上的优先性。

一、关于现有指标体系的简短结论

纵观国内外各种与人的发展相关的指标体系及其发展，可以发现在指标体系的设计与发展上存在一些共性：

首先，从发展进程来看，各种指标及其体系不断丰富了人的发展的内涵，反映在指标上则表现为发展指标及其体系越来越全面与复杂。例如，联合国开发计划署设计的"人类发展指数"（HDI）中，只是把根据购买力平价汇率（PPP）计算的人均GDP当做参考指标之一，另外3个指标分别是：出生时预期寿命、成年人识字率、从小学到大学综合毛入学率。自1990年以来，联合国开发计划署每年都发布一份由该机构委托独立的专家组所撰写的"人类发展报告"。其中，"人类发展指数"的排名成为比较国别之间人民生活真实状况的重要指标。这个指标主要"从人本身出发"，尽量全方位地反映人民生活，而不是像GDP一样仅反映了经济发展方面的状况。此后，各项指标及其体系也越来越复杂和全面。

其次，与人的全面发展相关的指标及其体系的发展却是随着发展观的演进而相应推进的。从以物为中心的经济发展观占主导地位所决定的单一经济指标,到从实际出发的现实发展观和以人为中心的综合发展观所引导的经济指标和社会指标相结合的衡量方法(如物质生活质量指数 PQLI、ASHA 指标、社会进步指数 ISP 和人文发展指数 HDI 等),继而到可持续发展理论要求下所建立的可持续发展指标及其体系(如千年发展目标、国内发展指数 MDP、我国全面建设小康社会指标体系和可持续发展指标体系等),再到"以人为本"的科学发展观所指导下的侧重主客观指标相结合的相关幸福指标和和谐社会指标的建构,都说明了与人的全面发展相关的各大指标变革经历了一个从独尊经济指标,到强调综合指标,再进入关注人文指标这样一个发展历程。这种转变从认识上讲,是一个对人的全面发展理解由片面到全面的转变过程。

最后,尽管以上各种综合评价指标体系在评价人的发展水平时是有效的,但无法评价人的全面发展程度,因而并不是真正意义上的人的全面发展指标体系。

当然,这些共性对构建我国居民全面发展指标体系具有重要的启发与借鉴意义:

首先,人的全面发展指标体系作为衡量一个国家或地区人的全面发展状况,要着眼于宏观层面指标体系的构建。

其次,人的全面发展指标体系研究要能反映经济社会发展的实际,随着社会变迁进行调整,从而赋予人的全面发展新的内容。

与此同时,指标体系基本涵盖外部经济、社会、政治、文化、环境条件,内部能力、机会、选择等条件以及主观幸福感等主要方面,全面反映人的全面发展状况。

此外,指标体系的构建既要包含符合一般社会人的全面发展的通用性指标,也要纳入反映我国社会人的全面发展特征的特色指标,即设置指标体系时要在充分了解和研究其他有代表性的指标体系基础上,根据我国实际情况,构建符合我国社会人的全面发展实际的指标体系。

二、和谐社会建设中人的全面发展指标体系研究应解决的问题

在具体设计和谐社会建设中人的全面发展指标体系研究之前,有必要事先说明几个问题:

第一,人的全面发展应成为我国社会发展的长远目标,但在我国社会发展的某一阶段上,并不妨碍我们提出特定阶段的具体目标。不仅如

此，长远目标还必须通过阶段性目标表现出来。只要每一阶段的目标都朝着长远目标，形成一个内在联系的目标体系，那二者就不是矛盾的，不存在谁否定谁的问题。例如，我们提出的当代中国人的全面发展目标，就可视为是人的全面发展这一长远目标的阶段化和具体化。

第二，社会主义和谐社会建设时期的马克思主义人学，其性质、服务对象和目的都与资本主义社会中的马克思主义人学有所不同，它的基本性质是维护型的。社会主义制度的建立，基本上消灭了根本对立的阶级矛盾和阶级斗争，使得社会主义社会面临的主要问题是"使人与人之间能够和谐相处，在全社会形成尊重人、理解人、关心人、帮助人的良好社会风尚；同时使人与社会、人与自然之间和谐相处，在全社会形成尊重人权、维护团结、保护自然、共建美好的社会主义和谐社会的全新价值理念；营造一种民主法治、公平正义、诚信美好、充满活力、安定有序、人与自然和谐相处的新的人文环境与和谐社会建设局面"[①]。基于这一新目标，从马克思主义人学角度构建人的全面发展指标体系，我们将着重于人的全面发展的种种人文环境和社会关系角度，探索人的全面发展的具体含义，而不过多地讨论这一发展在不同社会制度和不同阶段理论中的表现和实现问题。

第三，考虑到此研究的主要目的，我们在这里不打算就具体的指标统计作过多的讨论和说明，而是着重讨论指标体系的联系和意义。当然，这是我们探讨人的全面发展指标体系过程中始终坚持的原则之一。

[①] 杨金海：《以人为本——马克思主义关于人的全面发展理论的新发展》，见俞可平等主编：《马克思主义研究论丛》（第8辑），中央编译出版社2007年版，第59页。

第二章　人的全面发展指标体系之建构依据

如果我们要构建人的全面发展指标体系，那么，我们首先必须解决什么是人的全面发展，或者说，人的全面发展包含了哪些最基本的含义，以及如何去衡量与评判这些基本方面。这其实就涉及人的全面发展指标体系之建构依据问题。

人的全面发展，既是马克思主义的最高价值目标，也是社会主义和谐社会的本质要求，因此，建构人的全面发展的指标体系，具有理论与现实的双重依据。对此，本章将分别予以阐述。

第一节　理论依据：马克思主义人的全面发展思想

历史过程的客观性或规律性并不是与历史活动的自主性和创造性相对立，恰恰相反，"历史不过是追求着自己目的的人的活动而已"[①]。人的"目的"即"理想性要求"规范人的历史活动、校正人的历史活动，从而使人的历史活动成为实现人自己目的的历史过程。

人的全面发展是人类社会孜孜以求的目标。古今中西的许多思想家，都留下了许多宝贵的遗产，但真正集大成者，还是马克思和恩格斯。可以说，马克思主义经典作家关于人的全面发展的学说，不仅为我们反观人的历史活动提供了一个"解放的尺度"，而且也成为我们构建人的全面发展指标体系之理论依据。

---

① 《马克思恩格斯全集》第2卷，人民出版社，1957年版，第118－119页。

一、一种和谐论的人的全面发展观

如何理解人的全面发展的含义问题,是马克思主义人的全面发展基本理论研究中探讨得最多,也是本研究——人的全面发展指标体系研究中无法回避的问题。对此,本书主张的是一种和谐论的人的全面发展观。理由如下:

(一) 人的全面发展归根到底是"作为目的本身的人类能力的发展"

细心研读马克思主义的经典著作,我们发现,人的全面发展可以说既是经典作家孜孜以求的理想目标,也是贯穿于马克思主义理论始终的一个基本命题。虽然,在很长一段时期内,人的全面发展仅仅被看作是人类渴望而不可企及的美好愿景。但在马克思主义经典作家那里,人的全面发展决不是一个空洞的口号,而是一个具有强烈的历史感和现实性的命题,是理想与现实的辩证统一。

根据经典作家的论述,人的全面发展归根到底是"作为目的本身的人类能力的发挥"①。此中,能力就是指蕴藏在人的活的机体中的人的肉体的能力和精神的能力或者体力和智力的综合,一般侧重于指称人的劳动能力。马克思将这种劳动能力"理解为一个人的身体即活的人体中存在的、每当他生产某种使用价值时就运用的体力和智力的总和"②。人类能力的发展,实质上就是指人的体力、智力的全面发展,全面发展即意味着人要"全面地发展自己的一切能力",因为"每个人都无可争辩地有权全面发展自己的才能"。为此,人必须从事一定的物质资料的生产劳动,在这个过程中,蕴含于身体之中的体力、智力得到发挥和运用,人的劳动能力得以对象化和现实化。

在经典作家看来,人类历史得以延续和发展的第一个条件是有生命的个体的存在。人类为了创造历史,必须首先从事满足吃、喝、住、穿等基本生活的物质资料的生产活动,人的体力、智力等能力也因此而随之发生、发展起来。人的能力一旦生成,必将极大地推动物质资料和精神资料的生产本身,而且人的能力的发展将成为"最大的生产力"。同时,人的能力的发展也成为物质生产力和精神生产力的动力和源泉所在,因为一切物质文明和精神文明的成果都是人类能力的对象化和"人的本

---

① 《马克思恩格斯文集》第 7 卷,人民出版社,2009 年版,第 929 页。
② 《马克思恩格斯文集》第 5 卷,人民出版社,2009 年版,第 195 页。

质力量的公开的展示"①。因此，只有当我们立足于人的现实生活或现实的人的生活的实践过程而诉诸于人类能力的发展时，人的全面发展才不再是遥不可及的"海市蜃楼"，而就是人不断追求自我完善的历史环节和实践过程。

因此，一方面，人类能力的发展是人的全面发展的现实诉求。人的全面发展决不是外在于或者强加于人之上的一种约束和要求，而是与人的需要和发展有着高度内在性和一致性的现实活动。可以说，人类实现全面发展的需要实质上既是人与人的相互需要，也是人充分发挥、发展自身天赋才能和能力的内在需要。"人们从一开始，从他们存在的时候起，就是彼此需要的，只是由于这一点，他们才能发展自己的需要和能力等等。"② 人和人之间的交往普遍化必然会促进人类能力的发展，而人类能力的发展不单单是基于人自身交往的需要，更被经典作家视为人之为人、人的自我完善、自我充实的一项神圣的使命，即"任何人的职责、使命、任务就是全面地发展自己的一切能力"。而共产主义所向往的人类能力的全面发展"只有到了外部世界对个人才能的实际发展所起的推动作用为个人本身所驾驭的时候，才不再是理想、职责等"③。

人类能力的全面性也是人的全面发展的现实前提。正如马克思所言，人要获得全面发展或者使全面发展得以可能，"能力的发展就要达到一定的程度和全面性"④。而人类能力的发展要达到一定的程度和全面性，必须以生产和交往的普遍性为基础，正是这种普遍性"产生出个人关系和个人能力的普遍性和全面性。"⑤ 由此可见，人的全面发展要以人类能力的全面提高和充分发展为前提，人类能力的发展程度直接制约着人的全面发展的广度和深度，同样，人的全面发展要以人类能力包括生产能力、交往能力的发展为现实旨归。在经典作家看来，人类能力的全面性决不是想象的或者纯粹观念的全面性，而是人的主体性、能动性和创造性的外部显现，是人的全面本质力量的公开展示。人的本质力量就是"一种主体能力"，这种能力构成了人的全面发展的现实条件。因此，强调人的全面发展旨在凸现作为主体的人作为其生存环境、生存条件的客体的和

---

① 《马克思恩格斯全集》第 42 卷，人民出版社 1979 年版，第 128 页。
② 同上，第 360 页。
③ 《马克思恩格斯全集》第 3 卷，人民出版社 1960 年版，第 330 页。
④ 《马克思恩格斯全集》第 46 卷（上），人民出版社 1979 年版，第 108 页。
⑤ 同上，第 109 页。

谐发展，因为主客体之间的对象性关系以及主体能力的发挥"取决于对象的性质以及与之相适应的本质力量的性质"[①]。

人类能力的全面发展是人的全面发展的现实要求。人类能力的全面发展意味着人的社会关系的成熟和发展。马克思主义认为，人是社会存在物，社会性是人的本质属性，人的本质在其现实性上是一切社会关系的总和。也就是说，人始终处于一定的社会关系之中，承担着特定的社会职责、履行着特定的社会角色，而人类能力也正是在现实的社会关系中发展起来的。正如马克思指出，每个人只有在与他人交往的关系和共同体中，才能获得全面发展其才能的手段。

当然，人类能力的全面发展是一个历史过程。在资本主义社会中，囿于狭隘的劳动分工，人类能力的发展只能是有限的、片面的，即人类能力的发展还不是目的，而只是人得以生存的手段和工具，因为"生产资料集聚在少数人手中，因此不再表现为单个劳动者的直接财产，而表现为社会的生产能力，尽管首先表现为不劳动的资本家的财产"[②]。马克思恩格斯基于对资本主义社会基本矛盾的根系，指出资本主义只是为了人的全面发展准备条件的过渡性社会形态。在关于人类社会三形态的论述中，马克思明确指出，在最初的社会形态中，人只是在狭窄的范围内和孤立的地点上发展着自己的能力。而建立在"以物的依赖性为基础的人的独立性"之上的第二种社会形态中，随着商业、货币、交换价值的发展"才形成普遍的社会物质变换，全面的关系，多方面的需求以及全面的能力的体系。建立在个人全面发展和他们共同的社会生产能力成为他们的社会财富这一基础上的自由个性，是第三个阶段"[③]。

根据经典作家的论述，只有到了第三个阶段即共产主义社会，人类能力的全面、平等、自由发展作为目的最终实现了，人的全面发展才称得上是"作为目的本身的人类能力的发展"。也只有到了那个时候，人类能力的发展才真正成为目的本身。而且，随着人的主体能力的全面发展，人的全面发展与他们共同的社会生产能力必将成为他们共同的社会财富，人的一切才能得到充分体现，人不再是偶然的、片面的人，而成为有个性的、完整的人。共产主义社会的本质特征就在于："用那种把不同社会

---

① 《马克思恩格斯全集》第42卷，人民出版社1979年版，第125页。
② 《马克思恩格斯全集》第26卷（Ⅲ），人民出版社1974年版，第469页。
③ 《马克思恩格斯全集》第46卷（上），人民出版社，1979年版，第104页。

职能当做互相交替的活动方式的全面发展的个人,来代替只是承担一种社会局部职能的局部个人"①。

(二) 人的全面发展也是主体对自身发展机会的平等获得和充分利用

人的自由全面发展,不可避免地被我们可能得到的经济的、社会的、政治的、文化的和环境的机会所规定和限制。机会,不仅是人的全面发展的主要手段,也是其内在目的。可以说,一个由潜能向现实能力的不断转化的过程就是一个主体对作为自身发展重要手段和目的的发展机会的充分拥有,即一种发展机会的平等获得和充分利用。

机会,是指社会成员生存与发展的可能性空间。对此,恩格斯在《反杜林论》中也曾强调:"自由通行和机会平等是首要的和愈益迫切的要求。"② 因此,"群众需要有时间和机会来成长,而只要他们有了自己的运动——不管这种运动采取什么形式,只要是他们自己的运动——,他们就会有这种机会,因为在这种运动中,他们将通过本身的错误、通过亲身经历的痛苦经验而前进。"③ 与此同时,"生产劳动给每一个人提供全面发展和表现自己全部的即体力的和脑力的能力的机会,这样,生产劳动就不再是奴役人的手段,而成了解放人的手段,因此,生产劳动就从一种负担变成一种快乐。"④ 由此可见,"机会不仅关系到人们选择什么(以及他们所实现的效用),而且关系到他们可以选择什么有用的事物(以及他们所享有的实质自由)。"⑤ 对于每一位社会成员而言,机会的平等获得和充分利用,能为自身发展提供广阔而有效的发展空间,提供更高的发展期望,从而能够大大激发活力,促进自身全面发展。

在从基本原则上确认了机会对人的全面发展的重要意义之后,我们还必须理解把不同类型的机会相互联系到一起的令人瞩目的经验关联。对此,笔者非常赞成这样一种观点:经济机会(以参与贸易和生产收入的机会的形式)可以帮助人们创造有利于自身发展的物质条件,社会机会(以教育和医疗保健设施等形式)有利于人们创造自身发展的社会文化条件,政治机会(以言论自由和选举机会等形式)有助于保障人们发

---

① 《马克思恩格斯文集》第 5 卷,人民出版社 2009 年版,第 561 页。
② 《马克思恩格斯选集》第 3 卷,人民出版社 1995 年版,第 447 页。
③ 《马克思恩格斯选集》第 4 卷,人民出版社 1995 年版,第 678 页。
④ 《马克思恩格斯选集》第 3 卷,人民出版社 1995 年版,第 644 页。
⑤ [印] 阿马蒂亚·森:《以自由看待发展》,任赜、于真译,中国人民大学出版社 2002 年版,第 117 页。

展的所需的经济、政治、政治、文化等资源的获取。不同类型的机会可以相互增强。事实上，机会，对人类全面能力和发展能作出直接的贡献。以医疗保健、教育、社会保障等等的扩展为例，有充分的证据表明，即使收入水平相对较低，一个为所有人提供医疗保健、社会保障和教育的国家，实际上可以在全体人民的寿命和文化素质上取得非常突出的成就。

当然，强调机会的平等获得，并非是要"把大家放在同一个起跑线上"。正如美国著名的政治伦理学家罗尔斯所指出的："在社会的所有部分，对每个具有相似动机和禀赋的人来说，都应当有大致平等的教育和成就前景。那些具有同样能力和志向的人的期望，不应当受到他们的社会出身的影响。"[1] 显然，这是机会平等的最为基本的要求，也体现了机会平等的两个基本原则，一是机会的平等开放，二是机会的尺度相同。

机会是指社会成员发展的可能性空间，但要求每一个社会成员都有相同的机会是不现实的。因此，机会平等应该是这样两层含义："一是共享机会，即从总体上来说，每个社会成员都应有大致相同的基本发展机会；二是差别机会，即社会成员之间的发展机会不可能是完全相等的，应有程度不同的差别。"[2] 第一层含义指任何社会成员，无论性别、种族、民族、社会阶层、体力、智力等方面是否存在差异，都享有相同的基本发展机会。如在教育、医疗、就业等方面。第二层含义指除了这些应有的基本发展机会相同外，因为人和人之间在生理、能力、所处具体环境以及其他条件等方面的差异，不同主体所具有的具体发展机会也必然存在差别。因此，机会平等应特指不同主体之间的相同方面具有发展的同等机会。正是在这个意义上，我们把机会平等看成是人的全面发展的原点和重要内容。

（三）人的全面发展还是一个不断扩大主体自由选择的过程

运用理性来鉴别并选择更好的、更可接受的、有利于自身全面发展的想法，从过去到现在一直有力地激励着人们。因此，假设每个人都在现实可行的各种发展"机会"中，能按照自己的标准自由选择最有利于自身发展的"机会"，那么一个人的发展状况就可以通过他的实际选择而表现出来。

---

[1] ［美］约翰·罗尔斯：《正义论》，何怀宏等译，中国社会科学出版社1988年版，第69页。

[2] 吴忠民：《中国现阶段机会平等问题分析》，载《科技导报》，2000年第9期。

第二章 人的全面发展指标体系之建构依据

从选择的实质上看,选择所体现的是自我的自由,因此,选择都是自我的选择,如果不是自我的选择,这种选择就是"被选择",而不是选择;或者说,是一种"被选择"的选择。自我存在时选择的逻辑起点,选择是自我意志的表现。我选择表明我是自由的,而自我的这种自由是与我同时存在的,是自我存在的权利,假如我失去了自由,那么也就同时失去了选择,也就失去了自身全面发展的可能。只有自我是自由的,我才能选择,否则,就不能进行选择,"自由是选择的自由,而不是不选择的自由。不选择,实际上就是选择了不选择。"① 因此,选择与自由的关系是自我同时具备的,选择就其自身意义而言,就是对可能性的一种谋划,但这决不是凭空的幻想,它可预先决定了自我的自为,但这决不是在必然性的意义上决定的,而是在实现过程中,并且内部存在着诸多选择的可能性的情况下的自为,它仍然标志着自我的选择。"确实,'做选择'自身可以看做是一种可贵的功能性活动,而且,可以合理地把在别无选择的情况下拥有 X,与在还有很多其他可选事物的情况下拥有 X 区分开来。节食和被迫挨饿不是一回事。拥有'吃'这一选择使得节食成为节食,即在可以选择吃的情况下选择不吃。"② 我选择,在选择中自为,以及自为中的选择,都证明了自我存在是自由的,并且只有因为我是自由选择,未来才能确保自我发展的全面可能性,并不断地充盈着、巩固着自我发展的全面自由。

与此同时,主体选择的实现,不是一个抽象的、纯粹直接的过程,而是一个受到各种条件制约的具体的过程。"自由是对必然的认识"③,自由选择所显示的是一种自我理性的力量,体现了人的自主发展的可能性。然而,自由选择的能动性和意志自由是与境况相联系的。"至于你们作为具有独自性的人没有'摆脱'掉的东西,这就是'你们的选择和你们的意愿'……如果他要进行选择,他也总是必须在他的生活范围里面、在绝不由他的独自性所造成的一定的事物中间去进行选择的。例如作为一个爱尔兰的农民,他只能选择:或者吃马铃薯或者饿死,而在这种选择

---

① [法]让-保罗·萨特:《存在与虚无》,陈宣良等译,安徽文艺出版社1998年版,第614页。

② [印]阿马蒂亚·森:《以自由看待发展》,任赜、于真译,中国人民大学出版社2002年版,第63—64页。

③ 《马克思恩格斯选集》第3卷,人民出版社1995年版,第455页。

中,他并不永远是自由的。"① 可见,自由选择具有相对性,其所采取的任何途径、方法和手段都具有客观现实性,而不可能完全是主观任意的,仅凭想象就能完成的。

在马克思主义经典作家看来,只有在"自由王国"里,人们才能摆脱那种终身固定于某种职业分工、使人的才能受到抑制和无从选择的畸形状态,每个人才可以结合社会的需要和自己的兴趣、特长,自由地选择和变换工作,全面地发挥自身的能力,实现自身全面发展。对此,马克思有一段可以视为什么是人的自由选择的经典论述:"在共产主义社会里,任何人都没有特定的活动范围,每个人都可以在任何部门内发展,社会调节着整个生产,因而使我有可能随我自己的心愿今天干这事,明天干那事,上午打猎,下午捕鱼,傍晚从事畜牧,晚饭后从事批判,但并不因此就使我成为一个猎人、渔夫、牧人或者批判者。"② 由此不难得出,在马克思那里,个人的全面发展与外部客观条件之间其实是有着很强的互补性,重要的是同时承认个人的全面发展的目的性地位和影响人的发展程度和范围的诸外界因素的力量。为了解决我们面临的问题,我们必须把个人全面发展视为一种社会的承诺。按照这一思路,扩展人的自由选择被看成是人的全面发展的主要手段。消除使人们几乎不能选择,而且几乎没有机会来发挥其理性能力的作用的各种类型的不平等、不自由,构成了发展。

可见,人的全面发展,也是一个"不断扩大民众的各种选择的过程"。在此,我们所强调的人的全面发展则是在这种相对自由情境下的人的选择的不断超越与扩展。人的全面发展,并不是人的各方面的均衡发展,而是建立在个性(特殊性)发展基础上的有选择的发展。

(四)人的全面发展更应是人的各种能力、机会和选择的和谐发展,是发展主体的各种能力、机会及其选择与各种客观现实条件的和谐发展

诚然,人的全面发展意味着每个人的全面发展,而且是每个人各方面能力、机会、选择的全面发展,这实际上是对人的全面发展的一种描述性的理解。从深层的价值论角度来看,即对人的全面发展作规范性理解,人的全面发展意味着人的各方面能力、机会和选择的一种和谐发展,各种能力、机会、选择并行不悖,促进人的全面发展。试想,如果一个

---

① 《马克思恩格斯全集》第3卷,人民出版社1960年版,第355—356页。
② 同上,第37页。

人的各方面能力、机会和选择都得到了充分的、全面的发展，但是这些内在构成要素本身又被当做是危害他人、社会，乃至危及整个人类的发展的话，这些看似发展了的内在诸要素实质上还仅仅停留在一种"手段"的位置，还没有达到马克思本人所主张的作为目的本身的人的全面发展。

因此，另一方面，需要强调的是，人的全面发展应是人的各方面能力、机会和选择的和谐发展，是发展的各种能力、机会及其选择与各种客观现实条件的和谐发展。

首先是人的内在诸要素的和谐发展。以人的能力为例，人的能力是多方面的，各方面能力的和谐发展即"体力和智力、自然力和社会力、个体能力和集体能力、潜力和现实能力等"①方面的和谐发展。相比较动物，人具有自我完善的能力，实际上，这就是人自觉追求自身发展的能力。人的全面发展就是要人们从旧的分工体系中解放出来，自由地选择自己的职业，促进自己的各种爱好和才能的和谐发展，进而从事自由自觉的创造性活动。生产力的发展本身就是自然界和社会历史赋予人的各种才能和潜能的发挥，马克思说道，"财富不就是在普遍交换中产生的个人的需要、才能、享用、生产力等等的普遍性吗？财富不就是人对自然力——既是通常所谓的'自然'力，又是人本身的自然力——的统治的充分发展吗？财富不就是人的创造天赋的绝对发挥吗？"②人的各种才能必须得到合理的发展。人的能力的差异也正是人的片面发展根源之一，工场手工业的分工就有参照人的能力差异的原因，这样就会使"只适宜于从事片面的特殊职能的劳动力发展起来。"③

如上，马克思承认天赋的存在，承认天赋的差异性，人的天赋影响着人的后天的发展。每个人的自然天赋不同，因此人的发展的出发点也不相同，因而把握、改造外部世界的能力也与他人不同。人的发展实践需要参考人的天赋，人的天赋的发展是人的发展的必然内容，马克思要求"我们一切天赋得到充分的发挥"④。但是人的全面发展完全可以通过后天的条件来实现，人的能力差别并非天生的而是历史的发展，历史的消除的。马克思和恩格斯在《德意志意识形态》中指出："孩子的发展能

---

① 韩庆祥：《思想是时代的声音：从哲学到人学》，新世界出版社2005年版，第202页。
② 《马克思恩格斯全集》第30卷，人民出版社1995年版，第479—480页。
③ 《马克思恩格斯全集》第44卷，人民出版社2001年版，第404页。
④ 《马克思恩格斯全集》第3卷，人民出版社1960年版，第286页。

力取决于父母的发展,存在于现存社会关系中的一切缺陷是历史地产生的,同样也要通过历史的发展才能消除。甚至连那些桑乔根本没有谈到的天然产生的类的差别,如种族差别等等,也都能够而且必须通过历史的发展加以消除。"①

其次是发展的诸内在要素与各种客观现实条件的和谐发展。人作为社会发展的主体不是想象中的主体,而是在现实中生活并从事实践活动的人。人生活在现实中,人的内在诸素质的发展也必定以现实为基础并在现实活动中表现和发展起来。对此,马克思就曾强调人类能力的生成和发展离不开劳动所赖以发生作用的自然和社会条件。"谈劳动能力并不就是谈劳动,正像谈消化能力并不就是谈消化一样。大家知道,要有消化过程,光有健全的胃是不够的。谁谈劳动能力,谁就不会撇开维持劳动能力所必要的生活资料。生活资料的价值正是表现在劳动能力的价值上。劳动能力不卖出去,对工人就毫无用处,不仅如此,工人就会感到一种残酷的自然必然性:他的劳动能力的生产曾需要一定量的生存资料,它的再生产又不断地需要一定量的生存资料。"②

各方面内在素质的发展是萌生于现实土壤之中的,没有各种内在素质与现实各种客观条件的和谐发展,人的全面发展将只是一种空想、歪想、妄想。事实上,在人类的发展历史上,许多实践案例和经验教训(如人类对自然的征服能力、核武器的制造能力等等,都是一把"双刃剑")也已经充分证明了人的内在诸素质如能力等的发展,但若离开了与各种客观现实条件的和谐发展,一味地、单纯地强调人类某一要素的发展,忽视了其与各种客观条件的和谐发展,促进人类进步就会走向自身的反面,成为制约甚至毁灭人类的武器。因此,在重视人的内在素质发展的同时,不能忽略人与各种客观历史条件,如经济、政治、社会、文化和生态环境的和谐发展。

为此,马克思在批判资本对雇佣劳动的支配关系时,揭示了资本主义为人的全面发展所创造的条件。他指出:"在资本对雇佣劳动的关系中,劳动即生产活动对它本身的条件和对它本身的产品的关系所表现出来的极端的异化形式,是一个必然的过渡点,因此,它已经自在地、但还只是以歪曲的头脚倒置的形式,包含着一切狭隘的生产前提的解体,

---

① 《马克思恩格斯全集》第 3 卷,人民出版社 1960 年版,第 498 页。
② 《马克思恩格斯文集》第 5 卷,人民出版社 2009 年版,第 201—202 页。

而且它还创造和建立无条件的生产前提,从而为个人生产力的全面的、普遍的发展创造和建立充分的物质条件。"① 为什么资产阶级的命运会如此呢？在马克思看来，资产阶级如同一个巫师，将最终无力支配自己用符咒呼唤出来的魔鬼，无产阶级的使命就是控制并驾驭资产阶级所创造的庞大的生产资料和交换价值，开发人类的一切才能，促进两者的和谐发展，继而实现人的全面发展的共产主义，因为只有共产主义社会才是"个人的独创的和自由的发展不再是一句空话的唯一的社会"②。

共产主义社会就是人的全面发展的自由王国，而人类能力、发展机会和选择的每一步发展都为从必然王国向自由王国的历史性跃迁作了准备。关于这个过程，经典作家给予了详尽的阐述："这个自然必然性的王国会随着人的发展而扩大，因为需要会扩大；但是，满足这种需要的生产力同时也会扩大。这个领域内的自由只能是：社会化的人，联合起来的生产者，将合理地调节他们和自然之间的物质变换，把它置于他们的共同控制之下，而不让它作为一种盲目的力量来统治自己；靠消耗最小的力量，在最无愧于和最适合于他们的人类本性的条件下来进行这种物质变换。但是，这个领域始终是一个必然王国。在这个必然王国的彼岸，作为目的本身的人类能力的发挥，真正的自由王国，就开始了。但是，这个自由王国只有建立在必然王国的基础上，才能繁荣起来。工作日的缩短是根本条件"③。

至此，经典作家为我们敞开了一条通向自由王国的现实之路，那就是工作日的缩短。马克思说："时间是发展才能等等的广阔天地"④，工作日的缩短意味着将为人的全面发展以及人类的一切才能的发挥创造了条件和空间；同时，工作日的缩短也意味着必须最大程度地缩减社会必要劳动时间，增加自由劳动时间，只有这样，才会"给所有的人腾出了时间和创造了手段，个人会在艺术、科学等等方面得到发展"⑤。

总之，在马克思主义经典作家那里，人的全面发展，不仅是作为其现实诉求的人的各种内在素质，如能力、机会和选择的全面、和谐发展，也应是发展的各种内在素质与各种客观现实条件的和谐发展。换句话说，

---

① 《马克思恩格斯全集》第46卷（上），人民出版社1979年版，第520页。
② 《马克思恩格斯全集》第3卷，人民出版社1960年版，第516页。
③ 《马克思恩格斯文集》第7卷，人民出版社2009年版，第928—929页。
④ 《马克思恩格斯全集》第26卷（Ⅲ），人民出版社1974年版，第281页。
⑤ 《马克思恩格斯全集》第46卷（下），人民出版社1980年版，第219页。

不仅包括占有各种客观现实资料，也包括人类自身各种能力、机会和选择的全面、充分、自由发展与展现，更重要的是以上各者的和谐发展，因此，是一种人与经济、政治、社会、文化、自然以及人自身主观世界的和谐发展。它既同人们生活的客观条件密切相关，又体现了人们各种要素发展内在需求和价值。人的全面发展正是由这些因素共同作用而产生的主体对自身存在和发展状况的一种积极的完善。

从这种认识出发，我们可以得出一个基本结论，即：人的全面发展是在一定的经济、社会、政治、文化、环境等外在发展条件基础上，通过强化全体民众的能力，保障发展机会而扩大人们的选择的过程，它强调一个全面发展的人应该是一个不受物质匮乏和疾病困扰、能充分实现自身潜能并积极有效开展公共生活与社会交往、能自由享受私人空间和各种发展机会、有爱心、自主的人。因此，人们各方面能力、机会和选择的每一发展状况，都现实地决定了人们所能具备的客观现实发展条件的可能，同时又具体地表现了两者和谐发展所能达到的水平。从这种发展的二重性，作为一个历史过程的人的全面发展就有了衡量、描述、评价的必要与可能。

二、必须廓清的几对关系

诚然，马克思和恩格斯并没有专门去构造一个人的全面发展思想的理论体系，但作为与其哲学体系密切相关的思想内容，他们关于人的全面发展思想自身也体现出一定的体系性。在整个体系中，除了上述所论及的关系之外，还有几对关系在此需要廓清：

（一）自由发展与全面发展的关系问题

经典作家的论述中，"人的全面发展"和"人的全面而自由发展"是同时存在的。而对于人的全面发展和自由发展的关系，马克思和恩格斯并没有作为直接的问题进行讨论，二者均作为人的发展的理想目标提出来，于是，这就涉及一个关键性的问题：人的自由发展和人的全面发展的关系如何？

对此，学界也进行了广泛的研究和探讨。就我们所接触的资料来看，学界对两者所具有的相容性具有较为一致的看法，分歧主要在两者的具体关系上。

一种观点认为，人的全面发展和人的自由发展同等重要，人的全面发展和人的自由发展是同一个东西，"在一个使每一个人都能够得到自由发展的、具有最高自由度的社会里，得到自由发展的每个人，其发展也必然是全面的而不是片面的；要使人能够得到全面发展，就必须使人能够有发展自己的自由，而且这种自由度越大，其发展也就越全面。"①

而另有一种观点则认为，马克思的人的全面发展理论内在地包含着人的自由发展的含义。没有人的自由发展，就不可能有人的全面发展。"在现实的社会生活中，只要每一个人都能够按照自己的愿望，为实现自己的追求，按照自己在社会交往和社会生活中所形成的个性和特长，去自由地发展了自己的个性和实现了自身的价值，就可以毫无疑问地说他们是得到全面发展了。"② 即人的全面发展必须以人的自由发展为基础，只有当每个人都能够自由地发展自己的丰富个性时，人的全面发展才具有现实的可能性。

还有一种观点认为，不能以"人的全面发展"来代替"个人全面而自由的发展"。理由是："所谓'全面发展'，用马克思的话来说就是'个人关系和个人能力的普遍性和全面性'。个人能力的普遍性和全面性，可以理解为个人向'那种把不同的社会职能当做相互交替的活动方式的全面发展的个人'的转化。个人能力的普遍性和全面性，需要有相应的个人关系的普遍性和全面性，这是在商品经济的充分发展阶段就可以实现的，或者说，个人关系的普遍性和全面性，正是商品经济充分发展阶段社会关系的基本特征。但是，如果说，具有个人关系和个人能力的普遍性和全面性，就可以说是实现了个人全面发展的话，那么，仅有个人关系和个人能力的普遍性和全面性，则还不能说是实现了个人的自由发展。这是因为，建立在商品经济充分发展阶段上的个人关系和个人能力的普遍性和全面性，是以'物的依赖关系'为整个社会关系的标志的，而'物的依赖关系'的历史局限性恰恰在于人们还不能控制和支配自己的社会关系。"③

也有观点认为，马克思所使用的"个人全面而自由发展"表述最能全面地反映当时时代的发展状况，避免了因强调一方忽视另一方而导致

---

① 王兆熊：《科学理解马克思关于人的自由发展和全面发展思想》，载《河池师专学报》，2003年第4期。

② 要兴磊：《人的全面发展以人的自由发展为基础》，载《石油大学学报》（社会科学版），2001年第5期。

③ 王友洛：《不能以"人的全面发展"代替"个人全面而自由的发展"》，载《哲学研究》，1993年第8期。

的理论偏颇。"全面"与"自由"不仅互为前提，而且互为目的，其思想实质和实现过程是一致的。"自由个性以人的全面发展为基础，因为人只有具备'表现本身的真正个性的积极力量'才能得到特别发展；人的全面发展以自由自觉的劳动、自由时间、自由人联合体、自由个性为前提和保证。只有作为每个个体的'我和大家共有的、我和大家的同样程度上具备的属性，既不构成我的性格，又不构成我的特长，也不构成我的特殊本质'才能得到全面发展。在这个意义上说，其地位不分伯仲。"但是，随着社会的进步，对于"全面"和"自由"两个概念内涵的理解也在发生变化。全面发展的内涵更加丰富，而自由概念的内涵则越来越缩小，更多地局限于政治领域。因此，在人的发展理论上，人的全面发展逐渐地取代了"个人全面而自由的发展"，而成为社会的主流文化理念和价值观，但这不是意味着抛弃"自由发展"，只求人的能力的简单相加，而是在人的全面发展理论中已内在地包含了"全面"与"自由"的统一。

还有观点认为，人的自由发展是人的全面发展的根本前提，要实现人的全面发展，首先必须有人的自由发展，但人的自由发展并不一定带来人的全面发展。[①]

我们认为，人的全面发展理论体系可以包含人的自由发展的内容。事实上，人的全面发展，意味着每个人的个性、特长得到自由而充分的发展。全面发展不等于各个方面平均发展；不等于培养缺乏个性、平庸无奇的庸人。但是人的自由发展和人的全面发展既有联系，也存在区别。无论是人的全面发展还是自由发展，都需要放在一定的社会历史背景中加以解释，而不应当绝对理想化，两者在具体的个人身上，有可能是重合的，也有可能是割裂的，而就人类作为人的发展的主体来看，则是很难割裂开来的。人的发展需要个人自身、社会多方面条件的支持，人的全面发展是人获得了一定的发展自由，在一定程度上得到自由发展的结果，同时也是人进一步自由发展的条件。

（二）人的需求和人的全面发展的关系问题

人的全面发展表现为人的需要的多方面发展，马克思把人的本质与人的需要联系在一起，指出："他们的需要即他们的本性。"[②] 在马克思看来，人的需要就是由生命的人为了满足自身的生存和发展而对外部存在

[①] 李白鹤：《论人的自由发展与全面发展》，载《湖北社会科学》，2003年第9期。
[②] 《马克思恩格斯全集》第3卷，人民出版社1960年版，第514页。

的所求，需要是人内在的、本质的规定性，是人的全面生命活动的动力和依据，有需要的产生才会引发人的行为活动。因此，需要的满足程度直接涉及人的本质的实现程度，需要的发展是促使人全面发展的强大动力，是"人的本质力量的新的证明和人的本质的新的充实"①。人的全面发展与人的需要的全面发展紧密相连。

人类在种族发展过程中，为了维持生命和延续种族，形成对某些事物的必然需要，如营养、自卫、繁殖后代等的需要。在社会生活中，为了提高物质和精神生活水平，形成对社交、劳动、文化、科学、艺术、政治生活等的需要。人的需要是在社会实践中得到满足和发展的，具有社会历史性。

人的需要问题在西方首先主要是从心理学、生理学的角度去研究的，而后需要理论研究的范围也扩大到哲学、经济学等多学科中。从心理学上讲，需要是一种先天的心理结构，是有机体感到某种缺乏而力求获得满足的内心状态，是人生存和发展的客观依据和各种积极形式的来源。如果把个体的人作为需要的主体，它则是指维持个体生存、延续种族和参加社会生活的条件在人脑中的反映以及由此产生的欲求状态。在哲学意义上，人的需求则是指生活条件和精神生活条件的内在自觉指向。②

美国心理学家马斯洛的"需要理论"最具代表性。马斯洛认为，人是一种自然存在，人的需要就是人的规定性，而人的自然本性即人的本能决定了人的需要，人的需要又进一步决定人的行为动机。

马斯洛主要从心理学的角度把人的需要从低到高依次分为生理需要、安全需要、社会交往的需要、尊重的需要、自我实现的需要五个层次。马斯洛把自我实现作为需要的最高层次，说明物质需要的满足并不能真实的实现人性的最高境界——人的价值生活和精神生活，即人的真正自我实现的状态。真正的自我实现是"人性的一个规定性特征，没有它，人性便不成其为充分的人性。它是真实自我的一部分，是一个人的自我同一性，内部核心，人的种族性的一部分，是丰满人性的一部分"③。在此基础上，马斯洛又从人类生存动机角度把需要划分为两大类：第一类

---

① 《马克思恩格斯全集》第42卷，人民出版社1979年版，第132页。
② 参见倪瑞华：《可持续发展的伦理精神》，中国社会科学出版社2004年版，第132—133页。
③ [美]马斯洛：《人性能达的境界》，林方译，云南人民出版社1987年版，第320页。

是由缺失性引起的生存的基本需要，这是人类保持自身生存的基本条件，也是现实的生活条件，如果这些需要缺失，人就会面临能否生存的问题。生存需要又可分为生理需要和安全需要层次，而这两个层次的需要又是以一种强度和先后的秩序互相关联，如果一个人所有的需要都没有得到满足，这时他首先会被生理需要所支配，其他需要则在其后。当这一级需要得到满足之后，就会出现更高一级的需要，以此类推。用马斯洛自己的话说，就是"人是一种不断需求的动物，除短暂的时间外，极少达到完全满足的状态。一个欲望满足之后，另一个迅速出现并取代它的位置；当这个满足了，又会有一个站在突出位置上来。人几乎总是在希望着什么，这是贯穿他整个一生的特点。"① 第二类是由成长性引起的发展的高级需要。这一类需要是在缺失性需要满足之后的需要，是人如何生活得更好，社会交往更全面、尊重得到满足、自己潜力得到发挥以达到自我实现等超越一般需要的更高层次的需要。马斯洛的需要层次理论仅从生理角度来研究个人的需要，撇开了人的社会属性及社会需要，因而就无法解释许多人并非按照这个理论在低层次需要满足之后进入到更高层次需要的追求。也无法解释在资本主义社会中为什么会出现各种不合理的、畸形的需要。②

马克思认为需要是一种"天然的必然性"，是人与生俱来的"内在规定性"，他说："富有的人同时就是需要有完整的人的生命表现的人，在这样的人身上，他自己的实现表现为内在的必然性，表现为需要。"③ 马克思说："任何人如果不同时为了自己的某种需要和为了这种需要的器官而做事，他就什么也不能做。"④ 就是生活在孤岛上的鲁滨逊，不管他生来怎样简朴，他终究要满足各种需要，必须与自然进行斗争一样，文明人也必须这样做；而且在一切社会形态中，在一切可能的生产方式中，他都必须这样做。这个自然必然性的王国随着人的发展而扩大，因为需要会扩大。可见，人有需要，才能表明人的存在、人的活动、人的发展。因此，需要是人的本性。

人的需要按满足需要对象的形态可以分为物质需要和精神需要。物

---

① [美]马斯洛：《动机与人格》，许金声等译，华夏出版社1987年版，第29页。
② 倪瑞华：《可持续发展的伦理精神》，中国社会科学出版社2004年版，第139页。
③ 《马克思恩格斯全集》第42卷，人民出版社1979年版，第129页。
④ 《马克思恩格斯全集》第3卷，人民出版社1960年版，第286页。

质需要贯穿于人的各种需要之中,是需要的物质基础,人们对物质的需求没有止境,这种需要不断得到满足又不断地被生产出来,永远不会有停止的时候。精神需要即人的心理和精神方面的需要,它本身是无形的,但不能完全脱离有形的物质。从需要的主体看可分为个体需要和群体需要。从需要与人的全面发展的关系看,需要有合理与不合理之分,凡能促进人的全面发展的属合理需要,反之则为不合理需要。

马克思和恩格斯从人类需要系统的发生,把人作为一个动态整体系统以及从主体人的发展过程来考察,认为人的需要分为生存需要、享受需要和发展需要。作为最基本的生存需要,是人求得自身生命存在的欲望和要求,包含较多生物学因素,其特征是对物的占有,在商品经济社会里,具体体现为对金钱的追求。享受需要包含了生存需要,但不仅是为了生存,人们不会仅仅满足于吃饱穿暖,在物质生活条件允许的情况下,会对生活质量提出更高要求。它包含物质和精神两个方面的内容,随着社会发展,精神享受的内容越来越丰富,在享受中所占的比重会越来越大,此时,如果没有极大丰富和繁荣的精神文化生活来充分满足人的享受需要的话,往往会使人陷入对物的过度追求,导致人的精神空虚。在享受需要得到较好满足的基础上的人的发展需要,就是要充分发挥人的聪明才智、施展人的才能、实现自我价值的欲望和追求。可见,享受需要和发展需要体现的是对理想和人的本性的追求,是以人的精神满足和人的才能的全面发展为标志的。

人的需要具有这样的特点,第一,社会性。这是人与动物需要不同的根本区别。动物的需要只具有自然属性,因为它的需要是自然形成的,是一种本能。而人的需要具有双重性:一方面,人是自然存在物,是在自然界长期进化过程中从动物进化而来的,因此,人的需要具有自然属性。恩格斯说:"人来源于动物界这一事实已经决定人永远不能完全摆脱兽性,所以问题永远只能在于摆脱得多些或少些,在于兽性或人性的程度上的差异。"[①] 另一方面,人的需要具有社会性。人的需要是"从社会生产和交换中产生的"[②]。马克思指出:"活动和享受,无论就其内容或就其存在方式来说,都是社会的,是社会的活动和社会的享受。"[③] 第二,

---

[①] 《马克思恩格斯选集》第3卷,人民出版社1995年版,第442页。
[②] 《马克思恩格斯全集》第46卷(下),人民出版社1980年版,第19页。
[③] 《马克思恩格斯全集》第42卷,人民出版社1979年版,第121-122页。

客观性和历史性。需要是客观存在的,是人生存和发展的前提,需要什么、需要满足的方式是由客观现实规定的。人的需要随着人的实践的不断发展而不断生成、变化、发展。人的需要的内容和特点在社会实践发展的不同时期、不同阶段是不一样的。社会实践和人的需要互为前提,没有需要就没有实践,同样,没有实践就没有人的新的需要的产生。对此,马克思指出:"没有需要,就没有生产。而消费则把需要再生产出来。"① 满足需要的活动和已经获得的为满足需要用的工具引起新的需要。因此,人的需要在不断生成、变化、发展的同时也促进着人的需要在实践中不断地由片面走向全面,因而具有无限的创造力和丰富性,不仅包括物质需要同时也包括精神需要。② "需要—生产—满足—新的需要"的结果必然是人的需要的无限性和日益丰富性。

为了防止需要的异化,马克思特别强调了人的需要与动物的需要的区别。他指出:"诚然,动物也生产……但是动物只生产它自己或它的幼仔所直接需要的东西;动物的生产是片面的,而人的生产是全面的;动物只是在直接的肉体需要的支配下生产,而人甚至不受肉体需要的支配也进行生产,并且只有不受这种需要的支配时才进行真正的生产;动物只生产自身,而人再生产整个自然界;动物的产品直接同它的肉体相联系,而人则自由地对待自己的产品。动物只是按照它所属的那个种的尺度和需要来建造,而人却懂得按照任何一个种的尺度来进行生产,并且懂得怎样处处都把内在的尺度运用到对象上去;因此,人也按照美的规律来建造。"③ 在这段话里,马克思用一种比拟的说法把动物的生产、需要与人的生产、需要进行了区分,从而深刻地说明了人的需要更多的是有意识的、全面的,是对有利于自身生存、全面发展的外界物的欲望与追求。

而就人类本身而言,在资本主义以前的社会形态,由于生产力极其低下,社会产品及其缺乏,人的需要只能在极其低下的层次上得到满足。在资本主义阶段,大工业的建立和生产力的发展,使人们的物质需要得到了相应的满足,然而人的精神需要及各种社会需要并不能得到同步满

---

① 《马克思恩格斯全集》第46卷(上),人民出版社1979年版,第29页。
② 参见张德昭:《深度的人文关怀:环境伦理学的内在价值范畴研究》,中国社会科学出版社2006年版,第254—255页。
③ 《马克思恩格斯全集》第42卷,人民出版社1979年版,第96–97页。

足和发展,人的需要被严重扭曲。马克思关于"人的需要的丰富性"正是针对此而提出的。马克思认为,只有到了第三种社会形态即共产主义社会,由于生产力高度发展,社会产品极大丰富,人的物质需要、精神需要及其他各种需要才能得到极大的满足和发展,从而实现人的需求的多方面发展。由此可见,人的全面发展是随着人的需要的全面发展而发展的,人的现实需要的结构反映着人的发展方式的性质,体现着人的全面发展水平和自由程度。

(三) 人的全面发展与社会发展的关系问题

马克思主义创始人始终坚持人的全面发展与人类社会的发展相统一的观点。首先,认为社会发展与人的发展互为前提和基础。马克思认为,人是社会的人。"人的本质不是单个人所固有的抽象物,在其现实性上,它是一切社会关系的总和"①。"正像社会本身生产作为人的人一样,人也生产社会。"② 恩格斯指出,"大工业及其所引起的生产无限扩大的可能性,使人们能够建立这样一种社会制度,在这种社会制度下,一切生产必需品都将生产得很多,使每一个社会成员都能够完全自由地发展和发挥他的全部力量和才能。"③ 江泽民同志也精辟地指出:"推进人的全面发展,同推进经济、文化的发展和改善人民物质文化生活,是互为前提和基础的。人越全面发展,社会的物质文化财富就会创造得越多,人民的生活就越能得到改善,而物质文化条件越充分,又越能推进人的全面发展。社会生产力和经济文化的发展水平是逐步提高、永无止境的历史过程,人的全面发展程序也是逐步提高、永无止境的历史过程。这两个历史过程应相互结合、相互促进地向前发展。"④ 因此,社会和个人相互生成,互为前提和基础,一部人类社会发展的历史,就是一部人走向全面发展的历史。

其次,人的全面发展既是社会发展的最高理想,又受特定社会历史阶段发展水平的限制,具有相对性。马克思指出:"为了人并且通过人对人的本质和人的生命、对象性的人和人的产品的感性的占有,不应当仅仅被理解为直接的、片面的享受,不应当仅仅被理解为占有、拥有。人

---

① 《马克思恩格斯选集》第1卷,人民出版社1995年版,第56页。
② 《马克思恩格斯全集》第42卷,人民出版社1979年版,第121页。
③ 《马克思恩格斯选集》第1卷,人民出版社1995年版,第237页。
④ 江泽民:《论"三个代表"》,中央文献出版社2001年版,第180页。

以一种全面的方式,也就是说,作为一个完整的人,占有自己的全面的本质。"① 他在《共产党宣言》中旗帜鲜明地提出"人的全面而自由发展"是未来社会的目标。另一方面,又指出,社会生产力的发展,交往的普遍性"是个人全面发展的可能性"②,强调人的发展与社会生产力发展的水平,与历史发展的一定阶段紧密相连,因而人的全面发展必然具有相对性。针对资本主义社会异化现象,马克思认为,劳动者没有个性,"物的关系对个人的统治、偶然性对个性的压抑,已具有最尖锐最普遍的形式"③。

在未来的共产主义社会中,"人的解放"和"社会的解放"将是统一的,社会若不解放个人,自己也就得不到彻底解放。马克思和恩格斯认为,取代资本主义阶级对立的社会,将是自由人的联合体,即共产主义社会。

在马克思看来,共产主义"是存在和本质、对象化和自我确证、自由和必然、个体和类之间的斗争的真正解决。"④ 其最本质的特征则是:每个人的自由全面发展是一切人的自由全面发展的条件。"这个命题的实质意义在于:第一,在共产主义社会中,个人之间的关系是平等地发展自己能力的关系,即'每个人'都能得到自由而全面的发展;第二,每个人的自由发展是自由联合体的基本原则;第三,每个人的自由而全面的发展是和人类社会的发展(即一切人的发展)相一致的。就是说,不是人类社会的发展以牺牲每个人自由而全面的发展为代价,而是以后者为条件,人类社会的发展只有借助每个人的自由而全面的发展,或者只有落实到每个人的自由而全面的发展上,它才能得到真正的、最后的实现,它才具有现实性、普遍性、彻底性和人性。换言之,每个人自由而全面的发展是实现人类社会发展的最有效的社会形式,人类社会发展依赖或离不开每个人自由而全面的发展,每个人自由而全面的发展在人类社会发展中具有中心地位;第四,每个人自由而全面的发展只有与人类社会发展相一致,且作为人类社会发展的条件和有效形式时,它才具有

---

① 《马克思恩格斯全集》第 42 卷,人民出版社 1979 年版,第 123 页。
② 《马克思恩格斯全集》第 46 卷(下),人民出版社 1979 年版,第 36 页。
③ 《马克思恩格斯全集》第 3 卷,人民出版社 1960 年版,第 515 页。
④ 《马克思恩格斯全集》第 42 卷,人民出版社 1979 年版,第 120 页。

价值和意义，才会得到来自社会的认同。"①

从马克思主义对人与社会基础关系的论述中，我们能够得出结论：社会发展应包括人的全面发展和为人的全面发展提供保证条件的社会各方面的发展；人的全面发展也是社会全面发展的核心和目的。社会进步和完善是衡量人的全面发展程度的一个根本尺度，以人的全面发展为中心的社会发展将有利于社会各成员的全面发展。

综上所述，全面发展的人"不是处在某种虚幻的离群索居和固定不变状态中的人，而是处在现实的、可以通过经验观察到的、在一定条件下进行的发展过程中的人。"② 人作为社会发展的主体，作为有着各种需求的、不断追求自由的主体，不是想象中的主体，而是在现实中生活并从事实践活动的人。人生活在现实发展着的社会现实中，人的发展在各种需要和自由追求的促使下也必定以现实社会生活为基础并在现实社会活动中表现出来。因此，考察人的全面发展，就不能仅停留在理论的推演和论证上，而应从现实社会及其发展实际、从人们自由目标和各种需求发展情况出发。这也就是我们下面所要进行的关于当代中国人的全面发展指标体系研究的现实依据问题。

第二节　现实依据：当代中国人的全面发展的现实目标

"就像人无法揪着自己的头发离开地球一样，我们不能在思维中或从人的世界之外和超于世界之上去观察人的全面发展。"③ 落实到中国，构建人的全面发展指标体系，必须清楚地知道我国人的全面发展所处的发展方位、现实条件和各级目标。因此指标构建的现实依据便是当代中国人的全面发展的各现实目标了。

事实上，当代中国人的全面发展指标体系是以我国人的全面发展各项具体目标为现实依据的。人的全面发展指标的提出和建立，从根本上来说是为了把人的全面发展各项目标确定下来并加以具体化。人的全面

---

① 陈金芳：《马克思恩格斯列宁论人的全面发展》，见俞可平等主编：《马克思主义研究论丛》（第8辑），中央编译出版社2007年版，第164页。
② 《马克思恩格斯选集》第1卷，人民出版社1995年版，第73页。
③ 郑杭生、李强、李路路：《社会指标理论研究》，中国人民大学出版社1989年版，第173页。

发展各项目标同人的全面发展指标体系之间存在着诸多方面、多层次的联系。首先，人的全面发展各项目标需要通过一定的发展指标体现出来。人的全面发展目标一般是比较抽象和概念化的，它往往表现为一种理论构想，表现为人们对未来的一种总的设想。它如果要变成看得见、摸得着的目标，就必须具体化，这个具体化的中介或环节，就是带有量的特征的人的全面发展指标，将最终的和长远的社会目标现实地表现出来。其次，人的全面发展目标实现的过程，也需要通过相应的指标反映出来。人的全面发展目标从提出到实现，中间必经一个过程。对于一个明确的目标，在目标确定之后，更重要的是使人的全面发展过程不偏离目标。最终的或最高的人的全面发展目标需要逐步地实现，因此，由现状到最终目标之间必定存在许多中间层次和中间阶段的子目标、分目标。人的发展要想达到最终目标，必须随时控制分目标和子目标的实现过程，随时调整和修正人的发展系统运行和发展的状态，使其始终朝着最终的目标，在统一的人的全面发展目标体系内运行和发展。这种"达鹄"过程的控制是通过人的全面发展目标中的子目标和分目标实现的，特别是依赖那些直接反映人的全面发展状态变化的人的发展指示器实现的。人的全面发展指标和人的全面发展指示器能够及时反映和反馈出人类自身为实现自身全面发展目标所作努力的结果，人们可以据此控制人的全面发展系统"达鹄"的过程。第三，人的全面发展指标以其评价的功能和人的全面发展目标联系起来。人的全面发展目标是根据人类发展规律从人类发展的整体上加以确定的。人们可以运用人的全面发展指标将长期目标同人类发展现状进行对比，表明其存在的差异，特别是人们可以通过人的全面发展指标所反映出的现状，判断此时此地究竟在多大程度上实现了既定目标，人的发展处于何种运行和发展状态。也就是说，通过人的全面发展指标使得人们有可能将目标要求和实际发展结果进行对比，以此评价人的发展。事实上，人的发展水平愈高，就愈依靠人的全面发展目标、人的全面发展指标来协调和促进人的全面发展。

从人的全面发展目标出发构造人的全面发展指标体系，在逻辑上有一个由一般到特殊的过程，即：首先确定人的发展目标，然后据此推出子目标或分目标，最后提出描述、刻画或表达目标的发展指标。因此，从人的全面发展目标出发建立起的人的全面发展指标体系应该具有比较严格的内部逻辑统一性，这种内部的逻辑统一性应该使得任何特定的人的全面发展指标都同一定的人的全面发展目标相联系。这样一来，人的全面发展指标体系中的关键因素便是人的全面发展目标的确定。

一、根本目标：经济社会发展和人的全面发展相协调

人的全面发展各项目标应该如何确定呢？对此，正如马克思所说："共产党人的理论原理，决不是以这个或那个世界改革家所发明或发现的思想、原则为根据的"，"这些原理不过是……我们眼前的历史运动的真实关系的一般表述"①。正是基于此种考虑，我国人的全面发展各级目标的确定就必须从我国的实际出发去进行探索了。

（一）当代中国人的发展正处于一个"以物的依赖性"为基础并具混合性的独特阶段

众所周知，马克思关于个人全面发展的理念是在他著名的"三大社会形态"理论的框架内提出的。在《1857—1858年经济学手稿》中，马克思这样写道：

> 人的依赖关系（起初完全是自然发生的），是最初的社会形态，在这种形态下，人的生产能力只是在狭窄的范围内和孤立的地点上发展着。以物的依赖性为基础的人的独立性，是第二大形态，在这种形态下，才形成普遍的社会物质变换，全面的关系，多方面的需求以及全面的能力的体系。建立在个人全面发展和他们共同的社会生产能力成为他们的社会财富这一基础上的自由个性，是第三个阶段。第二个阶段为第三个阶段创造条件。②

在这段重要的论述中，马克思强调，与以"人的依赖关系"为基础的初级发展形态相比，"以物的依赖性为基础的人的独立性"为人类发展的第二大形态。在这一形态下，普遍的"物质交换"、"全面的关系"、"多方面的需求"以及"全面的能力"构成了人的发展基本特征。在此基础上的"个人全面发展"及其自由个性则是人的发展的第三形态。

反观当代中国人的发展现状，我国正处于一个特殊的发展阶段。马克思指出，"个人是什么样的，这取决于他们进行生产的物质条件"③。据此，人的全面发展问题，理应从现实的生产力发展状况，从现实的社会关系中去理解，如果只是简单套用马克思关于人的发展"三形态"说，

---

① 《马克思恩格斯选集》第1卷，人民出版社1995年版，第285页。
② 《马克思恩格斯全集》第46卷（上），人民出版社1979年版，第104页。
③ 《马克思恩格斯选集》第1卷，人民出版社1995年版，第68页。

则是对马克思历史唯物主义的背离。那种认为我国完全处于"对物的依赖性为基础的人的独立性"发展阶段的判断,实质上是对中国经济关系和社会制度根本属性的误读和否定;而过于乐观地认定我国处于建立在"个人全面发展和他们共同的社会生产能力成为他们的社会财富这一基础上的自由个性"发展阶段,又显然不符实际,难免陷于空想。因此,界定现阶段我国人的发展形态,必须从我国当前社会经济关系的特殊历史阶段进行区分。

现实的情况是,在当代资本主义进入"后工业时代",在一个全面开放、与世界文明相互交融的进程中,通过社会主义发展道路来进行现代化建设,我国尚处于新兴工业化、现代化发展阶段,因此,可以说是正处于由"第二阶段"向"第三阶段"迈进、具有混合性的伟大历史进程之中。正如马克思曾经所指出的,在人类的主体能力与生产力发展水平较低、活动范围相对狭小、各个国家和民族基本上是作为一种地域性存在而处于孤立与封闭状态时,历史必然性将是单一的,但如果纳入实际的民族交往中,当人们的社会交往超出了国界而在不同的国家和民族之间进行时,单线模式的社会发展就会立即被混合模式和超越模式的社会发展所取代,社会自然发生的原生关系也必将出现"第二级的和第三级的东西,总之,派生的、转移来的、非原生的生产关系"[①]。据此,我们在分析当代中国所处的社会形态时就必须意识到其混合性、超越性、交叉性等属性和特征,且具体体现在:

1. 在经济形态上是一个多种经济形态并存的社会主义市场经济"特定阶段"

当代中国,正处在一个商品社会主义发展阶段,虽然具备了社会主义的基本性质,但是由于生产力落后,决定了初级阶段的社会主义在经济方面是"不合格"、"不够格"的社会主义,正是从这个意义上,我国的社会主义初级阶段是一个"特定阶段",这个"特定阶段""既不是马克思主义创始人设想的在资本主义高度发展的基础上建设社会主义,也不完全相同于其他社会主义国家"[②]。在这个"特定阶段"下,其生产力水平比发达资本主义国家的生产力水平低得多,这就决定了在生产关系

[①] 《马克思恩格斯选集》第 2 卷,人民出版社 1995 年版,第 27 页。
[②] 中共中央文献研究室编:《十三大以来重要文献选编》(上),人民出版社 1991 年版,第 11 页。

方面，发展社会主义公有制所必需的生产社会化程度还很低，商品经济和国内市场很不发达，自然经济和半自然经济占相当比重。也正如恩格斯所说的那样："完美的社会、完美的'国家'是只有在幻想中才能存在的东西。"[①] 社会主义社会也不是纯粹的、绝对的社会形态，它也保留着许多非社会主义本质的东西，旧的、资本主义的残余也还会在一定时期中存在，同时，它也有共产主义社会的新的因素。

此外，我国经济形态还是从传统的社会主义计划经济转型而来。中国目前仍处于计划经济向市场经济的过渡阶段，且这一过程还将持续较长时间。而对中国经济市场化程度的判断，国内学者尽管出发点不同结论也有出入，但有这么三点是基本上一致的："第一，中国目前还没有完成转轨任务。低估是中国经济市场化程度为50%—60%，高的估计是中国市场化程度已达70%—80%。第二，世界上没有绝对彻底的100%市场化国家，发达市场经济国家的市场化程度也只有80%—90%。第三，1978年改革开放之前中国经济市场化程度不会高于10%，大致在5%左右。"[②] 由此可见，我国市场化程度在发展迅速的同时仍然存在很大的发展空间，传统的计划经济在社会生产和交换关系中的宏观层面、微观层面的体制和机制仍然存在着，如某些国有企业虽然取消了指令性计划，但间接的行政干预却尚未弱化；国家投资决策在很大程度上不仅涉及服务领域，而且涉及市场经济生产领域；政府对经济职能尚未根本改变，在资源配置等方面仍然存在较大控制力，等等。

尽管多种经济形态并存，尽管仍处于计划经济向市场经济的过渡阶段，但这样一个特殊经济形态却将长期存在，这便是社会主义市场经济的"特定阶段"。这样一种"特定阶段"有其独特性：一方面，它是社会主义基本制度与市场经济体制的有机结合，在本质上是社会主义性质。虽然在"方法上基本上和资本主义社会的相似"[③]，但它的本质却是社会主义性质——"解放生产力，发展生产力，消灭剥削，消除两极分化，最终达到共同富裕"。也即"计划经济不等于社会主义，资本主义也有计划；市场经济不等于资本主义，社会主义也有市场。计划和市场都是经

[①]《马克思恩格斯选集》第4卷，人民出版社1995年版，第217页。
[②] 顾海滨：《30年来中国经济市场化程度的实证考量》，载《中外企业家》，2009年第1期（下）。
[③]《邓小平文选》第2卷，人民出版社1994年版，第236页。

济手段。"① 显然，将社会主义基本制度和市场经济体系的有机结合，是对马克思主义经济理论的极大贡献，也是中国经济体制改革的巨大创新。另一方面，这样一个"特定阶段"下，经济发展坚持的是市场资源配置和"以人为本"宏观控制的相协调。邓小平明确指出："社会主义的优越性归根到底要体现在它的生产力比资本主义发展得更快一些、更高一些，并且在发展生产力的基础上不断改善人民的物质文化生活。"② 于是，社会主义市场经济无论从名称还是从内容方面都坚持"社会主义"对"市场经济"的统率，强调对市场有效的宏观调控，又力避对市场资源配置"基础性作用"的人为干预。于是中国政府既强调市场资源配置的基础性作用，又坚持"以人为本"科学发展观指导下的"五统筹"③，是一种市场资源配置和"以人为本"宏观控制相协调的经济运行模式。

这一切都表明，中国经济正处于多种经济形态并存、不断由计划经济向市场经济转变的急剧变革期，超越旧式经济形态的因素已经具备，成长的趋势不可阻挡。通过发展和完善社会主义市场经济体制，实现生产的商品化是实现经济社会化和现代化的必由之路。企图超越市场经济充分发展的阶段，由商品经济不发达、自然经济占主导地位的经济形态，直接过渡到产品经济，这种想法是不切实际的，其直接的结果就是，"人的全面发展"的"片面化"，"人对物的依赖"的"被支配化"。

2. 在制度形态上，是一个多种所有制形式并存但社会主义因素居于主导地位的创新了的社会主义初级阶段

在改革实践经历近 30 年的发展之后，尽管我国经济社会发生了极其深刻的变化，但党的十七大依然明确提出："我国仍处于并将长期处于社会主义初级阶段的基本国情没有变。"强调"必须始终保持清醒头脑，立足社会主义初级阶段这个最大的实际，科学分析我国全面参与经济全球化的新机遇新挑战，全面认识工业化、信息化、城镇化、市场化、国际化深入发展的新形势新任务，深刻把握我国发展面临的新课题新矛盾，更加自觉地走科学发展道路，奋力开拓中国特色社会主义更为广阔的发

---

① 《邓小平文选》第 3 卷，人民出版社 1993 年版，第 373 页。
② 《邓小平文选》第 3 卷，人民出版社 1993 年版，第 63 页。
③ "五统筹"即《中共中央关于完善社会主义市场经济体制若干问题的决定》中提出的统筹城乡发展、区域发展、经济社会发展、人与自然和谐发展、国内发展和对外开放的要求。

展前景"①。这就深刻地昭示，在当代中国社会业已走过的30多年改革开放发展历程中，中国共产党进行了艰辛的理论与实践创造活动，并取得了重大的实践成果。社会主义初级阶段的发展定位与科学认识，是30多年改革发展中极具创新价值的认识定位。

然而，目前在国内政界和学界，无论"自由派"还是"传统派"都存在着某种淡化、淡忘社会主义初级阶段的倾向。这也正是对中国所处人的发展阶段片面的、不准确的判断的一个重要前提。为此，我们必须进一步明晰：我国仍处于并将长期处于社会主义初级阶段！

对此，不容置疑。因为，从决定各初级社会主义的根本因素来看，无论是从生产关系角度看，还是从生产力要求看，离完全建成社会主义，或者说是结束社会主义初级阶段，尚有很长的距离。具体地说，不仅是第二层含义中的生产力方面，程度还很低，就是第一层含义的生产关系方面，也有个程度很低的问题。要把两个方面的程度提高，则需要很长时间。因此，社会主义初级阶段是个相当长的历史时期。

中国长期处于社会主义初级阶段，也有其现实充分的可能。这不仅与经济全球化背景下所具备的日益充分的物质技术基础和制度基础有关；也因这样一个毋须更多论证的不争事实——尽管在世界范围内社会主义处于低潮，但社会主义因素在资本主义世界体系的内外都成长着，社会主义代替资本主义的物质的、精神的条件在前所未有的积累着发展着；尤其是，面对传统社会主义危机，我国执政党能从当代和本国实际出发，创新社会主义发展模式，不断提高自身执政能力和自身建设水平。所有这些都表明，在当今时代条件下，中国作为长期处于社会主义初级阶段的社会存在的合理性和现实可能性。

更为重要的是，这也是当代中国的基本现实存在。在这样一个相当长的时期内，我国的基本政策是，"毫不动摇地巩固和发展公有制经济"，"毫不动摇地鼓励、支持和引导非公有制经济发展"，"个体、私营等各种形式的非公有制经济是社会主义市场经济的重要组成部分"；公有制为主体，多种所有制形式并存，统一于社会主义现代化进程中。可见，现实中国的社会主义初级阶段还涉及两个基本方面：一个是在中国，社会主义因素居于主导地位，国家性质是社会主义；一个是中国是多种所有制

---

① 胡锦涛：《高举中国特色社会主义伟大旗帜 为夺取全面建设小康社会新胜利而奋斗——在中国共产党十七次全国代表大会上的报告》，载《人民日报》，2007年10月25日。

形式并存的不发达的、初级的社会主义发展社会。

事实上，现实中国的社会主义与马克思讲的社会主义一定能够实现，但经济文化落后国家要达到那样的成熟程度还有很长的路要走的观点，在内容和逻辑上都是一脉相承，辩证统一的。创新是继承基础上的创新，继承是创新发展中的继承。我党关于中国社会主义初级阶段社会主义的定性行为，就是这种统一的体现，因为生产力不发达，决定生产关系和上层建筑不成熟，并且资本主义在世界仍占统治地位，所以我国今天的社会主义还是初级形式或初级阶段的，又因为坚持了社会主义的原则、实质和方向，坚持公有制在社会基本经济制度中的主体地位，所以我国现实的社会是社会主义。

总之，在经济形态上，我国尚处于多种经济形态并存的社会主义市场经济"特定阶段"，在制度形态上，则是一个多种所有制形式并存但社会主义因素居于主导地位的创新了的社会主义初级阶段，这样的认识对我们从总体上分析和厘清当代中国人的全面发展的经济制度基础是一个十分重要的事实，极为重要的前提。也正是基于这两方面定位，决定了在人的全面发展形态上我国所处的性质和定位："以物的依赖性"为基础，多种发展形态并存的具有混合性的独特阶段。

一方面，我国尚未走出以市场关系为特征对物的依赖和发展人的独立个性的阶段。多种经济形态并存决定了我国尚处于农业社会向工业社会、工业社会向信息社会的双重转变中，以对人的依赖关系为基础的单个人的"原始丰富"，以对物的依赖关系为基础的单个人的"片面性"都普遍存在着，而在后者对前者不断的替代过程中，不仅"这种物的联系比单个人之间没有联系要好，或比只是以自然血缘关系和统治服从关系为基础的地方性联系要好"，而且，"正是以建立在交换价值基础上的生产为前提的，这种生产才在产生出个人同自己和同别人的普遍异化的同时，也产生出个人关系和个人能力的普遍性和全面性"[①]，从而得以"为一个更高级的、以每一个人的全面而自由的发展为基本原则的社会形式建立现实基础"[②]。

另一方面，以对物的依赖性为基础的人的独立性的发展是在人的全面发展要求主导下进行的。这就是说自觉地按照人的本性、利用人对物

[①] 《马克思恩格斯全集》第46卷（上），人民出版社1979年版，第108页。
[②] 《马克思恩格斯文集》第5卷，人民出版社2009年版，第683页。

的依赖实现人的全面发展。社会主义初级阶段和社会主义市场经济的基本制度，总体上不允许物的世界的增值以人的世界的贬值为代价，更不允许以在根本上牺牲大多数人的全面发展为代价寻求物质财富的增长。对物的依赖仍然存在，但整个社会正逐渐摆脱"物"对"人"的支配和控制。"一切为了人"，促进人自身和谐发展、人与社会和谐发展、人与自然和谐发展、人与人和谐发展是当前我们这个社会的主旋律。

由此可见，这是一个特殊的"以物的依赖性"为基础并具混合性的独特阶段。在这一阶段，社会主义对人的全面发展的本质决定了我国仍处于"对物的依赖和人的独立性"的发展中，对"物的依赖"不仅仍然存在，而且伴随社会主义社会的初级阶段也将长期存在；但与此同时，随着对物的依赖形式的发展与超越对物的依赖的人的全面性形式的孕育，整个社会的人的发展将是在人的全面发展要求主导下前进。这是我们得出的对中国人的发展所处历史方位的总的定位。

（二）我国人的全面发展的各种条件正在迅速生成和发展

在"以物的依赖性"为基础并具混合性的人的发展独特阶段，当代中国人的全面发展并不仅仅是一种理性的愿景，而是一种客观的现实要求。对此，马克思和恩格斯在分析培养全面发展的共产主义新人的必要性时指出："私有制只有在个人得到全面发展的条件下才能消灭，因为现存的交往方式和生产力是全面的，所以只有全面发展的个人才可能占有它们，即才可能使它们变成自己的自由的生活活动"。[①] 这说明，社会的进步，高度发达的生产力，客观上要求个人的全面发展。

历经曲折与磨难，中国在深化改革的不断努力与探索中，虽然仍带有以工业化、城市化为主要标志的由农业向工业时代过渡的特点和任务，但总体上正处于由传统社会向现代中等发达社会的跨越式转变的急剧变革期。在这一时期，有利于人的全面发展的各种新的条件正在迅速出现和成长。对此，笔者拟在现有研究成果基础上对当代中国人的全面发展的所具备的现实条件进行简要分析：

社会生产力的不断发展为人的全面发展提供了必要的物质前提。经过建国60多年，特别是改革开放30多年的发展，我国生产力水平大大提高，彻底结束了短缺经济状态，绝大多数商品都处于供大于求或供求平衡状态。到2008年，我国的谷物、肉类、棉花、花生、油菜籽、茶叶、

[①] 《马克思恩格斯全集》第3卷，人民出版社1960年版，第516页。

水果等农产品和钢材、水泥、化肥、棉布等工业品的产量都位居世界第一，GDP 总量也已超过德国位居世界第三。根据世界银行提供的数据，2007 年中国 GDP 占世界 GDP 的比例就达到 6.04%。人均国民总收入大幅度增加。2002 年我国人均国民总收入为 1100 美元，居世界第 132 位；2006 年达到 2010 美元，在世界上升到 129 位。按照世界银行的划分标准，我国已经由低收入国家步入了中等收入国家的行业。不断高速发展的生产力及其创造的物质财富，已经能够满足我国 13 亿人口的基本生存需要，中国经济已经从温饱型走向小康型。这对于我国人们摆脱为了基本的生存而不得不片面的追求物质需要提供了必要的物质基础，也就为每个人进一步实现个人天赋、才能和精神享受在社会中的充分发展提供了必要的前提和最基本的必要条件。

社会主义民主法治建设为促进人的全面发展提供了重要的制度保障。新中国成立以后，由于我国建立了社会主义制度，废除了以生产资料私有制为基础的经济体制，消除了资本主义社会人的异己力量，这就为实现人民当家做主和人的解放，为促进人的全面发展提供了制度保障。与此同时，60 多年来特别是改革开放 30 多年来，中国的法治建设也取得了巨大成就：确立了依法治国基本方略，中国共产党执法执政能力显著增强，以宪法为核心的中国特色社会主义法律体系基本形成，人权得到可靠的法制保障，对权力的制约和监督得到加强，人们的法制观念逐步确立，"秋菊打官司"在今天已失去其轰动一时的新闻价值，中国正朝着现代化法治国家迈进。此外，社会主义民主也获得了广阔的发展空间。全国各地城乡基层民族不断扩大，公民有序的政治参与渠道增多，民主的实现形式日益丰富，特别是推行村民自治制度 10 多年来，在确保农民当家做主方面取得了实质性成效，吸引许多国外官员、学者进行实地考察，被媒体称为"九亿农民最真实的'民主操练'"[①]。这一切，都为人的全面发展提供了平等机会和自由选择的可能。在人之发展上，不但通过制定法律，保障人人有平等权利，而且还为人的全面发展创造良好的政治氛围，制定和实施尊重劳动、尊重知识、尊重人才、尊重创造的方针，把建设重心转移到激励人的能动性、积极性与创造性的充分发挥上。

日趋丰富的社会关系为人的全面发展提供了社会条件。市场经济打破了计划经济体制下那些狭隘僵化的行政关系的束缚，使人们在更广阔

---

① 张彬：《怎样看待改革开放以来政治建设成就》，载《解放军报》，2009 年 8 月 11 日。

的领域、更多的方面进行交往。且随着交通、通讯的越来越便捷，人与人之间的社会关系更加广泛和丰富。在我国，甚至连最偏远的农村，也被现代的交通和通讯联系在一起，每个人的能力的发展被创造出越来越多机会，共同拥有个人能力运用的可能性不断扩大。交流和交往程度的快捷便利，在某种程度上也实现了人的能力的互补，从而使人的整体能力不断增强，个体能力不断趋于全面。此外，当代中国的交换关系的普遍发展，加速了劳动者的流动，改变了中国人终生居住在一个地方、活动范围非常狭小的状况，打破了地域的局限性，人们可以从各个地方（甚至是世界范围内）获得个人发展的养料，找到施展才华和实现抱负的机会，因此，为人的全面能力的提升提供了空前广阔的舞台。

社会主义精神文明建设为人的全面发展奠定了重要的思想文化基础。从计划经济到社会主义市场经济的转变，实质上是把从事经济活动的个人从对指令性计划、行政命令和长官意志的人格依附中解放出来，唤醒了个人的主体意识，使个人从权力本位观念向能力本位观念转变，从守旧保守观念向革新进取观念转变，从平等观念向竞争观念转变，人的自由、平等意识增强。与此同行，城市中劳动力市场、人才市场的形成，以及全方位、多层次、宽领域的对外开放的进一步深化，也提高了人们迁徙和择业的自由程度，人民的精神状态从消极被动转向积极主动，出现了许多新的变化，自主意识、竞争意识、效率意识、公平意识、民主法制意识、开拓进取意识不断得到提高。这些变化既为推进人的全面发展奠定了坚实的精神基础和前提条件，也为实现人的全面发展提供了更加现实的可能性和必要性。

不断充裕的自由时间也为人的全面发展创造了更广阔的天地。纵向比较而言，近年来随着生产力和经济的不断发展，维持人们必需的物质生产的劳动时间不断缩短，可供人们自由支配的闲暇时间正在越来越多地被创造出来。改革开放前，占中国绝大多数的农民，日出而作日落而息，整日为温饱奔波。现在生产力大力提高下，农业产量也大幅增加，农村劳动力和劳动时间却明显减少，截止 2004 年，已有 2.2 亿的农民从事非农劳动，其中走出农村的大约有 2 亿[①]。随着社会财富的不断增加以及第二、第三产业迅速发展的同时，我国人民劳动时间在总体上也呈现出逐步下降的趋势。从 1995 年 5 月起，实施每周 5 个工作日制度；与此

---

① 陆学艺主编：《当代中国社会流动》，社会科学文献出版社 2004 年版，第 308 页。

同时，计划生育政策下的人口低出生率，也使每个家庭在家务负担方面大大减轻，特别是妇女用于家务劳动的时间大大缩减，这也促使自由时间的增多。据2004年《环球时报》一篇报道，截至2004年每个中国人平均每天已有6个小时的闲暇时间。加之，根据2007年12月我国出台的法定节假日（减少"五一"国际劳动节休假天数，增设清明、端午、中秋为国家法定节假日），我国公众的闲暇时间更是获得了一定的保障。闲暇时间的增多，不仅有利于人们增长见识、开阔眼界、更新思维方式、改变个性中的某些缺陷、培养和发挥人的多方面生活情趣和爱好，还将有助于人们参加各种业余学习和自修、开展社会工作和从事社会活动、进行文艺创作、科学研究和科技发明等等，这一切都在很大程度上为我国人的全面发展创造了更广阔的天地。

我国居民自身素质的不断提高也在一定程度上为人的全面发展提供了主体条件和能动因素（也可称之为内在条件）。人的全面发展目标的实现，在具备一定的客观条件和可能性的基础上，"只有借助于一定的使用这些条件的社会方式，这些条件才能现实地用于人的历史发展"，"在这个意义上可以说，人的历史发展的客观条件是前提条件，而运用这些条件的社会方式则是人的历史发展的根本条件"①。所以还要注意与运用这些条件的社会方式最直接相关的社会主体条件。当代中国还具备一些资本主义国家不具备的特殊的社会主体条件：受自觉意识和先进政党主导的社会主体，能以科学发展观为统领，按照人的本性利用"物的依赖关系"，克服资本主义所无法克服的人的畸形化、片面化发展；在当代中国社会主导的价值取向指导下，人的发展是一种绝大多数人的发展，这在很大程度上将为我国人的全面发展确定主流方向；此外，我国居民自身文化素质和知识素质及能力，也获得了较大的发展与提高。

由此可见，在当代中国，人的全面发展已经有了一定的、初步的现实基础，有了人的全面发展的一定的客观条件和可能性。然而，不容否认的是，当代中国还存在着一切人的全面发展不可逾越的限制性因素。

首先，由于我国处于社会主义初级阶段，从总体生产力上看，特别在人均上，还远远落后于发达资本主义国家，甚至还落后于许多发展中国家，因此，总体上还不发达，人的全面发展的起点也比较低，我们还

---

① 韩庆祥、邹诗鹏：《人学——人的问题的当代阐释》，云南人民出版社2001年版，第256页。

不能一下子达到马克思和恩格斯所设想的那种每个人自由而全面发展的程度。在现有经济技术发展水平上，原始、落后的生产力还大量存在，自给半自给的自然经济仍有相当存在，靠手工劳动求生存的人口还占一半。经济落后贫困的地区还在中国地区的分布中占很大比重，相当多的中国人生存的第一需要还有待于满足。这些都在根本上制约着当代中国的人的全面发展。

其次，分工所导致的个人的原子化、片面化和单向化严重影响了个人的全面发展。分工在提高劳动者生产效率的同时，也成为禁锢劳动者全面发展的樊篱，在当前人口转移、职业不断变动的情况下表现得尤为明显。广大农民由于长期从事农业生产，在进城务工、从事第二产业、第三产业时变得无一技之长，往往很难找到对口工作；大量下岗职工因其只会从事原本职工作，在企业破产、产业升级换代的情况下，经常处于再就业难的困境之中。其中的原因很多，但归根到底，分工条件下个人的片面发展是首要原因。另一方面，在分工稳定、无职业变动的情况下，劳动者也会因长期从事某一种工作而变得呆滞、迟钝，表现为行为方式和思维方式的固定化、模式化和单一化，这与人的全面发展的本性要求相违背。

此外，在交换关系和经济关系上，中国将在很长的时期内实行市场经济。在市场经济条件下，人与人的关系表现为人从属于不以个人意志为转移而独立存在的物化的社会关系，人的存在和发展要通过物的存在来表现、实现和确证，个人受到商品货币关系的束缚，对物欲的追求仍是社会经济活动的基本动力，人并没有真正的独立性。人对物的依赖关系，不可否认制约着人的创造性和个人能力的发挥，人与人之间关系的商品化，人对自然的关系倾向于索取、倾向于满足人们近期功利的目的，因此很容易产生拜金主义、利己主义的倾向；在金钱和物欲的诱惑下，社会上一些东西包括名誉、良心都纳入了商品交换的范围，使人失去了自身的价值，导致了人性的扭曲。同时，市场经济条件下，交换双方的利益是独立和分离的，双方为追求更高的交换价值，往往展开激烈的竞争，竞争也必然导致一定的社会分化，一部分人获得较全面发展的同时，另一部分人仍然处于片面的发展之中。这种对立在短期内不会消失，且同人的全面发展、人逐渐要摆脱对物的依赖的导向相冲突。

另外，在社会制度和文化条件上，全面发展的自由个性的形成也缺乏必要的制度文化条件。多种所有制并存下，私有制还将长期存在，剥削关系也将长期存在，人们平等运用各种资源实现自身全面发展的条件还将在很大程度上受到限制，人们的自由选择范围也将具有狭隘性。在政治制度上，尽管我国在当前科学民主执政、人民民主和法制建设、政府改革、基层民主和人权保障方面取得了显著的成就，但在某些领域和方面存在的问题也相当明显。比如官员和领导的腐败问题、钱权交易、生活腐败堕落、官僚主义作风；封建主义家长制和裙带利益关系，强势领导或小集团对权力的垄断；普通民众的当家做主地位与实际沦为政治上的弱势群体；法治在一定程度上仍然靠领导者的作风（传统的人治），而不是靠制度文化来维系等。这些问题都表明，封建主义传统对政治生活和民主建设仍有长期潜移默化的影响，我国社会主义民主还处于较低水平，人们政治参与水平还亟待提高，人们在广泛的政治参与中个人能力和潜能的增长和释放还极为有限，平等机会和自由选择的发展空间还很狭小。与此相联系，文化观念形态上，我国民众主体意识和独立个性尚未获得普遍发展，每个社会成员的自觉主体意识和能动个性也需要较长时间的培养期。民众间利用知识和科学技术开展文化交流在条件和手段以及能力上也存在很大不平衡性，人们文化需求层次总体上还处于较低水平，全面发展的自由个性的形成还缺乏必要的文化支撑。

（三）人的全面发展目标不仅是当代中国和谐社会建设的客观要求，也是其根本价值指向

如前所述，人的全面发展在中国社会主义初级阶段，已具有起步发展的一些初步的基础条件。尽管目前仍存在着从根本上制约其发展和全面展开的方面，但当代中国的人的发展的主导趋势，是朝向人的全面发展的方向迈进的。人的全面发展目标不仅是当代中国和谐社会主义建设的客观要求，也是其根本的价值指向。

事实上，人的全面发展本身就是贯穿于社会主义现代化建设全过程的目标。按照当代中国和谐社会建设要求，建设社会主义和谐社会，坚持以人为本，全面、协调、可持续的发展观，就是要以实现人的全面发展为目标，从人民群众的根本利益出发谋发展、促发展。在社会主义和谐社会建设道路上，现实地推进人的全面发展，这是执政的中国共产党人过去、现在和未来始终不渝的神圣的历史职责，也是我党对人类发展规律的新的科学认识。

一方面，人在和谐社会主义建设和发展中的主体地位，从本质上要求我们把实现人的全面发展作为社会发展的根本目的和最高价值尺度。

当代中国所选择和实行的和谐社会主义，是一种以人为本、以追求社会全面和谐发展为目标的社会形态，在社会主义和谐社会中人历史必然地具有至上的地位和至高的价值，它从本质上要求把实现人的全面发展作为社会发展的根本目的和最高尺度。显然，离开了人的全面发展，社会主义和谐社会的合理性和社会主义精神的价值就无从显示，社会主义社会的全面和谐发展也将无从实现。只要我们选择社会主义制度、把建设社会主义和谐社会作为奋斗目标，就必须相应地确立人的全面发展的价值目标。

历史经验也表明，我国的和谐社会主义建设，是在经济文化相对落后的大国所进行的探索，既需要体现出当代人类文明发展对超越资本主义的客观要求，同时又要立足现实国情，遵循客观规律，在可能的条件和范围内，最大限度地实现人的全面、可持续发展。唯此，方能以人的全面发展为最高目标和准则，坚持并探索出符合我国实际的人的全面发展道路和实现形式，我国的和谐社会主义事业才能既摆脱传统落后封建主义的桎梏，又能避免陷入当代资本主义的发展误区，才能在"以物的依赖性"为基础并具混合性的独特阶段中走出一条新的人类发展之途，并对社会发展实践中出现的各种有悖于人的需要、损害人的权益、藐视人的尊严和压制人的发展的异化现象进行不妥协、不松懈的坚决斗争。

为此，人的全面发展，作为社会主义建设理论和实践的根本目的和最高价值尺度，从邓小平理论、"三个代表"重要思想，到科学发展观和构建社会主义和谐社会的重大战略思想，正在不断深化并日益凸显出来。选择中国特色社会主义和谐建设道路，坚持这条道路，展示了中国这样一个经济文化较落后的大国中，坚持人的全面发展的社会主义价值目标的现实可能、现实途径和前景。

另一方面，从现实的发展实践来看，人的全面发展是当代中国和谐社会主义建设的本质属性和客观要求，是中国特色社会主义现代化建设的必然路径选择。作为当今人类社会的主题，发展问题是在社会发展过程中出现的具有普遍性和重大社会效应的社会现象，诸如贫困问题、人口问题、生态问题、地区差距问题、可持续发展问题、国民道德问题等等，能够及时有效地解决这些发展问题直接关系到社会主义和谐和社会主义建设的成效。而这些问题的本质就是人的全面发展问题。我们必须清醒地认识到，存在的诸多问题正是以同人的全面发展要求相反的潜流在涌动。这些问题的存在，虽有我国较低经济发展水平的因素，但也有人为认识上的误区，有政策、体制、机制和决策上的不当以及实践中的偏差等原因。显然，这不仅是我国和谐社会建设中或多或少始终会存在的现实，也从另一种角度更加有力地佐证了，人的全面发展确实是当代中国和谐社会主义建设的客观要求，是中国特色社会主义现代化建设的必然路径选择。

（四）当代中国人的全面发展的根本目标应是经济社会和人的全面发展相协调的发展

贯穿于当代中国社会主义现代化进程中的人的全面发展，理应与现阶段中国经济社会发展相协调，这也是现阶段我国人的全面发展之根本目标。

如前所述，按照马克思的人的全面发展理论核心精神，当代中国人的全面发展目标的本质是，人的能力、机会和选择的全面和谐发展以及与各种客观现实条件的和谐发展，是各种因素共同作用而产生的国人对自身存在和发展状况的一种积极的完善。最本质的目标，代表人类文明的最高价值。在这个最高目标中，根据我们在前边章节中对当代中国人的全面发展所处阶段和条件的分析，它在当代中国所体现的一个基本范畴，就是在人与客观现实条件的关系中，人类自身能力、平等机会和自由选择的发展程度。因此，这应当是我们认识和确定现阶段我国人的全面发展目标是必须置于最高层次的根本范畴。

显然，经济社会与人的全面的协调发展，这是在更广阔的社会背景中具体地历史地把握人的全面发展。人的全面发展不再仅仅是一种理想，而是被纳入经济社会发展的规划之中，通过社会经济的全面发展来实现。它要求树立"以人为本"的新的发展观，逐步转变"以物为本"即单纯以经济发展为目标的传统发展模式，使我国经济社会的发展成为全面、协调和可持续发展，使当代国人乃至我们的子孙后代都能够享受改革开放的成果。

由此可见，从人的全面发展的过程性意义来看，人的全面发展既是一个永恒的历史追求和历史过程，又是一个由不自觉到自觉的发展过程，这一过程表现出一定得阶段性和相对性。人的全面发展是在漫长的历史过程中逐渐实现的。人的全面发展也没有一个绝对的、恒定的标准，其内涵的丰富性程度与历史的发展阶段是相关联的，人在不同的历史阶段有不同的发展程度和评价标准。从这个角度讲，人的每一发展阶段都承载着人的全面发展的这个终极价值目标的阶段性任务。人的全面发展这个终极价值目标，正是通过不同阶段的努力而实现的。人的全面发展和经济社会可持续发展，都是永无止境的历史过程。这就决定了当代中国特色社会主义社会是不完全的，存在着这样那样缺陷的社会，与人类的最高理想共产主义社会相比，中国特色社会主义社会还是不全面的、不均衡的和谐社会。人的全面发展是一个逐步提高、永无止境的历史发展过程，是一个通过终极价值目标不断规整人的发展方向，通过不同发展阶段的历史积累而逐步推进的历史发展过程。换句话说，人的全面发展也是一个不断推进的历史发展过程和现实运动过程。在具体的历史发展阶段的人的具体存在，既受终极价值目标的规定，也深深打上了特定历史阶段的烙印。

二、总目标：全体社会成员整体发展和个体自由发展的协调并进

人的全面发展，作为一个不断推进的历史发展过程，在其永不停歇的现实运动过程中，总是表现为全体社会成员整体发展和个体发展的相互并存的过程。这不仅是因为个体隶属于群体，"人最初表现为类存在物，部落体，群居动物——虽然决不是政治意义上的政治动物。"[1] 群体是个体发展的基础，"某一阶段的个人所结成的、受他们反对另一阶级的那种共同利益所制约的社会关系，总是构成这样一种集体，而个人只是作为普通的个人隶属于这个集体，只是由于他们还处在本阶级的生存条件下才隶属于这个集体；他们不是作为个人而是作为阶级的成员处于这种社会关系中的。""只有在共同体中，个人才能获得全面发展其才能的手段，也就是说，只有在共同体中才可能有个人自由。"[2]

也是因为，类也是个体发展的基础，马克思说，"一个人的发展取决于和他直接或间接进行交往的其他一切人的发展；彼此发生关系的个人的世世代代是相互联系的，后代的肉体的存在是由他们的前代决定的，后代继承着前代积累起来的生产力和交往形式，这就决定了他们这一代的相互关系。总之，我们可以看到，发展不断地进行着，单个人的历史决不能脱离他以前的或同时代的个人的历史，而是由这种历史决定的"[3]。

---

[1] 《马克思恩格斯全集》第30卷，人民出版社1995年版，第489页。
[2] 《马克思恩格斯选集》第1卷，人民出版社1995年版，第119页。
[3] 《马克思恩格斯全集》第3卷，人民出版社1960年版，第515页。

类的发展与个人的发展相互促进。马克思在《青年在选择职业时的考虑》中说,"在选择职业时,我们应该遵循的主要指针是人类的幸福和我们自身的完美。不应认为,这两种利益是敌对的,互相冲突的,一种利益必须消灭另一种的;人类的天性本来就是这样的:人们只有为同时代人的完美、为他们的幸福而工作,才能使自己也达到完美。"①

然而,在不断的发展进程中,个体的发展与全体社会成员的发展之间却是始终存在着对立统一,两者间既相互发生着联系和作用又彼此具有某种对立性,它们总是按照各自的内在要求呈现自身。对此,马克思曾说:"作为过去取得的一切自由的基础的是有限的生产力;受这种生产力所制约的、不能满足整个社会的生产,使得人们的发展只能具有这样的形式:一些人靠另一些人来满足自己的需要,因而一些人(少数)得到了发展的垄断权;而另一些人(多数)经常地为满足最迫切的需要而进行斗争,因而暂时(即在新的革命的生产力产生以前)失去了任何发展的可能性。"②

因此,类的发展往往以个人、群体的牺牲为代价,这似乎是自然规律,也是人类历史发展的规律。他说,"'人'类的才能的这种发展,虽然在开始时要靠牺牲多数的个人,甚至靠牺牲整个阶级,但最终会克服这种对抗,而同每个个人的发展相一致"③。

这样一来,在理解当代中国人的全面发展的目标时,我们必须将全体社会成员的整体发展(类的发展)和个体自由发展作为两大基本目标加以结合,不可顾此失彼,更不可以此代彼。换句话说,两大范畴的发展必须都是一种协调并进发展,且两者之间的这种协调并进也应把追求全面发展作为其目标。此中,值得强调的是,无论怎么强调"人的全面发展",最终总是要落实到每个个体身上。

总之,全体社会成员整体发展与个人的自由发展这两个基本目标,在当代中国人的全面发展建设进程中相辅相成,不可分割。尽管当前个人的自由发展在某种程度上仍受到来自政治、经济、文化等方面的严重制约,个人与个人之间的发展机会、选择和能力间也存在着较大差异,但以普遍的多数的个人的极不自由的发展为代价,去实现类的整体发展,

---

① 《马克思恩格斯全集》第40卷,人民出版社1982年版,第7页。
② 《马克思恩格斯全集》第3卷,人民出版社1960年版,第507页。
③ 《马克思恩格斯全集》第26卷(Ⅱ),人民出版社1973年版,第124—125页。

这种对抗性的发展形势,将不应再出现。由此,中国特色社会主义人的全面发展在其目标追求上坚持的总的原则,就应是全体社会成员的整体发展与个人自由发展的协调并行。这不仅是当代中国人的全面发展的总目标,也是中国特色社会主义和谐社会建设的总的战略要求。

三、具体目标:三个方面九项目标

全体社会成员整体发展和个人自由发展的协调并进,又可分别由个体外在条件和内在素质以及主观幸福感受这三个具体目标范畴构成。有学者指出:"着眼于'类'的发展来考察人的发展,至多只能得到一种抽象进步或进化的观念;着眼于个人考察人的发展,人的发展的曲折和坎坷、丰富性和复杂性,才能真正进入考察者的视野。"①

而这三个具体目标范畴按照个体发展的各种条件、素质和主观幸福感受则可设计成九项目标,或者说九个层次的发展目标,它们分别是:外在高效富足的物质条件、和谐有保障的社会条件、民主法治的政治条件、丰富多样的文化条件、可持续发展的自然环境条件,内在全面自主的能力发展、公平公正的机会发展、自由理性的选择发展以及内在充盈的主观幸福感受。这九个方面,涉及了人的全面发展所要求的物质生产和生活、社会关系、政治生活、文化追求、能力全面、机会平等、选择自由、天人关系、空间时间和主体主观特征,相互联系,相互作用,缺一不可。

(一)高效富足的物质条件

人的物质条件的高效和富足,既是人的发展的基本条件,又是人的发展程度的基本表现。正如马克思所说:"当人们还不能使自己的吃喝住穿在质和量方面得到充分供应的时候,人们就根本不能获得解放。"②

人类在物质生产和经济生活这一方面所进行的活动和活动结果,其实质是人与物的关系,它反映了人存在和发展的客观物质和方面,而其中,生产力是重要的前提,它的发展状况制约着人的发展的程度和水平。对此,马克思也曾指出,"个人是什么样的,这取决于他们进行生产的物质条件。"③ 只有发展社会生产力"才能为一个更高级的、以每一个人的

---

① 黄克剑:《"个人自主活动"与马克思历史观》,载《中国社会科学》,1988年第5期。
② 《马克思恩格斯全集》第42卷,北京:人民出版社,1979年版,第368页。
③ 《马克思恩格斯选集》第1卷,北京:人民出版社,1995年版,第68页。

全面而自由的发展为基本原则的社会形式建立现实基础。"① 具体说来，只有在高效的生产力条件下，所创造的富足的物质条件才可能从异己的支配力量变为被每个人所支配的力量，为社会成员的全面发展提供必要的物质福利、居住条件和公共设施；也只有生产力的充分发展前提下，不合理的社会分工才能最终消灭，人们才能从社会分工的桎梏中解放出来，从而得以自由发展。为此，马克思甚至从有利于生产力发展的角度，在批判的同时也肯定了资本主义制度下所创造的物质条件为人的全面发展的更高级社会创造了条件。马克思说：资本家"作为价值增值的狂热追求者，他肆无忌惮地迫使人类去为生产而生产，从而去发展社会生产力，去创造生产的物质条件；而只有这样的条件，才能为一个更高级的、以每一个人的全面而自由的发展为基本原则的社会形式建立现实基础"②。

因此，当代中国要实现人的全面发展目标，就必须在集中力量发展生产力的过程中努力为人民大众创造高效富足的物质条件、消灭贫穷。消除贫困，使世界上每个人都能获得物质上的基本满足从来就是人们的基本理想。经济的增长是消除贫困、为人类提供物质产品的基本手段和途径。

（二）和谐有保障的社会条件

社会条件对人的发展起着决定作用。社会属性是人的本质属性。马克思指出，"社会关系实际上决定着一个人能够发展到什么程度。"③ 人的能力发展离不开他的社会环境和社会交往，人的存在无不受到具体的社会关系的制约，人的发展无不显著地表现在具体的社会关系的变革之中。人的全面发展除了要以人和物的关系为条件表现出来之外，还要以人的社会生活活动为条件并表现出来。

人与人之间结成一定的社会关系参与社会活动的深度和广度，也表现了人类发展的程度。"一个人的发展取决于和他直接或间接进行交往的其他一切人的发展。"④ 因此，一方面，人必须适应社会生活的需要，在参与社会生活中发展自身。另一方面，社会也应为人的发展提供一定的条件，这些条件是多方面，其中包括人们发展所需要的社会保障、社会

---

① 《马克思恩格斯文集》第5卷，人民出版社2009年版，第683页。
② 《马克思恩格斯文集》第5卷，人民出版社2009年版，第683页。
③ 《马克思恩格斯全集》第3卷，人民出版社1960年版，第295页。
④ 同上，第515页。

服务、公共安全。其中教育是和谐有保障的社会服务因素中的一个重要参数,马克思极力强调教育对于人的全面发展的重要作用。他指出,"为改变一般人的本性,使它获得一定劳动部门的技能和技巧,成为发达的和专门的劳动力,就要有一定的教育或训练"。[1] 对此,著名诺贝尔经济学奖获得者阿马蒂亚·森就曾指出:"富裕国家中总是有很多处境艰难的人们,他们缺乏在医疗保健、获得实用的教育、得到有收益的就业、或获得经济和社会保障等方面的基本机会。"[2] 因此,除了教育,各种社会条件,诸如医疗保险、稳定的就业,以及安全的公共生活,不仅就其自身而言,而且就它们给予人们机会去带着勇气和理性抉择面对世界这方面所发挥的作用而言,都是重要的。和谐有保障的社会条件也构成人的全面发展的一种动力因素。

因此可以说,只有人与人之间联系的普遍和谐化,人们社会生活领域的日益扩大和深化,狭隘的地域性的个人才成为世界性的、真正普遍的个人;人才能在与他人尽可能多的联系之中、在不断拓展的活动领域中显现自己的本质,不断发掘和表现出自身的创造力和潜能。由此可以说,人的社会生活和关系发展的和谐度,是人的全面发展的又一基本条件和基本表现。当代中国人的全面发展目标的实现必然需要和谐的社会条件的支撑。通过在社会参与、社会教育、医疗保健、社会保险、公共安全以及人口与家庭等方面的有效安排和和谐建构,借以影响个人赖以享受的更好的发展空间,将"不仅对个人生活(例如,享受更健康的生活、避免可防治的疾病和过早死亡),而且对更有效地参与经济和政治活动,都是重要的"[3]。

(三)民主法治的政治条件

正如亚里士多德所言:"人类在本性上应该是一个政治的动物。"[4] 马克思也曾说过:"人是最名副其实的政治动物,不仅是一种合群的动物,而且是只有在社会中才能独立的动物。"[5] 在现实的政治生活中,"无论一个人是否喜欢,实际上不能完全置身于某种政治体系之外……政治是人

---

[1] 《马克思恩格斯文集》第5卷,人民出版社2009年版,第200页。
[2] [印]阿马蒂亚·森著:《以自由看待发展》,任赜、于真译,中国人民大学出版社2002年版,第11页。
[3] 同上,第32页。
[4] [古希腊]亚里士多德:《政治学》,吴寿彭译,商务印书馆1965年版,第7页。
[5] 《马克思恩格斯全集》第46卷,人民出版社1979年版,第21页。

类生存的一个无法避免的事实,每一个人都在某一时期以某种方式卷入某种政治体系"①。因此,人总是在一定的机构和制度组成的世界中生活和行动。人们发展的机会和前途严重依赖于存在哪些机构和制度以及它们如何运作。机构和制度不仅对人的发展做出贡献,它们发挥的作用还可以按照它们对人们的发展所作出的贡献来进行合理的评价。因此,在考察当代中国人的全面发展的具体目标时,我们必须同时注意到政治条件,包括各种公民权利和民主法制的建设在人的全面发展中的工具性作用。

阿马蒂亚·森明确论述道:"实际上,民主和政治权利的运作甚至能够有助于防止饥荒或其他经济灾难。"② 他指出,"即使是一个很富裕的人,如果他被禁止自由地发表言论,或不得不参与公共辩论与决策,也是被剥夺了他有理由珍视的东西。发展过程,按照扩展人类自由来评价,必须包括解除对这个人的这种剥夺。即使他对言论或参与的自由缺乏直接的兴趣,如不让他有行使这种自由的机会,仍是一种剥夺。从扩展人类自由的角度来看待发展,无可回避地必须正视这种剥夺。"③ 因此,"为了恰当地理解发展,并不一定要把剥夺基本政治自由、公民权利与发展之间的关联,通过这些自由和权利对发展的其他特徵(诸如对国民生产总值增长或促进工业化)的间接贡献建立起来。而是因为这些自由是丰富发展过程必不可少的组成部分。"④

由此可见,当代中国人的全面发展目标必然要包括民主法治政治条件的建设。事实上,建设社会主义的民主法治也是改革的政治目标,这个目标充分体现了改革同人的全面发展的一致性。在建设社会主义和谐社会的实践中,要切实保证劳动群众的民主权利,使人民群众直接参与监督国家的重大决策,切实维护政治稳定,不断完善社会主义的各项民主法治制度,维护公民权利,为每个公民的全面发展创造重要的政治前提。

---

① [美] 罗伯特·达尔:《现代政治分析》,王沪宁、陈峰译,上海译文出版社 1987 年版,第 594 页。

② [印] 阿马蒂亚·森:《以自由看待发展》,任赜、于真译,中国人民大学出版社 2002 年版,第 11 页。

③ 同上,第 30 页。

④ 同上,第 30—31 页。

(四) 日益丰富的文化条件

实现当代中国人的全面发展目标,还有一个重要的方面就是必须致力于日益丰富的精神文明建设。

在马克思看来,人的全面发展意味着每个人应该通过现实生活的文化实践去认同和表征文化整体的类特性,以使自我同社会文化生活达成一种全面的联系。可以说,离开文化的发展就谈不上人的全面发展,文化的发展是人的全面发展的题中应有之义。

然而,当前我国社会中仍存在着一些突出问题,有碍于推进人的全面发展,主要表现在:第一,物质文明和精神文明建设不同步,个人身心发展不平衡,理想信念问题突出;第二,民族文化面临强大冲击,整个社会缺乏一套稳固的价值观念体系;市场经济制度尚不健全,公民素质建设和社会诚信建设任重道远。为此,邓小平在阐述建设有中国特色的社会主义时,把培养社会主义新人的问题提到这样的高度:"在社会主义国家,一个真正的马克思主义政党在执政以后,一定要致力于发展生产力,并在这个基础上逐步提高人民的生活水平。……与此同时,还要建设社会主义的精神文明,最根本的是要使广大人民有共产主义的理想,有道德,有文化,守纪律。"[①] 江泽民提出的"三个代表"重要思想,也突出了"人的全面发展"的文化主题,将人置于发展的最高地位。当前的主要任务是发展先进文化,努力提高人们的思想道德素质和科学文化素质,使人们的精神世界更加充实、文化生活更加丰富多彩。这是人的全面发展的又一基本目标和基本表现。

(五) 可持续发展的生态条件

人的全面发展具体目标,只是从物质条件、社会条件、政治条件和文化条件等方面考察,有失之偏颇性。生态环境是人的全面发展的重要支撑系统。正如马克思说:"自然界,就它自身不是人的身体而言,是人的无机的身体。人靠自然界生活。这就是说,自然界是人为了不致死亡而必须与之处于持续不断地交互作用过程的、人的身体。所谓人的肉体生活和精神生活同自然界相联系,不外乎说自然界同自身相联系,因为人是自然界的一部分。"[②] 从这个意义上讲,生态需要既是最基本的、最终的生存需要,又是重要的享受和发展需要,优美的生态环境不仅使人

[①] 《邓小平文选》第 3 卷,人民出版社 1993 年版,第 28 页。
[②] 《马克思恩格斯选集》,第 1 卷,人民出版社 1995 年版,第 45 页。

享受大自然的丰厚赐予,能开拓人的胸怀,陶冶人的情操,而且能启迪人的思维,发展人的智力、体力,有利于人的身心健康和全面发展。① 可见,良好的生态环境对于人的全面发展具有巨大的功能。自觉协调人与生态环境的关系,推动工业文明向生态文明过渡,是当代中国人的全面发展目标的重要内容。

2008 年,在中国是以一场突如其来的灾害开始的——年初,冰雪使得中国南方数省几近瘫痪,铁路、公路交通和供电中断,死 129 人,失踪 4 人;5 月,汶川大地震,死 69227 人,失踪 17923 人,伤 37 万人②;接着是攀枝花地震,死 41 人③;南方暴雨洪涝,死 309 人,失踪 13 人④;强台风"黑格比",死 13 人,失踪 3 人,1153 万人受灾⑤;最后,是西藏当雄地震,死 10 人,伤 54 人,受灾 61231 人⑥。

灾害,不都与环境有关,但环境、生态问题却可以成为灾害发生的诱因,可以加重灾难给人类造成的损失,环境、生态问题又往往与灾后的次生灾害(环境污染)相关联,继而加大灾害给人类带来的伤害。环境、生态问题,不但影响着活着的人的生存质量和生存成本,恶化了人类子孙后代的生存条件,还直接伤害人的健康,残害人的生命。环境污染,正使得病患增加,由污染而致的疾病对人口总体死亡的"贡献"日大,甚至影响了人类的生殖能力——使越来越多的人生殖能力下降,甚至是不能生育。

因此,可以说,可持续发展的生态环境是人类实践活动的产物,是人类生态文明建设的成果,是人类文明的凝聚和体现,反过来,又构成了促进人的全面发展不可缺少的外部自然条件。建设生态文明,构筑良好的可持续发展生态环境就是全面地建构人自身。因为,这将有助于人

---

① 参见倪瑞华:《可持续发展的伦理精神》,中国社会科学出版社 2004 年版,第 149 页。
② 《四川汶川地震已确认 69227 人遇难 17923 人失踪》,中国新闻网,http://www.chinanews.com.cn/gn/news/2008/09-25/1394600.shtml,2008-09-25.
③ 李微敖:《"攀会地震"死亡人数已达 41 人》,财经网,http://www.caijing.com.cn/2008-09-06/110010785.html,2008-09-06.
④ 《我国今年已有 6220 万人遭洪灾 309 人死亡》,中国新闻网,http://news.sina.com.cn/c/2008-07-14/151715929838.shtml,2008-07-14.
⑤ 李菲:《民政部:强台风"黑格比"造成 13 人死亡 3 人失踪》,中国政府网,http://www.gov.cn/jrzg/2008-09/25/content_1106008.htm,2008-09-25.
⑥ 《西藏当雄震区转移安置受灾民众九千多人》,华夏经纬网,http://www.huaxia.com/xw/gdxw/2008/10/1192050.html,2008-10-16.

们在实践中更加注重生态环境、自觉培育良好的生态文明，搞好生态文明，使人在与环境的良好的双向互动关系中全面地完善自身。由此可见，可持续发展的生态环境这一当代中国人的全面发展具体目标之一，体现的是一种人的发展与生态自然的关系问题。

以上五条可以理解为人的全面发展的外部客观目标和条件，要实现人的全面发展，外部客观条件是必不可少的。然而，正如马克思所言："个人的全面发展，只有到了外部世界对个人才能的实际发展所起的推动作用为个人本身所驾驭的时候，才不再是理想、职责"①，由此可见，外部客观条件还必须通过内部主观条件而起作用。所谓人的全面发展之内部主观条件即人利用外部客观条件的程度和方式有关。内部主观条件的作用在于，它把外部客观条件的可能性作用变成现实的作用。人的全面发展由自身可能性变为现实性，在更大程度上取决于主体自身内部条件，即主体能力、机会与选择。因此，当代中国人的全面发展具体目标还应包括三个内部条件，即全面自主的能力发展、公平公正的发展机会以及理性的自由选择发展。

（六）全面自主的能力发展

人的能力是人的本质力量的体现，是由人的身体与精神相统一的结构所产生的主体能力，是人的身体和精神的全面发展在人的自主能力上的具体表现，因而人的能力的全面自主发展能力明确而具体地表现出人的全面发展程度。

人的能力的发展是人的全面发展的重要方面。然而，我们现存的某些体制、文化观念和具体做法却严重的阻碍着人的各种能力的充分发挥。我们较多强调的是人的道德建设、思想建设、作风建设和制度建设，唯独轻谈能力建设。这种做法严重的限制了我国人的能力的全面发展，因而存在着人的潜能得不到充分发掘、人力资源配置不合理、压抑和浪费人才的现象。

依此，有关学者将当代中国人的能力建立的目标确定为："它是一个从潜在到现实的过程：发掘人的能力；它是一个从低到高、从弱到强的过程：提高人的能力；它是一个从无到有的过程：培育人的能力；它是一个从不健全到健全的过程：完善人的能力；它是一个从片面到全面的

---

① 《马克思恩格斯全集》第3卷，人民出版社1960年版，第330页。

过程：发展人的能力；它是一个从自发到自觉的过程：培养人的能力。"①一句话，当代中国人的全面发展目标一个重要的方面就是追求一种人的全面自主的能力发展。

（七）公平公正的机会发展

人的全面发展，一个重要的条件就是，所提供的机会在不同主体间被公平公正地分享。公平公正的机会发展，就是针对在私有制社会中一切人得到了发展机会，另一些人暂时失去了任何发展机会的可能性的情况，谋求"每个人都能得到平等发展"。公平公正的发展机会是人的全面发展的重要前提。

发展既然要全面发展能力，那么就必须享有发展能力所需要的各种公平公正的机会，否则，就会有许多人不可能有真正的发展机会，发展机会和全面能力都将受到限制。正如美国著名的政治伦理学家罗尔斯所言："在社会的所有部分，对每个具有相似动机和禀赋的人来说，都应当有大致平等的教育和成就前景。那些具有同样能力和志向的人的期望，不应当受到他们的社会出身的影响。"② 公平应该被理解为机会公平，而不是结果公平。人们如何处理他们的机会是他们自己的能力所及，而且机会公平并不总是导致相似的能力发展和相似的结果。科学发展观认为，政治和社会方面的公平必须被视为基本人权，必须把参与这些活动的公平机会置于中心地位。

科学的公平观建立在这样的哲学基础上，即人人都有权利要求全面发展他们的能力，并且把这些能力在他们生活的所有领域得到最好的发挥。公平机会的获得需要一些基本的社会结构的重构，如财产的分配制度改革，有利于穷人的财政转移政策，旨在增强穷人创业潜力的信贷制度，旨在抑制少数特权阶级而使穷人也能获得政治机会的选举制度改革，拆除阻碍妇女、少数族裔或某些宗教信仰者获得某些关键机会的社会和法律壁垒等等。

当代中国的机会不平等不仅体现在收入方面，还体现在发展指标的其他方面。除了收入的不平等之外，教育与医疗卫生、性别与政治参与等都存在着严重的不平等。因此，当代中国人的全面发展之重要目标之

---

① 韩庆祥：《思想是时代的声音：从哲学到人学》，新世界出版社2005年版，第313页。

② ［美］约翰·罗尔斯著：《正义论》，何怀宏等译，中国社会科学出版社1988年版，第69页。

一就是保障成员间公平公正的机会发展。事实上，每个人都应同样有实现其自身发展的机会，一个人的发展不应以压制另一个人的发展为前提。

（八）自由理性的选择发展

阿马蒂亚·森强调，拥有更大的自由去进行个人所珍视的理性选择，"（1）对那个人的全面自由本身就具有重要意义；（2）对促进那个人获得有价值的成果的机会也是重要的。""更多的自由可以增强人们自助的能力，以及他们影响这个世界的能力，而这些对发展过程是极为重要的。"① 自我选择中的自由体现了人的自主发展的可能性。

与此同时，自我选择的自由的获得与实现正像自身的发展过程一样是必须受到某种界限的限制的，这就要求我们自由选择必须是一种特定前提和可能下的理性选择。然而，现实中，不仅存在着无从选择或放弃自己选择的主动权，或者取消对自己行为所应负的责任的情况，还有一些人偏向绝对的一致自由论，片面强调个人自由选择，走向极端个人主义和自由主义，为了自己而不顾他人利益和社会公德。加之，旧式分工的存在和局限，受生产力和社会发展水平的限制，劳动仍是人们谋生的手段，商品拜物教、消费至上的行为模式仍将长期影响着人们的选择观念和选择方式，影响人们的自由理性选择。这一切都表明，当前我国人的全面发展必须在努力确保个人具有充分自由闲暇时间以及职业变动自由选择的前提下，推进人的自由理性选择，让人们得以按照有利于自身发展的方向，理性的选择自己的发展机会，全面发展自身能力，并最终实现自由全面发展。

以上三条可以理解为人的全面发展的内在素质目标和条件。

如此考察人的全面发展，将这八个目标（五个外部客观目标和三个内在素质目标）作为人的全面发展的条件与目标，其实质无非是想将人的发展概括成一系统的、整体的概念。系统的、整体性的意义，就在于人的发展与这八个目标具有紧密的联系。人的发展也许还有许多其他方面，但在八个目标是最基本的，至少缺少了其中一个目标，人的发展就不能称之为是全面的了。如果人的发展要避免片面性，就应在历史过程中与这八个目标协调起来。人的发展必须和人与经济、人与社会、人与政治、人与自然、人与文化以及人与自身内在能力、机会和选择发展相

---

① ［印］阿马蒂亚·森：《以自由看待发展》，任赜、于真译，中国人民大学出版社2002年版，第13页。

协调，它们为人的全面发展提供了物质基础、社会基础、自然基础、文化基础和内在个性基础。它们既为的人全面发展创造了条件，又将人的全面发展表现出来。

同时，应该着重指出，人的全面发展的这八个目标并不是人的全面发展的八个不同阶段，而是同时起作用的八个方面。人类已经存在，这八个方面的关系就同时产生并对人的发展产生影响。从总体上看，人在多大程度上把握和占有他同自然的关系，也就在多大程度上把握和占有他与他人的关系，反过来也是一样；而每一个人的个性的发展程度是与他同对象物的关系程度一致的。在极端贫困的情况下，人们必须为争取生活必需品而斗争，人类社会中全部陈腐的东西便会产生；人与人之间狭隘与畸形的关系，使得一部分人的发展要以另一部分人的不发展为条件，或使得另一部分人与他们发展的种种条件相分离，例如对于一部分人来说，劳动不是他们发展的条件与表现，而只是维持生存的手段。因此，我们应该明确，人的这八个目标之间的发展对于人的全面发展来说，也必须是协调的。

还应该指出，八个基本目标（亦或者说条件）的发展不存在一个绝对的标准。如果人的发展是无限的，这八个方面的发展也应是无限的。例如，我们不能说人们的收入达到多少对人的发展来说就是足够的，也不能说现有的教育达到什么水平，人就无需再学习了。发展是一个无止境的过程。在某种意义上可以说，发展水平是一种相对的要求，而发展的全面性则是一种绝对的要求。

不仅如此，人的全面发展的每一个基本方面内部，也必须是全面的。关于这一点，我们在下面还要具体说明。

归纳起来，人的全面发展的八个基本方面不是相互分离的，而是相互渗透、紧密相连的一个整体。人的全面发展的具体含义，可以从这八个基本目标和方面衍生出来，并以此为中介和总的目标联系起来。关于这八个基本方面，也可以简略地概括为创造物质条件、发展社会关系、参与政治生活、丰富文化生活、协调生态可持续发展、全面发展能力、创造把握各种发展机会和扩大自由选择这样八个子目标。

（九）内在充盈的主观幸福

以上八个子目标，还是不能完整地刻画人的全面发展。作为一种高等生物，作为有意识的生命主体，人类并不像动物那样本能地适应环境，而是在适应环境的过程中有目的地参与历史活动，这种目的性就表现为人们对于自身发展的各种需求的总和。我们上面所讲的八个方面是人的全面发展的客观条件和客观表现，而这种客观发展的方向和结果，最终要由人类自身来判断。人们对于发展方向和结果的判断，对于具体实践所作出的不停评价和反映，一般直接表现为人对客观发展的主观幸福感受，或者表现为人类对发展需求满足程度的主观评价。

事实上，人类的发展离开了人类自身的需求，就无所谓好与坏、善与恶，我们也就无法判断人的发展与人的本性最终的相符程度。对此，我们也知道，人类的绝大多数评价有两种来源：直觉的情感评价和由认知引导的评价，我们对待发展的总体情感和情绪通常属于前者，而我们通过比较得出的对自身发展满意度的评价属于后者。人们对发展的评价既可以是一种对整体发展而言的情绪，比如对整体发展是充满热情，还是非常沮丧、失去信心；也可以是对发展具体方面的评估，比如说对物质福利、对家庭和发展多样性的满意程度。因而，在关于人的全面发展的目标体系中，还应包括一个基本的子目标系统，即主观幸福感评价。

可以说，随着社会发展程度的不断提高，人们对自身发展的评价将逐渐成为人的全面发展中最重要的一面。它代表着人类千百年来的美好愿望。"幸福的成长"通常可以体现人们追求某种发展所需要的各种机会基本上得到明显满足，并且这些机遇和人类自身所具备的开拓能力大体上配合得比较完美。这正是和谐社会建设后人类全面发展和自我完善的终极体现。

至此，人的全面发展目标体系的第一层结构即可满足此要求。这一结构层次可用图表表示如图 2-1，可将其视为这一人类全面发展目标体系的理论结构。这一图示表明，人的全面发展目标分解为八个基本目标；而对人发展的主观幸福感受不是孤立存在的，而是具体对八个基本目标发展的主观感受；人的主观评价结果反馈回来调控人的全面发展这一最高目标。

这些具体目标范畴和特征结构表明，在现阶段中国，推进人的全面发展，是同全面建设小康社会、构建社会主义和谐社会、在社会主义道路上实现现代化和中华民族的伟大复兴这些伟大事业不可分割地联系在一起。因此，如将这些目标范畴和特征再具体化，充分汲取和借鉴国际社会经验对人的发展关注的新的标准和体系的精神，以目前我国人的全面发展目标体系为基础，中国特色的人的全面发展现实目标的架构就可以大致勾画出来，而这便是下一章我们所要重点进行的探讨，也是本书的核心之所在。

图 2-1

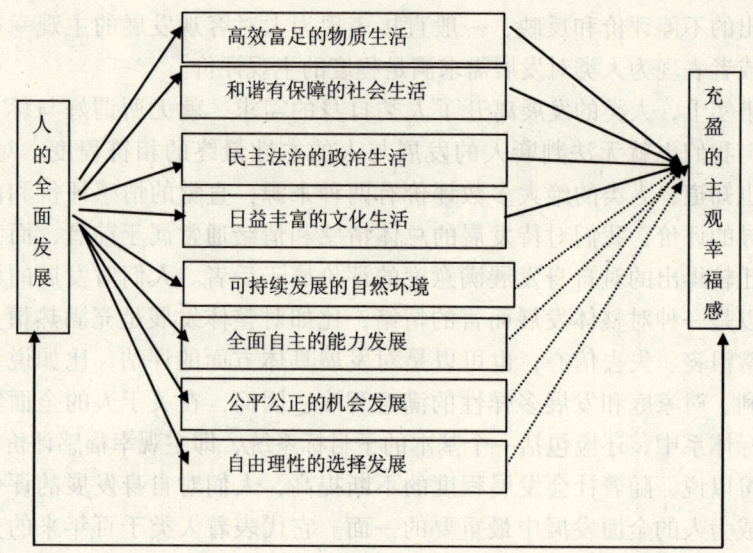

第三章 人的全面发展指标体系之总体构思与设计

在明确了我国人的全面发展一级目标体系之后,评价我国人的全面发展的进程情况,必须要有一个明确的可量化的指标体系。在构建指标体系时,需要根据研究目的及研究对象的特征,从众多指标中选取有代表性的、符合我国实际情况的重要指标。因此,就构建我国人的全面发展指标体系的总体思路而言,其目的在于建立这样一个指标体系:一个能成为当前和未来衡量、监控我国人的全面发展的晴雨表。

需要说明的是,本书所探讨提出的现实目标,还不是一个十分具体的量和质的规定的现阶段人的全面发展的指标体系,完成这样一个指标体系,那是一个需要进行深入的专门研究的项目。本书所望解决的,是一个关于现阶段应当确立、也可望通过努力能够实现的人的全面发展的大致的目标定位和可供衡量的目标原则。

第一节 人的全面发展指标体系设计之总体思路

关于人的全面发展指标体系的研究存在着多种方法和视角。本书秉承人的全面发展研究的社会指标取向构建宏观层面的主客观全面发展指标体系,设计的领域力图全面反映经济、社会、政治、文化、环境、能力、机会、选择以及人的主观幸福感九大系统的发展,为此,在具体的设计中,本小节我们将严格遵循特定原则,在科学的指标筛选法基础上,初步设计出人的全面发展指标体系之一、二级指标框架结构。

一、指标设计原则

如同社会指标一样，人的全面发展指标具有和社会指标大致相同的功能，其主要表现如下几个方面：

1. 描述功能

人的全面发展指标体系，它是直接对人的发展状况进行调查研究的成果，可以简化和改进社会各界对人的全面发展现状的了解，利用它可以较真实地反映人的全面发展状况，促进社会各界对人的发展相关计划和行动的共同理解，并采取比较一致的积极态度和行动。

2. 解释功能

对发展的描述和评价，需要作出解释。解释功能即通过对人的全面发展各个方面的分析，说明各种人类发展现象及问题产生的原因。这种解释功能，按服务层次的不同，会产生不同的解释效果，一般性的客观解释，是对描述、评价功能的补充，但从决策和规划的要求解释功能是决策选择的基础。

3. 预警功能

指标是人们创造出的一种"信号"，它不断地向人们发出信息，或者告诉人们运行正常，或者向人们发出警告。通过指标体系，可以在对过去和现在基本数据进行分析的基础上，探索人的全面发展变化的规律，从而对将来可能发展趋势或出现问题进行预测。当然，这种预测不单纯是推算人的全面发展指标数值的变化，而应着重分析数量发生变化时的各种背景和条件，便于对下一阶段的任务做好切实可行的计划。

4. 决策功能

以上功能都是为决策功能服务的。从层次结构来说，描述、评价、解释、监控（预警）是构成决策功能的基础。发展的决策指标体系，由描述、评价、解释等指标体系叠加组成。它们按不同的层析分类，交汇构筑，同时，在使用时又逐级发挥和扩展，形成一个稳定有序的网络结构。从宏观上看，人的全面发展指标体系的根本作用在于通过对人的发展状况的反映、描述、评价、检测和预测，达到对规避个中决策重大风险，避免决策重大失误的目的。

也正是在这个意义上，我们所力图设计的人的全面发展指标体系将成为了解我国人的全面发展状况、制定人力资源建设规划的最基本、不可缺少的重要工具。

然而，人的全面发展作为人类自身发展广泛而深刻的变化，其主要特征是什么？换句话说，确定一个人的全面发展的标准是什么？这是在一般地了解人的全面发展概念的基础上，使认识由一般的抽象向一定程度的具体上升的必要过程。人的全面发展是一个综合性概念，它包含诸多方面，因此，人的全面发展不能仅用一两个指标，而是要用若干个指标来衡量。人的全面发展状态有其本质特征，人的全面发展评价指标体系必须全方位地反映这些本质特征。人的全面发展过程涉及人的物质生活、社会生活、政治生活和文化精神生活等诸多方面的内容，这些方面是相互关联、互为影响的，而人的全面发展本身又是由需要要素构成的。如果将反映这些方面的主要指标都开列出来，将有很多，并不是从中任意选择若干个指标就能构成人的全面发展评价指标体系的。在筛选有关指标构成人的全面发展指标体系时要遵循如下一些基本原则：

1. 科学性原则，即实事求是的原则

具体指标的选取应建立在对人的全面发展充分认识、深入研究的基础上，能较客观和准确地反映人的全面发展的基本要求，体现人的全面发展的主要内涵。

2. 价值性原则，具体体现为坚持"以人为本"的原则

人的全面发展主体无可厚非的是人，人的全面发展指标体系应重点反映人的全面发展水平和质量，为此我们在确定人的全面发展指标体系时，特别强调人的全面发展这一人本原则。

3. 实践性原则，即可操作性原则

指标的本质在于给具体的事物以明确的规定性。度量人的全面发展的指标体系，应尽量简单明了，易于理解，便于操作；用尽量少的指标反映尽量多的内容，同时便于收集和计算分析。构建人的全面发展指标体系的基本目的，就是要把复杂的、模糊的人的全面发展变为可以度量、计算、比较的数字，以便为制定促进人的全面发展建设的总体规划及方针政策提供定量化的依据。在建立评价指标体系的过程中，所选择的评价指标不可能面面俱到，否则会使指标体系十分繁杂，不便操作，甚至操作失灵。因此，合理地、正确地选择有代表性、独立性、信息量大的指标是构建高效、系统的评价指标体系的关键。

4. 具体性原则，即国际化和本土化相结合的原则

随着经济社会的快速发展，人的发展问题已被越来越多的国家所关注。因此许多国际组织和一些国家的政府都制定了与人的发展有关的一

些指标体系。中国作为世界体系的一个重要组成部分，在制定实现人的全面发展的目标时应做到既考虑国际上为各国普遍认可的指标体系结果，这样便于横向比较；但又要考虑到我国在人的发展中所存在的许多特殊性，比如在我国由于城乡二元结构长期存在，导致制定城镇与农村人的一些发展指标时，还是要区分开的。

5. 概括性与全面性相协调的原则

人的全面发展的实现条件包含着丰富的内容，需要具备综合性的条件，既包括实现个体人的全面发展的条件，又包括实现类的人的全面发展的条件；既包括实现人的全面发展的主体条件，又包括实现人的全面发展的外界客观条件、生产实践条件。因此，在指标的设计上我们要坚持概括性和全面性相协调的原则，概括但却全面地反映人的全面发展目标。

6. 独立性原则

反映人的全面发展情况的指标较多，这些指标间彼此可能存在非常密切关系，我们在挑选一组指标构成评价指标体系时要注意所选指标间的相关性问题，所选择的指标间的独立性要强。

7. 可比性原则

指标的选取充分考虑了可比性原则，即尽可能将有代表性的，且能进行国际比较的指标纳入指标体系。这样既能如实反映我国人口发展中的进步与差距，也能反映我国人口社会经济发展的协调度，揭示发展中存在的矛盾和问题，为我国政府提供决策依据，以促进我国人口社会发展的良性运行。

二、指标体系的筛选方法

目前，在社会学领域内，筛选指标的方法主要有经验选择法、专家咨询法、理论分析法、频度分析法以及对这几种方法进行综合的评价方法。本书采取在理论分析的基础上把经验选择法和专家咨询法综合运用对人的全面发展的指标进行选取，最后制定出我国人的全面发展评价指标体系。

经验选择法。经验选择法主要是对现有指标进行有目的的分析综合，选取适合研究所需要的指标。

分析法①，即将综合评价指标体系的度量对象和度量目标划分为若干个不同组成部分或不同侧面或子系统，并逐步细化，形成各级子系统及功能模块，直到每一部分和侧面都可以用具体的统计指标来描述、实现。这是构造综合评价指标体系最基本、最常见的方法。其基本过程是：第一步，对评价问题的内涵与外延作出合理的解释，划分概念的侧面结构，明确评价的总目标与子目标。这是相当关键的一步。例如，在设计人的全面发展评价指标体系时，通常先要明确"什么是人的全面发展？它表现在哪几个方面"。

综合法②。所谓综合法，是指对已存在的一些指标群按一定的标准进行聚类，使之体系化的一种构造指标体系的方法。例如，西方许多国家的社会评价指标体系设计，常常是在一些公共研究机构拟定的指标体系基础之上，作进一步的归类整理，使之条理化之后而成的，这就是一种综合法。目前许多领域都有人在讨论有关评价问题，若将不同观点综合起来，就可以构造出相对全面的综合评价指标体系。

专家咨询法，又称德尔菲法，是一个使专家集体在各个成员互不相见的情况下对某一项指标的重要性程度达成一致看法的方法。专家是指掌握较为宽广的技术创新理论知识或具有相当丰富的技术创新实践经验的人。专家筛选是指把理论模型中的评价指标设计为问卷咨询表，请专家根据自己的知识和经验进行判断和选择。专家的选择虽然具有主观性，但它们是专家本人长期积累的知识、经验的反映，集成多数专家的意见，可以一定程度化为客观，根据专家意见，删除一些不能较好地反映评价对象的评价指标，保留专家认可的指标。

本书采用德尔菲法进行指标的选择，每轮结束后都对指标体系进行调整，并将专家的主要意见和统计结果反馈给各位专家，请专家再次对调整后的指标体系进行评判，因此，每轮问卷后的专家意见越来越集中，从而得到最终的人的全面发展指标体系。

三、一、二级指标框架结构

根据指标体系构建的系统理论，任何指标体系的建立都必须先有一

---

① 刘晶：《城市居家老年人生活质量评价指标体系研究——以上海为例》，华东师范大学博士论文，2005年，第71页。

② 刘晶：《城市居家老年人生活质量评价指标体系研究——以上海为例》，华东师范大学博士论文，2005年，第71页。

个具体的指标所赖以附着的基本框架。这个基本框架实际上就是对应特定对象而建立的一个解释系统，亦称理论框架或理论模型。根据现有研究成果，一般评价指标体系模型有"结构——功能"模型、"投入——产出"模型和"条件——结果"模型等。基本框架是指标体系的灵魂，没有基本框架，众多指标只能是没有统领的"乌合之众"，是不能形成"体系"的。所以，我们认为指标体系基本框架的设计，是指标体系建立最为关键的环节。

就人的全面发展而言，人的全面发展指标体系既要反映人的需求结构的全面性，又要反映出发展的全面性的基本特征，同时也要体现发展的动态性，所以很难根据某一特定的模型方式来反映人的全面发展的面貌。这也是人的全面发展指标体系设计过程中的一个难点。

系统论认为，世界社会是一个开放的大系统，这个系统是可以控制的，当然也是可以评价的。[①] 依据人学理论和指标体系原则，首先对人的全面发展系统进行"系统划分"，并结合系统的划分构建人的全面发展的理论模型，即指标体系的结构框架，系统划分有多种方式，但大体上可分为结构划分法和功能划分法两种。结构划分法按照组成系统的实体要素进行分割；功能划分法则按功能的属性进行分类。

人的全面发展，如前论述，不仅是作为其现实诉求的人的能力、机会和选择的全面、和谐发展，也应是发展的各种能力、机会、选择与各种客观现实条件的和谐发展。换句话说，不仅包括占有各种客观现实资料，也包括人类自身各种能力、机会和选择的全面自主、公平公正、自由理性发展与展现，更重要的是以上两个方面的内外和谐发展，因此，它既同人们生活的客观条件密切相关，又体现了人们各种能力、发展机会和自由选择的内在需求和价值。从具体目标层面上看，人的全面发展包括高效富足的物质条件、和谐有保障的社会条件、民主法制的政治条件、日益丰富的文化条件、可持续发展的生态环境、全面自主的能力发展、公平公正的发展机会、自由理性的选择发展以及内在充盈的主观幸福这样九个子目标，且正是由这些因素共同作用而产生的人们对自身存在和发展状况的一种积极的完善。因此，在对人的全面发展一级指标分类时，我们首先采用功能结构划分的方法，把人的全面发展指标体系从

---

① 参见中国现代化战略研究课题组：《中国科学院中国现代化研究中心中国现代化报告2006》，北京大学出版社2006年版，第271页。

宏观上分为作为客观评价指标的外在条件评价指标（物质条件、社会条件、政治条件、文化条件和环境条件）和内在素质评价指标（全面能力、平等机会、自由选择）以及作为主观评价指标的主观幸福感受等三大方面九个目标指标系统，见图3-1。

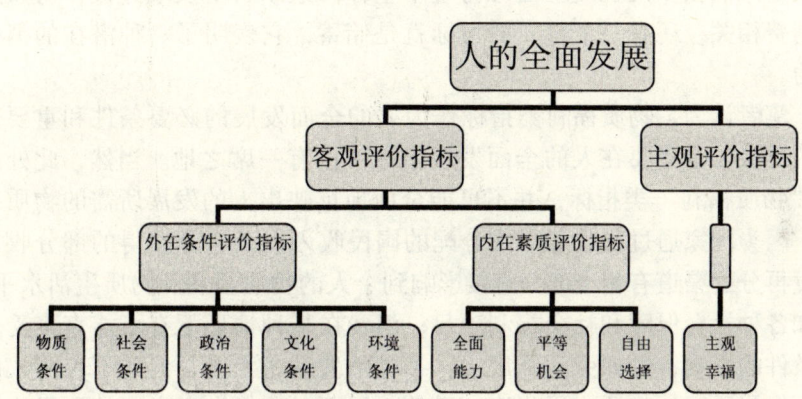

图3-1 人的全面发展一级指标理论框架

这里，每一个基本方面或子目标都需要用更加具体的指标来加以刻画和表现。因此，每一个一级子目标都形成一个指标系统。从一定意义讲，每一个子目标都是人的全面发展这一总目标的一级指标。而要形成一个指标体系，还需要将这些一级指标进一步分解，形成具体的二级、三级乃至四级指标，以便将人在这九个基本方面中的活动条件与结果同最高目标连结起来。

（一）物质条件指标系统

物质条件领域，作为人的全面发展的基本条件和表现领域之一，可由三类（即物质福利、居住条件、公共设施）二级指标变量和若干三级指标指标构成。

1. 物质福利类指标

从人的全面发展的条件和表现看，我们不应该将物质生活福利排除在外。因为，物质福利是人们提高自身全面发展的物质基础。物质福利指标不仅反映国家经济发展水平，而且强调物质供给水平，反映了人们物质需求的满足程度和参与分享经济成果的状况。物质福利包括经济收入状况和消费水平两个维度。收入状况是决定人们发展物质水平的最重要的指标，它可用每户及每人人均可支配收入来衡量。联合国统计处认为,家庭人均收入指标更能真实地反映某一类人的生活水平,进而能较为合理地衡量我国居民基本生活水平。与此同时,还需要注视消费指标,因为它表明了人们现实的生活水平。例如,人均国内生产总值,就能反映居民的现实物质生产水平;人均最终消费支出,能反映居民的现实物质消费水平;满足生存需要和满足发展需要的支出所占的比重不同,就反映了人们在多大程度上由维持基本生存向追求自身发展过渡;与收入和消费相关,还有一个重要的指标就是储蓄,它表明了一种潜在的消费能力。

笔者认为,物质福利类指标作为人的全面发展的必要条件和重要表现的反映,有必要在人的全面发展指标中占有一席之地。当然,此处所指"物质福利"类指标,并不可能全面地反映出人的发展所需的物质基础,因为国家通过税收等形式分配的国民收入以及企业获得的部分收入通过再分配渠道有相当部分直接影响到个人的物质福利和物质生活水平,例如各种社会保障和社会福利项目;消费在某种情形下有可能直接受劳动条件的影响,例如劳动强度大,某种消费就将上升,但并不表明人的全面发展所需的物质水平提高,等等。因而,我们在考虑人的发展物质福利前提时,以个人收入和消费为其主要指标,有关其他因素我们还可以从另外几个方面如公共服务、社会保障等方面去反映。所以,我们这里采用的物质福利指标,将仅仅是少数几个比较宏观全面的指标。

2. 居住条件类指标

居住是人的物质条件的一个重要方面,它是实现人的全面发展的重要保障。衣食住行,住是仅次于衣、食之后的基本需求,缺乏一定的居住条件,不仅影响人的生理状况,而且也限制了人的其他活动的发展。因此,在当今中国乃至世界,居住问题成为普遍关注的问题,舒适、以人为本的居住环境逐渐成为人们的追求。各国在经济社会发展的同时,都致力于人的全面发展,其中对居住问题的关注成为焦点。居住领域包括居住空间状况、住区公共资源和住房拥有能力三个维度。

居住空间状况可由人均住房建筑面积反映,住区公共资源包括住房供水、电、气状况、住房卫生设施状况、城镇社区服务状况、人均公共绿地面积等方面,住房拥有能力则可体现在住房购买力即房价收入比上。目前,由于我们的目的是描述人的全面发展指标的基本结构,因此就不再继续往更具体的层次进行讨论了。

3. 公共设施

公共设施是影响居民物质发展条件的重要因素。各种公共设施，如交通、通讯等方面的方便丰富程度是人的全面发展的直观保障，也是人的全面发展的必要的硬件设备。根据世界各国的综合竞争力排名来看，公共基础设施已成为考察衡量一个国家综合竞争力的重要指标。完善而良好的公共设施建设会为居民营造良好的公共环境和条件，提高居民物质生活质量和个人素质。

值得指出的是，公共设施是指人们在物质生活中所共同享有的生活条件和设施，它区别于带有个人色彩的物质生活方面，例如物质福利及居住条件。我们谈及物质福利时曾经谈到，衡量人们的物质福利水平，个人收入和消费是不完全的，理由是人类发展所需的相当一部分物质条件是由社会向个人提供的，而绝非个人占有。因此一个完整的物质条件指标系统还需要一个公共设施的视角。在此，在人的全面发展视野内，公共设施的状况及发展可以集中于国家公共设施方面投入比重、交通设施建设和通讯设施状况三个维度。

事实上，在合理的国家投入建设下，交通和通讯事业的发展和扩大，开拓了人们的活动和发展范围，有利于人口和各种资源的有效流动，因而成为提高人的各种生产能力和活动能力的重要条件。人们对交通、通讯工具和设施的利用情况，反映了人们所享受的物质发展条件及其服务程度，也反映了社会对于人们扩大交往需求的满足程度。

（二）社会条件指标系统

社会条件指标系统，反映和评价的是人与人之间的社会关系及人们的社会生活，是人的全面发展的条件和表现的基本领域之一。我们试图通过以下五个方面的二级指标——人口与家庭、社会参与、社会保障、社会服务和公共安全将与人的全面发展息息相关的社会生活和社会关系的状况和趋势描述出来。

1. 人口与家庭

作为人类最初社会关系及其单元，人口与家庭的发展即人类及其社会关系的发展。时至今日，人类社会关系日趋多样、结构越发复杂，但人口的再生产与家庭结构却仍然是人类最基本的社会关系结构之一。

人自身的再生产是人类社会及其关系延续与伸展的前提。作为人类社会两种基本的再生产形式之一，人口的增多伴随的是各种需要的增多与翻新，由此产生的就是各种新的社会关系与结构。没有一定的人口前提，人口的增殖，人类的各种现实活动及其关系将无以开展与继续。更为重要的是，人口状况、人自身的再生产行为本身就是一种社会行为，不仅要受自然、生理条件的制约，更受到社会文化、道德关系和各种社会关系的影响。因此，人类自身再生产行为和人口状况，也是人自身发展的重要表现。曾经何时，全球人口达到最初 10 亿是在 1830 年前后。100 年后的 1930 年世界人口增长到 20 亿人，第二次世界大战后，全球人口在 20 世纪后 50 年里更是呈现出爆炸性增长，尤其是大多数发展中国家的人口增长迅速。1950 年世界人口达到 25 亿，1960 年则达到 30 亿人，1987 年更是猛增至 50 亿。短短 37 年间人口翻了一番。从我国人口发展来看，1949—1964 年，人口从 5 亿增加到 7 亿，1964—1974 年，人口从 7 亿增加到 9 亿，1974—1989 年，我国大陆人口达到 11 亿。到 1995 年，6 年间又增加了 1 个亿，达到 12 亿。现在我国的人口已超 13 亿。对人类发展而言，爆炸式的人口增长并非"福音"。而对于广大发展中国家的人民而言，简直是灾难，因为新增人口的 90% 是在这些国家。失控的人口增长，反映的是一种人类自身的非良性发展，其结果必定是人类发展的阻碍。好在今天人类社会大多已意识到控制人口的必要与紧迫，并找到了减缓人口规模过快膨胀的有效方法——计划生育。显然，这正是人类自身进步的结果与表现。

从社会的宏观角度看，家庭是人类社会最早出现的人类群体形式。在社会结构的急剧变迁中，最为社会细胞的家庭在其形式与关系上也出现了一些相应的变化。从杂乱性交到血缘家庭、从对偶家庭到一夫一妻制家庭的发展，人类家庭形式先后排除了父母和子女之间、兄弟和姐妹之间即血缘亲属之间的婚姻，从而"生育出在体质上和智力上都更强健的人种"[①]。可以说，家庭形式和家庭关系的每一个变化都代表着人类的一种进步。一夫一妻制的出现，成为人类家庭形式和关系所经历过的最深刻的革命之一。从个人发展的微观角度看，家庭是个人社会化的第一场所，合理的家庭结构直接影响到个人的发展。在由自然人发展成为社会人的过程中，个体个性形成和发展最早是在家庭中、与家庭成员的交往中进行的。即使是成年人，个体自身的某些变化与发展也都要受到家庭关系及其变动（如个体结婚、生育、家庭生活、离婚、再婚和丧偶等）的影响。和谐完整的家庭被视为是人的一种幸福，而家庭的频繁解体，婚姻道德沦丧，绝不会被认为是人类的进步。

---

① 《马克思恩格斯选集》第 4 卷，人民出版社 1995 年版，第 44 页。

因此，反映人口与家庭状况及变化的维度主要有：人口规模与变化、人口结构与分布、家庭规模及构成、婚姻和生育等。其中，人口规模和变化是指人口规模、人口增长、人口出生和死亡、人口发展趋势等，它反映的是人口数量的现状和变化的基本情况；人口结构和分布是指人口的性别比、年龄结构以及一定时间内人口在一定空间的集聚结果等方面的情况；家庭规模及构成是指家庭的人数及类型；婚姻和生育在人的自然属性和自然关系之余也体现了人的某种社会属性与关系，成为实现人口再生产的重要前提与因素。结婚、离婚反映的则是婚姻状况及其稳定与否，不稳定的婚姻状况往往能反映出个体（或群体）某种社会关系和精神道德方面的缺失，发展成普遍则构成社会矛盾，形成社会问题。计划生育则突出反映了人们对自身再生产和家庭婚姻关系的认知。在我国，独生子女率和已婚育龄妇女中采取避孕措施的百分比则是其具体表现。

2. 社会参与

我们这里所强调的社会参与不是个人所参与的一切活动，如类似体育、文娱活动，而是指人们有意识地对社会劳动、社会公益等事务性活动的参与。没有个人参与的社会是无法存在的，问题只在于如何参与以及在多大程度上参与。社会参与可通过社会劳动参与和社会公益参与等维度表现出来。

人的生产活动在社会中表现为社会劳动。在社会劳动中人们参与的价值不仅在于以自身活动创造了社会，更在于其是作为"有意识"的社会主体主动地把握自身的发展。因此，人如何参与社会劳动以及在多大程度上参与社会劳动，就成为人自身发展或成熟的标志之一。反映在具体的评价上则是一种劳动力资源的利用程度，是一种社会为经济上有活动能力的人口提供劳动机会的程度和水平。劳动力资源的利用状况一般通过一个社会的就业水平、失业状况来反映。就业水平表明了社会为个人提供参与劳动可能的一般水平；而失业人口则主要反映人口某一部分丧失参与劳动可能的一般水平。事实上，失业还会对失业者的个人自由、主动性产生范围广泛的副作用。"这些多方面的副作用包括：失业助长对某些群体的'社会排斥'，导致人们丧失自立心和自信心，损害人们的心理和生理健康。"[①] 因而失业状况也应是衡量人的社会参与的一个重要

[①] ［印］阿马蒂亚·森著：《以自由看待发展》，任赜、于真译，中国人民大学出版社2002年版，第15页。

方面。

此外，社会公益也是人的社会参与之重要方面。在人类历史发展的很长时期内，对于大多数社会成员来说，他们是消极被动地参与社会发展的。他们或是被强制剥夺了参与社会发展的可能与机会，或是对此缺乏自觉的意识。因此，在自觉自愿基础上参加社会公益事业义务服务的人数，就在很大程度上反映出一个社会人们的主动社会参与意识。因此，社会公益参与可以看做是人的全面发展自身创造性的条件和表现之一。

当然，用社会劳动就业率、失业率、社会公益参与人数等表示社会参与程度，并不是令人满意的设计。参与人数和参与性质及参与效果之间可能会有很大的差距，因而不一定会真实反映社会参与的情况。这也许是随后政治参与中公民权利维度需要补充的内容。

3. 社会保障

社会保障，在我国主要是指国家在一些特定项目上以及对特定社会人口所提供的特定援助。尽管它们有相当一部分不是针对社会全体成员的，但它们在人的全面发展中发挥着重要作用，对人的全面发展具有保障、稳定和调节功能，因而也是衡量一个社会人们物质生活水平的重要方面。《2005年中国城市生活质量报告》认为："社会保障制度是保持社会稳定、实现社会公正的重要机制，是经济发展和社会有序运行的重要前提。健全的社会保障制度也是社会所有成员生活质量提高的保证。"社会保障领域包括社会保障总体水平、弱势群体的保障状况两个维度。

社会保障总体水平反映的是一个国家或社会在社会保障方面的认识水平和承担能力，它不仅体现在国家或社会在社会保障费用上的支出在国内生产总值中的比重上，还体现在人均社会保障费用和社会保障覆盖率上；弱势群体的保障状况强调的是城镇、农村居民最低生活保障人数、收养性福利事业单位数和社会福利企业单位数的增减。在我国，随着经济快速发展、贫富差距的扩大，加强弱势群体的保障显得尤为重要。我国政府每年都对处于各种困难的个人、家庭和弱势群体给予经济援助，使他们恢复社会功能，提升生活能力和改善生活素质。因此，我们有必要设置专门的指标用于反映我国弱势群体的保障状况。

4. 社会服务

我们在谈及物质福利时曾谈到，衡量人的全面发展物质条件，个人收入和消费是不完全的，因为构成人们发展的物质条件的相当一部分不是由个人所占有的，而是由社会向个人提供的。因而有必要从全社会的角度衡量社会服务事业的发展。事实上，人的全面发展，需要有适当的公共服务政策（涉及学习教育、医疗保险、职业培训等等）来提供基本教育、普及医疗设施以及使对人的全面发展至关重要的资源（社会就业资源）可资利用。换句话说，"今天的富裕国家在过去历史上引人注目的公共行动，分别涉及教育、医疗保健和土地改革等等。广泛分享这些社会机会使得许多民众得以直接参与经济扩展的过程。"①

具体而言，社会服务事业的状况及发展体现在公共教育条件、卫生保健状况和职业再就业培训服务水平三个维度上。其中，卫生保健事业是为保证人们能够健康地从事生产活动和社会活动的基本生活条件。在一个国家或社会，卫生医疗支出占国内生产总值的比重、每千人口医院卫生院床位数、每千人口卫生技术人员数、每千人口拥有心理医生和中医数等方面的发展水平，在某种程度上表明了其对个人卫生保健方面所达到的供给程度；公共教育条件（教师、经费、规模）主要是从投入的角度来看社会教育服务水平。师资情况，包括正规教师比重，他们是教育活动的主导者，启发和塑造人的创造个性主要依靠他们去完成，因而他们是决定教育服务质量的主要因素；教育规模，包括义务教育普及率、万人在校大学生数等，表明从事教育的范围和数量状况；教育经费，特别是国家教育经费支出，反映了政府对于教育的认识程度，将人均教育经费支出同其他支出相比较更能说明问题。

而职业、再就业培训服务水平反映的是一国或社会为人们顺利进入劳动部门并从事某种劳动所作的准备和再努力。在现代社会中，信息和科学技术的迅猛发展，使得每一个新劳动者都要事先接受相关专业、技术训练；失业者，甚至每一个已就业的劳动者都要不断地学习接受新的知识和技能，以便能够应付变化而顺利赶上发展或转入新的劳动部门。因此，职业、再就业培训在现代是使人成为一名合格劳动者的必要条件。职业、再就业培训的状况是用职业教育普及率、职业培训人数占就业人口比重以及再就业率等指标来反映的。一个国家就业人口中经过职业培训的人数所占比例的大小，反映了一个国家劳动者素质的高度，也反映了该国或地区的社会服务化程度。

5. 公共安全

---

① ［印］阿马蒂亚·森著：《以自由看待发展》，任赜、于真译，中国人民大学出版社2002年版，第136页。

安全需求是人类发展的基本条件之一。人类在"生存"和"温饱"这些基本需求得到满足之后,"安全"就成为首要需求。也就是说,为了使人们在社会关系中所展开的各种活动和行为能有序顺利地完成,使多维的社会交往与关系契合人们生存和发展的需要,就有必要对人们之间的各种行为进行有效规范与调控。没有这种有效的规范与调控,没有规范稳定的社会秩序与安全,人们不仅无法谋求自身的全面发展,甚至连正常的社会交往实践也无法保证。国内外历史经验都表明,公共安全直接关系到人们的发展进程、国家的稳定和社会的发展,它是人的全面发展不可缺少的条件之一,已经成为制约国民素质提高和可持续发展的重要因素。正是在这个意义上,我们将公共安全作为人的全面发展的条件与表现之一,人类社会在这方面达到的水平和程度,表明了人们对彼此关系和行为的认识以及规范、调控的能力。

具体说来,公共安全领域包括了社会治安、交通安全和食品安全三个维度。其中,由于国家或社会用来调整与控制社会公共关系和行为的工具是社会规范,而在诸多社会规范中,法律法规是一种最主要的规范。因此,公共安全的社会治安状况可以用法律规范的效力来衡量。这种衡量的一个重要方面就是犯罪情况。犯罪一般被定义为"用法律惩罚的禁止的行为或不履行法律责任的行为"①,因而是一种对法律的破坏和违反。如果法律是科学公正的,那么对法律的破坏和违背就是对人们正常的社会、生产关系的破坏和违背。因而它从反面反映了人们在维护公共安全方面所达到的水平。与此相对应,交通安全、食品安全可以用交通事故伤亡和食品中毒情况来衡量。

(三)政治条件指标系统

一个拥有高收入但没有良好政治活动条件的人,在通常意义上不是穷人,但就一种重要的发展条件而言显然是贫困的。政治条件指标,反映和评价的是人的全面发展所具备的参与国家管理、维护自身权益、扩大自身发展空间的重要条件和表现,可以通过以下四个方面的二级指标——政治参与、政局稳定与反暴力、法治和控制腐败、公民权利等来反映和展现。

1. 政治参与

---

① 联合国统计处:《社会和人口统计体系》,许成钢等译,中国财政出版社1985年版,第321页。

对人的全面发展来说，政治参与意义极为重大。马克思和恩格斯在《共产党宣言》中曾指出："过去的一切运动都是少数人的或者为少数人谋利益的运动。无产阶级的运动是绝大多数人的、为绝大多数人谋利益的独立的运动。"① 充分唤醒最广大人民群众的政治参与意识，维护其政治参与权利，让更多人民群众的智慧发挥作用，既是无产阶级运动的目的，也是人本社会主义事业取得成功的重要保证。因此，我国各级人民群众政治参与的扩大，不仅是发挥社会主义制度优越性的需要，更是人的全面发展的重要条件和表现。

政治参与主要体现在社会成员参与选举和参与国家管理的程度两个维度上，一般可用参与人数来表示。对此，南斯拉夫曾对群众参与政治决策的情况有这样一种统计，已故总统铁托1979年在贝尔格莱德南共联盟中央委员会一次庆祝大会上说："在上次1978年春的大选中，选出了近80万名代表团成员，把53000多名代表选入了各级社会政治共同体的会议中去。如果此数再加上各工人委员会的委员数，那就是120多万人通过代表制参加了政治决策。"也就是说，南斯拉夫人口的5.5%直接参与了政治决策②。这种说法不无道理。在我国，社会成员参与国家管理主要是由参加全国人民代表大会、政治协商会议、加入中国共产党和各民主党派等政党来实现的，而这些人很大一部分是由人民选举产生的，且在政策的执行上也是以公务员为主，因此在我国社会成员参与选举和参与国家管理的程度可以由投票率和国家公务员人数比重来测量。

2. 政局稳定与反暴力

通俗地说，"政治就是在特定社会经济关系及其表现的利益关系的基础上，社会成员通过社会公共权利确认和保障其权利并实现其利益的过程"③。在这过程中，稳定的政局和非暴力和谐状态的维持尤为关键。政局不稳，社会动荡不安，个人公共权利何以确保，个人何以谋求发展？政局稳定与反暴力是实现人的全面发展的重要保障。

然而，一个国家的政局稳定与反暴力成功与否，与该国政府控制力有关，在投入和结果上主要表现为该国维护政局稳定和反暴力的机构力量和成效，前者在量化上可表现为国家军事人员数量和军事支出所占中

---

① 《马克思恩格斯选集》第1卷，人民出版社1995年版，第283页。
② 参见苏绍智：《经济发展和民主化》，中国社会科学出版社1982年版，第33—34页。
③ 王浦劬：《政治学基础》，北京大学出版社2006年版，第9页。

央政府支出及国内生产总值比重,后者则可由一国非正常死亡率来衡量。

3. 法治和控制腐败

历史经验表明,良好的政治环境应该是法制健全,腐败得到控制。法制和控制腐败是政治条件保障人的全面发展的重要内容。

须知,人类政治文明从人治走向法治,并不仅仅表现为法律数量上的增加和法律功能的扩展,不仅仅体现在对法律权威的崇尚,最根本的变化首先是法律价值的转换和创新,是法律对人的主体性,对人权的尊重和保障,是法制为满足人的全面需求和促进人的全面发展提供制度基础和法律保障。与此同时,在一个国家或社会内部,腐败的猖獗会妨碍经常而合理的社会流动,以至于形成一种不利于个人成长和发挥作用的社会环境;它影响着人们的思想观念和心理态度,以至于形成一种不利于个人成长和发挥作用的文化氛围;它还大大降低了道德规范和法律规范对人们行为的约束力,整个社会出现一种失范的趋势①。因此,对于腐败问题,有必要加以控制,以便为人的全面发展提供健康的政治环境与氛围。

4. 公民权利

公民权利,"指的是人们拥有的确定应该由什么人执政而且按什么原则来执政的机会,也包括监督并批评当局、拥有政治表达和出版言论不受审查的自由、能够选择不同政党的自由等等的可能性。这些自由包括人们在民主政体下所有用的最广义的政治权益(entitlement),包括诸如政治对话,保持异己和批评当局的机会"②。

如此一来,公民权利应包含言论自由和结社自由两个基本的维度,换句话说,就是不仅包括个人言论自由方面的权利,还应包括自由结社,参与工会和各种宗教团体的权利。

(四)文化条件指标系统

文化条件在此主要涉及精神文化层面,与各种物质条件和其他社会条件相比具有明显的个体性。精神文化的基本功能就在于形成一定的个性。在各种文化条件发展过程中,随着人类自我意识的逐步增强,文化

---

① 参见何增科:《政治之癌:发展中国家腐化问题研究》,中央编译出版社 2008 年版,第 64—71 页。

② [印]阿马蒂亚·森:《以自由看待发展》,任赜、于真译,中国人民大学出版社 2002 年版,第 32 页。

条件中整体划一的规定和制度越来越不适应人的需要，人在文化活动条件中需要更加自如地发展和表现自己的个性。因此，各种文化条件在形式和内容上的变化，是人作为精神文化的主体和创造者扩大自身本质力量的重要条件和保障，也是人的全面发展的重要标志之一。对此，我们可以用文化生产、文化消费、文化活动条件这三个二级指标来反映。

1. 文化生产

文化生产状况主要是从文化生产投入、产业比重、从业人员数量和成果形态上反映现有文化活动的状况和成就，表明了人们在文化活动的某些方面所具备的条件和达到的水平。因此，可以从文化生产投入、文化产业比重、从业人员数量和成果形式这四个维度来加以考量。

文化生产投入主要是从国家层面强调用于文化活动的经费，它表明的是国家对于文化活动意义的认识程度，它同样受到经济和社会发展水平的制约。国家采取积极的态度努力发展整个社会的文化事业，是创造文化生产条件，满足人民精神文化需求和塑造社会主义新人的重要一环。而文化产业比重，强调的是在特定文化投入下，文化生产水平的高低，可以用文化产业值及其比重来衡量。从业人员数量是以量的特征表现文化生产的丰富性；成果形式则是在更为具体的层面上显示文化生产的成果，因而也是衡量文化生产状况的重要指标。

2. 文化消费

文化消费状况主要是从人们对于各种文化生产成果的占有和享受上来体现人们精神文化生活的丰富性，表明了人们在参与文化娱乐、发展自己的文化兴趣和爱好中得到的满足程度。因此，可以从文化消费支出和文化消费保障两个维度加以测评。

文化消费支出主要是以量的形式表现人们的文化消费状况，它一般可用消费的具体费用及其在人均总支出中的比重来衡量；人均文化消费支出的水平，是文化活领域中使个人真正成为文化成果的享用者的重要指标。而文化消费保障表现为，特定的文化财产保护，特别是对各种极其珍稀的文化遗产进行保护，也是人类文化消费的重要方面。

3. 文化活动条件

文化活动条件主要是指从事文化生产和消费的机构和设施情况。主要包括各种文化作品和文化活动场所，如图书馆、博物馆、影剧院、文化馆、体育馆等的数量以及各种广电节目覆盖率。

(五) 环境条件指标系统

研究人的全面发展还需要特别关注的是影响人类发展的生物圈，即环境问题。所谓"环境"，是指人类赖以生存和发展的自然和人工改造过的各种自然因素的总和①。作为无限、完整的地球生物圈的一个开放、动态的子系统，人口与社会经济，通过能量与物质在实践、空间上不同规模的流转，成为生态环境密不可分的一部分。因此，人类对自然资源的开放与废弃物的丢弃并不是孤立的行为，健康的生态环境是人类发展的前提条件。对此，《中华人民共和国环境保护法（试行）》中曾对与人类密切相关的环境的主要因素规定如下，即环境是指"大气、水、土地、矿藏、森林、草原、野生动物、水生动物、名胜古迹、风景游览区、温泉、疗养区、自然保护区、生活居住区等"。这是把生态环境看成人类发展进程之基础，从人与其发生相互作用、相互影响的关系角度出发来界定环境的。当然，环境的因素拥有比这更广泛的外延，但如果没有和人类发生相互关系，就暂时不作为主要因素列入其中。

在此基础上，1972年，联合国环境理事会在斯德哥尔摩召开了"人类环境会议"，通过了历史性的《人类环境宣言》。这是人类对环境的认识和关注发展的一个重要里程碑，成为人类行动起来保护环境的历史转折点。保护环境现在已是全世界共同的口号和行动。因此，我们在这里有必要将环境指标作为一个重要的目标指标系统提出来。

事实上，将生态环境作为人的全面发展的条件和表现，其实质就是使人的全面发展与环境的利用、保护和治理协调起来，使人对环境的利用、保护和治理有利于人的全面发展而不是破坏人的全面发展。考核生态可持续发展状态一般用环境质量与利用程度、环境破坏与污染程度、环境治理与保护程度等三个二级指标来反映。

1. 环境质量与利用程度

一个国家或区域的环境质量与利用程度反映的是这一国家或地区居民所能享受的环境资源。良好的生态环境质量及其有效利用是人类实践活动的产物，打上了人类实践活动的印记，是人类文明的凝聚和体现，反过来又构成了促进人的全面发展不可缺少的外部自然条件。

良好的环境质量和利用程度可以从环境资源拥有量和利用程度两个维度加以考量。其中，环境资源拥有量可从一国或地区的森林覆盖率、

---

① 金瑞林：《环境法——大自然的保护者》，时事出版社1985年版，第1页。

人均水资源、耕地面积等方面来测量；而利用程度则可以从单位 GDP 能耗以及清洁能源利用率等方面来体现。

2. 环境破坏与污染程度

良好的环境质量和利用程度是人的全面发展的重要外部条件。然而，全球工业化的日益普及，既在历史上前所未有地显示出人类改造和征服自然的力量，也暴露出人性的弱点，造成人与自然关系的紧张与失衡。对自然界的过度开发利用，一方面表现出人性的贪婪，是人没有全面发展的表现；另一方面造成环境污染和生态破坏，给人类生存和人的全面发展也带来了前所未有的危机。因此，环境破坏与污染程度从反面成为测量人的全面发展环境条件的重要尺度。

现实的情况就是，环境被破坏与污染程度包括了人对自然环境的破坏和人对环境的污染这两个维度。其中，人对自然环境的破坏表现为人类不合理开采等所造成的水土流失、资源枯竭等，人对环境的污染则表现为人向环境排放未经处理的生产和生活污染物程度，如二氧化碳的排放量、工业废水、废物等排放等。这一切都从反面反映着人的全面发展所需的外部环境的破坏程度。

3. 环境治理与保护程度

生态环境的治理与保护程度与人的全面发展的程度在某种意义上具有相关性。作为集自然属性与社会属性于一体的人，除了具有社会需求以外，还具有强烈的生态需求。而人的生态需求的一个重要内容就是享受自然美的精神需求。在有效的环境治理与保护下，良好的生态环境可以成为人们的审美对象，唤起人们的审美情趣和美感。与此同时，也让人们在审美活动中又自觉意识到生态环境对于人的全面发展的意义，从而对生态环境给以保护，用美的原则塑造生态环境，从而使生态环境更美，使人与自然更加和谐。正是在这种人与自然、主体与客体、感性与理性、形式与内容、个体与社会和谐统一的自由自觉审美活动中，人与生态环境始终保持着良性互动，两者在交互作用中都能得到全面的发展。

由此一来，环境治理和保护程度既包括那些直接关系人类发展所需生存环境的治理和保护，如治理"三废"等，也包括建设有利于人类生存和全面发展的环境，如污染控制区覆盖、自然保护区建设等，它们表明了人类为了保护和改善生态质量所作努力的结果；国家环保投入占 GDP 比重，则是在一定程度上反映了一国或地区对生态可持续发展的认识程度和重视程度，因而也表明了人类自身发展的成熟程度。

（六）全面能力指标体系

人的能力，是构成人的全面发展的最基础的素质，各种能力应当全面和谐发展。要实现人的全面发展，人的各个方面的能力发展可以有程度上的差别，但不可出现某一方面的空白或缺失。可以想象，一个人如果没有必要的知识水平，或者知识丰富但毫无创新，生存健康状况再好，也难以实现全面发展。所以，全面发展的人，必须具备全面的能力发展，对此，我们可以从生存能力、知识能力和创新能力这三个二级指标来加以衡量。

1. 生存能力

人的全面能力发展中有一个非常基本的能力，即生存下来而不至于过早死亡的能力。很显然，生存能力，这是一种重要的能力，而个人健康则是实现这一能力目标的生理基础。

一般说来，健康主要表现人的身体、体能状况。人的健康状况是人们进行各种活动，特别是发展自身素质和能力的基本前提。只有拥有健康的体魄，具备良好的生存能力，人们才能顺利地从事维持自身生存和创造性发展的活动。很难想象一个疾病缠身，营养不良的人能使其创造力得到最大限度的发挥。当然，此种说法并非认定这种人就一定不能发展自己的创造性才能，或者说一个健康的人就一定能充分发挥自己的创造性才能。前者在其艰难或短促的生命历程中中放射灿烂光芒的大有人在，后者碌碌无为虚度年华的也不在少数，而且人的创造力的发展也决不能仅仅以健康为唯一条件。但是究其所有，可以肯定的是，生命何为？首先是要活着，我们必须保证躯体的存在，并且要维持躯体的健康，健康的身体是人的全面能力发展的必要前提和基础，它会使前者放出的光芒更加灿烂，使后者保持发展的潜在基础。人的潜能和价值发现得越多，健康对人的全面发展来说就越重要。健康在人的全面发展指标体系里占有不可动摇的位置。

当前，反映人的健康状况一般有寿命、疾病情况两个维度。寿命无疑是健康最基本的指标，丧失了生命，对于任何人来说生存能力就此丧失，也就无所谓发展，更无所谓全面发展了。寿命的统计是以人均为标准通过抽样调查推算出来的。这样的标准概括了不同群体的身体的状况，也可以对人与人之间或者同一群体不同时期的健康状况作出比较。从世界各国的情况看，人均寿命与社会经济发展水平是呈正相关关系的，也就是说，社会经济发展水平较高的国家，人均寿命相对较高，反之亦然。

但也存在某些特殊情况，社会经济发展水平较低的国家，人均期望寿命却比较高，显然这就主要决定于其卫生、保健事业等方面的发展。这种情况反映了在一定条件下国家对社会成员健康的关心程度。这在前面的社会条件之社会保障部分已经进行了分析。

疾病情况是从反面反映人的健康水平。事实上，健全的和令人满意的身体这一概念是人类思想中的乌托邦产物，在一个不断变化的世界里，每一个时期以及每一种文明将继续面临疾病的压力，这种疾病是人类为了适应新环境而遭到的不可避免的失败。可以说，人类与疾病斗争的历史与人类历史一样久远，人类健康的状况在很大程度上体现为其疾病的获得状况，以此用来反映了人类在维护自身健康、保障生存能力方面达到了什么样的水平。疾病状况更为现实的目标是最大限度地减少和降低婴儿、孕妇的死亡率以及其他疾病死因构成比，使人类不健康的数量减少，增加平均寿命。

2. 知识能力

知识能力是人的全面发展所需的重要能力之一。对于知识是能力的基础这一点，学界早已达成共识。而关于知识本身即是能力这一点，古今学者亦有述及。法国的哲学家弗朗索瓦·利奥塔尔在研究后现代状态时指出，人们使用知识一词时，不是仅指全部指示性陈述，还包括做事能力、处事能力、倾听能力等意义①。因此，知识能力对人的发展而言，其实就是指个体所拥有的认识能力，并将知识转化为智慧的能力，以及将智慧运用在实际工作中的一种应用能力。

与此同时，对于人的全面发展而言，在知识能力的获得过程中，除了现实实践经验外，教育对其能力扩展发挥着重要的作用。对此，马克思也曾言："为改变一般人的本性，使它获得一定劳动部门的技能和技巧，成为发达的和专门的劳动力，就要有一定的教育或训练。"② 教育具有缩小社会不平等的功能。现代社会，教育的核心不再仅仅是知识的获取，还有对获取、运用和创新知识的能力的培养，这样一来，高度且全面的教育，有助于克服由于分工给人们带来的发展上的片面性和社会差别，使人们在适应各种职业要求的知识能力上趋于一致。教育还具有传

---

① 参见［法］让-弗朗索瓦·利奥塔尔著：《后现代状态——关于知识的报告》，车槿山译，三联书店1997年版。

② 《马克思恩格斯文集》第5卷，人民出版社2009年版，第200页。

递文化的功能。人的全面发展不仅指当代人的全面发展，而且包括后代人的全面可持续发展，满足人们的全面发展需求，使人的各种潜能得到充分挖掘和发挥。通过知识的传授，使后代人能够站在前一代人的肩上继续发展，从而一代比一代发展的水平要高。从微观层面来看，教育同时也是个体进入社会角色，获取社会能力的基本途径。通过教导生活技能、知识和社会规范等，使生物人逐渐成长为社会人，等等。诸种功能归结为一点，教育的价值就是开发人的知识能力、提高人的全面能力。

事实上，"不识字对一个人参与那些要求按规格生产或对质量进行严格管理的经济活动（如全球化贸易所日益要求的那样）来说，是一个绝大的障碍。类似地，不会读报，或者不能与其他参与政治活动的人书面联系，对于政治参与也是一种限制。"[①] 一个没有受过任何教育的没有知识的人，既无法深刻地认识与自身发展相关的客观对象，也无法深刻认识自身发展的内在潜力。因此，在一定意义上，可以将教育看做是人发展知识能力的最重要的手段，作为评价人的知识能力的重要尺度。

3. 创新能力

从哲学的角度讲，人生活在世界上，主要面临着认识世界和改造世界两大任务。如果说知识能力体现的是人们认识世界的能力，那么创新能力则指的是以生存能力和知识能力为基础的人们改造世界对象的能力，体现着人们不断从外界汲取能量，以实现对外界环境改造发展的实践能力。因此，创新能力也是人的全面能力发展之题中应有之义。

当前，在科学技术日新月异的时代，创新能力更加侧重于主体根据预定目的和任务，运用一切已知信息，开展能动思维活动，产生某种新颖、独特、有社会或个人价值的产品的智力品质。具体表现为：开发新技术能力、研制新产品能力、改进工作方法能力、改制制度或游戏规则的能力、寻求新的决策方法的能力、变革管理组织的能力等。如此一来，在评价的意义上，更多的将是一种对创新主体、创新绩效的评价。

其中，创新主体是指能够开展创新活动的主体。这一维度主要是衡量社会拥有自主创新潜能的个人比例，它体现了创新人才的储备状况。而创新绩效则是人的创新能力（特别是科技创新能力）最直接的体现。一国或地区居民专利申请受理量以及科技进步贡献率等就分别是从知识

---

① [印] 阿马蒂亚·森著：《以自由看待发展》，任赜、于真译，中国人民大学出版社2002年版，第32页。

产权和科技进步成果的角度对创新能力的重要评价指标。因此，需要说明的是，本书是倾向于将科技创新能力看做是人发展创新能力的重要成果而成为人类创新能力之重要维度的。

（七）机会平等指标体系

在全面能力发展的前提下，对于个人，要获得全面自由发展还涉及一个平等发展机会的问题。事实上，追求公平、平等也一直是人类发展的理想。随着我国经济的发展，贫富差距扩大、城乡以及两性相对剥夺感上升等社会不公现象越来越为各个国家和地区所关注。一个机会公平的社会不仅能充分调动人的积极性和创造性，为社会增加财富，而且能最大限度地发挥人的潜能，实现人的自由全面发展。机会平等理应成为影响个人全面发展的重要指标系统，且一般包括分配机会平等、城乡机会平等和两性机会平等三个二级指标。

1. 分配机会平等

机会不平等一个重要的方面就是不公平因素所导致的收入分配不平等，如官商勾结、以权谋私、歧视性的市场准入、区别对待的政策、各种形式的垄断和市场操作等等行为所导致的收入不平等。在中国社会里，一提起收入不平等，许多人首先就去讨论政府垄断之类的问题，实际说明人们更关注的，其实是机会不平等的"不公平问题"，而不是一般性的、机会均等下的收入不平等问题。

分配机会平等强调的就是，在平等的发展机会（外部环境）面前，所有社会成员都能按照个人对社会经济贡献的大小来享受相应的收入结果的平等。这样一种平等一方面强调机会对所有个人平等地而不是歧视性地开放，且由个人才能决定其所得到的收入，另一方面强调的是进入起跑线开展公平竞争之前的生产条件（含人身自由）的均等。在此基础上，分配机会平等的衡量就包含着两个重要的维度，即总体贫富差距和行业收入差距。前者是衡量收入分配差异或贫富分化的重要维度，基尼系数以及最高收入与最低收入所占社会财富之比等指标是其重要的测评工具，后者则主要体现在各行业之间人均收入差距比上。

2. 城乡机会平等

如果分配机会平等是从结果方面来衡量发展机会的话，那么城乡机会平等则是从区域分布方面来衡量人的发展机会。在我国，城乡二元结构显著。可以说，二元经济结构理论深刻描述了发展中国家存在的严重的二元经济现象，其核心论点为：经济中存在两个部门，一个相对发达的城市和现代工业部门，另一个是相对落后的农村和传统农业部门，与城市工业部门相比，农村和农业部门存在大量剩余劳动力，其边际效益较低，导致两大部门的生产率差别和收入差别。

与此同时，在制度上，二元结构伴随的是对农村居民的教育存在歧视，农村居民不可能获得与城市居民同等的受教育机会，因此导致农村居民难以通过内生人力资源来改善自身的能力，沦为片面发展。另外，市场经济条件下，由于市场的自发倾向和长期历史原因，社会保障体系的不平等也加剧了城乡人们间发展机会的不平等。长期以来，我国已经建立起来的包括医疗保障在内的社会保障制度保持了城乡分割的格局。与城镇社会保障制度相比，农村社会保障制度的建设还非常薄弱，处于整个社会保障的边缘。其中，有相当一部分社会保障的内容将整个农村人口排除在外，比如，那些在事实上已经实现了非农化的农民工，也依然被排斥在城镇的社会保障体系之外；随着城市化的加快，类似"无地可种、无业可就、无基本社会保障"的失地农民在农村地区越来越普遍。

因此，在评价城乡机会平等方面，必须坚持从城乡收入平等、城乡教育机会平等和城乡社会保障平等这三个维度入手进行衡量。

3. 两性机会平等

一般来说，两性平等是指男女的人格尊严和价值的平等以及男女权利、机会和责任的平等。2000年，联合国千年首脑会议签署《千年宣言》，把促进性别平等、赋予妇女权利列为千年发展目标的重要内容。从1991年开始，联合国人类发展报告中设计了性别发展指数，将男女平等因素考虑进发展进程。从1995年开始，联合国人类发展报告中又增加"性别赋权指数"[①]。可见，男女平等已经成为国际社会衡量人类发展的重要指标之一。

就本书而言，两性机会平等主要是是从发展机会的角度探讨两性在就业、教育、参政等方面的平等状况。然而，现实的情况就是，"男女之间的不平等在摧残——有时候是过早地终止了——成千上万的妇女的生活，或者以不同方式严重限制着妇女享受的实质自由。"[②] 因此，两性机会平等，尤其是女性享有的教育、就业、参政机会平等应是人的全面发

---

① 参见于秀芝：《促进性别平等与和谐发展的思考》，人民网，2005年9月6日。
② [印] 阿马蒂亚·森著：《以自由看待发展》，任赜、于真译，中国人民大学出版社2002年版，第11页。

展机会平等的重要内容和维度。

"确实,妇女素质地位提升是当今世界上许多国家发展过程的中心议题之一,所涉及的因素包括妇女教育、她们的所有权模式、她们的就业机会,以及劳动市场的运作情况。"① 与此同时,既然机会的获取要求有知识和基本的教育技能,因此,否定任何一个团体——例如,女孩子——受教育的机会就直接违反了两性机会平等。当然,在我国,女性教育机会的不均等状况,除了有我国特定的历史因素和经济发展落后的原因之外,也与我国对"教育机会均等"命题的理解和努力进程所处阶段有关。我国对"教育机会均等"命题的理解和努力的进程正处于初步阶段。就是让所有适龄女童全部接受九年义务教育这一项我们还在努力之中,"女性教育机会不均等"现象在我国不同地区不同程度地存在着。我们应当如何看待这一现象,其中一条是,必须要以历史的眼光,根据我国的国情去看待现存的教育机会不均等现象以及致力于"教育机会均等"的努力。当然我们不能仅仅以消极的眼光去看待这一问题,还要用积极的发展的眼光去看待它。何况,我国30多年来所有的女童入学接受九年义务教育和大规模的扫盲运动所付出的努力,是西方任何国家的教育财政都难以支付得起的。再说,中国社会各界对贫困地区失学儿童重返校园的"希望工程",也说明了中国社会致力于"教育机会均等"所做出的具体行动。"希望工程"捐资助学是一项持续的、逐渐扩大的社会行动,它的最终目标就是让所有贫困地区失学的孩子特别是女童实现教育面前机会均等。中国实行社会主义市场经济以后,随着社会经济的发展加快,进一步扩大了"教育机会均等"的努力,开始把眼光瞄向提高女性教育程度的机会均等方面②,努力提高接受高等教育的女性比例。

与此同时,"促进妇女识字、妇女就业机会,以及自由的、公开的、知情的公共讨论,能够引起人们对公正与不公正理解的迅速变化。"③ 可以说,女性就业机会平等是实现其生存权、参政议政和发展权的重要保障,是实现男女发展机会平等的前提条件。当前我国社会经济的发展与

---

① [印]阿马蒂亚·森著:《以自由看待发展》,任赜、于真译,中国人民大学出版社2002年版,第199页。

② 参见钱民辉:《女性教育机会均等与可持续发展》,载《教育理论与实践》,1999第4期。

③ [印]阿马蒂亚·森著:《以自由看待发展》,任赜、于真译,中国人民大学出版社2002年版,第224页。

转型，对妇女的平等就业权带来了极大的冲击和不利因素。在进一步完善相关法律法规，严格执行法律法规的基础上，促进女性就业，提高女性在有酬工作中的比重，对推进我国人的全面发展具有十分重要的意义。

此外，两性机会平等反映在政治领域，即是对女性参政问题的重视。女性参政议政是男女平等的重要体现。权利领域是否也有女性参与、妇女以何种方式参与以及参与的程度已成为实现妇女发展的重要保证，成为衡量男女发展机会平等的重要保障。从总体看，女性在体力上难以与男子相匹敌，但在智力上却可以与男子并驾齐驱。然而，时至今日，女性平等参政权在法律上的认可并没能真正给女性带来和男性平等的参政机会。中国在女性参政总体上是持支持和保护态度，几十年来女性参政也取得了巨大的进步，但当前大量的调查研究数据反映出女性参政现状不容乐观，作为衡量女性参政机会平等状况之重要尺度的女性参政比例仍需要进一步提升。

（八）选择自由指标体系

人不同于动物，选择是人比其他创造物更为优越的特征。作为类存在物，人的本质是自觉自由地从事实践活动的人。作为自觉自由地从事实践活动的人，人的全面发展过程即是一个不断扩大人们自由理性选择的过程。在此，我们对人的自由选择指标体系可以从自由闲暇时间和自由职业变动这两个二级指标来加以考量。

1. 自由闲暇时间

选择自由，有一个工具性、标志性范畴——个人闲暇时间的占有和积极利用。人的全面发展，不论是对整个民族还是对个人的普遍发展而言，个人闲暇时间的占有和积极利用，都是一个标志性的衡量尺度。人们对"非劳动时间"、"不被生产劳动所吸收的时间"的占有和积极的使用，在马克思看来，一是"用于娱乐和休息的余暇时间"，二是"发展智力，在精神上掌握自由的时间"。总的说，是"个人受教育的时间，发展智力的时间，履行社会职能的时间，进行社交活动的时间，自由运用体力和智力的时间"①。正像美国休闲专家杰弗瑞·戈比教授所认为的："休闲不仅可以促进人自身素质的提升，还可以促进人与自然、人与人、人和社会的和谐……"所以发展休闲时间，可以促进人的全面发展。

随着社会的进步，闲暇在人的全面发展中的地位愈发重要。西方学

---

① 《马克思恩格斯文集》第 5 卷，人民出版社 2009 年版，第 306 页。

者预测：知识经济的来临，将使未来社会以史无前例的速度变化，2015年前后，可以让人们把生命中50%的时间用于休闲，发达国家将进入"休闲时代"，休闲将成为人类生活的重要组成部分。闲暇时间的增多，人们便可以根据自己的爱好，去选择适合自身个性发展的康乐活动；随着康乐活动次数的不断频繁，不断提高自身修养；参加各种体育活动，定期健身养护；出省、出境旅游将是人们生活中的一大快事，有选择地领略自然界无限美好的风景，投入大自然的怀抱，尽情地让自己放松心情，陶冶情操；在充足的闲暇时空内，提升自身素质、开发自身潜能，真正实现自身的全面自由发展。

因此，每个人闲暇时间的占有（如人均闲暇时间、人均看电视时间数）和闲暇消费活动积极利用的空间大小（如人均外出旅游次数、体育场地人均年使用次数等）两个维度，一定程度上综合反映了"社会发展、社会享用和社会活动全面性"，反映了人的自由选择在现代中国社会的实现程度。

2. 职业变动的自由选择

自由职业选择以及工作中职业的自由变动，是人的选择自由的重要方面。在资本主义社会，历史形成的工农差别、城乡差别、脑力劳动和体力劳动的差别发展到了极致，任何人只有自己一定的特殊活动范围，这个范围是强加于他的，他不能超过这个范围。同时，工厂手工业把一种手艺分成各种局部操作，把每种操作分给个别工人，作为终生职业，从而使他一生束缚于一定的局部操作和一定的工具之上。人们对行业和职业的分工长期禁锢在一个岗位上，因此导致了人的发展的片面状态。人不能自由地选择职业，不能广泛地参与社会交往，社会不能提供广阔的活动舞台来使人们充分地实现自我价值。

因此，社会主义社会一个重要的历史使命，就是打破身份和地域的限制，为人的全面发展提供广泛的机会和广阔的活动舞台，让人们自由选择、自由发展，可以选择自己所喜欢的职业，也可以放弃已有的职业，谋求新的职业，在各种职业间得以自由变动。

（九）主观幸福指标系统

如前所述，包括物质条件、社会条件、政治条件、文化条件、环境条件、全面能力、平等机会和自由选择在内的关于人的全面发展的指标体系，最终都要回到人的主观幸福感受上来。经过人的主观幸福感受、认识而得到评价。这就涉及建立主观幸福感受指标体系的问题。

主观幸福感受指标是相对于反映客观现象的客观指标而言的。当前，国内外都围绕人的发展构建发展综合评价指标体系。其中，发达国家一般比较重视对主观发展的研究，例如，关心如何在富裕的物质条件基础上使民众真正生活幸福、愉快。而发展中国家由于发展水平所限，更关注客观指标的研究。但是，发展较快的发展中国家若仅仅停留在客观指标的评估上也会降低评估自身的价值①。

近年来，在科学发展观的指导下，我国已经进入全面建设小康社会的历史新时期，"以人为本"科学发展观的提出，"和谐社会"科学理念的确立，表明：纯粹客观物质已经无法代表人们全面发展追求的全部，人们追求更丰富的主观精神方面的发展，因此也必须提出包括主观指标在内的新指标。与此同时，上升到理论的高度，主观幸福指标在人的全面发展指标研究中的重要性也越发明显，这是因为：

第一，主观幸福指标提供了个人对自身幸福感受评价的直接标准。相比较言，客观指标对于广大人民的全面发展状况，特别是主观幸福感受的反映较为间接。因此，尽管一些描述人们发展水平的客观数字是准确的，但它们却常常不能直接说明社会问题。如在医疗卫生方面，我国居民每万人病床数显著增加，医疗条件也得到极大的改善，但是人们对于公共医疗的满意度却非常低。人均国民收入的增加也不等于人民群众对自身物质充裕的普遍满足。此中现象说明，主观幸福指标在人的全面发展指标体系中是必不可少的，某些与人的发展相关的复杂的社会现象还要靠主观幸福指标来说明。

第二，主观幸福指标可以提供一维数据（通常是"满意度"），通过对不同发展领域的调查可以开展比较分析，从而有助于由经验型决策向科学型决策的转化，即由那种凭借领导人的经验与感觉来判断群众主观幸福状态的决策转向运用科学工具来测量群众主观幸福将感受的决策。如通过对人际关系满意度、知足充裕满意度、健康满意度、婚恋满意度等维度进行横向的比较，以判断居民对于哪些发展领域比较满意。而客观指标，如失业率、住房面积、社会保障覆盖率等，由于没有统一的维度而不能进行比较。

第三，主观幸福指标在某种程度上具有灵活性。它可以由研究者直

---

① 罗萍、姜星莉：《试论生活质量评估的客观指标、主观指标及主客观指标辐合趋势》，载《市场与人口分析》，2002年第2期。

接设计和利用，如果不可行，马上可以进行修改，具有可变动性。而客观指标是建立在各种政府机构收集的统计数据基础之上的，一旦要进行修改将会涉及较多的问题。而且，由于人的主观态度总是对一定社会状况的综合反映，例如，满意或不满意的情绪总是在综合了多方面发展状况后产生的，因此，通过对主观指标的调查，研究者也可以发现哪些客观指标可能会比较重要，从而为客观指标的修改提供意见。

可以说，主观幸福指标可以更清楚地反映出不同社会群体的人们所关心的问题，是完善社会民主的一项重要内容。如老年人可能更加关心健康问题，因而对公共医疗卫生往往会特别关注；年轻人正处于发展事业的阶段，对于工作状况的关心可能会超过对医疗卫生状况的关心。这样一来，把主观幸福指标应用于决策之中，通过对不同发展领域满意度的调查，将更能发现值得关注的发展问题，体现广大群众对决策的参与，从而有助于完善社会民主制度，为解决人们发展的实际问题提供一些思路。

为此，本书秉承了幸福感研究的人的全面发展指标取向，着重测量人们对现实发展条件对自身发展满足程度的整体感受，关注回答者自身对幸福与发展满意度的内在评价，而不是政策决策者或研究者认为是最重要的东西。

当然，建立主观幸福指标体系，首先必须明确主观幸福指标所涉及的领域。在对所搜集到的文献资料、相关材料进行归纳整理的基础上，鉴于人对其发展条件的认知，人的全面发展水平可由人们对各个发展领域的满意度来反映，也为了便于操作，本书初步提出了6个维度组成的我国居民主观幸福感评价指标体系的二级指标框架，分别命名为：知足充裕满足感、身心健康愉悦感、自我实现成就感、人际关系认同感、心态平衡自信感和婚恋家庭幸福感。

1. 知足充裕满足感

弥尔顿曾言："我学到了寻求幸福的方法：限制自己的欲望，而不是设法满足它们。"幸福研究表明，主观幸福感产生于需要的满足及目标的实现，人们内心的目标和价值取向直接影响人的幸福感，调整个人目标和价值评价标准能够使人们更容易知足和满足，因此调整个人目标和价值标准就被人们作为提升幸福感的重要途径和方法。个人目标和价值的差异导致了人们幸福感的不同。一般认为，积极情绪与对特定目标的实现和满足有关，也与对趋近目标及实现目标的知足体验有关。

对此，著名经济学家萨缪尔森也提出过一个幸福方程式"幸福 = 效用/欲望"。这个简单的方程式表明，如果我们降低自己的欲望，在同样的金钱产生的效用面前，幸福有可能变得很高很高。在他看来，幸福是建立在内心期望状态与客观生活状态的比较基础之上的，与个体满足感在某种程度上具备契合性，当个体能够体验到幸福感时，往往是个体对客观现实生活感到满足时。由此，当个体内心期望值越接近现实生活，他越能体验到幸福感，反之，幸福感将会降低。在这个意义上看，人的幸福感的提升，有主客观两个方面的切入点，其一是客观方面，改善人们的现实生活状况；其二是主观方面，可以从改变内心期望值入手。可以说，两个切入点中后者比前者更为关键。毋庸置疑，在特定条件下，外在现实发展条件的改善可以强化和提升人们的主观幸福感，但是人类发展现实及其各种主观幸福感研究都表明，即便现实生活水平得到了大幅度提升，倘若人们内心期望值不作相应调整，人们没有内心的满足，再好的外在现实发展条件也会在相互比较中趋于递减，因而也会难以提升人们的主观幸福感。

实际上，包括大学教授、商界老板、演艺明星等这些被大众羡慕、视为偶像的社会精英们，在现代社会中也难免身心疲惫、灵魂碰撞、情感焦灼、人生困惑……总言之，普遍缺失幸福感。这些人各自在自己的领域工作并都做出了让人瞩目的成就。可见他们都有着足够的外部发展条件去驱使他们向着自己所重视的发展目标前进。可是，高收入群体对幸福状态的消极评价表明，提高收入的同时也必须提高自身控制欲望的能力以及心理满足感。知足充裕满足感是个人主观幸福感受的题中应有之义。

2. 身心健康愉悦感

一个人追求幸福，那么身体的健康和心情的愉悦必定是追求目标的一个基础，甚至本身就是幸福的一部分。个人不仅要保证免受病痛的折磨，还需要有充沛的精力去生活、去工作、去消费、去享受，唯此，才能够得到快乐和幸福。

先来看一看健康的定义。世界卫生组织关于健康的定义是这样的：健康乃是一种在身体上、精神上的圆满状态，以及良好的适应力，而不仅仅是没有疾病和衰弱的状态。这就是人们常说的身心健康，也就是说，一个人在躯体健康、心理健康、社会适应良好和道德这四个方面都健全，才是完全健康的人。① 因此，对于对健康满意度的考察，应该考虑两个方面，一是自身对自己身体与精神状况的认知；二是对社会提供的满足个人健康的条件的状况，即医疗保障水平。依据这样的原则，对健康的测量分为两个方面，即个人健康和公共医疗保障。个人健康包括对个人身体状况以及精神状况满意度的测量，而公共医疗保障则包括公共医疗保障的满意度的测量。

愉悦感更多强调的是人们对自身身心健康状况的一种积极愉悦的情感体验。该指标可以进一步分解为对自己身体健康状况的体验、对自己心理健康状况的体验、是否拥有健康的生活方式等。其中反映在心理健康方面，愉悦感是指人们由于乐观正向的人格特质，而对外部事物所产生的稳定的积极心理体验倾向。该指标主要考察的是人们的外向性和乐观积极性品质。人们具备这类心理品质则能较易体验到愉悦的情感，而较少体验到不愉悦的情感。

3. 自我实现成就感

一个人在基本的生存需求、物质需求等方面获得满足后，就会追求更高层次的"超越性动机"②。按照马斯洛的需求层次理论，自我发展与实现是需求层次的最高级别，自我发展与实现是人的终极目标，即"希望自己越来越成为所期望的人物，完成与自己的能力相称的一切事情"③。由此一来，在马斯洛那里，自我发展与实现主要强调的是一种个人能力的发展与实现。在现代社会，个人能力在改变个人生活和命运方面发挥着重要作用。个人自我能力的实现，会相应带来社会资源的丰富、自身的全面发展。与此相对应的是，个人自我能力的实现也将成为个人幸福感受之重要内容。与此同时，成就感则是指人们根据一定的成就标准在评价自己通过努力完成某种价值或重要事情时所产生的情感体验。不同的人有不同的成就评价标准。如果自己的成就符合这一标准，也就是满足了成就需要，反之则表现为失落感。

然而，能力对自我的发展与成就感的实现是在特定职业和工作中完成的。工作这个行为本身就包含着两重特征，概括为"内在成就"和"外在成就"两个方面：一方面是内在特征，包括个人在工作中的享受、

---

① 梁捷：《幸福指数：中国人幸福吗?》，中山大学出版社2007年版，第64页。
② [美] 马斯洛等：《人的潜能和价值》，林方主编，华夏出版社1987年版，第75页。
③ 同上，第259页。

个人技能在工作当中得到施展的成就感，从工作中感到别人的支持、控制和监督，工作中获得的能力提升的机会；另一方面是体现工作背景的外在特性，包括各项福利、工作条件、工作保障、工作安全度等。研究发现，工作的内在特征比外在特征更能够有效地满足内在的需要，因而更有助于人们主观幸福感的提高。但是另一方面，工作的外在特征在某种程度上能够彰显自身社会地位，也能够提高幸福水平。

为此，本书对自我实现的考察主要是通过一系列能力满意度、职业满意度以及工作环境满意等维度加以考察；主体对自身级别、职务、职称的满意度、对自身工作能力的被认可度、对自身价值实现程度的评价等则构成了其成就感的重要评价维度。

4. 人际关系认同感

人一直被视为是一种"群居动物"，拥有长久亲密的人际关系是大多数人所追求的主要目标之一。拥有朋友、伙伴、亲戚以及成为某个团体的组成部分等这些"认同感"，都会增加一个人的主观幸福感。因此，作为人的全面发展重要组成部分的人际关系认同感已成为人们越来越关注的话题，人际关系对人的主观幸福感受的重要性也越来越为人们所重视。事实上，人际关系在很大程度上能够影响人的快乐幸福甚至全面发展，因而也应成为其主观幸福评价的重要维度。可以说，人们是在社会互动中获得承认以及必要的社会支持的。支持与被支持的过程，使得人们获得的正向情感多于负向情感，这是影响现代人全面发展日益重要的情感指标。

此中，朋友关系作为人们在交往中根据自己的喜好而选择建立起的人际关系（当然，并不排除因功利而建立的朋友关系，"有朋自远方来"不一定"乐乎"），随着人的需求多种多样，其类型也多种多样：有出于感情或志趣走到一起的朋友，这种朋友是发自内心的真诚；有的是交际的需要，不太了解，甚至是点头之交，感情一般；有的是出于利益的需要，虽然不喜欢甚至讨厌，但不得不交往，还得表现得甚欢。这样一来，人们对朋友关系满意度的评价完全是自己对朋友关系的评价，应当说真实地表达出一种对自我人际关系的主观感受。

加之，当代社会，人际关系从传统的封闭稳固转变为现在的开放松散，人们的生活、工作需要接触的范围大大增加，许多新的人际关系随着社会的转变而形成。在社会转型期，人际关系也呈现出新的特点：人际关系复杂化、表面化、功利化、个性化。种种特征与趋势都表明，人与人之间的信任以及人格间的平等与尊重就成为人际交往的一个重要原则，进而形成人际交往的个性化特点，也成为衡量人际关系优越与否的一个重要维度。

与此同时，在中国这样一个人口密度较大的国家，人口居住区较密集，绝大多数人是比邻而居，邻居关系如何也会影响到人们的发展，有些人为了鸡毛蒜皮的小事和邻居不和，抬头不见低头见，眼见心烦，自然影响情绪，情绪不好就会发生一系列连锁反应，影响工作、学习和生活，进而影响自身幸福感受与发展。

因此，人际关系认同感指的是人们对自身面临的各种环境（此处特指社会人际环境）所感受到的和谐、融洽、信任的心理体验，它主要通过朋友关系、邻里关系以及社会的宽容度、诚信度、互助度等维度反映出来。

5. 心态平衡自信感

"人们奋斗所争取的一切，都同他们的利益有关。"[①] 因此，在特定利益目标下，心态平衡往往表现为一定时期内人们对自身在社会政治、经济事务中与其他人相比或与自身过去相比，在地位与自主作用发挥，以及对付出与所得的比较基础上所产生的心理公平体验。主要包括对社会财富分配状况的公平体验，对政治、社会事务参与程度与公平程度的体验，将自身的付出与所得进行比较而产生的公平体验，将自身状况与他人或自己过去相比而产生的公平和满意体验。

在心态平衡的前提下，人的幸福感受其实是源自一种自信感。自信，就其本质而言就是人们对自己信念、能力和力量的正确认识和评估，相信自己有能力面对现实、解决问题。自信是个性品质的核心，它既是一种稳定的心理品质，又是一种积极的心理体验，是人追求幸福不可或缺的心理素质。自信，会让你自己时刻地感受到自我存在的价值。相信了自己，才能够对自己的独立不再怀疑，相信了自己，才能够对自己的未来充满希冀。自信包含自我信任和相互信任两层含义。自我信任就是对自己的能力（包括潜能）有一个正确的认识和客观的评价，尤其是善于看到自己的长处和优点，并且相信这些长处和优点是别人所不及的；相互信任就是相信他人与自己一样，也有能力把学习或事业搞好。因此，自信不仅是保持心态平衡的心理前提，也是人追求幸福的重要保障。

---

① 《马克思恩格斯全集》第 1 卷，人民出版社 1956 年版，第 82 页。

6. 婚恋家庭幸福感

婚恋家庭一直以来都被人们视为幸福人生的一个重要组成部分。这一点也已被西方许多研究者反复证实。上世纪70年代，有美国学者甚至将婚姻和家庭视为预测美国人总体主观幸福感的15个因素中最主要的两个因素。也有研究表明，由于配偶所提供的社会支持，婚姻因素会有助于提高主观幸福感水平。

确实如此；人的一生，从呱呱坠地咿呀学语到长大成人都离不开家人，家人是人们无法选择且很重要的幸福因素。婚恋家庭与人的发展密切相关，它是人的存在的一种社会形式，是个人与社会的一种中介。作为一种中介，个人的社会化离不开家庭，社会的影响也通过家庭传给个人，家庭不仅属于个人的私生活范畴，而且又是个人社会化的基本途径。婚姻家庭是人的存在和发展的基本形式：婚姻家庭是人生存的先决条件，是人抚养、扶助、赡养的基本条件，是人的精神抚慰的需要，是人的素质提高和能力培养的保障。现实的生活感受中，两性之间的亲密关系和个体的幸福感有很强的相关关系，这一点毋庸置疑。同样，不容忽视的另一个重要维度就是亲子关系，这也是家庭幸福的重要来源之一。如此一来，个体对家庭生活的满意度、对自身婚恋状态的满意度、与父母和子女之间的和谐度等都直接影响到人的主观幸福感受。

综上所述，根据人的全面发展的九大一级指标系统，以及各系统的基本结构，并结合当代中国人的全面发展的现实目标，本书形成了人的全面发展二级指标体系的基本框架模型，如下图3-2。

图3-2 人的全面发展二级指标理论框架

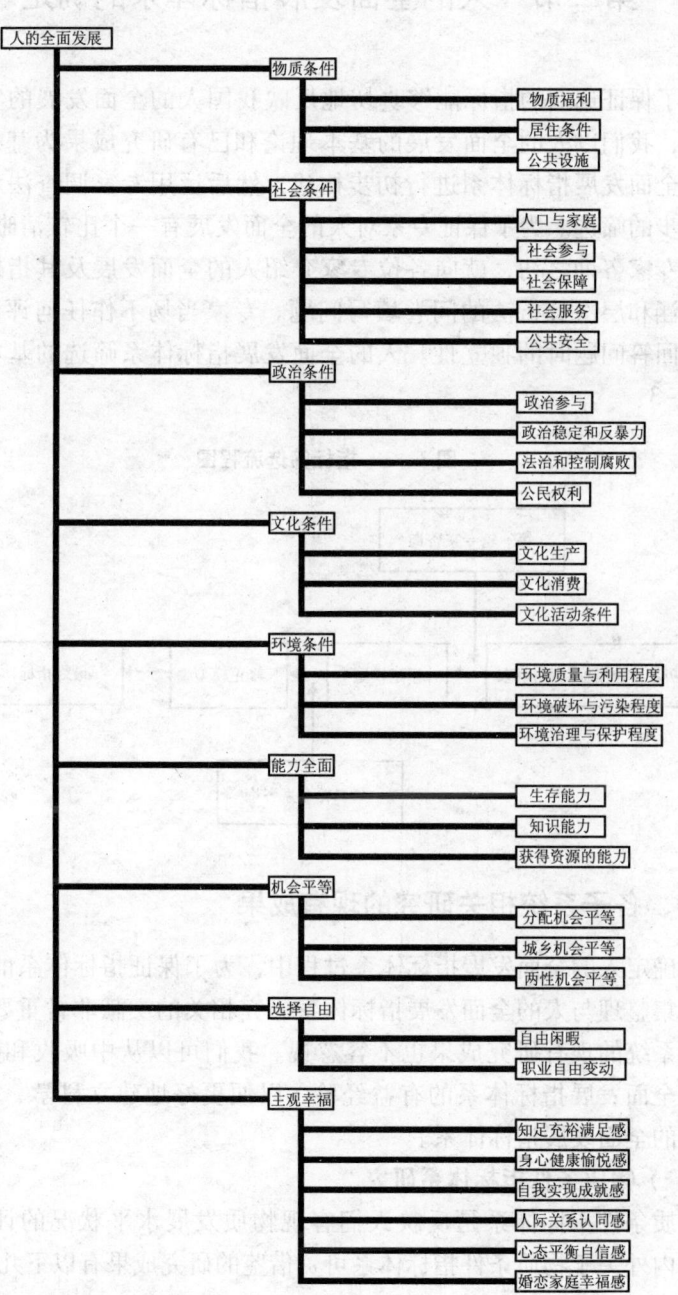

第二节　人的全面发展指标体系的确定

为了保证选取的指标能够真切地反映我国人的全面发展的实际状况和水平，我们以人的全面发展的基本理论和已有研究成果为基础，首先对人的全面发展指标体系进行初步构建，然后运用专家调查法对指标进行进一步的筛选。为了保证专家对人的全面发展有一个比较清晰的认识，在开展专家咨询之初，就向各位专家介绍人的全面发展及其指标体系的相关内涵和层次分析法的问卷填写问题。专家当场不作任何评论，以保证专家回答问题时的独立性。人的全面发展指标体系筛选的基本流程如下图 3-3：

图 3-3　指标筛选流程图

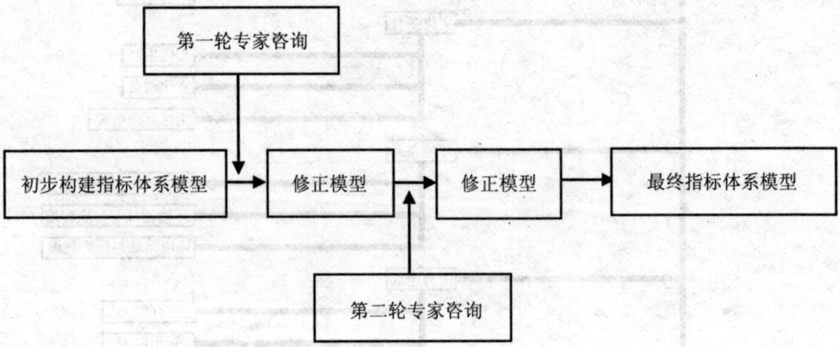

```
            ┌──────────────┐
            │ 第一轮专家咨询 │
            └──────┬───────┘
                   ↓
┌──────────────┐  ┌──────────┐  ┌──────────┐  ┌──────────────┐
│初步构建指标体系模型│→│ 修正模型 │→│ 修正模型 │→│最终指标体系模型│
└──────────────┘  └──────────┘  └────↑─────┘  └──────────────┘
                                     │
                            ┌────────┴───────┐
                            │ 第二轮专家咨询 │
                            └────────────────┘
```

一、各子系统相关研究的现有成果

在确定人的全面发展指标体系过程中，为了保证指标体系的全面性，不仅收集整理与人的全面发展指标体系研究相关的文献非常重要，而且，各个子系统的现有研究成果也不容忽视。我们可以从中吸收和借鉴对构建人的全面发展指标体系的有益经验，以便更好地建立科学、合理、有效的人的全面发展指标体系。

（一）物质条件指标体系研究

物质条件指标体系是反映人们客观物质发展水平状况的评价体系。当前国内外关于物质条件指标体系可资借鉴的研究成果有以下几种：

1. 卡尔弗特—亨德森的物质生活质量指标体系

此指标体系是一群由不同背景的实践者和学者经过六年的共同努力所获得的研究成果,研究者来自美国政府机构、营利公司和非营利组织。该指标体系不仅包括收入分配和居住这些传统经济领域的测量,还包括基础设施等领域的评价(见表3-1),对今天我们制定物质条件指标体系具有重要的参考价值。

表3-1　卡尔弗特—亨德森生活质量指标体系(摘录)

领域	指标
收入	中等家庭收入、男性—女性的收入差距、财富、低收入工作、雇佣(小时)、劳动力参与率、失业率、收入来源、保险、退休金、税收、利润、非劳动收入、贫困
基础设施	公共和私人基础设施、交通部门、通信部门、公共事业部门、社会基础设施(健康、安全、教育)、资本存量、人力资本基础设施、环境基础设施
庇护	住房拥有率、过分拥挤、支付能力、缺乏完备管道设备的单位、租赁费用负担、邻近的极端贫困人口、住房条件不平等
……	……

资料来源:"The Calvert-Henderson Quality of Indicators", http://www.calvert-henderson.com。

2. 武汉大学周长城的"澳门居民生活质量客观指标体系"

此体系包括11个领域30个维度以及若干指标。此指标体系虽然主要是针对澳门居民生活质量发展状况而提出的,但对于我们所探寻的人的全面发展物质条件指标具有重要的参考价值。这一体系,在领域中就包含了物质福利、居住和生活设施等方面,具体维度相应地也包括了经济状况、消费水平、居住空间状况、居住公共资源、住房拥有能力、交通设施和通讯设施等方面的指标设计(见表3-2)。

表3-2　澳门居民生活质量客观指标结构框架（摘录）

领域	维度	一级指标
物质福利	经济状况	人均国内生产总值(澳门元)
		人均国内生产总值的年增长率(%)
	消费水平	家庭最终消费支出占国内生产总值比重(%)
		恩格尔系数
		消费价格指数年均变化
		甲/乙类消费物价指数
		人均私人消费增长率(%)
居住	居住空间状况	人均住房建筑面积(平方呎/人)
		住房成套率(%)
	住区公共资源	人均公共绿地面积(平方米)
		社会服务设施(个)
	住房拥有能力	住宅拥有数(套/千人)
		公有住房率和自有住房率(%)
		住房购买力(房价收入比)
生活设施	交通设施	道路平均车辆拥有量(辆/千米)
		汽车拥有量(辆/千人)
		电单车拥有量(辆/千人)
	通讯设施	电话主线数(条/千人)
		流动电话数(部/千人)
		计算机拥有量(台/千人)
		上网主机数(台/万人)

资料来源：周长城、柯燕：《客观生活质量：现状与评价——以澳门特区为例》，社会科学文献出版社2008年版，第21—22页。

3. 德国生活质量评价体系

德国的生活质量指标研究经历了一个从完全使用客观指标到使用客观指标为主、辅之以主观指标进行测量的过程。目前德国的生活质量指标体系包括了14个主要的生活领域，其中便包括了收入与收入分配、消费与供给、交通、住房等。每个领域又细分为多个维度，如收入方面细分为收入分配的方法与存在的问题、收入不平等与生活质量不平等、收入水平、家庭规模与收入满意度之间的关系等几个维度；住房方面细分为客观的住房条件与住房质量、对住房以及交通便利的满意程度、不同人群对住房满意度的差异、社会比较对住房的满意度的影响等维度。[①]

以上指标体系从研究过程看，均以人为出发点，以人的生存条件、人的发展、人的幸福为总目标，在考察与人的全面发展物质条件密切相关的基本问题的基础上，提出了各自的目标系统。但从研究结果看，由于研究的侧重点不同，所以每个体系的各层、各级指标也不尽相同，反映出研究个性。

（二）社会条件指标体系研究

对于"社会发展"的含义，国内外大致存在广义和狭义两种解释，其划分标准取决于对"社会"一词涵盖范围的理解。广义的"社会"概念涵盖了人类发展的各个领域，包括各社会系统的协调运行，以满足人的基本需要和全面发展进行的各种实践活动，等等。广义的社会发展也常常被表述为"社会进步"，为此国家统计局制定的"社会发展统计指标"以及国务院提出的社会发展14项基本内容等就是从广义社会发展概念出发进行设计的。而狭义的社会发展则是指除经济发展以外的其他社会领域的进步和各项社会事业的发展，往往是与经济发展相对应的一个概念。对此，本书所述的"社会发展"，以及1999年10月在北京举行的社会发展国际研讨会上，国家计委领导同志将社会发展进一步具体化为各项社会事业的发展和社会工程的建设，特别是那些需要政府资金投入的部门和领域，如义务教育、基本医疗、公共安全、社会福利、社会救济以及对孤老残幼等社会脆弱群体的救助等内容便是从狭义上理解的[②]。

1. 中国国家统计局"社会发展统计指标"

国家统计局与上海等省、市、自治区开始研究建立的社会统计指标体系。1983年7月，国家统计局制订了第一套《中国社会统计指标体系（草案）》。同年，上海根据自己的实际情况，第一次把社会领域的各种统计指标有机地联系起来组成一套指标体系，使其综合地、系统地描述社

[①] 参见人民生活质量指标体系研究课题组：《德国和瑞典的生活质量指标体系研究》，载《江苏社会科学》，2002年第1期。

[②] 参见国家计委社会发展研究所课题组：《"十五"社会发展计划内涵研究》，载《宏观经济研究》，2000年第11期。

会发展面貌，大大地突破了原先教育、卫生、文化、环保、公安等部门统计的范围，迈出了社会综合统计的第一步。

国家统计局制定的社会统计指标体系分为 13 个大类、73 个中类、1100 多个指标。其大类划分为：1. 自然环境；2. 人口与家庭；3. 劳动；4. 居民收入与消费；5. 劳动保险与社会福利；6. 住房与生活服务；7. 教育与培训；8. 科学与研究；9. 卫生与环境保护；10. 文化与体育；11. 生活时间与分配；12. 社会秩序与安全；13. 政治活动与社会活动参与（具体设计参见表 3-3）。

表 3-3 社会统计指标体系框架（摘录）

领域	指标
人口家庭	人口规模、人口构成、人口出生死亡、人口迁移、婚姻家庭、计划生育
劳动保险与社会福利	劳动保险、社会救济和社会福利费用占国民收入中消费总额的比重
社会秩序与安全	司法工作人员数、律师公证的情况、人民调解的情况、社会治安情况、青少年违法犯罪及对失足青少年的教育情况、劳动教养情况、社会收容遣送情况、各种非正常死亡情况等

资料来源：国家统计局社会统计司综合处：《社会统计指标体系（草案）简介》，载《中国统计》，1983 年第 6 期。

2. 1994 年国务院提出的社会发展 14 项基本内容

1994 年 10 月 22 日召开的全国社会发展工作会议上，国务院领导同志提出了社会发展的 14 项基本内容：人口控制与计划生育，科学教育事业，社会保障事业，缩减贫困，就业与人力资源的开发利用，城市化与农村劳动力转移，生态环境与资源保护，卫生保健事业，文化艺术、广播电视、新闻出版、体育娱乐事业，城乡公共设施建设，社会参与与社会建设，民主与法制建设，公共安全与预防犯罪，妇女、儿童、老年人、残疾人等社会群体的保护。可以说，这是目前为止，我国政府对社会发展条件的最权威概括。对这些问题，目前我国虽有专门部门进行管理，但缺乏综合性，尚未形成一个比较综合的测试指标，但是，其中的很大一部分内容在一定程度上为我们研究和制定社会条件指标体系指明了方向，因此也构成了社会条件指标系统研究的重要现实基础。

3. 公安部"公安统计指标体系"

1986年，公安部与国家统计局、高等院校的专家、学者进行合作，成立了"改进公安统计工作"课题小组。1987年，该课题小组制定了公安统计指标体系、公安统计分类目录、公安统计主要指标解释及实施细则等。公安统计指标体系的总体结构分为社会治安、公安关系、保障条件3大类，下分20个中类，55个小类，470个统计指标。其中，社会治安类83个指标，占17.6%；公安管理类288个指标，占61.3%；保障条件类99个指标，占21.1%，如果从统计指标及其功能来看，该体系包括描述性指标320个，其中附加指标42个，解释性指标150个，其中附加指标9个。如果从统计分析的角度来看，其中的刑事案件发案率、破案率、治安案件发案率、交通、火灾、治安灾害事故发生率与查处率、监管对象重新犯罪率，都是经常予以重视的重要指标①。

（三）政治条件指标体系研究

对于政治条件指标，从政府综合治理和绩效的角度，许多学者提出了各自不同的指标体系。由于研究重点和视角不一，他们的指标体系也存在很大差异。本书参考的主要有如下三种指标体系：

1. 世界银行的综合指标体系

以该组织所辖的全球治理项目的主任卡曼（Kanfmann）为首的研究团队，利用199个国家与地区的跨越1996年、1998年、2000年和2002年等四个时间段的数据，从18个不同组织建立的25个独立的数据资源中，综合了数百个单独变量来衡量治理的感知指数，从而形成了治理的六大指标群：公民呼声与责任性、政治稳定性与暴力缺失、政府效能、规制质量、法治和腐败控制程度。同时，每个指标群下面还有若干指标支持（如表3-4）。

---

① 参见陈立新：《社会指标与社会协调发展》，湖南大学出版社2005年版，第99页。

表 3-4　综合治理指标

指标群	指标测量的要素
公民呼声与责任性	政府过程式 公民自由 政治权利 媒体的独立性
政治稳定与暴力缺失	国内暴力 恐怖主义
政府效能	公共服务供给的质量 官僚质量 公务员能力 公务员免于政治压力的独立性 政府执行政策承诺的可信度
规制质量	价格控制或不当的银行监管 对由过多规制而产生的负担的感知
法治	犯罪的影响范围 司法机构的效能和可预测性 合同的可执行能力
腐败控制	为做好事情而额外支付的频度 腐败对商业环境的影响 政治领域的重大腐败 精英参与掠夺国家行为的倾向

资料来源：吴晓峰：《公共治理指标的测量——关于治理指标的一项文献回顾》，载《苏州大学学报》（哲学社会科学版），2006 年第 1 期。

2. 政府绩效评价指标

人事部《中国政府绩效评估研究》课题组在总结国内外相关指标设计思想和方法技术的基础上，经过深入调查，并组织有关专家论证分析，2004 年提出了一套适用于中国地方政府的绩效评价指标体系。这一指标体系由职能指标、影响指标和潜力指标 3 大类、33 项指标组成（如表 3-5），适用于全面系统评价中国地方各级政府，特别是市县级政府的绩效和业绩状况。

表3-5 政府绩效评价指标体系

一级指标	二级指标	三级指标
潜力指标	人力资源状况	国有企业资产保值增值率 其他国有资产占GDP的比重 国有企业实现利润增长率
	廉洁状况	腐败案件涉案人员占行政人员比率 机关工作作风 公民评议状况
	行政效率	行政经费占财政支出的比重 行政人员占总人口的比重 信息管理水平

资料来源：人事部《中国政府绩效评估研究》课题组：《政府绩效评价指标体系》，载《中国青年报》，2004年8月2日。

3. 中国公共治理评价的指标及指标要素

2009年《中国地方政府绩效评价的组织模式及其管理研究》课题组，总结现实中各种评价指标的优缺点，并结合中国转型期的特点，围绕公共治理的内容，尝试设计了一套综合的、整体的、全面的公共治理评价指标。这套指标包括公平、法治、可持续性、参与、透明度、责任、效能7个方面，它们相互依存、互相支持，共同构成一个体系。每一个指标下面有4个指标要素，通过指标要素反应指标的水平，综合六个指标的水平，反映特定政治条件下政府公共治理的整体状态与水平。相关指标及指标要素如表3-6：

表 3-6　我国公共治理评价的指标及指标要素（摘要）

目标	指标	指标要素
善治	法治	国家的法律体系的完备程度、法律对公民权利的保护情况、公民和官员对法律的了解和尊重、法律在全国范围内和各个部门中的执行情况
	可持续性	公告部门政策的连续程度、公共部门的学习创新能力、公共部门对环境变化的感知与发展政策执行、执行社会秩序的稳定程度
	参与	公民参与国家立法、公共政策制定渠道的数量与质量、地方自治的范围和层次、民间组织对公共事务的参与程度和影响程度、公民和民间组织对公共部门政策的自觉执行程度
	透明度	公共信息传播渠道的数量和质量、公民知情权的尊重情况、公民对公共事务的认知程度、公共部门活动的公开化程度
	责任	公共部门对公民需求的回应情况、公共部门对突发事件的应急处理能力、官员的廉洁程度、公共物品的供给质量
	效能	行政成本高低的情况、公务员工作的绩效水平、公民对公共部门工作的满意度、公共部门服务承诺的兑现程度

资料来源：包国宪、周云飞：《中国公共治理评价的几个问题》，载《中国行政管理》，2009 第 2 期。

以上指标体系，虽然大多是从政府治理的角度考评政治环境与条件，且各自视角及使用的方法论也有所区别，但是，从指标体系的设计来看，他们对治理的人本界定还是可以归入人的全面发展政治条件指标的范畴，且对我们制定政治条件指标体系具有很好的参考价值。

（四）文化条件指标体系研究

文化条件指标体系是反映人们文化发展水平状况的评价体系。当前关于文化条件指标体系可资借鉴的研究成果除了可以参照国家统计局相关统计指标以外，还有以下两种值得重视：

1. 中国大城市文化产业综合评价指标体系

2000 年，天津市社会科学研究院的研究人员在对文化产业属性、特性分析考察基础上，参考国内外相关资料构建了我国大城市文化产业综合评价指标体系。在 24 个初选指标构成的源体系中，选出了最具代表性和可操作性的 11 个指标构成目标体系（见表 3-7）。

表3-7 中国城市文化产业综合评价指标体系（源体系）

评价内容	指标名称	相关指标
总量规模	1. 总产值 2. 增加值 3. 从业人员 4. 年末固定资产净值 5. 文化事业总收入	
政府投入	6. 文化事业财政补助收入 7. 文化事业财政补助占全部财政支出的比重 8. 人均文化事业财政补助额 9. 文化事业基建投资额 10. 年末固定资产原值 11. 财政补助占总收入比重	财政补助、全部财政支出 财政补助、人口总数 财政补助、文化事业总收入
发展水平	12. 增加值年增长率 13. 从业人员在第三产业中的构成率 14. 增加值在第三产业中的构成率	基期增加值、报告期增加值 从业人员、第三产业从业人员 增加值、第三产业增加值
经济效益	15. 资金利税率 16. 劳动生产率 17. 百元固定资产实现增加值 18. 增加值率	利税总额、资产总额 增加值、从业人员 增加值、年均固定资产原值 增加值、总产值
市场化程度	19. 文化企业从业人员在文化产业中的构成率 20. 城镇居民文化消费在总支出中的比重 21. 文化事业单位经费自给率	文化企业从业人员、从业人员人均文化消费支出、人均总支出、自筹经费、文化事业总支出
对国民经济的贡献	22. 国民经济贡献率 23. 国民经济支持率 24. 第三产业就业贡献率	增加值增长量、GDP增长量增加值增长速度、GDP增长速度 从业人员增长量、第三产业人员增长量

资料来源，王琳：《中国大城市文化产业综合评价指标体系研究》，中国网，2002年1月25日。

2. 城市文化现代化指标体系

2002年，有学者从文化现代化基本概念入手，分别从文化投入、文化设施、文化产业、文化信息、文化消费、文化交流、文化科技、文化遗产、文化法制、群众文化等方面出发，构建了衡量一个城市文化现代化水平的指标体系，包括10个二级指标和24个三级指标。且具体指标设计包括：政府文化投入率、全社会文化投入率、千人公共文化设施面积、标志性文化设施数、万人博物馆拥有率、万人影剧院拥有率、万人公共图书馆拥有率、文化产业增加值占第三产业比重、人均文化产值、家庭文化娱乐教育服务支出占家庭消费总支出比重、每百户文化不耐用品拥有量、年国际文化交流人数、艺术团体国际交流次数、高科技文化设备总值占文化固定资产原值比重、文化系统中级职称以上人才比例、文化遗产保护利用程度综合评分、文化遗产保护经费占文化经费比重、已立法的文化门类比重、文化执法人员占文化管理人员比重、社区文化和乡镇文化参与率、居民文化素质和文明水准综合评分①。

（五）环境条件指标体系研究

环境条件指标体系是反映我国人口发展与生态自然和谐共进状况的评价体系。本书借鉴的除了综述中提及到的相关指标体系外，关于此子指标的国内外研究成果主要有以下几种：

1. 环境指标"P-S-R模型"

20世纪80年代末，在加拿大政府组织力量研究的基础上，经济合作和开发组织（OECD）与联合国环境规划署（UNEP）共同提出了环境指标的P-S-R概念模型，即压力（pressure）-状态（state）-响应（response）模型（见图3-4）。在P-S-R框架内，某一类环境问题，可以由3个不同但又相互联系的指标类型来表达：压力指标反映人类活动给环境造成的负荷；状态指标表征环境质量、自然资源与生态系统的状况；响应指标表征人类面临环境问题所采取的对策与措施。P-S-R概念模型从人类与环境系统的相互作用与影响出发，对环境指标进行组织分类，具有较强的系统性。

该模型从社会经济与环境有机统一的观点出发，表明了人与自然这个生态系统中各种因素间的因果关系，能更精确地反映生态系统安全的自然、经济和社会因素之间的关系，为作为人的全面发展之重要内容的生态可持续发展指标体系的设计提供了一种合乎逻辑的思路与方法。

---

① 参见王溢澄：《城市文化现代化指标体系及其评价》，载《经济地理》，2003年第2期。

图 3-4 "压力—状态—响应"框架模型

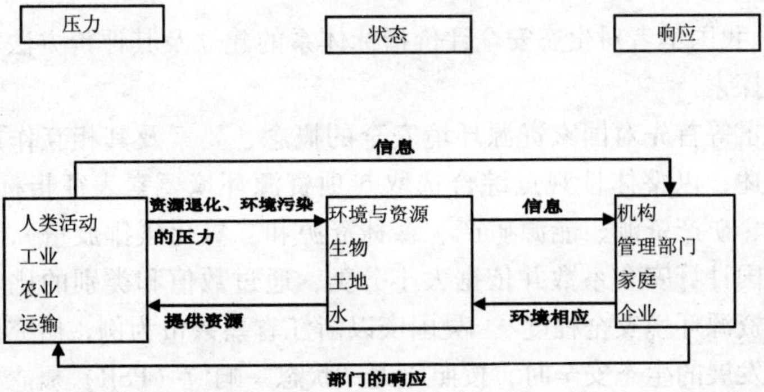

```
  压力                     状态                    响应
                          信息
          ┌─────────────────────────────────────┐
          │                                     ↓
  ┌──────┐  资源退化、环境污染  ┌──────┐  信息  ┌──────┐
  │人类活动│      的压力        │环境与资源│ ──→  │机构    │
  │工业   │ ─────────────→    │生物    │      │管理部门│
  │农业   │                   │土地    │      │家庭    │
  │运输   │ ←─────────────    │水      │ ←──  │企业    │
  └──────┘    提供资源         └──────┘ 环境相应 └──────┘
          ↑                                     │
          └─────────── 部门的响应 ───────────────┘
```

2. 英国政府的可持续发展指标体系

2005年5月在英国首相布莱尔的发动下，英国政府开始研究可持续发展策略——"保证未来"（securing the future）。这个策略强调四个优先领域的行动：可持续性的消费与生产、气候变化和能源、保护自然资源与改善环境、创建可持续性社区和更加公平的社会。基于这个策略，英国政府建立了可持续发展指标体系（UK Government Sustainable Development Framework Indicators），具体指标如表3-8所示。

表 3-8 英国政府的可持续发展指标体系

领域	指标
可持续性生产与消费（包括气候变化和能源指标）	温室气体排放、二氧化碳尾气排放、水资源的利用、国内水的消耗、废弃物、生活垃圾
保护自然资源与改善环境	鸟类的数量、土地利用、土地循环、住宅密度、空气污染物的排放、河水水质、水压
创建可持续的社区和更加公平的社会	积极的社区参与、记录的犯罪/不列颠犯罪调查、对犯罪的恐惧、就业率、无业家庭、非从事经济活动的人口、童年的贫穷、青年人、个人财产、教育、快乐生命期待、死亡率、吸烟的人口、童年肥胖病、流动人口、入学率、可接近性、公路交通事故、本地环境质量、对本地区的满意度、空气质量与健康、住宅条件、缺油的家庭生活、无家可归者、UK国际帮助
其他指标	经济产出、生产率、投资、人口统计、家庭与住宅

资料来源："Regional Summaries"（Sustainable Development: The Government's

Apporachdelivering UK Development Together）：http：//www．sustainable－development．gov．uk/regional/summaries/index．htm．

3. 我国学者对生态安全评价指标体系的建立及其评价方法等内容所进行的探索

张雷等首先对国家资源环境安全的概念、要素及其相互作用进行了系统论述，以整体性观点综合选取 6 项资源环境要素表征指标（耕地、水资源、矿产资源、能源矿产、森林资源和二氧化碳排放量），对 10 个人口大国计算安全系数并依据大小分类，通过数值和类别的比较来说明我国的资源环境安全程度[①]。吴国庆以浙江省嘉兴市为例，研究区域农业可持续发展的生态安全时，按照压力—状态—响应（PSR）概念模型，从不安全的角度出发，以"不安全指数"来衡量，建立了包括资源生态环境压力、资源生态环境质量和整治建设能力等三个方面的三层指标体系[②]。中国科学院则将"国家生态安全的监测、评价与预警系统"研究作为 2000 年的重大项目。吴开亚按照 PSR 概念模型建立了包括 31 项指标的评价指标体系[③]。

（六）能力全面指标体系研究

能力全面指标体系反映的是人的生存能力、知识能力以及获得资源的能力等方面发展状况的指标系统。目前关于这一方面的系统指标体系研究甚少，为此我们需要从某些相关的能力发展研究入手寻找研究基础和依据：

1. 美国社会学家英格尔斯提出的英格尔指标

这一指标体系从人口现代化的角度对于我们找到所需要的人的全面能力发展的某些指标是一个突破口。它包括 11 项标准：（1）人均国民生产总值 GNP 在 3000 美元以上；（2）农业产值占国民生产总值的比重在 12%—15% 以下；（3）服务业产值占国民生产总值的比重在 45% 以上；（4）非农产业就业人口占就业人口的比重在 70% 以上；（5）城市人口占

---

① 张雷，刘慧：《中国国家资源环境安全问题初探》，载《中国人口·资源与环境》，2002 年第 1 期。

② 吴国庆：《区域农业可持续发展的生态安全及其评价研究》，载《自然资源学报》，2001 年第 3 期。

③ 郭中伟：《建设国家生态安全预警系统与维护体系——面对严重的生态危机的对策》，载《科技导报》，2001 年第 1 期。

总人口的比重在50%以上；(6) 识字人口占总人口的比重在80%以上；(7) 适龄青年受高等教育的比重在10%—15%以上；(8) 平均每个医生服务的人口数在1000人以下；(9) 平均预期寿命在70岁以上；(10) 婴儿死亡率在3%以下；(11) 人口自然增长率在1%以下（如表3-9）。

3-9 测定人口现代化的指标群

指标名称	英格尔标准	作用
非农业产业人口占总就业人口比重	>70%	反映人口科学文化素质
城市（镇）人口占总人口比重	>50%	
识字人口占总人口比重	>80%	
适龄青年受高等教育比重	>10%–15%	
平均每个医生服务的人口数	<1000	反映人口健康素质
平均预期寿命	>70	
婴儿死亡率	<3%	
人口自然增长率	<1%	

资料来源：根据英格尔斯现代化指标设计得出。

显然，以此作为参照，在某种程度上可以对人的现代化进行定量研究，进而使人的全面知识能力、生存能力等研究视野从宏观进入微观。

2. OECD（经济合作与发展组织）的知识教育指标体系

OECD知识教育指标体系是国际上监控知识教育发展状况的一种重要依据。在社会指标运动影响下，OECD于1973年发表了"引导政府决策的教育发展指标体系"报告，分6类、46个指标，用来衡量教育对人的知识能力合格与否的影响。发展到2002年，根据个体和国家的学习输出、形成学习输出的政策杠杆与政策环境、政策选择的先在或约束情景几个标准对指标进行修改，提出了四类领域的框架模式：A 教育机构的输出和学习影响，B 教育投入的财政资源，C 获得教育、参与与进步，D 学习环境与学校组织，共33个指标。2004年，对A、C、D类指标作了调整，变为29个指标。其中，包含了诸如不同学科领域的毕业生、公民知识参与、预期受教育年限和入学率、9-14岁阶段学生的总受教育时间等指标[①]。OECD知识教育发展指标体系被认为是目前国家对教育从投入到产出进行描述和评价最为系统和最为深入的一种教育发展指标体系。根据这一指标，我们不仅可以看出国家层面的教育水平，也可以看出每个个体知识教育间的显著差异。

3. 国家（或区域）自主创新能力评价指标体系

该指标体系是山东半岛经济研究中心研究人员在2007年运用定性分析与定量判断相结合的方法建立的评价国家（或地区）自出创新能力的评价指标体系，它包含4个一级指标、13个二级指标以及60个三级指标。其中的人力资源、知识创新能力以及新产品创造能力等方面的指标设计为我们构建知识能力指标提供了间接依据（见表3-10）。

表3-10 国家（或区域）自主创新能力评价指标体系（摘录）

构成要素		指标名称
A1 创新资源的投入能力	B1 人力资源	C1 科学家与工程师数量(万人)
		C2 科学家与工程师占科技活动人员的比重(%)
		C3 R&D人员这些和全时人员(万人)
	B2 财力资源	C4 科技活动经费(万元)
		C5 R&D经费(万元)
		C6 基础研究经费(万元)
		C7 R&D人员人均经费(元)
		C8 R&D经费占GDP比例(%)
		C9 科技三项经费占同级地方财政支出比例(%)
		C10 企业R&D经费占企业销售收入的比重(%)

---

① 参见李海燕、刘晖：《教育指标体系：国际比较与启示》，载《广州大学学报》（社会科学版），2007年第8期。

构成要素		指标名称
A2 创新载体	科技创新体系及知识产权保护体系建设	C11 创新战略规划完备和可行程度 C12 科技创新体系框架完备程度 C13 内部各子系统之间的密切配合程度 C14 知识产权保护体系建设水平
	B3 基础研究载体	C15 国家重点实验室(个) C16 省部级重点实验室(个) C17 国家重点学科(个) C18 省级中带你学科(个)
	B4 技术创新载体	C19 国家工程技术研究中心(个) C20 省部级工程技术研究中心(个) C21 省级生产力促进中心或孵化器数量(个) C22 县以上科研机构数量(个) C23 拥有研发机构的企业占企业总数比重(%)
……	……	……
A4 创新成果的产出能力	B10 知识创造能力	C44 发表的国际论文(篇) C45 发表的国家级论文(篇) C46 出版专著数量(部) C47 可惜月家玉工程师人均发表的国际论文、国家级论文数量(篇)
	B11 技术创新能力	C48 发明专利授权量(件) C49 每名研发人员的发明专利数(个) C50 非发明专利授权量(件) C51 获省级及国家级科技成果奖励数(个)
	B12 新产品创造能力	C52 自主研发的新产品、新工艺数量(个) C53 新产品产值(亿元) C54 新产品产值占工业总产值比重(%) C55 高新技术产业产值(亿元) C56 高新技术产业产值占工业总产值比重(%)
	B13 品牌创造能力	C57 注册商标数量(件) C58 著名商标或驰名商标数量(件) C59 高新技术产品出口额(亿元) C60 高新技术产品出口额占工业总产值比重(%)

资料来源：朱孔来：《自主创新能力指标体系及综合评价方法》，载《统计与决策》，2007年第9期。

除此之外，本书参考的还有《世界卫生报告》里面的诸如死因构成比等指标，在此不再赘述。

（七）机会平等指标体系研究

机会平等指标体系是反映个体间发展机会平等、机会公平状况的指标系统

本书主要参考的相关研究成果有：

1. 和谐社会检测评价理论公平正义指标体系。2006年，由国家统计局和谐社会课题组完成的"和谐社会检测评价理论指标体系"以"社会和谐指数"为总目标，向下分解为民主政治、公平正义、诚信友爱、充满活力、安定有序、人与自然和谐6个层次的子目标，每个子目标分别设置3—6个具体指标，共有25个单项指标。其中的公平正义指标体系设计，强调的就是社会各方面，如分配机会、两性机会、城乡机会等关系得到妥善协调，人民内部矛盾和其他社会矛盾得到正确处理，社会成员平等发展机会得到切实维护和实现，因而在总体上为我们研究人的全面发展机会平等提供了方向（详见表3-11）。

表3-11 和谐社会检测评价理论公平正义指标体系

领域	指标	单位
公平正义	基尼系数	—
	城乡居民收入比	以农为1
	地区经济发展差异系数	—
	高中阶段毕业生性别比	女性=100

资料来源：国家统计局课题组：《和谐社会统计监测指标体系研究》，载《统计研究》，2006年第5期。

2. 中国性别平等与妇女发展检测评估指标体系

2006年全国妇联妇女研究所"中国性别平等与妇女发展指标研究与应用课题组"基于全面小康社会性别平等与妇女发展目标，从健康、教育、经济、政治与决策、家庭和性别平等与妇女发展的社会环境六个方面，开发构建了较为成熟的包括具体指标、核心指标和综合评价指数3个层次在内的中国性别平等与妇女发展监测评估指标体系（见表3-12）。

该指标体系从全面小康社会的角度为我们构建当代中国两性机会平等指标体系提供了参考。

表3-12　各领域性别平等与妇女发展评估指标（摘录）

领域	一级指标	二级指标
健康	生命安全	出生性别比 婴儿死亡率 5岁以下儿童死亡率 孕产妇死亡率
	健康职务	孕产妇住院分娩率 妇科病检查率
教育	学前教育	学前教育指数
	初等教育	小学教育指数 初中教育指数
	高中阶段教育	中专/中等职业教育指数 普通高中教育指数
	高等教育	普通高校教育指数 研究生教育指数
	职业培训	在就业训练中心接受就业培训人员的性别比 社会力量办职业培训机构培训人员的性别比
	教育成果	15岁及以上男女人口识字率及其比率 男女平均受教育年限及其比率
经济	经济资源分享	男女16岁及以上人口从业率及其比率 城镇单位就业人员的女性比例 城镇登记失业人员的女性比例
	收入与社会保障	城镇单位男女从业人员年均劳动报酬之比 男女基本社会保险（养老、医疗）覆盖率之比 城镇职工生育保险覆盖率
	就业结构	男女从业人口非农就业率及其比率 各级各类专业技术人员女性比例 企业负责人的女性比例
	贫困	男女人口贫困率之比

领域	一级指标	二级指标
政治与决策	参与党和政府	中央委员/省委委员的女性比例 政府省/部级以上领导干部女性比例 党政机关地厅级领导干部女性比例 公务员的女性比例 中国共产党党员的女性比例
	参与立法机构	人大代表的女性比例 人大常委的女性比例
	参与政治协商	政协委员的女性比例 政协常委的女性比例 各级民主党派中央委员的女性比例
	参与基层管理	社区居民委员会成员的女性比例 村民委员会成员的女性比例
家庭	婚姻关系	女性早婚率 女性晚婚率 男女再婚率之比 65岁以上男女寡居人口之比
	家庭责任分担	计划生育主要承担着的男女比例 男女家务劳动时间之比 25-34岁男女城镇人口劳动力参与率之比
	家庭资源分配	男女闲暇时间之比
环境	生活环境	农村自来水普及率 农村卫生厕所普及率
	社会安全	女性遭遇不法侵害的比率
	资金支持	用于妇幼保健的人均财政投入
	司法与传媒参与	法官、检察官和律师中女性比例 记者中的女性比例

资料来源：中国性别平等与妇女发展指标研究与应用课题组：《中国性别平等与妇女发展评估报告（1995—2005）》，载《妇女研究论丛》2006年第2期。

3. 浙江省统筹城乡发展综合评价指标体系

为了有效落实《浙江省统筹城乡发展、推动城乡一体化纲要》精神，客观反映浙江省各地城乡统筹发展水平,加快统筹城乡发展进程,浙江省发改委同浙江省统计局,根据《纲要》任务,率先在全国建立了统筹城乡发展水平综合评价指标体系。该指标体系由统筹城乡经济发展、统筹城乡社会事业和基础设施、统筹城乡人民生活和社会保障、统筹城乡生态环境四大领域,共20项指标构成(见表3-13)。

表3-13 浙江省统筹城乡发展综合评价指标体系

领域	指标名称	单位	目标值	权数
统筹城乡经济发展	1. 人均生产总值	元	65000	8
	2. 二、三产业从业人员比重	%	80	6
	3. 一产劳动生产率	元/人	25000	4
	4. 人均地方财政收入	元	3000	7
统筹城乡社会事业基础设施	5. 财政支出中用于"三农"的比重和增幅	%	20	6
	6. 标准化公路通行政村率	%	100	4
	7. 农村安全饮用水覆盖率	%	90	4
	8. 城乡人均教育事业费比率	%	100	5
	9. 农村居民千人执业医生人数	人	1	5
	10. 农业科技人员相当于农业从业人员的比例	‰	10	4
统筹城乡人民生活社会保障	11. 城乡居民人均收入差距倍数	倍	2	8
	12. 城乡人均生活用电支出比率	%	70	3
	13. 城乡人均文化娱乐教育、医疗保健支出比率	%	60	3
	14. 城乡信息化水平比率	%	80	3
	15. 城乡低保水平差异度	倍	1.5	3
	16. 参与社会保险人数占社会从业人员比重	%	80	10
统筹城乡生态环境	17. 环境质量综合评价分	分	6	6
	18. 农村垃圾收集处理率	%	100	3
	19. 农村卫生厕所普及率	%	95	4
	20. 村庄政治率	%	100	4

资料来源:《统筹城乡发展指标》,"宁波·江北"政府门户网站,http://www.nbjiangbei.gov.cn/col/col4624/index.html。

该指标体系从和谐发展的角度有效地提出了统筹城乡经济、社会事业、基础设施、人民生活保障、生态环境等方面的发展,其中也不乏对城乡二元结构的量化评估，如城乡人均教育事业费比率、城乡居民人均收入差距倍数、城乡人均文化娱乐教育、医疗保健支出比率等指标，因此，对于我们从经济机会、教育机会和卫生保健条件等方面构建人的全面发展城乡平等指标具有很好的参考价值。

（八）选择自由指标体系研究

选择自由指标体系，衡量的是当代中国在实现人的全面发展过程中所具备的自由休闲时间以及职业自由选择以及流动方面的状况。本书在设计指标体系时主要参考了如下研究成果：

1. 衡量自由闲暇的指标

从休闲学的角度来看，现有的衡量闲暇的指标主要有闲暇率、闲暇工作比和闲暇公平度[①]；从人的精神生活质量的指标体系研究来看，有学者在其所构建的"个人在工作后和余暇休闲中的精神生活质量指标"中就强调了"一周内（或一月内、或一年内）余暇时间比重"、"享受和消费物质产品时的快乐指数"、"享受和消费精神产品时的快乐指数"以及"个人业务爱好和情趣的实现程度"[②] 等指标。也有学者从相当有限范围中的类的人与个体的人的自由发展出发，把时间上发展的自由指标设计为"闲暇时间的长度"、"闲暇费用的种类"[③]。有的研究者在设计城市居民休闲生活质量指标体系的过程中，也对居民休闲素质进行了指标设计，其中休闲时间拥有量用"工作日每天休闲时间拥有量"和"休息日每天休闲时间拥有量"来衡量，休闲频繁度则用"居民出游率"和"人均年旅游次数"来评价。还有研究者如2003年王学峰提出的休闲都市主观评价指标体系（见表3-14），在主观评价上主要通过休闲都市的主体、客体、介体和其他因素四方面选取若干指标共同构成评价体系，对我们今天构建人的全面发展所需的自由闲暇指标也具有较高的参考价值。

[①] 陈来成：《休闲学》，中山大学出版社2009年版，第29页。
[②] 杨绪忠：《人的精神生活质量的指标体系研究》，载《上海统计》，2002年第10期。
[③] 陈晓辉：《当代中国实现人的全面发展的指标体系探寻》，载《统计与咨询》，2008年第1期。

表3-14 休闲都市主观评价指标体系

综合指标	指标层	指标
休闲主体	休闲文化	每百人公共图书馆藏书数(册)
	休闲度	城镇居民国内出游率(%)
		人均可自由支配收入(元)
		人均休闲设置数量
休闲客体	休闲资源	人均休闲设施数量
	休闲活动	各种节庆主题活动
	休闲空间	休闲用地占城市建成区面积的比重
休闲介质	休闲经济	城市闲暇经济发展水平
		旅游产业增加值占全市GDP比重
		旅游外汇收入占全市GDP的比重
其他因素	区域条件	
	政府支持等	

资料来源：吕宁：《基于城市休闲指数的中国城市发展研究》，中央民族大学博士论文，2009年。

2. 衡量职业自由选择以及流动方面的指标

张灿等在1998年专门就中国劳动力市场进程测度进行的研究是一个重要的参考。在对我国劳动力市场的现状进行详细研究和取得数据基础上，研究者确定用四个指标进行测算：劳动力择业自由度、用人单位用工自由度、劳动力流动自由度和劳动工资决定自由度。其中，劳动力择业自由度主要考虑新增劳动力的初次择业，且区分为城镇新增劳动力和农村新增劳动力两个方面，对于城镇新增劳动力又归纳为四种情况：新增城镇劳动力、转非劳动力、大中专毕业生、其他。研究者们认为新增城镇劳动力择业自由度用合同签约率计算；城镇大中专毕业生的择业自由度用大中专毕业生自由择业而不是国家计划分配的比例计算。农村劳动力择业自由度考察转移到城市和乡镇企业、乡村个体、私营等单位的劳动力比重，农民传统的就业意识、消息的闭塞以及我国传统户籍制度对农民的种种限制，认为农村中劳动择业自由化程度为50%。而劳动力流动自由度，对于城镇劳动力，选择劳动合同签约率作为衡量我国劳动力流动自由度指标，其中农村劳动力流动自由沿用上述农村劳动力择业自由度值①。

其次，李亚伯（2003年）设计的"我国劳动力市场的市场机制评估指标体系"（见表3-15），以评估我国劳动力市场发育现状为出发点，不仅设计出测算劳动力市场的市场机制指标，而且也设计出了测算劳动力市场的制度机制指标，而其中的"劳动力择业的自由度"指标、"劳动力流动自由度"指标以及"劳动力就业状态综合指标"等也为我们确定职业自由选择以及流动方面的指标设计提供了借鉴。

表3-15　我国劳动力市场的市场机制评估指标体系（笔者根据内容设计）

综合指标	指标层	指标
我国劳动力市场的市场机制评估指标体系	价格机制评估指标	用人单位决定工资的自由度（城镇劳动力工资决定自由度、农村劳动工资决定自由度）
	竞争机制评估指标	劳动力择业的自由度（城镇新增劳动力择业自由度、农村劳动力择业自由度）
		用工单位的用工自由度
	供求机制评估指标	劳动力流动自由度（城镇劳动力流动自由度、农村劳动力流动自由度）
		劳动力供给状态综合
		劳动力就业状态综合指标（一、二、三产业中劳动力就业结构、城市非正规就业指标）
		劳动力失业、就业不足和无业状态综合指标、

资料来源：李亚伯：《我国劳动力市场化程度进程与测算》，载《当代财经》，2003年第3期。

此外，还有周振华在广义价格自由度和要素重组度两项内容中涉及对劳动力要素的测量，而后者便包含了劳动力要素重新组合的程度、劳动力在地区和部门间流动的速率等指标②。陈宗胜等人在《中国经济体制市场化进程研究》中测量劳动力市场化程度时选取的劳动力自由择业程度指标：在岗职工转岗、再就业者择业、城乡新增劳动力、农业劳动力；

---

① 参见张灿、谢思全、董利：《中国劳动力市场进程测度》，载《经济改革与发展》，1998年第5期。

② 参见周振华：《体制变革与经济增长》，上海人民出版社1999年版。

劳动力的自由流动性：城镇劳动合同签约率、农村劳动力流动比例①等对我们设计人的全面发展自由职业流动与选择指标设计提供了参照。

（九）主观幸福感受指标体系研究

关于主观幸福的数据基本上来自社会调查，最早的调查采用单一项目的问卷形式。例如，1976年，社会心理学家安德鲁斯和威西（F. M. Andrews and S. B. Withry）编制了一种单一项目的7点量表（例如，"总的说来你对自己的生活感觉如何？"），其维度从快乐到糟糕。目的是测量情感反应和生活满意度。然而，单一项目的测量也存在这样或那样的问题，不仅被试容易受到反应偏差的影响，而且也不利于跨民族和跨文化的研究。而且，由于每种变量均由许多相关的成分所组成，因此，若要揭示变量之间的内在联系，就需要设计各种相关的成分或测量的项目。于是，多元项目的测量应运而生。下面介绍的"生活满意度量表"（SWLS）、"牛津幸福调查"（OHI）和"城市居民主观幸福感量表"便属此列测量，它们构成了当代中国人的主观幸福感受指标体系研究的现实基础。

1. 生活满意度量表

社会心理学家帕伏特和迪埃纳（W. Pavot and E. Diener）从1985年开始设计多元项目的"生活满意度量表"（SWLS），并与1993年正式刊发这一量表（见表3-16）②。

表3-16 "生活满意度量表"（SWLS）的范型

阅读和对照下面的描述，如果你同意其中某个项目，就在该项目之前的横线上标出相应等级的代码（根据下面1-7个等级）。填表时必须坦率和诚实。
___我的生活在许多方面接近我的理想。 ___我的生活状况很好。 ___我对自己的生活感到满意。 ___迄今为止，我已经获得生活中所需要的重要东西。 ___如果我能继续活下去，那么，我几乎不会作出任何改变。
7—完全同意；6—同意；5—有点同意；4—既不同意也不反对；3—不太同意；2—不同意；1—强烈不同意。

---

① 参考徐明华：《经济市场化进程：方法讨论与若干地区比较研究》，载《中共浙江省委党校学报》，1999年第5期。

② W. Pavot & E. Diener (1993). Review of the Satisfaction With Life Scale. Psychological Assessment, 5, 164-172.

该表采用自陈报告的形式，调查时，要求被试对其生活的满意度作出判断，并就愉悦的情感频率和不悦的情感频率作出陈述。上述量表的研究表明，约75%—80%的被试报告说他们的生活满意度高于平均值，而且他们在68%的时间里处于积极的情绪状态。有关验证性的检测发现，"生活满意度表"的测量显示了从中等到高度的时间信度（见表3-17）。例如，连续四年的生活满意度追踪，其相关系数为0.58；即使复测时生活满意度的报告被替换，这种相关仍为0.52。此外，愉悦的情感和不愉悦的情感在多年以后继续保持一定程度的稳定性。这些研究结果表明，主观幸福虽然有可能发生变化，但从长远的角度来看，它仍保持一定的恒定状态。

表3-17 "生活满意度"的项目相关

项目	项目—总数的相关
我的生活在许多方面接近我的理想。	0.75
我的生活状况很好。	0.69
我对自己的生活感到满意。	0.75
迄今为止，我已经获得生活中所需要的重要东西。	0.67
如果我能继续活下去，那么，我几乎不会作出任何改变。	0.57

然而，应该承认，自陈报告并非是评价主观幸福体验的唯一方法，而其他一些方法能以自身的优势弥补自陈报告的某些不足。由于多种测量的整合有助于排除自陈报告的偏见或虚假成分，因此可以将不同的测量方法联系起来，为测量主观幸福提供整体的评价。

1. 牛津幸福调查

"牛津幸福调查"（OHI）是一种设计用以测量整体主观幸福的评价工具。该调查遵循了著名的"贝克抑郁调查"（BDI）的测量设计，并且利用了其中的一些项目。"牛津幸福调查"共有29个项目，每个项目有着4种选择样式，它不仅比"贝克抑郁调查"更具初测—复测的信度，而且与家庭成员和朋友所作的评定存在相关，甚至与人格特质、心理应激和社会支持具有预测关系。"牛津幸福调查"的范型如表3-18所示。

表3-18 "牛津主观幸福调查"的范型

以下是各组关于个人主观幸福的陈述。请阅读每组中的所有4条陈述，然后选出每组中最符合你在过去一星期里(包括当天在内)一直感觉到的情况，并在你选出的陈述旁边的字母(a,b,c或d)上面画个圈。

1. a 我不感到幸福。
   b 我感到幸福。
   c 我感到很幸福。
   d 我感到极其幸福。

2. a 我对未来并不特别乐观。
   b 我对未来感到乐观。
   c 我感到可以期盼的东西很多。
   d 我感到未来充满希望前景。

3. a 我对生活中的任何事情都不感到满意。
   b 我对生活中的有些事情感到满意。
   c 我对生活中的许多事情感到满意。
   d 我对生活中的任何事情都感到满意。

4. a 我感到我对自己的生活不能加以控制。
   b 我感到我对自己的生活能够部分加以控制。
   c 我感到我在大部分时间里能对自己的生活加以控制。
   d 我感到我对自己的所有生活能够完全加以控制。

5. a 我感到生活没有任何意义。
   b 我感到生活有点意义。
   c 我感到生活很有意义。
   d 我感到生活极有意义。

………

24. a 我对我的生活并不具有任何特别的意义感和目的感。
    b 我对我的生活具有不大明确的意义感和目的感。
    c 我对我的生活具有较为明确的意义感和目的感。
    d 我对我的生活具有十分明确的意义感和目的感。

25. a 我并不具有任何特定的义务感和参与感。
    b 我有时具有某些特定的义务感和参与感。
    c 我经常具有某些特定的义务感和参与感。
    d 我始终具有某些特定的义务感和参与感。

26. a 我认为我现在所处的社会不是个好社会。 b 我认为我现在所处的社会在某种程度上说是个好社会。 c 我认为我现在所处的社会是个很好的社会。 d 我认为我现在所处的社会是个极好的社会。
27. a 我对我的生活只有悲哀愁苦而没有快乐欢笑。 b 我的悲哀愁苦超过快乐欢笑。 c 我的悲哀愁苦和快乐欢笑几乎相等。 d 我的快乐欢笑超过悲哀愁苦。
28. a 我认为自己根本没有吸引力。 b 我认为自己多少有点吸引力。 c 我认为自己较具吸引力。 d 我认为自己极具吸引力。
29. a 我发现周围的事物并不有趣。 b 我发现周围的某些事物比较有趣。 c 我发现周围的许多事物比较有趣。 d 我对周围的每件事物均感兴趣。

3. 城市居民主观幸福感量表

"城市居民主观幸福感量表"也是一种设计用以测量整体主观幸福的评价工具。该量表是我国学者邢占军于2002年在充分借鉴国内外已有相关量表的基础上，采用因素分析和逻辑分析相结合的方法编制而成的。整个量表由知足充裕体验、心理健康体验、社会信心体验、成长进步体验、目标价值体验、自我接受体验、身体健康体验、心态平衡体验、人际适应体验、家庭氛围体验等10个分量表组成。量表操作起来费时较短、简便易行，既适用于对城市居民的主观生活质量进行检测，也适用于个体心理健康状况的诊断和咨询，是进行相关科学研究的有效工具。量表适用人群为18岁以上的成人，其分量表的解释如表3-19所示。

表3-19　城市居民主观幸福感量表格分量表的得分解释

分量表内容	高分者	低分者
知足充裕体验	对个人及家庭客观物质条件感到满意；对生活保持一种合理的期待；不会因经济条件而感受到某种压力。	对个体及其家人的客观物质条件感到不满意；对生活不能保持一种合理的期待；因经济条件而感到某种压力。

分量表内容	高分者	低分者
心理健康体验	精力充沛,能够处理好日常工作和生活方面的事情;心胸开阔,性格开朗;轻松自如,遇到困难能够从容应对。	疲乏无力,在处理日常事物时经常感到不同程度的压力;性格忧郁、不开朗、经常感到委屈;遇到困难不能从容应对。
社会信心体验	对社会的发展充满信心;相信社会的发展趋势对人们有利。	对社会的发展缺乏信心;不认为社会的发展对人们有利。
成长进步体验	能够积极地面对生活,把生活作为一个不断学习提高的过程;能够经常感受到自身在生活中所取得的进步;清楚自身前进的目标,并克服各种困难实现目标。	不能积极面对生活,或者没有将生活作为自己成长提高的途径;不能感到自己在生活中取得的进步;没有明确的目标,或者所设目标不切实际;不能通过克服各种困难来实现自己设定的目标。
目标价值体验	有充实感;感到手头做着的事情充满乐趣;清楚一生的追求,并理解当前所做事情的意义。	存在空虚;对正在从事的工作不感兴趣;不清楚自己一生的追求。
自我接受体验	充满自信,对自身持有肯定的态度;承认和容忍自身在很多方面的优缺点;对过去的经历持肯定的态度。	对自己不满意,不自信;对过去的经历感到失望;对自身的一些不足感到烦恼。
人际适应体验	拥有融洽,真诚的人际关系;拥有心心相印,紧密无间的朋友关系;能够相互理解,互谅互让。	缺乏亲密、真诚的人际关系;与他人之间相处很难做到开诚布公、轻松自如;在人际交往中感到孤独,有挫折感。
身体健康体验	对自身的健康状况感到满意;没有感到身体的某些部位特别不舒适;没有为一些严重的疾病而苦恼。	对自己的健康状况感到不满意;经常感到身体的某些部位特别不舒适;因为一些严重的疾病而苦恼。
心态平衡体验	能够坦然接受自己的生活现状,并坦然面对自身的生活经历;不怨天尤人,对别人的生活能够持一种平稳的心态。	对自己的生活现状很为不满,并且将此归结为自己运气不好、命运不公;看到别人的生活好于自己,感到很不公平。
家庭氛围体验	能够经常感受到家庭的温暖;与家人在一起感到很好沟通,非常愉快;家庭成员之间能够互相理解,互谅互让;家庭气氛轻松和谐。	家庭关系紧张;家庭成员在相互理解、沟通方面存在一定的困难。

在上述各项指标体系研究中，一些是与人的全面发展各子系统最直接相关的成果，从宏观上讲，这些研究可以为人的全面发展各子系统的层次分类和结构提供参考，从微观上讲，有些指标也可以直接作为人的全面发展各子系统的具体操作指标；还有一些是人的全面发展各子系统学科的研究成果，特别是有些子系统在没有与人的全面发展直接相关的研究时，可以为各子系统人的全面发展指标体系研究提供逻辑思路，从而避免研究的盲目性和少走弯路。

二、专家咨询结果与指标体系的最终确定

根据人的全面发展的本质要求、指标体系指定的原则及当前研究的现状，我们初步设计了人的全面发展的指标体系。对三级指标的选取，主要依据已有的研究成果，以能够反映二级指标的主要侧面，体现二级指标的内容特征为主，采用经验的方法获得。

在此基础上，为了更完善人的全面发展指标体系，本聘请了11位分别在哲学、政治学、社会学、经济学、管理学、统计学等方面卓有建树的国内专家、学者和政府官员组成咨询专家群，共进行了两轮专家问卷咨询。专家情况介绍如下表3-20：

表3-20 专家数量及其情况简介

序号	姓名	职称或职务	工作单位
1	俞可平	教授、中央编译局副局长	中央编译局
2	杨金海	研究员、中央编译局秘书长	中央编译局
3	何增科	研究员、中央编译局当代所所长	中央编译局
4	李惠斌	研究员、中央编译局中国现实问题研究中心主任	中央编译局
5	陈志尚	教授、中国人学学会会长	北京大学
6	王东	北京大学哲学系教授	北京大学
7	夏甄陶	中国人民大学荣誉一级教授	中国人民大学
8	郑杭生	教授、中国社会学学会会长	中国人民大学
9	李路路	教授、中国社会学学会副会长	中国人民大学
10	韩庆祥	教授、中央党校马克思主义理论教研部副主任	中共中央党校
11	邢占军	山东省委党校人才测评与社会调查研究中心主任	山东省委党校

经过两轮专家问卷咨询，结合现阶段我国人的全面发展的现实目标、

指标选取原则等，我们最终确定了9个一级指标、32个二级指标和161个三级指标的指标体系表作为评价当代中国人的全面发展程度的指标体系（如表3-21）。

表3-21 人的全面发展指标体系结构

总体层	一级指标	二级指标	三级指标
人的全面发展	物质条件	物质福利	人均国内生产总值 人均可支配收入 　城镇居民人均可支配收入 　农村人均纯收入 人均最终消费支出(私人消费) 恩格尔系数 人均储蓄余额
		居住条件	人均住房建筑面积 住房供水、电、气普及率 享有住房卫生设施人口占总人口比重 城镇社区服务设施数 人均公共绿地面积 住房购买力（即房价收入比）
		公共设施	交通和信息通讯设施支出占国内生产总值比重 人均道路面积 每千人机动车辆拥有量 每千人拥有公交车辆数 每千人电单车拥有量 每千人电话主线数 每千人移动电话数 每千人计算机拥有量 每千人拥有上网主机数

总体层	一级指标	二级指标	三级指标
人的全面发展	社会条件	人口与家庭	人口规模 人口出生率和死亡率 人口自然增长率 人口性别比 人口抚养比 城镇人口比重 结婚率与离婚率 家庭平均人口数 独生子女率 已婚育龄妇女采取避孕措施百分比
		社会参与	劳动力参与率 失业率 公益活动参与度 志愿者及义工比重
		社会保障	社会保障费用支出占财政收入比重 人均社会保障费用 社会保障覆盖率 城镇居民最低生活保障人数 农村居民最低生活保障人数 收养性福利事业单位数 社会福利企业单位数
		社会服务	公共教育、卫生医疗支出占国内生产总值比重 人均财政性教育、医疗经费 义务教育普及率 万人在校大学生数 职业教育普及率 正规教师比重 每千人口医院卫生院床位数 每千人口卫生技术人员 每千人口拥有心理医生和中医数 再就业率
		公共安全	犯罪率 交通、火灾事故伤亡率 食物中毒率

总体层	一级指标	二级指标	三级指标
人的全面发展	政治条件	政治参与	投票率 公务员人口数
		政局稳定和反暴力	非正常死亡率 军事支出占中央政府支出及国内生产总值比重 军事人员及其占劳动力总数比重
		法治和控制腐败	千人警察比 每千人口拥有律师数 每年腐败渎职涉案人员占公职人员比重
		公民权利	言论自由评比 参与宗教团体人数比 非政府组织数量 参与工会人数
	文化条件	文化生产	文化活动事业费占国内生产总值比重 文化产业值占GDP的比重 文化从业人员占社会总从业人员的比重 体育事业中创造世界纪录、荣获世界冠军总量
		文化消费	人均文化娱乐消费在人均总支出中的比重 非物质文化遗产项目数
		文化活动条件	每千人拥有图书报刊量 每千人拥有的图书馆、博物馆、影剧院数量 每千人拥有文艺表演场馆、文化馆（群众艺术馆）数量 广电节目综合人口覆盖率 每千人拥有体育场(馆)数
	环境条件	环境质量和利用程度	森林覆盖率 人均水资源量 人均用电量 人均耕地面积 农业生态园区产值占农业总产值的比重 清洁能源占总能源的比率（可再生能源的消费份额） 单位GDP能耗

总体层	一级指标	二级指标	三级指标
人的全面发展	环境条件	环境破坏与污染程度	土地荒漠化比重 CO_2 人均排放量 工业产生的对人类危险物的排放量 生态灾害(地质、地震、海洋灾害及赤潮等)发生频率
		环境治理与保护程度	环保投入占 GDP 比重 每年空气质量等于或好于二级的天数 每 100 毫升样本水中未含大肠杆菌比重 城市生活垃圾无害化处理率 噪声达标区覆盖率 受保护地区占国土面积比例
	全面能力	生存能力	人均预期寿命 孕妇死亡率和婴儿死亡率 死因构成比
		知识能力	人均受教育年限 各级入学率和升学率 成人识字率
		创新能力	万人 R&D 科学家和工程师人数 科技进步贡献率 专利申请受理量
	机会平等	分配机会平等	基尼系数 20% 最高收入与 20% 最低收入所占社会财富之比 各行业之间人均收入差距比
		城乡机会平等	城乡居民人均收入比 城乡义务教育生均事业经费比 城乡居民卫生保健人均投入比
		两性机会平等	接受高等教育的男女比例 城镇就业人员的女性比重 全国人大代表的女性比例
	选择自由	自由闲暇	每周人均闲暇时间 人均看电视时间数 每年人均外出旅游 体育场地人年均使用次数

总体层	一级指标	二级指标	三级指标
人的全面发展	选择自由	自由职业变动	自主择业率 三大产业间就业人员比重的变动
		知足充裕满足感	对个人及家庭经济收入满意度 对住房状况及居住环境满意度 对个人及家庭存款的满意度 控制物欲能力的强弱
		身心健康愉悦感	对自身健康状况满意度 精力充沛,能从容不迫地应付日常生活和工作压力而不感到过分紧张 处事乐观,态度积极,乐于承担责任,事无巨细不挑剔 应变能力强,能适应环境的各种变化 善于休息,睡眠良好 对自己所享受的医疗保障的满意度
	主观幸福	自我实现成就感	对自己所从事的职业的满意度 对自身级别、职务、职称的满意度(与自己的实际能力相符合的程度) 对工作环境与工作关系的满意度 对薪酬的满意度 对自己的直接上级的满意度 对单位管理制度与流程的满意度 工作安全度评价 自我感觉能力指数 工作职责是否明确 工作量是否合理 工作与生活之间有无冲突 工作能力被认可度 晋升机会的满意度 认为自身价值实现程度
		人际关系认同感	对自己人际关系的满意度 与同事或亲朋好友关系融洽度 对他人、企业和政府的诚信满意度 在交友中所获得的尊重与信任度 困难中所获帮助的互助度 人际交往容忍度 对邻居的了解程度

总体层	一级指标	二级指标	三级指标
人的全面发展	主观幸福	心态平衡自信感	与别人相比，你的心态平衡程度 与自己过去经历相比，对自己现状的满意度 对自己缺点的自知自爱程度 自我感觉社会福利的受惠程度 对自身受教育程度的满意度 对自己未来工作是否有很好的预期
		婚恋家庭幸福感	对家庭生活总的满意度 对自己婚恋状态的满意度 亲子关系和谐度 敬老关系感恩度

三、对于各指标的相关解释

（一）物质条件

1. 物质福利

人均国内生产总值

人均国内生产总值，也称作"人均 GDP"。其计算公式：

人均国内生产总值 = 国内生产总值/总人口

人均国内生产总值是国际组织和发达国家衡量人类发展物质福利的一个重要指标，可以反映一个国家当前经济发展的总体实力。经济发展水平是影响物质福利水平关键因素。一般而言，社会经济发展水平越高，相应的物质供给水平也越高，也使得居民全面发展所需的物质福利水平也越高；相反，则社会物质水平也就越低。

资料来源：《中国统计年鉴》。

人均可支配收入

人均可支配收入是由家庭总收入除以家庭人口数计算得到的，总收入包括工资、奖金、退休金等收入；红利、租金等财产性收入；因购房或其他原因而获得的补贴；赠送等转移性收入等。人均可支配收入是决定居民全面发展的物质基础。

（1）农民人均纯收入（元）

反映农村居民全面发展所获物质福利富裕程度的指标。指农村住户当年从各个来源得到的总收入相应地扣除所发生的费用后的收入总和。计算公式为：

农村居民家庭纯收入＝总收入－家庭经营费用支出－税收支出－生产性固定资产折旧－赠送农村外部亲友支出－记账补贴

资料来源：《中国统计年鉴》。

（2）城镇居民人均可支配收入

反映城镇居民全面发展所获物质福利富裕程度的指标。指被调查的城镇居民家庭成员得到的可用于最终消费支出和其他义务性支出以及储蓄的总和，即居民家庭可以用来自由支配的收入。它是家庭总收入扣除缴纳的所得税、个人缴纳的社会保障支出以及记账补贴后的收入。计算公式为：

城镇居民家庭可支配收入＝家庭总收入－缴纳所得税－个人缴纳的社会保障支出－记账补贴

资料来源：统计部门城市和农村住户调查资料。

人均最终消费支出（私人消费）

与消费物价指数相似，个人消费开支是商务部经济分析局发布的一项报告（实际上是个人收入报告的一部分）。个人消费开支是衡量消费货品及服务价格变动的一个指标，包含实际及估算家庭开支，也包括耐用品、非耐用品及服务数据，是反映居民物质福利的重要指标。

资料来源：《中国统计年鉴》。

恩格尔系数

恩格尔系数是反映人们消费结构的最有代表性的指标。消费结构指在一定的社会经济条件下，人们日常生活各种消费（包括劳务）之间的比例关系，它从一个侧面反映了一个国家的居民消费水平。计算公式为：

恩格尔系数＝（城镇居民食品支出÷消费性支出×100%）×城镇人口比重＋（农村居民食品支出÷生活消费支出×100%）×（1－城镇人口比重）

恩格尔系数反映了食品支出在各项消费额中所占的比重，它与消费生活质量成反比。内地和其他欧美国家统计指标都采用此项指标来衡量消费结构的状况。比例越高表明收入低，生活越贫困，联合国粮农组织判定，恩格尔系数60%以上为贫困，50%—60%为温饱，40%—50%为小康，40%以下为富裕。

资料来源：统计部门城市和农村住户调查资料。

人均储蓄余额

人均储蓄余额是指一定时点上居民在各种储蓄机构储蓄的总金额。包括城镇居民个人储蓄和农村居民个人储蓄两部分，不包括工矿企业、部队、机关团体等集团储蓄。

城镇居民储蓄余额一般用城镇居民年末储蓄余额表示。该指标是指工商银行城市居民储蓄和中国农业银行的城镇居民储蓄以及中国银行华侨储蓄之和。

农村居民个人储蓄是指农民在农村信用合作社的储蓄。居民全年人均储蓄余额是全年居民储蓄平均余额与居民人数之比，它反映居民的储蓄水平。

计算公式分别为：

城镇居民全年人均储蓄余额＝全年城镇居民储蓄平均余额/城镇居民年平均人数

农村居民全年人均储蓄余额＝全年农村居民储蓄平均余额/农村居民年平均人数

居民储蓄余额代表的是居民可支配收入中用于消费后的剩余购买力。储蓄余额实际上是居民为推迟消费所作的一种准备。

数据来源：国家计委、国家统计局、国家信息中心。

2. 居住条件

人均住房建筑面积

该指标是指按居住人口计算的平均每人拥有的现有住宅建筑面积。

其计算公式为：

人均住宅建筑面积＝住宅建筑面积/居住人口

资料来源：统计部门城市和农村住户调查资料。

住房供水、电、气普及率

这是反映居住配套设施的指标之一，主要指城市住房供水、电、气数分别与城市住房总数之比。计算公式为：

住房供水（供电、供气）普及率＝城市住房供水（供电、供气数）/城市住房总数×100%

资料来源：《中国统计年鉴》。

享有住房卫生设施人口占总人口比重

该指标主要指享受住房卫生设施人口数与总人口数之比。计算公式为：

享有住房卫生设施人口比重 = 享受住房卫生设施人口数/人口总数 ×100%

资料来源：《中国统计年鉴》。

城镇社区服务设施数

指报告期末城镇（街道办事处、居委会）设立的以非盈利为目的，为本社区居民服务，特别是为老年人、残疾人、儿童服务的社会服务中心、活动站、服务站、养老院、老年公寓（托老所）、残疾人工疗站、残疾儿童日托所、家务服务站，婚姻介绍所等福利性设施以及职工社会保险管理服务的机构数。几种不同类型的社区服务单位，共用一个场所的，只能统计为一个社区服务设施。

成为社区服务设施的条件（1）是独立核算单位；（2）有固定的从业人员；（3）有一定的服务项目；（4）有一定的服务场所。

资料来源：《中国统计年鉴》。

人均公共绿地面积

该指标是指按居住人口计算的平均每人拥有的公共绿地面积。其计算公式为：

人均公共绿地面积 = 公共绿地总面积/居住人口

资料来源：《中国统计年鉴》。

住房购买力（即房价收入比）

该指标是衡量住房购买力的重要指标，指商品房平均每平方米销售价格占居民户均收入之比。

据世界银行对一些国家考察后得出的结论，一套住宅的价格应保持在一般居民家庭年收入3—6倍水平，若高于6倍，居民就难以承受。

资料来源：世界银行、国家统计局。

3. 公共设施

交通和信息通讯设施支出占国内生产总值比重

指某国家或地区在一年内用于交通和信息通讯设施的支出占国内生产总值的比重，反映了政府对公共设施事业投入状况。其计算公式为：

交通和信息通讯设施支出占国内生产总值比重 =（社会交通和信息通讯设施总支出/国内生产总值）× 100%

数据来源：根据国家统计部门相关数据计算得出。

人均道路面积

这是衡量城市交通状况的指标，也是反映居民生活质量的重要指标。

数据来源：《中国城市建设统计年报》。

每千人机动车辆拥有量（辆/千人）

该指标指每千人所拥有的机动车辆的数目，反映了机动车辆普及率。机动车辆包括轿车、公共汽车、货运车等车辆。计算公式为：

每千人机动车辆拥有量 =（机动车辆数量/人口数）× 1000‰

数据来源：根据《中国城市建设统计公报》计算得出。

每千人拥有公交车辆数

主要指城市每千人拥有公共交通车辆，是指城区公共交通车辆（公交车）与城区人口之比。

数据来源：《中国城市建设统计年报》。

每千人电单车拥有量

该指标指按照居住人口计算的平均每千人拥有的电单车数量。这是针对我国设置的一个特色指标，查阅国际生活质量相关指标均没有设计电单车数量，但在我国，电单车却是一种主要交通工具。该指标的设计反映了电单车的变化情况，能够反映我国居民出行的便利程度。

数据来源：交通部相关数据。

每千人电话主线数

该指标采取人类发展报告中的定义，是指按照居住人口计算的平均每千人拥有的固定电话线数量。电话主线是指用户设备与公共电话交换网络相连接的所有电话线。

该指标参照《人类发展报告》、《世界发展报告》、《世界经济年鉴》和《中国信息化水平综合评价指标体系》、《国家间信息化水平综合评价指标体系》以及六国信息化评价指标，为世界大多数国家所采用。

每千人移动电话数

该指标是指按照居住人口计算的平均每千人拥有的移动电话数量，反映移动电话的普及率。

数据来源:《中国信息年鉴》、《中国统计年鉴》。

每千人计算机拥有量

该指标是指按照居住人口计算的平均每千人拥有的计算机数量。这个指标反映了全社会计算机的普及情况,是信息化基础设施的重要指标。在信息化时代,家庭或者个人拥有计算机已经成为衡量一个城市、地区或者国家发展程度的重要指标,它反映了信息化社会的硬件设施状况。

数据来源:国家统计局、《中国信息统计年鉴》。

每千人拥有上网主机数

该指标是指平均每千人中直接与世界范围的互联网计算机网络相连接的计算机数量。网络的迅速普及和发展,对通讯起重要作用。而每千人上网主机反映了网络的基础设施建设情况,反映了互联网的发展。

在联合国千年发展目标中明确提到信息和通讯技术的重要性,提出两个具体指标:个人电脑用户(每千人拥有量)和因特网用户(每百人拥有量)。

资料来源:《中国信息统计年鉴》、城市、农村住户调查资料和公安部门户籍统计人口资料。

(二) 社会条件

1. 人口与家庭

人口规模

人口规模指一定时点、一定地区范围内有生命的个人总和。年度统计的年末人口规模指每年12月31日24时的人口数。年度统计的全国人口规模内未包括香港、澳门特别行政区和台湾省以及海外华侨人数。

数据来源:《中国统计年鉴》。

人口出生率和死亡率(‰)

人口出生率(又称粗出生率)指一定时期内(通常为一年)一定地区的出生人数与同期内平均人数之比,用千分率表示。本书的人口出生率指年出生率,其计算公式为:

人口出生率 = (年出生人数/年平均人口)×1000‰

式中:出生人数指活产婴儿,即胎儿脱离母体时(不管怀孕月数),有过呼吸或其他生命现象。年平均人数指年初、年底人口数的平均数,也可用年中人口数代替。

人口死亡率（又称粗死亡率）指在一定时期内（通常为一年）一定地区的死亡人数与同期内平均人数（或期中人数）之比，用千分率表示。本书中的人口死亡率指年死亡率，其计算公式为：

人口死亡率 =（年死亡人数/年平均人口）×1000‰

数据来源：《中国统计年鉴》。

人口自然增长率（‰）

该指标指在一定时期内（通常为一年）人口自然增加数（出生人数减死亡人数）与该时期内平均人数（或其中人数）之比，用千分率表示。计算公式为：

人口自然增长率 =（本年出生人数 − 本年死亡人数/年平均人数）× 1000‰ = 人口出生率 − 人口死亡率

数据来源：《中国统计年鉴》。

人口性别比

人口中男性人数与女性人数之比。通常用每100名女性人口相对应的男性人口数来表示。计算公式是：

人口性别比 =〔男性人数/女性人数〕×100%

根据统计对象不同，人口性别比可分为总人口性别比、出生性别比、死亡人口性别比、分年龄组人口性别比等，本指标采用的是总人口性别比。

数据来源：根据《中国统计年鉴》计算得出。

人口抚养比（%）

也称总负担系数，指人口总体中被抚养人口（0—14岁和65岁以上人口）与15—64岁人口的比例。通常用百分比表示。用于从人口角度反映人口与社会发展的基本关系。计算公式为：

人口抚养比 = 被抚养人口/15—64岁人口 ×100%

数据来源：《中国统计年鉴》。

城镇人口比重

城镇人口比重是指常住于城市、集镇的人口数量占全国总人口数量的比重。计算公式为：

城镇人口比重 = 城镇人口 / 人口总数 ×100%

城镇人口有几种口径的统计数据，本指标使用的是人口普查中按城乡划分标准统计的城镇人口数。

资料来源：统计部门人口资料。

结婚率和离婚率

结婚率（%）指某地区报告期内（通常为一年），符合《婚姻法》要求，在民政部门登记结婚并领取《结婚证》的人数占该地区报告期内平均人口的比值，计算方法：

结婚率＝报告期内登记结婚人数/该地区报告期内平均人口×1000‰

数据来源：省、市、区民政部门统计年报，每年5月份可以提供上年数据。

离婚率（%）则指在报告期内，夫妻双方经过法律手续解除婚姻关系和经过协议在民政部门登记离婚并领取了《离婚证》的总人数与该地区报告期内平均人数之比。计算方法：

离婚率＝报告期内男女双方解除婚姻关系的人数/该地区报告期内平均人口×1000‰

数据来源：省、市、区民政部门统计年报，每年5月份可以提供上年数据。

家庭平均人口数

又称平均家庭户规模，指家庭户人口数与家庭户总数之比，表示平均每户人口数。其计算公式为：

平均家庭户规模＝家庭户人口数／家庭户总数

资料来源：统计部门人口资料。

独生子女率

独生子女率是指只有一个孩子的家庭与全部家庭的比例。独生子女率通常用百分比表示。其计算公式如下：

独生子女率＝独生子女家庭数/全部家庭数×100%

资料来源：统计部门人口资料。

已婚育龄妇女采取避孕措施百分比

指某一地区，某一个时点（通常为年末），已婚育龄妇女中采取各种避孕措施的人数占已婚育龄妇女总人数的比例，以百分率表示，它可以综合考察已婚育龄妇女实行计划生育的程序。计算方法：

已婚育龄妇女采取避孕措施百分比＝已采取避孕措施的已婚育龄妇女人数/已婚育龄妇女人数×100%

资料来源：计生委计划生育统计报表，每年10月份报送；计生委组织的抽样调查，一般每5年左右搞一次。

2. 社会参与

劳动力参与率（%）

指我国劳动人口在 14 岁或以上的居住人口中所占的比重。

数据来源：《中国劳动统计年鉴》、国家统计局。

失业率

失业率是指某时点（期）失业人口与同时点（期）经济活动人口（即劳动力）之比。失业率（城镇）是通过调查城镇失业人数计算出来的。它也是一项逆向指标，《人类发展报告》中将失业率作为评价指标，评估一个国家的社会保障情况。其计算公式为：

失业率 = 某时点（期）失业人口/同时点（期）经济活动人口 ×100%

这里，失业是指 16 岁以上的城镇常住人口中，有劳动能力、调查期间未参加社会劳动、当前有就业的可能并正在以某种方式寻找工作的人员。这是国际通行的失业统计定义，也是国家统计局与原劳动部于 1995 年联合确定的统计定义。失业人数与失业率均可计算时点指标和时期指标。但由于失业现象的变化在短期内是渐变的，因此两类指标差别不大。目前国际上和我国一般使用的是时点指标。公式中的失业人口数是指调查失业人数，而不是登记失业人数。

资料来源：统计部门人口资料。

公益活动参与度

该指标指我国参与扶贫、救灾、助残、环保、希望工程等社会公益活动人口在 14 岁或以上的居住人口中所占的比重。

数据来源：国家民政部相关统计数据。

志愿者及义工比重

志愿者（volunteer），也被称为"义工"。其含义就是出自本人意愿，为某一工作奉献精力、体力，尽一点义务并承担一部分责任，却不接受报酬的人。该指标是指从事过志愿服务或者义务性劳动的成人占总人口的比重。其计算公式为：

志愿者及义工比重 = （居民从事过志愿活动或义务性社会服务总人数/当期总人口数）× 100%

数据来源：国家民政部相关统计数据。

3. 社会保障

社会保障费用支出占财政收入比重

社会保障费用支出占财政收入的比重是指某国家或地区在一年内用于社会保障的支出占国家财政收入的比重，反映了政府对社会保障事业投入状况。其计算公式为：

社会保障费用支出占国家财政收入的比重 =（社会保障费用总支出/国家财政收入总值）× 100%

数据来源：根据《中国统计年鉴》相关数据计算得出。

人均社会保障费用（元）

人均社会保障费用是社会保障费用支出的微观表现形式，它反映的是每人的生活保障水平。人均社会保障费用高，则人民所享受的保障水平越高，反之则低。其计算公式为：

人均社会保障费用 = 社会保障费用总支出/总人口数

数据来源：根据《中国统计年鉴》相关数据计算得出。

社会保障覆盖率

社会保障覆盖率是参加基本社会保险人口占政策规定应参加人口的比重，它反映的是国民享受公共服务的公平度。社会保障覆盖面对于实现经济增长方式的转变，消除社会不和谐因素起着重要作用。我国的社会保障覆盖率用社会保障受益人数比重来表示。其计算公式为：

社会保障覆盖率 =（社会保障受益人总数/总人口数）× 100%

基本社会保险主要包括基本养老保险、基本医疗保险、失业保险、工伤保险和生育保险等五项，其中基本养老保险、基本医疗保险最为重要，所以在计算基本社会保险覆盖率时只计算基本养老保险和基本医疗保险的覆盖率。

数据来源：劳动和社会保障部门统计资料或统计部门劳动保障统计资料。

城镇居民最低生活保障人数

指报告期末家庭平均收入在当地规定的最低生活保障线以下的城镇居民数，包括"三无"对象、失业人员和在职、下岗、退休人员等。

数据来源：中国社会统计年鉴。

农村居民最低生活保障人数

指报告期末在建立农村最低生活保障制度的地区，得到当地政府和集体给予最低生活保障的农业人口数。

数据来源：中国社会统计年鉴。

收养性福利事业单位数

由县以上民政部门举办的优抚休（疗）养院、福利院数。优抚休（疗）养院包括：革命伤残军人休养院、复员军人慢性病疗养院、复员退伍军人精神病院、光荣院。福利院包括：社会福利院、儿童福利院、精神病人福利院、其他收养性福利院。

数据来源：中国社会统计年鉴。

社会福利企业单位数

指以安置城镇有一定劳动能力的盲、聋、哑和肢体残疾人员就业为目的，享受国家减免税待遇的国有或集体企业数。包括福利工厂、福利商业和服务业、假肢厂和安置农场等单位数。

资料来源：民政部门统计年报和人口统计年报。

4. 社会服务

公共教育、卫生医疗支出占国内生产总值比重（%）

教育经费是衡量教育投入的主要指标，它反映一个国家或地区对教育的重视程度和努力程度，同时也反映一个国家或地区的经济实力和文化教育实力。公共教育支出是指各级政府机构用于教育的支出。具体包括：各级财政对教育的拨款、城乡教育费附加、企业办中小学支出以及校办产业减免税等项。该指标取自教育部门财务统计报表。其计算公式为：

公共教育支出占国内生产总值比重 =（政府一年内用于教育的开支／国内生产总值）× 100%

政府医疗保健开支占国内生产总值的比重是指某国家或地区在一年内用于健康的支出占国内生产总值的比重。其计算公式为：

政府医疗保健开支占国内生产总值的比重 =（健康支出／国内生产总值）× 100%

数据来源：国家教育厅财务统计报表，每年12月份可以提供数据。

人均财政性教育、医疗经费（元）

这个指标反映的是一个国家或地区教育、卫生资源的拥有状况，它们在世界银行《世界发展指标》和《世界卫生报告》中都有使用。

人均公共医疗费用（元）是指某国家或地区在一年内平均每个居民所花费的公共医疗费用。（人均公共医疗费用，在国际比较时，换算成美元，特此说明。）其计算公式为：

人均公共医疗费用＝公共医疗总费用/总人口数

人均教育费用（元）是指某国家或地区在一年内平均每个受教育者所花费的公共教育费用。（人均公共教育费用，在国际比较时，换算成美元，特此说明。）其计算公式为：

人均公共教育费用＝公共教育总费用/受教育总人口数

数据来源：根据国家教育厅、卫生厅财务统计报表计算得出。

义务教育普及率

指参加义务教育在校人数占所有适龄义务教育总人数的比例。

数据来源：教育部。

万人在校大学生数

全国平均每万人中在校大学生人数。计算公式为：

万人在校大学生数＝全国在校大学生数/全国人口数×10000/10000

数据来源：教育部。

职业教育普及率

指参与职业技术教育（包括职业学校教育和职业培训）人数占人口总数的比重。

资料来源：《中国教育统计年鉴》。

正规教师比重

这个指标从教师质量方面来反映教师资源状况。正规教师指接受所在国规定的单人教师必须接受的（职前或在职中）师范培训的教师。此指标考察的是某教育阶段中的正规教师占该教育阶段教师总人数的比重状况。高素质、专业化的教师是良好教学质量的要求和保证。我国在相关法律中对各级教育教师任教资格做了规定，充分体现了对教师培训的重视。其计算公式为：

正规教师比重＝（合格教师数/教师总数）×100%

数据来源：国家教育统计年鉴。

每千人口医院卫生院床位数

指报告期末医院、卫生院床位数与年末总人口数之比。计算公式：

每千人拥有医疗床位数 =（医院床位数 + 卫生院床位数）/ 年末总人口数 × 1000

人口数系公安部户籍人口。

数据来源：《中国统计年鉴》。

每千人口卫生技术人员

指报告期末卫生机构中卫生技术人员总数与年末总人口数之比。计算公式：

每千人拥有卫生技术人员数 = 卫生技术人员总数 / 年末总人口数（千人）。

卫生技术人员具体包括：执业（助理）医师、注册护士、药剂人员、检验和影像人员等卫生专业人员。

人口数系公安部户籍人口。

数据来源：《中国统计年鉴》。

每千人人口拥有心理医生和中医数（人/千人）

心理医生数是反映人们心理健康的指标。心理咨询是一个国家、一个城市精神文明和物质文明的缩影。有学者指出"生活质量高的国家或地区，拥有数目较多的心理学家"。按照国际标准，每千人至少有一名心理咨询师。

中医数（中医包括中医生、中医师、按摩师和针灸师）是根据我国特殊情况设置的特色指标，指在一定时期内，平均每千居民拥有的中医数目。其计算公式为：

每千人口中医数 =（中医数 / 总人口数）× 1000/1000

数据来源：国家卫生统计年鉴。

再就业率（%）

指再就业的人数占全部失业人数的比例，反映社会系统循环的程度。

数据来源：《劳动和社会保障事业发展统计公报》。

5. 公共安全

犯罪率

该指标是指一年内全国每十万人口中犯罪总次数，反映了居民日常生活中面临犯罪伤害的危险程度。计算公式为：

十万人犯罪率 =（一年内犯罪总件数 / 一年内人口总数）×

100000/100000

数据来源：公安部门统计年报和人口统计年报。

交通、火灾事故伤亡率（1/10万）

该指标是指一年内遭遇交通、火灾事故的总人数与总人口数的比。它反映一个国家或地区社会公共安全水平。这个指标是目前国际通用的指标，被列入2005年3月份颁布的《英国可持续发展指标体系》[①]和日本国民生活质量指标体系[②]之中。其计算公式为：

十万人交通、火灾事故伤亡率 =（一年内交通、火灾事故伤亡总人次／一年内人口总数）× 100000/100000

资料来源：公安部门统计年报和人口统计年报。

食物中毒率

该指标指一年内全地区每万人口中发生食物中毒的次数，反映了全地区人口获得安全可靠食品的状况[③]。其计算公式为：

万人食物中毒率 =（一年内发生食物中毒总人数／一年内人口总数）× 10000/10000

数据来源：中国疾病预防控制中心信息中心收集整理。

（三）政治条件

1. 政治参与

投票率

指参与选举的人数占登记合格选民的比重。一般认为50%以下为低投票率，高于60%的投票率表明选民的政治热情高。一般有直接选举和间接选举两种，本书采用直接选举投票率。其计算公式为：

投票率 =（收回选票数／法定选民总数）× 100%

数据来源：相关问卷调查报告。

公务员人口数

指符合《中华人民共和国公务员法》规定，属于公务员法实施范围

---

① Sustainable Development: The Government's Approach – delivering UK Sustainable Development Together, http://www.Sustainable-development.gov.uk/regional/summaries/in

② http://www.stat.go.jp/English/data/handbook/c14cont.htm.

③ 注：目前国际上通常采用HACCP体系来衡量食品安全状况，但是此体系过于专业和复杂，不具可行性。

的机关,并确认为公务员身份的人员数量。

数据来源:人事部门公务员管理统计资料。

2. 政治稳定和反暴力

非正常死亡率(‰)

非正常死亡率指由外部作用导致的死亡,包括火灾、溺水等自然灾难;或工伤、医疗事故、交通事故、自杀、他杀、受伤害等人为事故致死人数占死亡总人数的比重。计算公式:

非正常死亡率 = 非正常死亡人数/死亡总人数 × 1000‰

非正常死亡率与自然死亡不同。如果说正常死亡更多的归咎于身体因素,那么非正常死亡则更多的归咎于外部因素,特别是反映了政府的政治管理能力。近年来,由于工伤、医疗事故、交通事故、自杀、他杀等事故而引发的非正常死亡有不断增多的趋势,因此,我们将其作为政府政治稳定和反暴力维持的重要指标。

数据来源:《中国统计年鉴》。

军事支出占中央政府支出及国内生产总值比重

军事支出占中央政府支出及国内生产总值比重指某一国家一定时期内用于为了满足全体社会成员安全需要的军事支出(包括军队支出、后备役支出、国防科研事业费和防空经费等。它主要是直接用于军事建设的经费,包括人员经费和装备经费)分别占中央财政支出和国内生产总值的比重。

数据来源:《国际统计年鉴》和世界银行数据库。

军事人员及其占劳动力总数比重(%)

指有效服役期内的军人,包括具有正规装备和组织,并进行正常训练的辅助军事人员数(不包括预备役部队)与劳动力总人数之比。

数据来源:世界银行数据库。

3. 法制和控制腐败

千人警察比

该指标是指一年内全地区每千人平均拥有的警察数,反映了政府为公众提供公共安全保障的水平①。其计算公式为：

千人警察比 =（一年内警察总人数/一年内人口总数）×1000/1000

数据来源：公安部门提供的年度统计报表。

每千人口拥有律师数

指报告期内每千人口拥有律师人数，反映法治建设的程度。

数据来源：国家司法部。

每年腐败渎职涉案人员占公职人员比重

目前，国际上广泛使用由设在柏林的世界性反腐败组织——透明国际设计的腐败指标来评定公共机构的腐败状况。这种方法计算复杂，与调查对象的主观判断关系密切，客观性不太强。

结合中国国情，同时考虑到可操作性以及数据的可获得性，本书参照《全面建设小康社会指标体系》，用全国检察机关直接立案的贪污贿赂和渎职案件数与国家机关、政党机关和社会团体就业人数之比作为反映政府廉政状况的代行指标（即"廉政指数"）。

数据来源：《中国法律年鉴》。

4. 公民权利

言论自由评比（%）

此指标是用来衡量一个国家公民言论自由化程度的重要指标。言论自由，是指在不妨碍国家安全、公共秩序和公共健康或者尊重他人权益的基础上，自由获取信息和发表意见、观点。言论自由评比指标包括：没有公共和私人言论的限制、没有新闻媒体检查和限制、新闻媒体独立自主、保护言论自由的法律制度。

数据来源：世界银行。

参与宗教团体人数比

该指标反映的是一个国家或地区居民宗教信仰自由方面的状况。其计算公式为：

---

① 在有些地区，警察的统计包括司法警察、治安警察和海关工作人员，但是，在大多数国家里，对警察的统计并不包括海关工作人员，却包括缉私人员；另外，在一些国家里存在大量的准军事力量——武装警察部队、海岸警卫队、国民警卫队或内卫部队，他们拥有军队的编制，行使的是警察的职能。因此，同样的警察配置情况却不能反映同样的居民安全保障获得情况，这一指标也同样只具有参考意义。

参入宗教团体人口比＝宗教信仰人数/人口总数

资料来源：《中国统计年鉴》。

非政府组织数量

该指标指报告期内由我国公民自愿组成，为实现会员共同意愿，按章程开展活动的非营利性社会组织（包括社会团体、民办非企业单位、基金会等社会组织）数量。该指标能从侧面反映我国公民权利的发展程度。

数据来源：民政事业发展统计报告。

参与工会人数

该指标指报告期内包括从业人员中具有工会会员身份的人员及离岗职工中具有工会会员身份的人员的总数。

数据来源：取自全国总工会的统计年报和《中国社会统计年鉴》。

（四）文化条件

1. 文化生产

文化活动事业费占国内生产总值比重（％）

该指标是指国家用于发展社会文化事业的经费支出占国内生产总值的比重。我国文化活动事业费主要包括：国有博物馆、图书馆、艺术馆、纪念馆、文艺团体以及新闻、通讯、广播、电视、出版等部门的经费拨款。文化活动事业费占国内生产总值比重反映的是一国对文化事业发展，对人们文化素质提升的重视程度。计算公式：

文化活动事业费占国内生产总值比重＝国家用于发展社会文化事业的经费支出/国内生产总值×100％

数据来源：国家统计局。

文化产业值占 GDP 的比重

指文化产业增加值占国内生产总值的比重。我国的"文化产业"被界定为：为社会公众提供文化、娱乐产品和服务的活动，以及与这些活动有关联的活动的集合。文化产业的范围包括提供文化产品、文化传播服务和文化休闲娱乐等活动，还包括与文化产品、文化传播服务、文化休闲娱乐活动有直接关联的用品、设备的生产和销售活动以及相关文化产品的生产和销售活动。根据各类文化活动的特征和同质性，将全部文化产业活动划分为9大类别：①新闻服务；②出版发行和版权服务；③

广播、电视、电影服务;④文化艺术服务;⑤网络文化服务;⑥文化休闲娱乐服务;⑦其他文化服务;⑧文化用品、设备及相关文化产品的生产;⑨文化用品、设备及相关文化产品的销售。计算公式为:

文化产业增加值占 GDP 比重 = 文化产业增加值/国内生产总值 ×100%

数据来源:《中国文化产业发展报告》。

文化从业人员占社会总从业人员的比重

是指一国(或地区)在一定时期内(通常为一年),文化从业人数在全社会总从业人数中所占的比率。

该指标从劳动力资源公布角度反映了文化生产情况,从就业方面反映了文化生产的发展水平以及对人的全面发展的贡献。

数据来源:根据《中国统计年鉴》计算得来。

体育事业中创造世界纪录(次)、荣获世界冠军总量(个)

是指一国(或地区)在一定时期内(通常为一年),运动员在国际范围比赛中所创造的世界纪录和荣获的世界冠军数量。反映的是体育文化事业的发展情况。

数据来源:《中国统计年鉴》、《中国社会统计年鉴》。

2. **文化消费**

人均文化娱乐消费在人均总支出中的比重

指一国(或地区)一定时期(通常为一年)内居民人均用于文化娱乐产品或劳务方面消费支出与总人均支出的比率。

该指标从消费支出角度反映文化活动服务于人的全面发展的情况,是评价人的全面发展文化条件发展程度的重要指标。

数据来源:根据《中国统计年鉴》计算得来。

非物质文化遗产项目数

物质文化遗产是指各民族人民世代相承的、与群众生活密切相关的各种传统文化表现形式(如民俗活动、表演艺术、传统知识和技能,以及与之相关的器具、实物、手工制品等)和文化空间。

非物质文化遗产项目数是指一国(或地区)内所有由国务院公布的国家级非物质文化遗产名录项目及扩展项目的数量。

数据来源:文化部门的相关统计年鉴或网站。

3. 文化活动条件

每千人拥有图书报刊量

指报告期公共图书报刊量与年末总人口数之比。计算公式：

每千人拥有图书报刊量＝公共图书报刊量/年末总人口数（千人）×1000/1000

该指标一方面可以大致反映出该国或地区居民文化阅读状况，同时也可以从另一方面反映一个国家或地区总体的文化活动氛围。

数据来源：根据《中国统计年鉴》计算得出。

每千人拥有的图书馆、博物馆、影剧院数量

指报告期内图书馆、博物馆和影剧院数量总和与总人口数之比。计算公式：

每千人拥有的图书馆、博物馆、影剧院数量＝（图书馆数＋博物馆数＋影剧院数）/年末人口数（千人）×1000/1000

数据来源：根据《中国统计年鉴》计算得出。

每千人拥有文艺表演场馆、文化馆（群众艺术馆）数量

指报告期内所有文艺表演场馆、文化馆（群众艺术馆）总和与总人口数之比。计算公式：

每千人拥有文艺表演场馆、文化馆（群众艺术馆）数量＝（文艺表演场馆数＋文化馆（群众艺术馆））/年末人口数（千人）×1000/1000

反映的是一国或地区文艺演出的条件与规模。

数据来源：《中国统计年鉴》。

广电节目综合人口覆盖率

该指标包括电视人口覆盖率和广播人口覆盖率。

其中，广播节目综合人口覆盖率指根据国家广电总局制定的《广播电视人口覆盖率统计技术标准和方法》进行统计调查的，在对象区内采用无线、有线、卫星等技术手段能够收听到包括中央、省、地市、县广播节目其中任意一套的人口数占全国总人口数的百分比。

电视节目综合人口覆盖率指根据国家广电总局制定的《广播电视人口覆盖率统计技术标准和方法》进行统计调查的，在对象区内采用无线、有线、卫星等技术手段能够收看到包括中央、省、地市、县级电视节目中任意一套的人口数占全国总人口数的百分比。

每千人拥有体育场（馆）数

该指标指每千人口所拥有的体育场和体育馆的总和。

其中，体育场指有400米跑道（中心含足球场），有固定道牙，跑道6条以上，并有固定看台的室外田径场地。体育场按看台容纳观众人数分为：甲级25000人以上，乙级15000—25000人，丙级5000—15000人，丁级5000人以下。该指标主要反映大中型体育场数量水平。

体育馆，指有固定看台，可供篮球、排球、羽毛球、乒乓球、体操等项目训练比赛活动用的室内运动场地。体育馆按看台容纳观众人数分为：甲级6000人以上，乙级4000—6000人，丙级2000—4000人，丁级2000人以下。该指标主要反映大中型体育馆数量水平。

数据来源：全国体育场地普查数据。

（五）环境条件

1. 环境质量与利用程度

森林覆盖率（%）

指一个国家或地区森林面积占土地总面积的百分比。森林覆盖率是反映森林资源的丰富程度和生态平衡状况的重要指标。在计算森林覆盖率时，森林面积包括郁闭度0.2以上的乔木林地面积和竹林地面积，国家特别规定的灌木林地面积、农田林网以及四旁（村旁、路旁、水旁、宅旁）林木的覆盖面积。计算公式为：

森林覆盖率（%）＝森林面积/土地面积×100%

数据来源：《中国统计年鉴》。

人均水资源量

该指标是指一国或一定区域内的水资源总量与该国或地区人口总数之比，反映的是该国或地区居民水资源的情况。

一国或一定区域内的水资源总量指当地降水形成的地表和地下产水量，即地表径流量与降水入渗补给量之和，不包括过境水量。

数据来源：根据《中国统计年鉴》计算得来。

人均用电量（千瓦时/人）

人均用电量指的是居民在使用电力方面的人均消费量，它能够衡量我国居民在能源方面的客观生活素质状况。

数据来源：根据《中国统计年鉴》计算得来。

人均耕地面积

人均耕地面积指耕地面积与人口数之比，它可以反映土地资源的开发利用与人口发展的协调状况，人均耕地面积越多，说明土地资源开发利用对人的全面发展发挥的作用越好。

数据来源：根据《中国统计年鉴》计算得来、全国农业普查主要数据公报。

农业生态园区产值占农业总产值的比重（%）

该指标反映农业生态园区产值在农业产值中的所占份额。指标数值大小，说明了农业循环经济发展程度的高低。

资料来源：《中国农业统计年鉴》。

清洁能源占总能源的比率（可再生能源的消费份额）

指一国或地区在一定时期内清洁能源消耗量占能源消耗总量的比例。清洁能源指消耗后不产生或污染物产生量很少的能源，包括电能、沼气、秸秆燃气、太阳能、水能、风能、地热能、海洋能、秸秆等可再生能源，以及天然气、清洁油等化石能源。

该指标反映的是该国或地区可再生能源的利用情况。

资料来源：统计部门能源统计资料。

单位 GDP 能耗（吨标煤/万元）

该指标指一定时期内（通常为一年），每生产万元国内生产总值（GDP）所消耗多少吨标准煤的能源。它可以从能源消耗角度反映人对资源的利用程度，单位 GDP 能耗越低，说明人对资源的利用程度越好。计算公式为：

单位 GDP 能耗 = 能源消费总量/国内生产总值

资料来源：统计部门能源统计资料。

2. 环境破坏与污染程度

土地荒漠化比重（%）

该指标指不同类型的荒漠化土地占土地总面积的比重。按照国际通行的概念，土地荒漠化是指干旱区、半干旱区和干旱的半湿润区的土地退化，包括风蚀荒漠化、水蚀荒漠化、冰融荒漠化及土壤盐渍化等，以风蚀荒漠化土地比重最大。其计算方法为：

土地荒漠化比重 = 不同类型的荒漠化土地/土地总面积 × 100%

数据来源：《中国荒漠化和沙化状况公报》。

CO_2 人均排放量

二氧化碳排放量是指煤炭燃烧以及水泥制造等过程中产生的二氧化碳总量,包括使用固体、液体、气体燃料以及煤气时产生的二氧化碳。其计算公式为:

二氧化碳人均排放量 = 二氧化碳排放总量/人口总数

数据来源:国家统计局环境统计数据、《中国统计年鉴》。

工业产生的对人类危险物的排放量

工业产生的对人类危险的废物排放量,指报告期内工业将所产生的危险废物排到危险废物污染防治设施以外的量。

数据来源:《中国统计年鉴》。

生态灾害发生频率

指某国或地区一定时期内(通常为一年)发生的包括地质、地震、海洋灾害及赤潮等在内的生态灾害次数。

数据来源:《中国统计年鉴》。

3. 环境治理与保护程度

环保投入占 GDP 比重(%)

该指标又称"环境污染治理投资总额占国内生产总值比重",是指环境污染治理投资总额占 GDP 的比重,GDP 为当年价格。

环境保护投资是指用于大气、水、固体废物、噪声、振动、辐射等污染治理和三废的综合利用工程或设施的投资。该指标具有双重性,一方面反映对于环境保护的重视程度和力度,同时也体现环境污染与破坏的情况。因此,该指标并非越高越好,而是在特定时期内存在一合理值[1]。

数据来源:《中国统计年鉴》。

每年空气质量等于或好于二级的天数

指报告期空气质量 API 指数在报告期达到国家 I 级标准(优)空气质量的天数和达到 II 级(良)空气质量的天数。

数据来源:《中国统计年鉴》。

每 100 毫升样本水中未含大肠杆菌比重(%)

---

[1] 刘四龙:《环境执法体制障碍及其消除对策》,载《环境保护》,2000 年第 1 期。

每 100 毫升样本中未含大肠杆菌比重主要用来测量被检测水体中大肠杆菌的浓度，反映人们日常生活用水的清洁程度。

数据来源：《中国统计年鉴》。

城市生活垃圾无害化处理率（%）

指城市及建制城镇生活垃圾无害化处理量占垃圾产生总量的比例。

生活垃圾指日常生活或为日常生活提供服务的活动中产生的固体废物，以及法律、行政法规视为生活垃圾的固体废物。生活垃圾无害化处理指用卫生填埋、堆肥、焚烧等工艺方法对生活垃圾进行的处理。计算方法：

城市生活垃圾无害化处理率 = 生活垃圾无害化处理量/生活垃圾产生量 ×100%

在统计时，由于生活垃圾产生量不易取得，可用清运量代替。

资料来源：建设厅统计年报。

噪声达标区覆盖率（%）

指城市建成区内，已建成的环境噪声达标区面积占建成区总面积的百分比。它是反映社会成员生活环境质量的一种指标。

数据来源：《中国统计年鉴》。

受保护地区占国土面积比例

指辖区内各类（级）自然保护区、风景名胜区、森林公园、地质公园、生态功能保护区、水源保护区、封山育林地等面积占全部陆地（湿地）面积的百分比。

数据来源：统计、环保、建设、林业、国土资源、农业等部门。

（六）全面能力

1. 生存能力

人均预期寿命

人均预期寿命，通常表示为一个人口群体从出生起平均存活的年龄（岁）。

平均预期寿命是根据分年龄死亡率，通过编制生命表得到的。由于需要分年龄死亡数据，为了保证分年龄死亡数据的代表性，必须从规模较大的调查中获得死亡数据。我们可以利用 10 年一次的人口普查和 5 年一次的 1% 人口抽样调查获得的死亡数据计算平均预期寿命。其余年份的数据采取根据联合国推荐的平均预期寿命在各阶段提高幅度,参考年度1‰人口变动情况抽样调查数据进行推算,以此对指标执行情况进行监测和评价。

资料来源:统计部门人口统计资料。

孕妇死亡率(人/10万人)和婴儿死亡率(‰)

这两个指标是反映某国际或地区妇幼保健状况的经典指标,通用于《世界儿童状况报告》、《世界人口数据表》、《联合国千年宣言》等。由于经常缺少疾病发生和流行的数据(发病率数据),因此人们往往会利用死亡率来确定易受损害的群体。

孕产妇死亡率是指一年内每10万名活产儿中孕产妇死亡数。其计算公式为:

孕产妇死亡率 =(全年孕产妇死亡人数/当年活产总数)× 10000/10000

婴儿死亡率是指给定年份每1000活产中年满1岁前死亡的婴儿数。其计算公式为:

婴儿死亡率 =(全年1岁以下的死亡人数/当年活婴数目)× 1000/1000

数据来源:《中国统计年鉴》。

死因构成比

死因构成比是指在一定时期内,由某种(类)病伤致死人数占死亡总数的比重。死因构成比可以从一个侧面反映居民的健康状况及该地区卫生工作的水平。在死因分析中一般按各种(类)死因构成比的大小顺序排序,这叫死因顺位。通过分析死因顺位能够反映某人群中主要的死亡原因,从而明确卫生保健工作的重点方向[①]。分析死亡顺位的前几位疾病依需求而定,本书参考世界卫生组织的死因分析考察我国人口前三位

---

① 死因构成比不能说明某种死因死亡的绝对水平,与死亡率结合起来进行分析才能得出某种居民死因特征及其变动的全貌。

死因①。其计算公式为:

某死因构成比 =（同期某类病伤死亡数/某期间因病伤死亡总数）× 100%

数据来源：《中国人类发展报告》和《中国统计年鉴》。

2. 知识能力

人均受教育年限（年）

预期受教育年限是按初等、中等、高等教育入学率计算，反映青少年所受正规教育的平等年限的估计值，通常作为总的教育资源②。它是评价总体人口教育成果平均水平的通用指标，联合国教科文组织、世界银行都采用了这个指标。其计算公式为：

预期受教育年限 = 初等教学入学率 × 6 年 + 中等教学入学率 × 6 年 + 高等教学入学率 × 4 年

资料来源：统计部门教育统计资料。

各级入学率和升学率

入学率即在校率，我国有些地方的说法为"就学率"③，指就读于某一程度所有年龄之学生人数，与应就读于该程度的指定年龄之人口数之比。一般说来，我国学前教育的制定年龄为 3—5 岁，小学为 6—11 岁，中学为 12—17 岁，高等教育为 18—22 岁。

根据我国的实际情况，各教育阶段的入学率计算公式为：

小学阶段入学率 =（小学在校学生数/6—11 岁人口数）× 100%（初等教育）

初中阶段入学率 =（中学在校学生数/12—17 岁人口数）× 100%

---

① 《世界卫生报告 1998 年》中列出了 1985、1990、1997 年发达国家和发展中国家主要死因的分布情况。死因死亡率的分布与国家或地区的发展程度相关。1985 年，发达国家的前三位死因分别是：循环系统疾病、肿瘤和其他一些不明原因疾病。呼吸系统疾病从 1990 年开始增加。1985 年，发展中国家的前三位死因分别是传染性疾病和寄生虫疾病，其他一些不明原因疾病和循环系统疾病；1990 年，前三位死因分别是传染性疾病和寄生虫疾病、循环系统疾病和其他一些不明原因疾病；1997 年，前三位死因分别是传染性疾病和寄生虫疾病、循环系统疾病、围产期和孕产妇原因疾病（World Health Organization，1998）。

② 关于"预期受教育年限"的说明，参见 World Bank. 2000. World Development Report 2000/2001: Attacking Poverty. New York: Oxford University Press, pp. 278 – 279.

③ 就学率定义可参见澳门统计暨普查局：《教育调查 2003/2004》，澳门特别行政区政府印务局 2005 年版，第 36 页。

(中等教育)

大学阶段入学率 = (大学在校学生数/18—22岁人口数) × 100%
(高等教育)

初等教育入学率即为小学阶段的入学率；中等教育包括初中和高中（中学包括普通中学和职业技术中学）；高等教育入学率即为大学阶段入学率，衡量的是高等教育普及情况。

初等、中等、高等教育综合毛入学率的计算公式为：

综合毛入学率 = (小学、中学和大学在校学生数/6—22岁人口数) × 100%

数据来源：《中国人类发展报告》和《中国统计年鉴》。

成人识字率（%）

识字率反映了初等教育和在给人们传授基本识字技能的承认识字规划中所取得的集中成就。成人识字率指15岁及以上人口中具有识字能力的人数比重。由于"识字"是一个比较模糊的概念，联合国认为完成小学四年级的教育就算具备识字能力，从而使指标可操作化。成人识字率是国际通用的统计指标，几乎任何教育评价指标和生活素质指标研究都采用这个指标。其计算公式为：

成人识字率 = (15岁及以上识字人数/15岁及以下人口数) × 100%

数据来源：《中国人类发展报告》和《中国统计年鉴》。

3. 创新能力

万人R&D科学家和工程师人数

指在万人科技活动人员中具有高、中级技术职称（职务）的人员和不具有高、中级技术职称（职务）的大学本科及以上学历人员的数量。

该指标用来反映投入科技活动人力的素质。

数据来源：《中国统计年鉴》。

科技进步贡献率

科技进步贡献率是指科技进步对于经济增长的贡献作用。科技进步贡献率能够从宏观上反映科技、资金和劳动力投入与产出增长的关系，通过反映科技进步对经济增长的贡献作用来反映人类创新能力的高低。

按照国家计委、国家统计局1992年下发的《关于开展经济增长中科技进步作用测算工作的通知》中规定的"科技进步贡献率"进行测算，测算公式如下：

科技进步贡献率 = 〔（Y − αk − βL）/Y〕×100%

其中：Y 为产出的年平均增长速度；K 为资金的年平均增长速度；L 为劳动力年平均增长速度；α 为资金的产出弹性系数；β 为劳动力产出弹性系数。

科技进步贡献率的测算思路是：假设产出增长是由资金和技术进步共同作用的结果，从产出增长中扣除资金、劳动力增长的因素后，得到的就是科技进步对产出增长的贡献作用，因而能够从宏观上反映科技、资金和劳动力投入与产出增长的关系。

数据来源：根据《中国统计年鉴》计算得出。

专利申请受理量

该指标指中华人民共和国国家知识产权局受理专利申请的数量。

年专利申请受理量是衡量一个国家或地区人口创新能力的重要指标。

数据来源：《中国统计年鉴》。

（七）机会平等

1. 分配机会平等

基尼系数

基尼系数反映收入分配与完全平等状态的差别程度。基尼系数是国际社会通用的衡量收入分配差异或贫富分化的指标。它的取值在 0—1 之间。基尼系数越大，表明社会成员中的收入分配越是趋于不平等。联合国有关组织规定：若基尼系数低于 0.2 表示收入绝对平均；0.2—0.3 表示比较平均；0.3—0.4 表示相对合理，0.4—0.5 表示收入差距较大；0.6 以上表示收入差距悬殊。研究者一般认为，基尼系数超过 0.4，则进入收入分配不平等的警戒线。

资料来源：统计部门城乡住户调查资料。

20% 最高收入与 20% 最低收入占社会财富之比（倍）

此项指标指城乡居民按照收入等级分 5 组（低收入户、中低收入户、中等收入户、中高收入户、高收入户），20% 最高收入户与 20% 最低收入户的人均纯收入之比。计算公式为：

20% 最高收入与 20% 最低收入占社会财富之比 = 20% 最高收入户人均纯收入/20% 最低收入户人均纯收入

资料来源：中国国家统计年报。

各行业之间人均收入差距比

此项指标按照《国家统计年鉴》上行业划分分别考察各行业收入的差距状况。

数据来源：根据《中国统计年鉴》计算得来。

2. 城乡机会平等

城乡居民人均收入比

城乡居民人均收入比反映的是城乡收入间的差异，它是一定时期某一地域城镇居民人均可支配收入与农民人均纯收入的比率（以农村为1），反映社会团体之间的公平程度。城乡居民收入比越大，城乡居民收入差距越大，城乡居民所获发展的物质条件越不均等。我国改革开放以来，城乡发展机会差距迅速拉大，因此，让城乡居民获得全面发展所需的平等分配机会应是我国实现人的全面发展的主要任务和难点之一。计算公式为：

城乡居民收入比 = 城镇居民人均可支配收入/农村居民人均可支配收入

资料来源：统计部门城乡住户调查资料。

城乡义务教育生均事业经费比

该指标指的是城镇义务教育生均事业费与农村义务教育生均事业费之比（以农村为1）。教育税额费是保证一所学校教育活动正常运转的最基本的条件之一，义务教育生均教育事业费考察的是一所学校每个接受义务教育的学生每年消耗的教育事业费水平。一般来说，在学生数量一定的情况下，生均事业经费水平越高，越有利于义务教育质量的提高。城乡义务教育生均事业经费之比，反映的就是城乡义务教育水平的差距状况。

数据来源：《中国教育经费统计年鉴》。

城乡居民卫生保健人均投入比

该指标是指城乡居民人均医疗卫生保健总费用与农村居民人均医疗卫生保健总费用之比率（以农村为1）。反映的是城乡医疗卫生保健水平的不公平状况。

数据来源：根据《中国卫生事业发展统计公报》计算得来。

3. 两性机会平等

接受高等教育的男女比例

指正在接受普通高等学校教育、成人高等教育以及民办高等教育学生中的男性数量与女性数量之比,该指标主要考察男女教育机会的平等状况。

数据来源:教育部门统计年报和人口统计年报。

城镇单位就业人员的女性比重

指城镇单位中女性就业人员与就业总人员的比率。计算该指标主要考察男女就业机会的平等状况。

数据来源:中国劳动统计年鉴。

全国人大代表的女性比例

指女性占全国人大代表的比率,该指标主要考察男女参政决策机会的平等状况。其计算公式为:

全国人大代表的女性比例=全国人大代表中的女性人数/全国人大代表总人数×100%

数据来源:国家统计局和政府有关部委的年度统计报告。

(八)选择自由

1. 自由闲暇

每周人均闲暇时间

该指标主要测量我国居民在闲暇时间方面的充裕度,指的是每个居民平均每周所拥有的闲暇时间数。关于"闲暇时间"的操作定义,在不同国家、不同研究中是不同的。1997年澳大利亚的时间利用调查中,闲暇时间包括运动和户外活动、游戏、业余爱好、艺术、工艺制作、阅读、视听媒体、课余学习等[1];而1997年欧洲经济合作组织(EEC)的时间利用调查中,闲暇时间包括社会生活与娱乐、运动参与、爱好与游戏、大众传媒、旅游等内容[2]。在本书中,由于数据可获得性等方面的限制,将"闲暇时间"定义为:看电视、听电台、阅读报纸和做运动等方面时间的综合。其计算公式为:

人均闲暇时间=人均每周看电视时间+人均每周听电台时间+人均

---

[1] Australian Bureau of Statistics. 1997. Australian Time Use Activity Classification. 联合国统计司网站: http: unstats. un. org/unsd/demographic/sconcerns/tuse/profile. aspx? Id =1。

[2] 同上。

每周阅读报纸时间 + 人均每周做运动时间

数据来源：央视 – 索福瑞媒介研究相关数据、世界旅游组织网站。

人均看电视时间数（小时/天）

该指标具体指每个居民平均每天看电视时间数。

这个指标用于反映居民闲暇时间的利用状况，以及居民闲暇活动的丰富程度及闲暇水平。

数据来源：央视 – 索福瑞媒介研究相关数据。

每年人均外出旅游

居民人均外出旅游次数这一指标反映了我国居民的旅游闲暇状况，指的是我国居民每年外出旅游的平均次数。其计算公式为：

我国居民人均外出旅游次数 = 居民当年的外出旅游总人次/当年人口数

数据来源：国家旅游局。

体育场地人年均使用次数

体育场地人年均使用次数这个指标，主要测量我国政府在体育健身方面为居民提供的设施情况以及居民对该设施的利用，指的是居民每年人均使用体育场地的次数。其计算公式为：

体育场地人年均使用次数 = 居民当年使用体育场地总人次/当年人口数

体育场地人均使用次数应为中国特色指标。我国政府一直致力于推广大众体育，鼓励居民参与各类康体活动。作为一个追求和谐发展的国家，我国的体育运动资源不仅影响着居民的闲暇活动质量，而且关乎我国的国际形象。因此，将体育场地人均使用次数设置成我国特色指标，可以反映我国居民的闲暇生活质量。

数据来源：全国体育场地普查数据。

2. 自由职业变动

自主择业率

劳动力的自主择业率是指某国或地区在一定时期内（一般为一年）根据行业间劳动条件、工资水平的差异，以及个人的适应能力，来选择职业的劳动者数量占劳动力总数比重。

自主择业的劳动者数量和比例的增加充分体现了劳动者择业自由程

度的不断提高。

数据来源：《中国市场经济发展报告》。

三大产业间就业人员比重的变动

三大产业间就业人员比重的变动是反映劳动力在三大产业之间流动程度的一个重要指标。该指标的计算有两种口径，一种是根据全国为总体计算的净变动数计算，另一种是根据各产业变动数的绝对值进行的总量计算。

数据来源：根据《中国统计年鉴》相关数据计算得到。

（九）主观幸福

1. 知足充裕满足感

幸福感较高者：对个人及家庭经济收入、居住环境以及存款感到满意，能够抵抗来自外界的各种物欲诱惑，不会因物质原因而感到生活充满压力。

幸福感较低者：对个人及家庭经济收入、居住环境以及存款感到不满意，不能够抵抗来自外界的各种物欲诱惑，往往会因物质原因而感到生活充满压力。

2. 身心健康愉悦感

幸福感较高者：对自身健康状况、所享受的医疗保障满意，善于休息，睡眠良好；精力充沛，应变能力强，能从容不迫地应付日常生活和工作压力而不感到紧张，适应环境的各种变化；处事乐观，态度积极，乐于承担责任，事无巨细不挑剔。

幸福感较低者：对自身健康状况、所享受的医疗保障不满意，不善于休息，睡眠质量欠佳；疲乏无力，在外界环境的变化的情况下经常感到紧张，不适应；性格忧郁，较为悲观，害怕承担责任。

3. 自我实现成就感

幸福感较高者：有成就感，对自己所从事的职业、所获薪酬、所处的工作环境和工作关系满意；认为自身所处的级别、职务和职称与自身的能力相符合；工作中，与直接上级相处愉快并能很好地适应单位管理制度和流程；对自身工作的安全状况、职责分工、承担的工作量以及晋升机会满意；工作和生活不存在冲突且能感觉到自身工作能力得到了认可、自身价值得到了实现。

幸福感较低者：无成就感，对自身所从事的职业、所获薪酬、所处工作环境和工作关系不甚满意；认为自身能力应得到更好级别、职务和职称；工作中，与直接上级存在矛盾，对单位管理制度和流程不适应；对自身工作的安全状况、职责分工、工作量以及晋升机会不满意；工作和生活之间存在冲突且感觉自身工作能力未得到认可、自身价值没有得到实现。

4. **人际关系认同感**

幸福感较高者：拥有融洽、真诚、相互忍让的人际关系；在交友中往往能获得尊重和信任；困难时总能从他人那里得到帮助；对他人、企业或政府诚信状况满意且隔居之间相互了解，相处和睦。

幸福感较低者：缺乏亲密、真诚的人际关系；与他人之间相处很难容忍他人缺点并获得尊重和信任；遇到困难时，很少能从他人那里获得帮助，隔居之间互不交流，对他人、企业或政府缺乏信任。

5. **心态平衡自信感**

幸福感较高者：自信，无论是与他人或与自己的过去相比，对自己都能持有肯定的态度；能够坦然接受和容忍自身在很多方面的缺点与不足；对自身社会福利的受惠程度以及受教育程度感觉满意；对自身未来发展充满信心。

幸福感较低者：对自身发展现状很为不满，不自信，对自己过去的经历感到失望；看到别人发展得比自己好，感到很不公平；对自己的一些不足感到烦恼；对自身社会福利的受惠程度以及受教育程度感觉不满意；对自身未来丧失信心。

6. **婚恋家庭幸福感**

幸福感较高者：能够经常感觉来自家庭的幸福；对自身婚恋状况感觉满意；与家人在一起感到很好沟通；对长辈总是心存感恩并非常孝顺，家庭氛围轻松和谐。

幸福感较低者：家庭成员之间关系紧张；家庭成员在相互理解、沟通方面存在一定困难。

第三节　人的全面发展综合指数及其权重

一般而言，作为测量一定社会现象的量化工具，社会指标需要根据测评对象的需要进行不断地调整。就指标设计而言，当单一的指标无法满足测评对象需要时,就需要运用一系列指标,构成较为完整的指标体系,并在此基础上计算综合指数,以便开展进一步的定量对比和分析。

同样,衡量人的全面发展水平也需要在各方面的数量对比上有一个量的确定性和直观性,能够直接进行定量对比和分析。但是,由于人的全面发展是一个涉及面广、综合性强的复杂系统,因此不可能用某一领域的某一指标单独反映,而需要选择具有若干代表性的指标反映人的全面发展各个侧面的发展水平,用科学的方法构造综合指数。正如人类发展指数可以通过一个指标数值来反映人类发展的状况一样,人的全面发展在某种程度上是完全可以通过一个单独的指标数值,来评测某时期某地区居民的全面发展状况的。

人的全面发展综合指数不仅仅对人的全面发展现象进行对比、分析,更重要的是能够揭示现实情况、发现问题,提出相应对策,为政府相关部门提供可靠的决策依据,以有效促进人的全面发展相关领域的良性协调发展。

一、综合指数领域的确定

在影响人的全面发展的诸多因素中,本书挑选了32个对人的全面发展有影响的领域。但在此基础上确立人的全面发展综合指数时,为确保数据计算与统计的可行有效,将32个领域全部纳入其中显然是缺乏可行性的,因此,必须从中选择几个最具代表性的领域。

首先,选择的领域必须是能够真实地反映我国人的全面发展状况,在此过程中,也要考虑到国际、国内的不同实际情况。如果某些领域内实在找不出国际使用频率高且能反映我国实际情况的指标,就暂不考虑纳入人的全面发展综合指数内。此类数据有"居住条件"、"生活设施"、"社会服务"、"公共安全"、"社会参与"、"社会保障"相关指标等。以"社会参与"领域中关于失业的测量为例,国际上主要由失业登记制度和失业调查制度两部分构成,我国公开采用的失业率指标其实是登记失业率,反映了劳动力市场的显性失业(即公开失业),却不能很好地反映隐性失业,所以也就不能反映我国的真实失业水平,因此,该领域不纳入人的全面发展综合指数。

其次,选择的领域必须是人的全面发展最核心和最具代表性的部分。按说,对人的全面发展的测量应该包括任何对人的全面发展有影响的社会领域,但诸多领域各自的影响力在某种程度上是有差异的。例如,物质福利是现代社会的任何成员全面发展的重要基础,毋庸置疑对人的全面发展影响巨大;环境条件不仅关系到当代人的全面发展,还关系到子孙后代全面发展的可持续性,并且环境与公民权利、健康领域也存在紧密关系;全面能力中的生存能力、知识能力涉及人本身,反映人力资源中的身体素质(健康状况)、智力素质(受教育等状况),这两个领域必不可少,毕竟能力的发展是作为目的本身的人的全面发展;机会公平中分配机会公平,由于两性、城乡、不同行业之间的经济、受教育、就业或卫生保健方面的机会是否均等在某种意义上取决于收入分配的平等状况,因此,作为衡量人的全面发展机会平等指标也就具有非常重要的地位。所以,这几个领域具备较强的代表性,是人的全面发展研究中最核心的组成部分,与人的全面发展密切相关。

最后,选择的领域在数据的获取上必须具备易得性。在人的全面发展的众多领域中,某些领域由于数据的缺失或不易获得,国际国内缺乏对此类指标的数据统计,例如"文化消费"、"政治条件"、"城乡、两性机会平等"、"自由闲暇"与"职业自由变动"等,因而即使它们在人的全面发展领域重要性巨大,但也会由于实际的不可操作性而排除在综合指标领域之外;同样的道理,本书所设计的主观幸福指数,也是由于国际相关数据统计的暂时不可获得性,因而也暂不进入综合指数领域。因此,可以说,本书人的全面发展综合指数还只是一个客观领域的综合指数。

图 3-5 人的全面发展客观综合指数构成领域

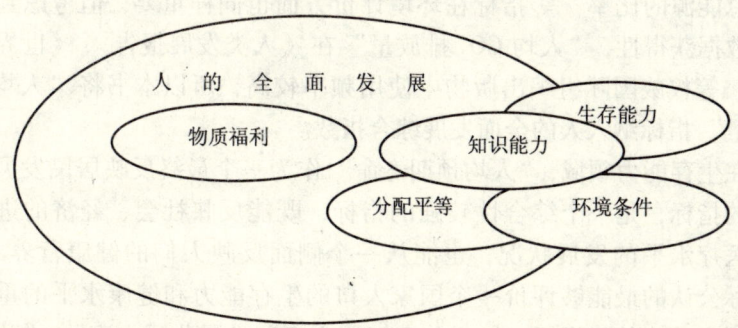

基于以上原因和分析,本书参考联合国开发计划署人类发展指数(HDI)设计,从原有的 32 个领域中挑选出 5 个领域——生存能力(即

HDI 中用来评估和比较不同国家及其同一国家不同时期人们的健康状况)、知识能力(即 HDI 中用来评估和比较不同国家及其同一国家不同时期人们的知识状况)、物质福利(即 HDI 中用来评估和比较不同国家及其同一国家不同时期人们的收入状况)、环境条件、分配平等,纳入人的全面发展综合指数的构建(见图 3-5)。

二、客观综合指数的确定

在物质福利领域,"人均国内生产总值",也称为"人均 GDP"常作为衡量一国或地区经济发展状况的指标,是了解和把握某一地区或国家经济实力和富裕程度的指标,也是目前国际通行的衡量各国人民物质福利水平的核心衡量标准。事实上,寻求关于物质福利发展水平的简单明了的指标是最困难的工作。根据《人类发展报告》,无论从该指标的代表性看,还是从指标数据的可获取性来看,该指标当之无愧地代表了居民获得各种物质福利的水平。然而,与此同时,物质福利同许许多多的因素有关,人均国内生产总值当然是重要的发展指标。但是困难不仅在于有些物质福利无法直接用金钱数量加以表达,困难还在于,名义的富裕程度在不同税收、价格等因素的影响下,无法通过汇率方法在不同国家和地区之间进行比较。于是,本书采取的策略就是借鉴《人类发展报告》所采用的经过"相当购买力"(purchasing power parity,简称 PPP)方法调整后的"真实人均 GDP",即人均 GDP(PPP $)来表达物质福利指标。

环境条件领域中,虽然"单位 GDP 能耗"、"森林覆盖率"、"清洁能源占总能源的比率"等指标在环境评价方面也同样重要,但考虑到该指标的数据获得性,"人均 CO_2 排放量"在《人类发展报告》、《世界发展报告》等权威国际组织出版物中使用频率较高,所以本书将"人均 CO_2 排放量"指标纳入人的全面发展综合指数。

在生存能力领域,"人均预期寿命"作为一个最终反映居民发展时间长度的指标,是一个综合性较强的指标,既能反映社会、经济的进步状况和医疗水平的发展状况,也能从一个侧面反映人们的健康营养状况,是国际公认的最能够评价一个国家人口的生存能力和健康水平的重要参考指标之一。其他指标,如"孕产妇死亡率""婴儿死亡率"、"死因构成比"等也都是影响生存能力和健康水平的部分原因,同样可以通过寿命的长短得到度量。

在知识能力领域，成人识字率（占三分之二权重）和各级（小学、中学和大学）综合毛入学率（占三分之一权重）是联合国开发计划署人类发展指数所采用的概要性度量尺度。鉴于创新能力的"万人R&D科学家和工程师人数"、"科技进步贡献率"、"专利申请受理量"对国际相关数据的无法考察，以及这些指标在某种程度上也可以随着各级入学率的发展而得到发展和体现，因此本书也采用这两个指标的相对成就来衡量知识能力指数。

在分配平等领域，基尼系数是国际通用的衡量收入分配差异或贫富分化的指标，且"20%最高收入与20%最低收入所占社会财富之比"和"各行业之间人均收入差距比"这两个指标其实就是基尼系数的进一步细化，或者说，这两个指标在某种程度上也可以通过基尼系数体现出来，因此，本书主张将作为衡量分配机会平等状况的基尼系数指标纳入人的全面发展综合指数中。

纳入综合指数的指标如图3-6所示，包括："人均预期寿命"、"成人识字率"、"小学、中学和大学综合毛入学率"、"人均国内生产总值"、"人均CO_2排放量"和"基尼系数"。

图3-6　人的全面发展客观综合指数构成指标

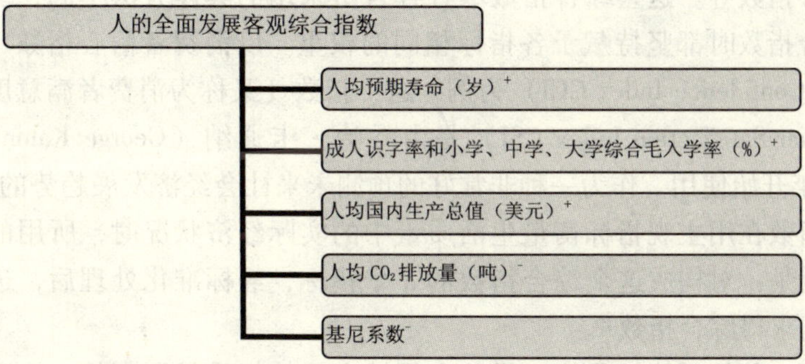

```
人的全面发展客观综合指数
  ├── 人均预期寿命（岁）[+]
  ├── 成人识字率和小学、中学、大学综合毛入学率（%）[+]
  ├── 人均国内生产总值（美元）[+]
  ├── 人均$CO_2$排放量（吨）[-]
  └── 基尼系数
```

注：上列指数的正负号分别代表指数的性质，即正号为正指标指数，负号为负指标指数

三、客观综合指数权重的确定

在构建人的全面发展客观综合指数的过程中，有一个难题一直困扰着我们，那就是权重系数的确定问题。权重系数是指一个整体被分解成

若干因素（指标）时，用来表示每个因素在整体中所占比重大小的数字，简称权重。指标的权重反映了该指标在整体中的相对重要程度[①]。

权重分配的问题——如何确定不同的指标对综合指数的重要程度，即如何将不同的权重赋予不同的指标，它是设计社会指标体系综合指数时一个重要但却难度系数较大的问题。这不仅直接影响到综合指数的科学有效性，更重要的是还关系到综合指数存在的合理性。

从国内各种研究综合指数的进展来看，不同专家对人的全面发展综合指数确定的原则应包括哪几个方面的看法还是比较接近的，但对于这些具体的指标领域孰轻孰重以及具体的权重分配还存在着较大的争议。对于问题的具体解决，主要存在两种方案：

第一种是等权重法。即人的全面发展各领域的权重是一致的，在每个领域的指标构建时，各个变量的指数所占的权重是一致的。持这种方案的研究者，认为：从人的全面发展领域包含的内容出发，任何一个领域得不到相应的发展都会对人的全面发展产生不良影响，因此，不该区分指标的重要程度，每一个指标在不同的时期和地区对人的全面发展综合指数的影响是同等重要的。目前国际上使用这种方法的主要有以下几种综合指数：物质生活质量指数、人类发展指数、社会进步指数、消费者信心指数等。这些综合指数尽管各自所采用的具体方法不同，但在计算综合指数时都坚持赋予各指标相同的权重。以消费者信心指数（Consumer Confidence Index CCI）为例，这一指数（又称为消费者满意度指数 Customer Satisfaction Index CSI）是由乔治·卡通纳（George Katona）于1952年开始使用。作为一种非常好的预测未来社会经济发展趋势的手段，这个指数在用主观指标衡量生活质量中的实际经济状况时，所用的计算过程就是：对构成这个综合指数的5个指标，经标准化处理后，进行算术平均求得综合指数[②]。

第二种是不等权重法，即各个领域之间的权重是不同的。这也是越来越多研究者采用的方法，坚持这种方案的研究者认为：利用等权重法计算人的全面发展综合指数可能会忽视，甚至歪曲不同领域对总体人的

---

① 黄会明、陈宁、赵匀：《应用加权综合指数法评价大学生综合素质》，载《中国高等教育评估》，2009年第2期。

② 参见周长城等：《全面小康：生活质量与测量——国际视野下的生活质量指标》，社会科学文献出版社2003年版，第147页。

全面发展的影响,从而不能反映事实的本来面目。事实上,在人的全面发展评价指标体系中,各个评价指标在综合评价结果中的地位和作用是不同的。鉴于此,为了使评价的结论更具有客观性和可信性,原则上要求对人的全面发展每个评价指标赋予不同的权重。目前不等权重法常用的方法大致有三种:客观构权法、主观构权法、主观与客观相结合的构权法。

客观构权法是根据客观性的原始资料和数据,经数理统计的方法处理后来计算权重。主要包括相关系数构权法、多元线性回归法、因素分析法和主成分分析法[①]。此种构权法具有代表性的综合指数有"加权社会进步指数"(Weighted Index of Social Progress, WISP)、幸福感指数(Index of Well-Being,缩写为IWB)等。

主观构权法是指研究者根据其主观价值判断制定指标权数的一种方法,其主要代表有专家评判法和层次分析法。采用此类方法的相关综合指数主要有人类发展指数(HDI)中对子指数的计算、约翰逊的生活质量综合指数以及美国的可持续发展指标(Sustainable Development Indicators, SDI)。主观构权法的合理之处在于,权数的分配依赖于主观价值判断,这种经验的取得是研究者们对客观事物进行深入定性认识的结果。但主观构权法也存在许多不足之处,如权数的确定没有统一的客观标准,如何确定权数的具体数值,难以找到科学的定量标准。

主观与客观相结合的构权法,这是一种综合构权法,强调处理指标权重时坚持主观构权法和客观构权法相结合的原则,从而使指标的权重体系更趋科学合理化,并尽量避免单用某一方法而带来的误差。目前,这种方法是相关指数研究的发展趋势。采用这种方法的主要有"加权社会福利指数"(Weighted Index of Social Welfare, WISW)、"经济幸福感指数"(Index of Economic Well-being, IEWB)。

但是,具体到人的全面发展综合指数各指标的权重分配上,本书采用的是等权重法,即在构建人的全面发展综合指数时,对纳入综合指数的各个指数——"生存能力指数"、"知识能力指数"、"物质福利指数"、"环境条件指数"、"分配公平指数",赋予相同的权重。理由如下:

其一,作为各种因素共同作用而产生的人们对自身存在和发展状况的一种积极的完善,人的全面发展目标的追求离不开各指标领域的均衡

---

① 同上,第167页。

发展。唯有各领域的发展均对人的自身发展产生正面积极效应，同时作为目的和手段的主体人才会由此得到发展。人的全面发展指标体系的各领域对人的全面发展都具有重要意义，孰重孰轻，很难权衡。

其二，进行各国、地区间关于人的全面发展客观综合指数的比较，需要在统一的标准下进行。然而，有可能存在这样一种情况，相同的指标领域在不同社会文化背景下对人的全面发展意义却不尽相同。如此一来，若要在同一目标下考虑不同国家或地区的情况设计并采用不同的权重计算，不仅操作起来难度很大，而且实际的有效性、科学性也值得商榷。

其三，不等权重法本身也存在值得思考的地方。例如，客观构权法主要是利用一些数学和统计方法计算权重，这必须建立在现有的数据样本上。但是一旦涉及数据样本就不能不考虑数据的数学统计问题，例如样本代表性问题，这直接关系到权重的有效性，然而任何样本都不能保证百分之百具有反映真实情况的代表性。此外，客观构权法局限于现有数据资料的分析，难以对新出现的现象和问题进行分析。主观构权法依赖专家的主观经验，不同领域或不同水平的专家给出的权重分配往往存在非常大的差别，选择专家提出的何种权重能够更接近事实本身同样是个问题，而且随着研究的深入，专家们很难在不同领域的众多指标的权重分配上达成一致[1]。

四、客观综合指数标准化

由于人的全面发展指标体系涉及大量相互关系、相互影响、相互制约的评价指标，各指标具备不同性质且计量单位不同，缺乏统一的衡量性，简单相加意义不大。为此，我们需要将各指标统一进行标准化处理。

所谓数据的标准化，也叫数据的无量纲化、规格化，是指通过数学变换来消除原始变量（指标）量纲影响的方法[2]。因此，无量纲化处理，把不同计量单位的指标数值改造成可以直接汇总的同度量化指标，对各指标数值进行标准化，以便于考核评价工作在一致化的状况下进行。无

---

[1] 参考周长城、柯燕：《客观生活质量：现状与评价——以澳门特区为例》，社会科学文献出版社2008年版，第58页。

[2] 刘晶：《城市居家老年人生活质量评价指标体系研究——以上海为例》，华东师范大学博士论文，2005年，第132页。

量纲化函数的选取,一般要求严格单调、取值区间明确、结果直观、意义明确、尽量不受指标正向或逆向的影响。数据的无量纲化、标准化方法多种多样,在目前大多采用标准化法、均值法、极值法等加以处理。考虑到数据计算的简便性以及可行性等因素,本书主要采用的是极值法。极值法就是利用指标的极值(极大值或极小值)来计算指标的标准化值。设标准化值为 X,指标的原始值为 X_i,指标的最大值为 MaxX,指标的最小值为 MinX,则计算公式表示为:

$$X = (X_i - MinX) / (MaxX - MinX)$$ [1]

在此基础上,另一个重要的问题就是各项指标的阈值的确定。在进行具体的计算之前,我们需要确定各指标固定的最大值和最小值。为此,参照人类发展报告计算 HDI 的阈值,我们可以确定的是其中 5 个指标的最大值和最小值:

(1) 人均预期寿命(岁):85-25[2]
(2) 成人识字率(%):100—0[3]
(3) 小学、中学和大学综合毛入学率(%):100—0[4]
(4) 人均国内生产总值(按美元购买力平价):40000—100[5]
(5) 基尼系数:1—0

而另一个指标"人均 CO_2 排放量"的阈值[6]则需要进行具体的分析。为此,需要分析未来 10 年人均 CO_2 排放量的趋势,如果没有国家超出最接近的某个数字,则这个值就作为最接近未来的最大值。

通过对近 30 年(1980—2006 年)工业化过程人均 CO_2 排放量数据的分析发现,这一数据在不同集团国家间表现出很大的差距。

---

[1] 周长城、柯燕:《客观生活质量:现状与评价——以澳门特区为例》,社会科学文献出版社 2008 年版,第 54 页。
[2] UNDP, Human Development Report 2006: beyond scarcity: power, poverty and the global water crisis, Oxford University Press, 2006, pp. 394.
[3] UNDP, Human Development Report 2006: beyond scarcity: power, poverty and the global water crisis, Oxford University Press, 2006, pp. 394.
[4] UNDP, Human Development Report 2006: beyond scarcity: power, poverty and the global water crisis, Oxford University Press, 2006, pp. 394.
[5] 注:人均 GDP100 美元为国际贫困线,当个别国家(地区)的人均 GDP(PPP $)超过 40000 美元时,只算作 40000 美元。
[6] 参见李晶:《人类发展的测度方法研究》,中国财政经济出版社 2009 年版,第 197—198 页。

以阿联酋、卡塔尔和巴林等石油工业国为例,这些国家的 CO_2 排放量就远远高于其他国家。从图 3-7、图 3-8 和图 3-9 不难发现,这些国家是世界上 CO_2 排放量最高的集团国家,除卡塔尔 1996—1998 年有一次较大幅度的上升外,其他国家近 30 年来都表现平稳。可以说,从 1997 年起,人均 CO_2 排放量基本稳定,都在 70 吨以下。

图 3-7　石油国家人均 CO_2 排放量

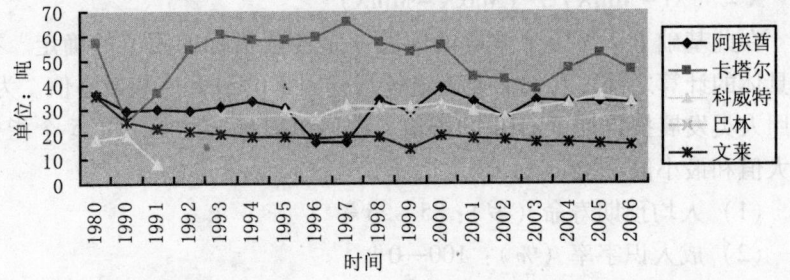

数据来源:世界银行数据库。

再来看一组新兴的工业化国家的污染数据,虽然多数国家(新加坡除外)呈现出明显的上升趋势,但所有国家的排放量都保持在 20 吨以下。

图 3-8　新型工业国人均 CO_2 排放量

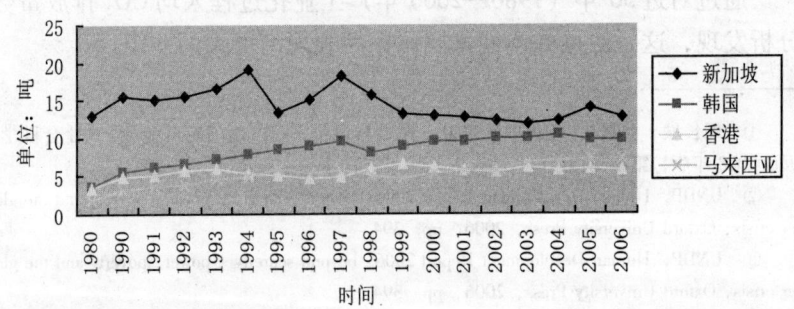

数据来源:世界银行数据库。

在那些传统污染模式的发达的工业化国家,最突出的是卢森堡、美国、澳大利亚、加拿大和芬兰。如图 3-9 所示,这些国家的人均 CO_2 排放量相当稳定,没有明显的上升趋势,自 1994 年以后就保持在人均 25 吨以下。

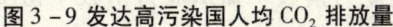

图 3-9 发达高污染国人均 CO_2 排放量

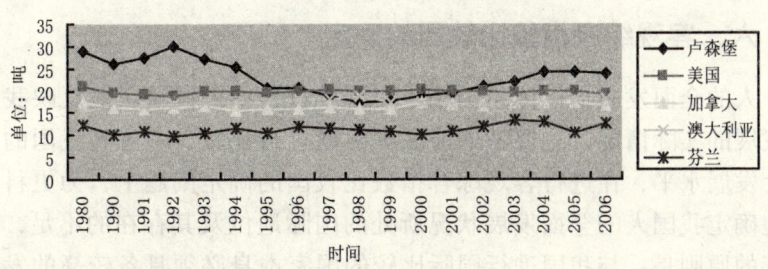

数据来源：世界银行数据库。

由于每一个国家都有或多或少稳定上升的趋势，总年均增量可以得到，这就是年增长率，如果未来若干年的年增长率保持稳定，就可以说以相等的增量增加。这个年增长率可以用来测量各个国家未来10年的数据，预测的结果是，没有一个国家超过70吨/年的排放量，并且未来30年各个国家都不会超过这个数字，所以我们可以将这个数据作为标准化的最大值，标准化的最小值取0。

五、客观综合指数的计算步骤

人的全面发展指数的建立将按以下步骤进行：

第1步，计算各指标指数。计算方法是：按照公式"X = (Xi - MinX) / (MaxX - MinX)"以及如上确立的各个指标的最小值和最大值，求得指标标准化值。如：

生存能力指数 = (期望寿命 - 25) / (85 - 25)

知识能力指数 = 2/3 (成人识字率指数) + 1/3 (综合毛入学率指数)

其中：成人识字率指数 = (成人识字率 - 0) / (100 - 0)

综合毛入学率指数 = (综合毛入学率 - 0) / (100 - 0)

物质福利指数 = [log 人均 GDP (PPP $) - log100] / [log40000 - log100]

但是，如果是负指标，其指数标准化值则是以1减去计算值求得。如：

分配公平指数 = 1 - [(基尼系数 - 0) / (1 - 0)]

环境指数 = 1 - [(人均 $CO2$ 排放量 - 0) / (70 - 0)]

第 2 步，将 5 个指标指数进行算术平均，求得指数的平均值。如：

平均值 =（生存能力指数 + 知识能力指数 + 物质福利指数 + 环境指数 + 基尼系数指数）/5

六、客观综合指数比较国的确定

人的全面发展指标体系的确定，既要符合中国国情，能反映我国居民发展的实际情况，也要考虑能在国际间进行比较。考虑到我国的经济社会发展水平，在进行客观综合指数比较国的确定问题上，为更科学合理地确定我国人的全面发展状况所处的国际地位及其存在的不足，本书坚持的原则是：与我国进行国际比较的国家本身必须具备较高的发展水平，为人们所熟悉且具有代表性并和我国实际情况具有可比性。依此原则，本书挑选澳大利亚、加拿大、美国、英国以及日本与我国进行国际比较。

从分布位置的角度考虑，由于澳大利亚位于大洋洲，加拿大、美国位于北美洲、英国位于欧洲，日本属于亚洲，这样的选择使得比较国家在地理分布上具备了广泛性。

从发展水平来看，所选择的澳大利亚、加拿大、美国、英国、日本都是属于国民发展高水平的国家，在将我国与这些国家的比较中，不仅能明晰地判断出我国国民全面发展状况所处的国际地位，而且在比较中也能发现我国人的全面发展所存在的不足和需要努力的方面，从而可以为研究制定我国人的全面发展战略和路径提供依据。

除此之外，在数据的获取上，这些国家的相关数据具备易得性，在国际相关统计数据库和出版物中可以获得。

第四章 人的全面发展指标体系的应用：中国的现实与选择

以我国发展为背景的人的全面发展指标体系，目前还只是一个大致的、粗糙的构想。但是，我们认为它在总体上与我们对于未来人类发展的设想是一致的，也是与长期以来人们对于自身发展目标的认识相一致的。经过多次曲折之后，以人为中心，以人的全面发展为核心的发展已为越来越多的人所认识和赞赏。在这一章里，我们将依据为人的全面发展指标体系的设想，对改革开放30多年来我国人的发展情况作简要的回顾和分析：进行纵向比较，反映我国人的全面发展的现状、变迁轨迹与发展趋势，以明确我国人的全面发展进步的状况；进行横向比较，与国外，尤其是发达国家（如美国、日本、英国等）的人口发展状况作比较，以明确我国在国际所处的地位并取长补短；开展国内的城乡、两性以及不同地区间的比较分析，以利于更深入地研究和确定当代中国人的全面发展的目标，及时发现矛盾和问题，进而为我国政府制定和完善政策提供依据，不断提升我国居民的综合素质，促进人的全面协调发展。

第一节 我国人的全面发展客观领域的比较[①]

为了更清晰地看到我国居民从改革开放至今自身发展的变化，也为了能更明确我国居民发展状况所处的国家地位和国内发展局势，我们有必要在第三章所确立的人的全面发展指标体系和客观综合指数的基础上，从改革开放前后的纵向比较、国际比较和国内比较三个角度，对诸多人

---

① 本节相关数据如未注明出处，则来自于相应年份的《中国统计年鉴》和《国际统计年鉴》。

的全面发展客观领域进行评价,从而反映政策绩效,为我国政府制定和完善相关政策提供依据。对此,具体分析如下:

一、我国人的全面发展客观状况的纵向比较

(一) 客观各领域的纵向比较

1. 物质条件

在居民全面发展所需的物质条件的衡量中,物质福利、居住条件和公共设施可以最直接地表现出居民在物质方面的发展水平以及其变化情况。在通过对我国居民物质福利、居住条件与公共设施状况的指标进行分析后,我们发现改革开放以来,居民的物质条件发生了很大的变化,呈现出以下特点:

(1) 物质福利水平大大提高,实现了从温饱不足到总体小康的历史性跨越。改革开放以前,城乡居民物质福利基本上处于匮乏状态,农村还有2.5亿贫困人口。经过30多年经济的飞速发展,居民发展物质条件明显改善,拥有的财富迅速增加。可以说,改革开放的30多年,是人民群众得到实惠最多、物质福利提高最快的时期,是城乡人民发展所需物质条件实现历史性提升的时期。

从居民物质生产生活状况来看,与建立社会主义制度之前的旧中国相比,我国人民的物质生产水平有了很大的改善。1978—2008年,人均国内生产总值成倍增加(如图4-1)。人均国内生产总值由1978年的381元上升到1987年的1112元后,1992年达2311元,2003年超过万元大关,达到10542元,到2008年又迅速攀升至22698元,扣除价格因素,2008年比1978年增长近11倍。按照世界银行的划分标准,我国已经由低收入国家跃升至世界中等偏下收入国家行列,对于我国这样一个经济发展起点低,人口基数庞大的国家,能够取得这样的进步,确实是一个了不起的成绩。

与改革开放之前的计划经济型中国相比,我国人民在1978年改革开放以来物质生活多方面得到改善和提高,城乡居民收入水平和富裕程度显著提高,这更是无可否认的。城镇居民人均可支配收入从1978年的343.4元提高到2008年的15780.8元,扣除价格因素,比1978年增长近7.2倍。农村居民家庭人均纯收入由133.6元提高到4760.6元,扣除价格因素,比1979年增长6.9倍多。

第四章 人的全面发展指标体系的应用：中国的现实与选择 | 223

4-1 1978—2008年我国人均GDP发展状况

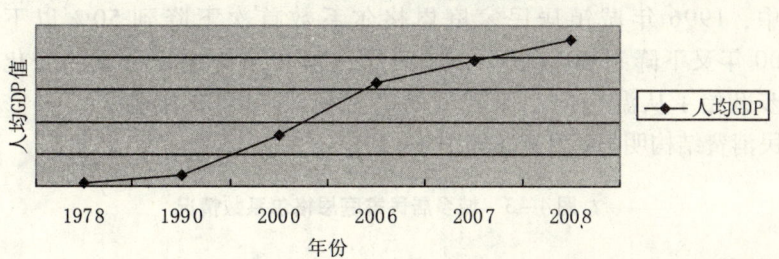

数据来源：《中国统计年鉴2008年》。

与此同时，居民消费水平从1978年的184元增加到2008年的8181元，按可比价格计算，人均消费水平提高了近8.1倍。

4-2 1979—2008年我国居民人均储蓄存款

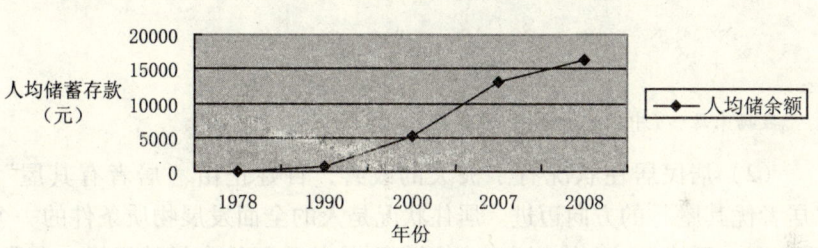

数据来源：《中国统计年鉴2008年》。

城乡居民拥有的财富也呈现快速增长趋势。城乡居民储蓄存款余额：1978年，为210.6亿元，2000年，为64332.4亿元，截至2008年已增至217885.4亿元；人均也由21.9元增加到16407元（如上图4-2）。

反映居民家庭物质福利富裕程度的恩格尔系数也不断降低。恩格尔系数是衡量一个国家或地区人民生活水平高低的一个重要指标。改革开放以来，我国城乡居民家庭恩格尔系数显著下降，人民发展所需的物质福利明显提高。2007年我国农村居民家庭恩格尔系数为43.1%，比1978年的67.7%下降了24.6个人百分比。其中，1983年农村居民家庭恩格尔系数首次下降到60%以下。根据联合国粮农组织提出的标准（恩格尔系数在59%以上为贫困，50%—59%为温饱，40%—50%为小康，30%—40%为富裕，低于30%为最富裕。），农村居民整体进入温饱生活阶段，到2000年又降到50%以下，2008年为43.7%，农村居民整体过上了温饱有余的生活，正由温饱向小康迈进。2007年我国城镇居民家庭恩格尔系数为36.3%，比1978年的57.5%下降了21.2个百分比。其中，1996年城镇居民家庭恩格尔系数首次下降到50%以下，到2000年又下降到40%以下，城镇居民消费结构出现了质的变化，也逐步开始了从温饱向小康转型的消费模式。2008年为37.9%，城镇居民消费结构明显优化①（如图4-3）。

图4-3 城乡居民家庭恩格尔系数情况

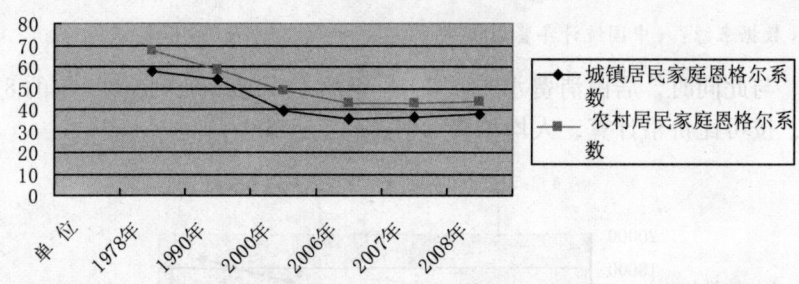

数据来源：《中国统计年鉴2008年》。

（2）居民居住状况有了极大的改善，百姓正由"居者有其屋"向"居者优其屋"的方向迈进。居住状况是人的全面发展物质条件的一个重要方面，而其中，人均住房建筑面积则是其重要的衡量的指标。在我国，由于农村和城市在居住面积上有较大差别，所以分开来计算。总的来看，无论在农村还是在城市，居民的人均住房建筑面积都呈递增趋势（如表4-1），这无疑在一定程度上也说明了居民全面发展物质条件水平的提高。

表4-1 城乡居民人均住房情况

指标	单位	1978	1990	2000	2006	2007	2008
城市人均住宅建筑面积	平方米	6.7	13.7	20.3	27.1		
农村人均住房面积	平方米	8.1	17.8	24.8	30.7	31.6	32.4

资料来源：《中国统计年鉴2008年》，其中城市人均住宅建筑面积数据来源于建设部。

与此同时，中国住宅产品也跨入产品更新换代的时代，百姓正由

---

① 国家统计局编：《辉煌三十年》，中国统计出版社2008年版，第76—77页。

"居者有其屋"向"居者优其屋"的方向迈进，购房理念由买房子买面积变为买面积、环境、文化和服务。消费者已经把居住的节能、无污染、社区的绿化、周边的设施作为购房的重要参考指数。在城镇居民住房面积发生巨大变化的同时，居民的生活居住条件也在发生翻天覆地的变化。70年代，城镇居民的住房大多为平房、筒子楼，没有独立的卫生间、厨房、上下水道，取暖、作坊烧煤炉，窄小的楼道内经常被烧火的煤烟和做饭的油烟所笼罩。现在，不仅是居者有其屋，同时成套住房内独立的卫生间、厨房、淋浴房、供暖、供气、供水设备等及各项生活服务设施应有尽有，居民生活居住条件大大得到了改善。可以说，30多年来，我国城市供水供气等基础设施发生了翻天覆地的变化，保障能力大幅度增强。2007年，城市供水总量502亿立方米，是1980年的5.7倍，用水普及率达93.8%，比1980年提高12.4个百分比；城市供气管道长度22.1万公里，是1980年的39倍，用气普及率达到87.4%，而1980年仅为16.8%[①]。同样在农村，在居住面积改善的同时，农村居民居住条件也有了明显的提高。在农村2007年使用水冲式卫生侧所的农户占16.4%，使用清洁燃油、燃气和电的农户占25.7%，饮用自来水的农户占41.3%[②]。

另外，城市绿化工作也得到加强。发展绿色经济、倡导绿色文明、推广绿色生活方式、营造绿色城市环境已成为每个城市发展的首要选择。2006年末我国城市拥有公园7913个，公园绿地面积33.3万公顷，人均公园绿地8.98平方米，分别比1978年增长11倍、3倍、9倍。城市建成区绿化覆盖面积125万公顷，建成区绿化覆盖率35.3%。截止2007年末有89个城市被建设部授予"国家园林城市"称号[③]。

(3) 公共生活设施建设成绩斐然，为居民日常生活提供了方便，个人全面发展的物质条件得到广泛提升。公共生活设施曾经是制约我国人的全面发展的主要瓶颈，改革开放30多年来，加大交通、通讯等基础设施和基础产业的投入取得明显效果。可以说，我国改革开放的30多年，是基础设施和基础产业大加强的30多年，也是交通、通信等"瓶颈"制约不断缓解的30多年。

改革开放以来，我国的交通设施建设取得了辉煌成就，为居民的日

---

① 国家统计局编：《辉煌三十年》，中国统计出版社2008年版，第68—69页。
② 同上，第78页。
③ 同上，第82页。

常生活提供了方便,提高了我国居民的综合发展素质。1979年至2007年,我国交通运输业累计完成投资74246亿元,年均增长19.9%,交通运输基础设施水平明显提高。在公路方面,数据显示,2007年,我国公路通车里程由1978年的89万公里增至358万公里,增长了3倍,其中高速公路由1988年的0.01万公里增至5.39万公里,增长了538倍。可以说,改革开放30多年,中国发生了人类历史上最大规模的交通改革。中国直到1988年才开通第一条高速公路,与美国相对差距最大,但是缩小速度最快,从1990年145被缩小至2005年的2.2倍,2008年又缩小为1.4倍。这直接导致区域间人口交流距离大大缩短。以北京到广州的时间为例,18世纪清王朝时使用最快的交通工具——驿站道的匹要走56日[1],目前乘特快约为20小时,未来两三年高速铁路开通后仅需9小时[2]。而铁路营业里程也由1978面的5.2万公里增至2007年的7.8万公里,增加了2.6万公里。这里新增里程很大部分是采用先进技术和设备的电气化铁路营业里程。1978年我国国家铁路电气化里程仅为1000公里,2007年达2.4万公里。截止2007年,我国城市道路24.6万公里,是1980年的8.2倍;城市道路面积达42.4亿平方米,人均11.4平方米。

随着发达的交通网络的初步形成,居民出行使用的个人交通工具也从最早的自行车、摩托车、电动车,发展到家用汽车;使用公共交通工具,也从最初的公共汽车、货车,发展到广为人们接受的出租车和飞机。据统计,2007年末,全国城市公共交通运营车34.8万辆,每千人拥有公共交通车辆102台,比1990年增加80台[3];2007年全国每百户城镇居民家用汽车拥有量达6.1辆,是2001年的9.1倍;2007年末全国城市拥有出租车96万辆,客运总量213亿人次,公交客运总量达533亿人次;而2007年农村居民每百户摩托车拥有量也达到48.5辆,是2001年的两倍[4]。

改革开放以来,特别是"十五"之后,我国信息通信和邮政业也实现了跨越式发展,大大扩展了人们的交往通信领域。1979年至2007年,我国邮政和电信业累计完成投资20581亿元,年均增长16%,建设了

---

[1] 白杨:《中国人史纲》,同心出版社2005年版,第6页。
[2] 参考世界银行:《2009年世界发展报告:重塑世界经济地理》,胡光宇等译,清华大学出版社2009年版,序言第2页。
[3] 国家统计局:《辉煌三十年》,中国统计出版社2008年版,第68页。
[4] 国家统计局:《中国统计摘要——2008年》,中国统计出版社2008年版,第112页。

"金卡"、"金税"、"金关"、"金盾"等一批国家重点信息化建设工程，同时坚持以竞争机制促进发展，不断增强企业核心竞争力，逐步形成了管理先进、服务一流、规模效益、具有国际竞争力的特大型通信集团公司。目前已建成了覆盖全国、通达世界、技术先进、业务全面的国家信息通信基础网络。

居民的通信方式从电报、信函到电话、手机、网络，发生了根本性的变革。据统计，1990年全国电话普及率为每百人1.11部，2007年提高到69.5部，年平均增长27.5%，其中，移动电话普及率1990年为每百人0.002部，2007年提高到41.6部，年均增长79.5%。通信相对落后的农村，2007年通邮的行政村比重达到98.4%，已通电话的行政村比重也高达99.5%。

信息流更是爆炸式增长，中国目前已经成为世界网民第一大国，网络规模和用户数居全球第一，"CN"域名也成为全球第一大国家顶级域名[1]。

2. 社会条件

改革开放30多年来以来，我国的人口与家庭结构、社会保障建设、社会服务水平、民众社会参与情况以及公共安全状况都发生了巨大变化，且这些变化通过以下方式给我国人的全面发展创造了非常有利的条件。

(1) 人口数量平稳增长，人口再生产类型由过去高出生、低死亡、高增长转向低出生、低死亡、低增长，不仅大大缓解了人口和劳动就业压力，也间接提高了人口素质。与此同时，人口出生性别的失衡、人口老龄化以及家庭小型化，也对我国人的全面发展提出了严峻挑战。

改革开放以来，我国坚持实行计划生育政策并取得了很大成绩，生育水平明显下降，实现了人口总量的平稳增长，人口再生产类型也完成了由"高出生、低死亡、高自然增长"的传统模式向"低出生、低死亡、低自然增长"的现代模式转变。我国人口再生产类型的这一历史性转变，速度快、时间短，仅仅用了不到30年的时间，而发达国家通常需要上百年才能走完这一历程。数据显示，我国人口出生率由1978年的18.3‰下降到2007年的12.1‰，年均下降0.2个千分点（图4-4）。育龄妇女一般生育率由1981年的82.4‰下降到2007年的37.5‰，年均下降1.7个

---

[1] 中国互联网信息中心（CNNIC）：《第22次中国互联网络发展状况统计报告》，2008年7月24日。

千分点。按 1990 年育龄妇女年龄结构进行标准化后,一般生育率由 1981 年的 86.6‰ 下降到 2007 年的 47.4‰,年均下降 1.5 个千分点。随着出生率的下降,人口自然增长率由 1978 年的 12.0‰ 下降到 2007 年的约 5.2‰,年均下降 0.2 个千分点(图 4-4)。年末总人口由 1978 年的 96259 万人增加到 2007 年的 132129 万人,年均增长 1.1%,比改革开放前(1949—1977 年)的年均 2.0% 的增长速度下降了 0.9 个百分点[1],我国人口进入平稳增长时期。

图 4-4　1978—2007 年我国人口出生率和自然增长率

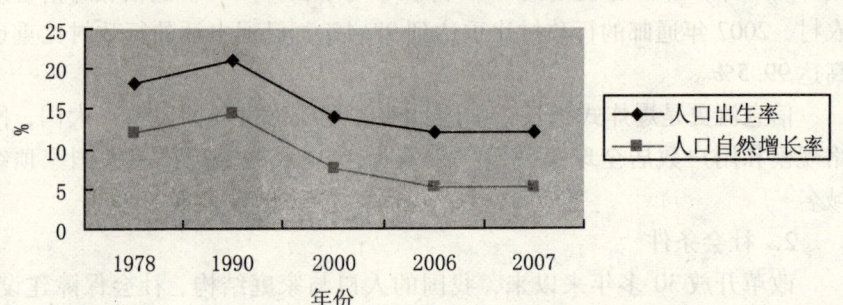

生育率和增长率的变动也促使我国人口年龄结构迅速转型,抚养比持续降低,减轻了劳动年龄人口负担。改革开放以来,我国 15—64 岁的劳动年龄人口占总人口比重逐年上升,为社会经济建设提供了丰富的劳动力资源,同时由于 0—14 岁的少年儿童比重的迅速下降,使得少儿抚养比显著下降,极大减轻了劳动年龄人口的经济负担。数据显示,我国 0—14 岁人口占总人口的比重从 1982 年的 33.6% 下降到 2007 年的 19.4%,年均下降 0.6 个百分比;15—64 岁人口比重占人口的比重从 1982 年的 61.5% 上升到 2007 年的 72.5%,年均上升 0.4 个百分比;65 岁及以上人口占总人口的比重从 1982 年的 4.9% 上升到 2007 年的 8.1%,年均上升 0.1 个百分比(如表 4-2)。人口少儿抚养比从 1982 年的 54.6% 下降到 2007 年的 26.8%,下降幅度超过 50%,年均下降 1.1 个百分比;老年抚养比从 1982 年的 8.0% 上升到 2007 年的 11.2%,上升幅度为 40%,年均上升 0.1 个百分比。由于老年抚养比的上升速度远低于少儿抚养比的下降速度,因此抚养比呈下降趋势。我国人口总抚养比从 1982 年的 62.6% 下

---

[1] 国家统计局编:《辉煌三十年》,中国统计出版社 2008 年版,第 82—83 页。

降到 2007 年的 37.93%，下降幅度约 40%，年均下降 1.0 个百分比。2005 年后，人口总抚养比一直保持在 40% 以下，即每 5 个劳动年龄人口只需负担不到 2 个少儿和老年人口，人口年龄结构处于黄金时期。这样的人口年龄结构不仅意味着劳动力资源丰富，劳动力负担较轻，还意味着较高的储蓄率和较强的社会需求，对我国经济社会的持续高速发展继而对我国人的全面发展非常有利[①]。

表 4-2　1982—2007 年我国各年龄段人口占总人口比重

指标	单位	1982 年	1990 年	2000 年	2007 年
0—14 岁人口比重	%	33.6	27.7	22.9	19.4
15—64 岁人口比重	%	61.5	66.7	70.1	72.5
65 岁以上人口比重	%	4.9	5.6	7.0	8.1
总抚养比	%	62.6	49.93	42.66	37.93
少儿抚养比	%	54.63	41.53	32.67	26.76
老年抚养比	%	7.97	8.4	9.99	11.17

资料来源：国家统计局。

人口平稳增长的同时，我国人口流动朝着城镇化方向发展，城镇化率有很大提高，基本实现了由城乡分割向城乡协调共同发展的转变。改革开放以来，城市人口占总人口的比重逐年提高，城镇化水平由 1978 年的 17.9% 上升到 2007 年的 44.9%，上升了 27.0 个百分比，年平均上升 0.9 个百分比。大量乡村人口由农村向城镇转移，促进了城乡经济的细条发展。随着城镇化和工业化进程的加快，城镇吸纳就业的能力不断增强，1978—2008 年，农村和城镇就业劳动力占全国就业人口的比重分别由 73.8% 下降到 61.1%，由 26.2% 上升到 38.9%。与此同时，城镇就业岗位的快速增加带动了乡村劳动力不断向城镇转移，使乡村就业人员占全国就业总量的比重从 1978 年的 82.1% 下降到 2008 年的 54.3%，城镇人口则相应的从 17.9% 上升到 45.7%[②]，有力地打破了城乡间劳动力要素的结构，为我国城乡人口协调发展奠定了坚实的基础，对逐步缩小城乡

[①] 国家统计局编：《辉煌三十年》，中国统计出版社 2008 年版，第 84—85 页。
[②] 邹东涛主编：《中国经济发展和体制改革报告 NO.2：中国道路与中国模式（1949—2009）》，社会科学文献出版社 2009 年版，第 187 页。

差距也将发挥重要的作用。

然而,也正是由于人口规模和结果的迅速下降,我国目前人口与家庭的一些结构性矛盾也逐渐暴露出来,特别是人口性别结构的不合理问题越来越突出。以出生性别比为例,可以说,我国人口自20世纪80年代初期以来,出生性别比开始偏离正常值范围(103—107),随后人口出生性别比持续偏高。1982年人口普查出生性别比为108.5,1990年普查为114.1,到2000年第五次普查,中国人口出生性别比更是严重偏高到119.92,2006年全国人口抽样调查数据显示人口出生性别比仍居高不下,高达119.25。这不是一个以往大家还有争论的"统计虚幻",而是社会现实[1]。所以,一个严峻的事实是,从20世纪80年代以来,我国人口出生性别比持续攀升至今未见恢复正常范围的势头,失调长达20多年,已成为世界上出生性别比失调程度最严重、持续时间最长的国家[2]。因此,在新的发展阶段,按照统筹解决人口发展问题的要求,如何有效的遏制出生人口性别比持续升高的势头,实现科学合理的性别结构,是需要认真对待和亟待解决的重大问题。

随着人口结构的变化,我国家庭结构和代际结构也发生了重大变化。家庭结构日益核心化,扩大家庭和主干家庭日益减少,核心家庭成为占主导地位的家庭结构模式。有数据显示,2007年,我国已婚育龄妇女避孕率为89.74%,比2006年下降了0.12%;一孩计生率为98.77%,比2006年上升了0.03%[3]。这样的发展趋势,使得我国家庭人口规模从1982年的4.41人下降到2007年的3.17人[4]。代际结构的变化则突出表现为每代人口规模的变化,在城镇逐步开始形成"四二一"型代际结构,亦即祖辈4人,父辈2人,子辈1人;在农村逐步开始形成"四二"型代际结构。人口老龄化以及家庭小型化,对我国传统以家庭养老为主的养老模式提出了严峻挑战,家庭养老纠纷正在增加。

(2)改革开放以来,我国人们社会参与程度不断提升,就业结构进

---

[1] 郭志刚:《对2000年人口普查出生性别比的分层模型分析》,载《人口研究》,2007年第3期。

[2] 顾宝昌:《新时期的中国人口态势》,见蔡昉、顾宝昌主编:《人口转变的社会经济后果》,社会科学文献出版社2006年版,第74页。

[3] 国家统计局人口和就业统计司编:《2008年中国人口和就业统计年鉴》,中国统计出版社2008年版,第316页。

[4] 同上,第55页。

一步优化，失业率得到有效控制。同时，作为人口大国，解决人民"乐业"的问题依然任重道远。

作为一个人口大国，在经济快速增长的同时积极推动人们参与社会就业人数的同步甚至更快增长，是推动人们积极社会参与、扩大生活交往、丰富社会生活联系、进而共享改革成果的关键。改革开放以来，党和政府对就业问题的重视始终如一。进入新时期，根据就业形势日趋严峻的现实，提出了积极的就业政策方针，出台了系统配套的财税和金融政策。就业人员持续不断增加，就业矛盾大为缓解。据统计，2007年，我国就业人数76990万人，比1978年增加了36838万人，年均增加1270万人，年均增长2.3%。29年间增加的就业人数是改革开放前净增就业人数的1.85倍，比2005年原西方七国集团就业人数总和还超出3470万人。城镇就业增加更快。2007年城镇就业人数29350万人，比1978年增加了19836万人，增长了2.08倍，年均增加684万人，年均增长约4%。城镇增加的就业人数是改革开放前城镇净增就业人数的2.76倍，相当于2005年美国、英国和加拿大三国的就业总数[①]。

在努力扩大就业的同时，政府采取多种措施加强了失业调控。从失业率的变化来看（如表4-3），我国的城镇失业人口从1978年的530万人增加到2008年的886万人，失业率从1978年的5.3%下降到2008年的4.2%。总的看来，我国失业率虽然在不断提高，但总体还是保持在较为稳定的状态（2006年至今一直保持在4.0%—4.2%之间）。在劳动力总量矛盾和结构性矛盾突出的情况下，失业率得到有效控制，保持了就业局势的基本稳定，为创造和谐稳定的社会环境，推动我国人的全面发展发挥了重要作用。

表4-3 城镇登记失业人数及失业率

指标	单位	1978	1990	2000	2006	2007	2008
城镇失业人数	万人	530.0	383.2	595.0	847.0	830.0	886.0
失业率	%	5.3	2.5	3.1	4.1	4.0	4.2

资料来源：国家统计局编：《中国统计摘要2009》，中国统计出版社2009年版。

---

① 国家统计局编：《辉煌三十年》，中国统计出版社2008年版，第89页。

在今后较长的时期，我国人口多、劳动力供大于求的矛盾仍将继续存在。国有、集体企业下岗事业人员再就业问题尚未全部解决，高校毕业生等新成长劳动力的就业问题，农村转移劳动力和被征地农民的就业安置问题凸显，就业再就业形势依然严峻，任务更加繁重。因此，努力扩大就业，满足劳动者就业需求是我国在较长时期内所面临的重要任务。

值得指出的是，在不断提高就业的同时，党和政府还积极组织人民参与各种形式的公益活动，志愿者及义工比重也在不断上升之中。2008年12月5日是第23个国际志愿者日。从共青团中央的数据看来，中国注册志愿者人数达到2946万名。自1993年底团中央发起实施青年志愿者行动以来，志愿服务已在全国范围开展近20年，截止2008年年底，累计已有3.82亿多人次的青年和社会公众为社会提供了超过78亿小时的志愿服务。仅2008年一年就累计有超过506万名志愿者参加抗震救灾和灾后重建，170多万志愿者直接服务北京奥运会举办。在广泛的社会活动参与中，我国民众获得了发展的可能与空间，从而为实现人的全面发展创造了前提和条件。

（3）社会保障体系建设取得明显效果，社会保障受益面明显扩大，我国人的全面发展所需的必要的社会保障体系日趋成熟。为了提高整个社会保障体系的保障水平，我国加大了对社会保障体系的公共财政投入。2001—2006年间，全国社会保障财政总支出从不到2000亿元增加到4361.78亿元，社会保障支出在财政总支出中的比重稳定在11%左右。与此同时，社会救济的政府支出绝对金额及其在政府支出中的比例都在增加①。

随着财政投入的增加，覆盖城乡的社会保障制度逐步建立和完善。构筑覆盖全体居民的社会保障体系，确保社会生活的稳定提高，是党和政府的重要目标之一。改革开放以来，在各方的共同努力下，我国社会保障体系建设取得明显效果。在城镇，养老、医疗、失业、工伤、生育保险在内的社会保障体系框架基本形成。而且覆盖面不断扩大②，由1978年的23.0%上升到2007年的33.4%，年平均递增1.3个百分点。2008年末，城镇养老保险参保人数达到21891万人，比1990年增加15725万人，

---

① 联合国开发计划署编，中国海南改革发展研究院协调撰写：《中国人类发展报告2007—2008：惠及13亿人的基本公共服务》，中国对外翻译出版公司2008年版，第45页。

② 国家统计局：《辉煌三十年》，中国统计出版社2008年版，第34页。

医疗、失业、工伤、生育保险参保人数分别达到 31822 万人、12400 万人、13787 万人、9254 人。在农村，社会养老保险制度正在积极探索，新型农村医疗改革试点也在加快推进。截止 2006 年底，全国参加农村社会养老保险人数为 5374 万人。2007 年，2448 个县（市、区）开展了新型农村合作医疗工作，7.3 亿农民参加了新型农村合作医疗，参合率 86.2%。2008 年，约 8.2 亿农民参加了新型农村合作医疗，参合率增至 91.5%。从总体上看，我国新型农村合作医疗运行平稳，逐步规范，农民医疗负担有所减轻，因病致贫、因病返贫的状况有所改善。

低保等制度的实施使得低收入居民发展得到保障。2007 年末全国领取失业保险金人数为 286 万人。在最低生活保障方面，更是由 2000 年 402.6 万人增至 2008 年的 2334.8 万人（见图 4-5），基本实现了"应保尽保"的目标。

图 4-5　1999-2008 年城市最低生活保障

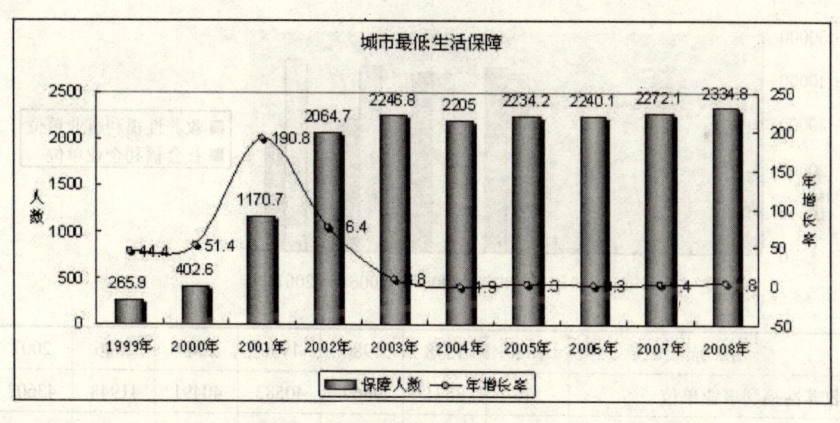

资料来源：《2008 年民政事业发展统计公报》。

同样，在农村最低生活保障方面，受益人数也大幅增长：截止 2008 年底，农村已有 4305.5 万人享受了最低生活保障，比 2007 年同期增加 739.2 万人，增长 20.7%（如表 4-4）。农村低保正向应保尽保的目标迈进。

表4-4　2001—2008年农村最低生活保障

单位：万人、%

指标	2001年	2002年	2003年	2004年	2005年	2006年	2007年	2008年
保障人数	304.6	407.8	367.1	488.0	825.0	1593.1	3566.3	4305.5
年增长率		33.9	-10.0	32.9	69.1	93.1	123.9	20.7

资料来源：《2008年民政事业发展统计公报》。

从福利事业的发展来看，我国发挥社会力量开展福利事业取得良好成效。截止2007年底，我国共有收养性福利事业单位43607个，比1978年的8571个增长了近409%。其中，社会福利企业单位为24974个，也比1978年的920个增长了近2615%（如图4-6、表4-5）。

图4-6、表4-5　1978—2007福利事业发展情况

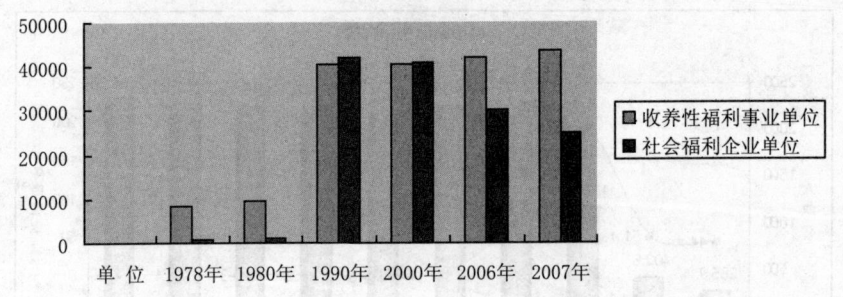

指标	单位	1978	1980	1990	2000	2006	2007
收养性福利事业单位	个	8571	9669	40583	40491	41948	43607
社会福利企业单位	个	920	1309	41827	40670	30199	24974

资料来源：《2008年民政事业发展统计公报》。

（4）社会教育、卫生、就业服务体系不断健全，群众获得服务的可及性明显改善，为我国人的发展全面打下了良好的基础。建立一个完善、有效、公平的社会服务体系是社会良性运行和确保人类发展的重要手段之一。对此，我国政府已经充分认识到这一点，在2006年提出"逐步实现基本公共服务均等化，保障社会公平正义，促进社会和谐"的目标，相关部委都在围绕实现这个目标制定战略。经过努力，我国社会教育、

卫生、就业服务事业成效明显，医疗、教育、就业体制改革进展顺利。

在投入上，优先发展和投资教育、医疗形成风气，这为社会服务的良好发展提供了经济支持。改革开放以来，我国政府一直在稳定地增加对医疗卫生和基础教育的投入。公共卫生政府支出逐年增长，1999年至2005年平均年增长16%。从卫生支出的比例结构来看，从2000年到2006年，中国的卫生总费用由4587亿元上升到9843亿元。其中政府投入增长更快，从710亿元上升到1779亿元，增长了150.73%。2000年到2006年，在卫生总费用投入中，政府投入从15.5%上升到18.1%，扭转了1980年至2000年的下降趋势[1]。随着收入的提高，城乡居民亦开始更多的关注自己的身心健康，过去大病小治、小病不治的现象有了较大改变。2007年农村居民家庭人均用于医疗保健支出为210元，比1980年增加207元，增长59倍，年均增长16.5%；2007年城镇居民人均医疗保健支出为699元，其中，用于滋补保健品和保健器材等的支出为106元，占人均医疗保健支出的15.1%[2]。

与此同时，随着国家优先投资和发展教育，将义务教育经费全面纳入公共财政保障范围，中央财政负担的基础教育经费大幅增加。1978年，中央预算内教育支出[3]仅为75亿元（约为年GDP的2%），到2005年猛增60倍，达到4531亿元。2006年，中央和地方政府预算内教育支出进一步增长到5796亿元，比2005年提高了24.2%。2008年，中央财政安排教育支出预算1561.76亿元，比2007年又增长45.1%，大大高于本级收入预算14%和支出预算15.4%的增长幅度。

新增教育支出主要面向中西部地区和农村。事实上，近几年，中西部地区一半以上的义务教育经费来自中央财政。2008年，中央财政安排义务教育专项资金预算696.5亿元，比上年增长69.6%，连续实现大幅度增长[4]。而对于农村义务教育，2007年，投入总额就达2992亿元，比

---

[1] 联合国开发计划署编，中国海南改革发展研究院协调撰写：《中国人类发展报告2007—2008：惠及13亿人的基本公共服务》，中国对外翻译出版公司2008年版，第40页。
[2] 国家统计局编：《辉煌三十年》，中国统计出版社2008年版，第677页。
[3] 预算内教育支出包括教育事业费、教育基础建设投资、各部门事业费中用于教育的支出、城市教育附加费支出、支援不发达地区资金用于教育的支出。
[4] 财政部：《中央财政2008年义教专项资金同比增长69.6%》，《人民日报》，2008年9月17日。

2003 年增长 119%，年均增长 21.7%①。

在生均经费投入上，2002 年到 2006 年间，小学生均预算公用经费由 166.52 元上升到 270.94 元，增长 62.71%；初中生均预算内公用经费由 232.88 元上升到 378.42 元，增长了 62.50%②。

随着投入的增加，医疗卫生服务体系建设不断强化。尤其是 2003 年以来，针对突如其来的"非典"和高致病性禽流感等重大疫情，国家以建设全国疾病预防控制体系和突发公共卫生事业医疗救治体系为重点，加快公共卫生体系建设，取得明显成效。2007 年末，全国共有卫生机构 29.8 万个，比 1978 年增长 75.8%。卫生技术人员 479 万人，比 1978 年增长 94.3%。医院和卫生院床位 343.8 万张，比 1978 年增长 86.1%。2008 年每千人口卫生技术人员数和医院、卫生院床位数分别为 3.8 人和 2.83 张，处于发展中国家中等偏上水平。到 2007 年末，建成疾病预防控制中心 3585 个，比 1978 年增加 596 个，基本建成了有效应对重大疫情的公共卫生网络体系，艾滋病、血吸虫病、结核病、鼠疫、碘缺乏等重大传染病、地方病和慢性病非传染病的防治取得新进展③。

各级各类教育发展显著。旧中国是一个教育普及程度极低，文盲人口充斥的国度，1949 年文盲占人口总数的 80% 以上，小学入学率仅有 20% 左右，初中入学率仅有 6%，农村人几乎都不识字，简单的读写都要求人帮忙。新中国建立以后，特别是改革开放以后，党中央、国务院把普及九年义务教育作为教育工作的重中之重，采取了一系列重大步骤普及义务教育。经过多年的努力，我国九年义务教育的普及水平终于跨上了一个新的台阶，截止 2007 年，全国普及九年义务教育人口覆盖率达到 99.3%，实现"普九"的县数已占全国总县数的 98.5%，义务教育的跨越式发展，为我国人的全面发展作出了巨大贡献。

人口受教育程度明显提升。2008 年，普通高等学校在校学生 2021 万人，比 1978 年的 85.6 万人增加了 1935.4 万人。截至 2007 年，累计毕业普通本专科毕业生 3009 万人，研究生 176 万人。2007 年每万人口大学在校生由 1978 年的 8.9 人提高至 143 人，每万人职工拥有的专业技术人员

---

① 杨桂青：《农村教育：中国教育改革的攻坚战》，载《中国教育报》，2008 年 11 月 8 日。
② 教育部、国家统计局、财政部：《2007 年全国教育经费执行情况统计公告》，教育部网站，2008 年 5 月 4 日。
③ 国家统计局编：《辉煌三十年》，中国统计出版社 2008 年版，第 35—36 页。

则增长 3.9 倍。教育程度明显提高,已接近中等收入国家平均水平。

职业教育规模不断扩大,结构更加合理,具有中国特色的现代职业教育体系初步建立。改革开放初期,由于受"文化大革命"的冲击和影响,我国职业教育事业十分薄弱,学校数量少、在校生规模小、办学条件差,难以满足经济建设对高素质劳动者和技能型人才的迫切需要。据统计,1978 年仅有中等职业学校 4700 多所,当年招生 70.4 万人,占高中阶段招生总数的 6.1%,在校生 130 万人。到了 2007 年,全国中等职业学校发展到 14800 多所,招生规模达到 810 万人,在校学生达到 1987 万人,中等职业教育的招生规模已占高中阶段招生总数的 49.1%。与 1978 年相比,中等职业学校数增加了 2.1 倍,招生数增加了 10.5 倍,在校生数增加了 14.3 倍;占高中阶段招生总数的比例也比 1978 年提高了 43 个百分点。高等职业教育在过去的 30 年里也有了很大发展。改革开放初期,一些地方开始兴办短期职业大学,专科层次的技能型人才培养规模小。到 2007 年,高等职业学校发展到 1168 所,当年招生 283 万人,在校学生达到 861 万人,约占普通高等院校招生数和在校生数的一半。2007 年,中等职业教育和高等职业教育招生数共达到 1100 万人,在校生数近 3000 万人。职业教育的快速发展,充分体现了我国教育结构调整的重大成果。

职业再就业培训服务机构快速发展。截至 2007 年末,全国就业训练中心和社会培训机构共开展培训 1960 万人次,比 2002 年增长 83%(如表 4-6)。然而,虽然我国政府一直在多渠道开发就业岗位,不断完善就业、再就业服务体系,但社会再就业仍然面临严峻挑战,这也是今后相当长一段时期内我们所需要进行的努力。

表 4-6 就业培训机构情况

	就业培训中心(所)	社会培训机构(所)	培训人员(万人次)		
			总计	再就业培训(万人次)	创业培训
2002	3456	17350	1071	518	31
2003	3307	19139	1166	549	29
2004	3323	21425	1488	530	31
2005	3289	20341	1625	610	51
2006	3212	21462	1905	645	63
2007	3173	21811	1960	643	64

资料来源：2002—2007 年期间的《劳动和社会保障事业发展统计公报》。

(5) 从总体上看，改革开放以来，中国公共安全形势发展总体稳定、趋于好转，但形势依然严峻、任重道远。自 2001 年以来，我国社会治安状况保持平稳，继续呈良性发展态势，主要违法犯罪活动得到有效遏制，城乡社会生活总体上安全有序，人民群众安全感普遍增强。就总体犯罪数量而言，我国自 1978 年以来，犯罪率呈现出上升轨迹。1978 年全国刑事犯罪总计为 53 万多起，犯罪率约每 10 万人 56 起，到 1990 年犯罪率突破每 10 万人 200 起，2001 年犯罪率突破了 300 起，而到 2005 年，犯罪率约为 1978 年的 7 倍，达到每 10 万人 358 起，犯罪的绝对数额从 1978 年的 50 多万起到 1990 年突破 200 万大关，而 2001 年更突破 400 万起，2005 年犯罪总数为 468 万多起，是 1978 年犯罪总数的 8.7 倍。犯罪总量在 28 年间年均增长约 8.4%，而犯罪率在此间年均增长了约 7.1%。

图 4-7　1978-2005 年中国的犯罪率变化轨迹

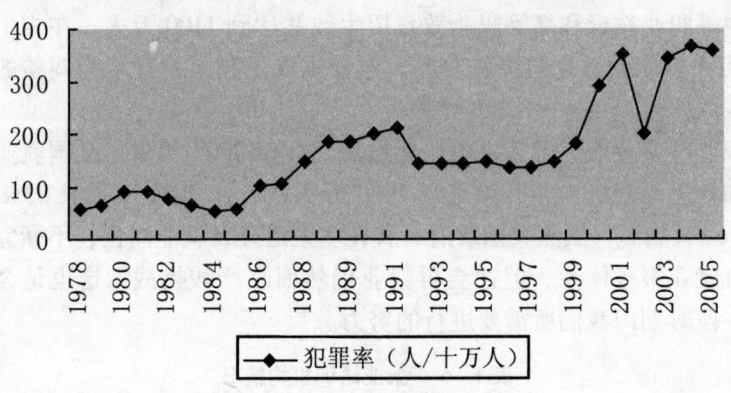

图 4-7 是我国 1978 年以来犯罪率的变化轨迹。从中可以看出，我国的犯罪率在 80 年代前期一直下降并在 1984 年达到最低点，而在 80 年代后期迅速增长，到了 90 年代后期又经历了一次巨大的增长，犯罪率开始进入高位并相对保持平稳，而到 2001 年之后犯罪率的波动幅度不是很大。截止 2008 年，我国刑事案件总量都保持平稳。数据显示，2008 年 1—10 月，全国公安机关共立杀人案件 1.2 万起，比 2007 年同期下降 8.7%，杀死 1.1 万人，同比下降 11.8%，其中发生在居民住宅的 5774 起，同比下降 10.1%；强奸案件 2.5 万起，同比下降 5.6%；放火案件 4797 起，

第四章 人的全面发展指标体系的应用：中国的现实与选择 | 239

同比下降11.5%；抢劫案件22.2万起，同比下降8.3%，其中入室抢劫案件1.7万起，同比下降8.5%；抢夺案件13.3万起，同比下降8.6%。在一定程度上不仅反映了我国主要犯罪活动得到了有效遏制，居民安全得到了有效保护，也反映了我国公共安全任务仍需重视。

随着社会发展，道路交通事故、火灾等治安灾害事故明显减少。2008全年共发生各类事故413752起，死亡91172人，与2007年相比，分别下降18.3%和10.2%。年度事故死亡人数自1995年以来首次降到10万人以下。其中，2008年，全国共发生道路交通事故265204起，造成73484人死亡、304919人受伤。与2007年相比，事故起数减少62005起，下降19%；死亡人数减少8165人，下降10%；受伤人数减少75523人，下降20%。其中，发生一次死亡3人以上道路交通事故1290起，同比减少190起，下降12.9%；发生一次死亡5人以上道路交通事故250起，同比减少17起，下降6.4%；发生一次死亡10人以上特大道路交通事故29起，同比增加3起。道路交通事故万车死亡率为4.3，同比减少0.8。值得指出的是，虽然事故数量有所减少，但是问题还是相当严重的，尤其是交通事故的发生率已经成为较为严重的社会问题，引起了社会的广泛关注。可以说，我国人均机动车拥有量持续上升，是导致新增道路容量迅速消耗这种变动趋势的主要原因。从某种角度上讲，它反映了我国居民在出行条件方面有所提高，但是持续上升的交通事故伤亡率也在影响着我国居民的全面发展。这需要我国政府针对我国的特殊国情，采取有效措施改善交通问题。

总体而言，我国的食品安全形势是乐观的，但其发展趋势并不令人满意。2008年，卫生部通过网络直报系统共收到全国食物中毒报告431起，中毒13095人，死亡154人，涉及100人以上的食物中毒13起。与2007年网络直报数据相比，食物中毒的报告起数减少14.82%，中毒人数减少1.39%，死亡人数减少40.31%[①]。但相比于2005年的中毒事件报告256起、中毒9021人[②]，在食物中毒次数和人数上却有所上升，这说明我国居民获得安全食品的社会条件仍然不够。

3. 政治条件

---

① 《卫生部办公厅关于2008年全国食物中毒报告情况的通报》，载《中国食品卫生杂志》，2009年第3期。

② 《卫生部通报2005年全国食物中毒报告情况》，食品商务网，2003年3月24日。

政治发展条件作为人的全面发展的一种客观状态，是表示以国家权力为核心的政治体系朝着有利于人的全面发展的方向变迁的趋势、程度和性质。30多年来，中国的政治发展过程是围绕着发展生产力，不断提高公民政治参与水平，调整和变革政治关系，提高法治水平，争取处理政治发展与民主、稳定、效率关系的过程。可以说，当代中国政治发展经历了并正在经历一场广泛而深刻的历史性变革，这场变革涉及社会的方方面面。

（1）公民政治参与的社会基础日趋扩大，参与的热情普遍提高。公民通过选举把自己的代言者选入代议制的权力机关，由他们代为行使国家权力。参选率是评价公民参政意识的指标之一。我国公民的参选率略呈下降趋势。在50、60年代，参选率保持在97%以上；1979-1981年的县级直接选举中，根据1712个县级单位的统计，参选率为95.82%；而"最近两次换届选举的参选率平均在90%以上，其中上届为94.50%，本届为93.96%。有的县参选率相当高……为98%，参选率相对低一点的县，也都在75%以上"①。一般而言，参选率与民主的联系是，民主程度越高，民众参与政治就越多元化，透明度增强，扩大了公民选择的范围，参选与弃选具有同等机会，公民可以自主自愿地决定是否参选和选谁为其代表，因此尽管参选率相对地降低了，但公民的政治参与度却是提升了。加之，干部"公选直选"、村居委"海选"、"差额票决"……自主选择权的意识和实践越来越多地进入中国人的政治生活。

高涨的热情下，我国的公务员队伍不断壮大。截止2007年底，公务员人口数量约706万，占全国财政供养人数的八成。此外，如今的国家公务员公开推荐、公开考试的录用制度，在某种程度上也说明国民政治参与的觉悟与热情提高。

（2）政治稳定和反暴力有大幅进步。1990年代特别是1992年以来，中国政局相当稳定，甚至可以说是中国近代百年以来最稳定的时期，其基本特征是没有大的社会动乱，大的政治抗议，大的暴力冲突；没有社会阶层之间的大规模对抗，社会与国家政权之间大规模的对抗，以及权力集团之间的大规模对抗。稳定的政局为中国人的全面发展提供了良好的政治保障。

在政局相对稳定的情况下，近年来，我国平均每年因各种灾害、事

---

① 《省县级两级地方人大情况问卷调查报告》，载《法制日报》，1994年9月14日。

故、安全事件等突发事件造成的非正常死亡人数超过20万人,非正常死亡率约26‰(非正常死亡人数/死亡总人数×1000‰),伤残超过200万人,经济损失超过6000亿人民币。

为了更好地维护政治稳定,我国政府根据需要合理科学地调整军费支出。1980年以来我国军费开支(如表4-7)从1980年的194亿元人民币增加至2007年的3509亿元人民币。但军费占GDP百分比却从1980年的4.27%下降为2007年的1.42%,军费占财政收入百分比也由1980年的16.74%降为2007年的6.84%,且自1986年以来一直保持较为平稳的比例。

表4-7 1980年以来中国军事开支情况

单位:亿元人民币 %

年份	军费	军费比比上年增长	军费占GDP百分比	军费占财政收入百分比
1980	194		4.27%	16.74%
1985	192	-1.03%	2.13%	9.58%
1986	201	4.69%	1.96%	9.47%
1987	210	4.48%	1.74%	9.55%
1988	218	3.81%	1.45%	9.25%
1989	125	15.14%	1.48%	9.42%
1990	290	15.54%	1.55%	9.87%
1991	330	13.79%	1.52%	10.48%
1992	378	14.55%	1.40%	10.85%
1993	426	12.70%	1.21%	9.80%
1994	551	29.345	1.14%	10.56%
1995	637	15.61%	1.05%	10.21%
1996	720	13.03%	1.01%	9.72%
1997	813	12.92%	1.03%	9.40%
1998	935	15.01%	1.11%	9.47%
1999	1076	15.08%	1.20%	9.40%
2000	1207	12.17%	1.22%	9.01%
2001	1442	19.47%	1.32%	8.80%
2002	1708	18.45%	1.42%	9.04%

年份	军费	军费比比上年增长	军费占 GDP 百分比	军费占财政收入百分比
2003	1908	11.71%	1.40%	8.79%
2004	2200	15.30%	1.385	8.33%
2005	2475	12.50%	1.35%	7.82%
2006	2979	2.36%	1.41%	7.57%
2007	3509	17.79%	1.42%	6.84%

数据来源：世界银行。以上数据都是当年实际金额，为扣除通货膨胀因素。

在军事人员及其占劳动力总数比重方面，也呈稳定发展。虽然军事人员从1990年的350万人上升到2003年的375万人，但军事人员占劳动力总数的比重却一直保持0.5%左右（如表4-8）。

表4-8　1990—2003中国军事人员及其占劳动力总数的比重

国家	军事人员数(万人)			军事人员数占劳动力总数的比重(%)		
	1990	2000	2003	1990	2000	2003
中国	350.0	391.0	375.0	0.5	0.5	0.5

数据来源：世界银行。

稳定增长的军事人员与军费开支，不仅说明了我国在维护政治稳定与反暴力方面的一贯坚持原则，也从另一个侧面反映了我国政局的稳定，反暴力与维护动乱的开支平衡。

（3）法治建设日趋完善，但反腐败斗争任重道远。新中国成立后，尤其是改革开放以来，我国制定了大量法律法规，目前以宪法为核心的中国特色社会主义法律体系初步形成。截止2008年2月，全国人大及其常委会制定了229件现行有效的法律，国务院制定了600多件现行有效的行政法规，地方人大及其常委会制定了近7000多件现行有效的地方性法规，民族自治地方制定了600多件自治条例和单行条例[1]。法治建设日趋完善，人们发展的政治条件基本做到有法可依。

---

[1] 邹东涛主编：《中国经济发展和体制改革报告 NO.2：中国道路与中国模式（1949—2009）》，社会科学文献出版社2009年版，第382页。

为加强法治，我国近几年的警力人数在不断增加。每千人口警察人数2007年为1.16人，与1978年的0.65人相比增长178.5%，年平均递增2.0个百分比。每千人口警察数目的增多，反映了我国政府对公共安全的投入在不断增加，用以维护政局稳定和反腐败，从而更好地保护居民政治权益。

实施律师制度和法律援助制度，依法保护公民的合法权益。1996年5月，第八届全国人大第19次会议通过《律师法》。《律师法》的颁布和实施，对保障我国法制建设具有重要意义。我国律师队伍随即不断壮大。2008年初，我国律师事务所已经发展到1.3万多家，律师已达14.3万多人，为1.6万多个政府部门和26万多家企事业单位担任法律顾问。律师队伍已经成为我国法制建设，维护公民发展权利的重要力量。

改革开放以来，我国的腐败渎职案件急剧上升，尽管我国在打击腐败问题上采取了许多措施，但每年的腐败渎职案件数量仍不断增多，涉案人员数量居高不下，高级干部涉案人数也在逐渐增多。现代社会不能完全根除腐败，但在一个致力于民众全面发展的民主法治的社会里，腐败是可以得到有效控制的。2006年，全国共审结贪污贿赂、渎职犯罪等案件23733件，判处县处级以上国家工作人员825人，地厅级92人，省部级9人[①]。每10万人口贪污受贿、渎职受案率也由1978年的3.5件增长至2007年的4.1件，年均递增0.6%，我国反腐败斗争任重道远。

（4）在改革开放、经济社会的快速发展中，公民权利也在不断扩大。改革开放30多年来，我国的社会组织经历了20世纪80年代的兴起与繁荣，90年代的转型与规范管理，近年来开始呈现出许多新的特征和趋势。表4-9反映了在民政部登记注册的主要社会组织的发展情况，反映出近年来日渐清晰的一个走向高潮的趋势。据民政部门统计，到2008年底，全国登记注册的社会组织总数达约41.2万家。另据我们的调查估计，目前实际开展活动的各类社会组织中，包括大量无法按照现行法规登记注册的草根组织、境外在华社会组织、社区社会组织、农村社会组织及各种网络型、松散型的社会组织等，其总量约为300万家。且近年来更以年均增长30%以上的速度递增。社会组织的快速增长及其在社会生活中作用的彰显，大大拓展了社会的包容力与多元化格局，在增大社会资本的同时提高了公民参与社会生活的能力及其张力，加快了我国走向公民社

---

① 新华网站，http://www.xinhuanet.com/zhibo，2007-03-13。

会的历史进程。

表4-9 社会组织发展情况

指标	单位	2004年	2005年	2006年	2007年	2008年
社会团体	万个	15.3	17.1	19.2	21.2	23.0
民办非企业单位	万个	13.5	14.8	16.1	17.4	18.2
基金会	个	892	975	1144	1340	1597
社团年增长率	%		7.7	11.8	12.3	10.4

资料来源：2007、2008年《民政事业发展统计报告》。

我国工会会员人数继续保持增长态势。2008年全国工会会员人数21217.1万人，比上年增加1888.1万人，增长9.8%。其中女会员7773.8万人，占36.6%；农民工会员7216.6万人，占34.0%。全国入会率为73.7%。全国工会会员中，企业15731.9万人，占74.3%，比上年增加1349.6万人①。

参与宗教团体人数处于不断上升之中。在我国，公民可以自由的选择、表达自己的宗教信仰和表明宗教身份。据不完全统计，中国现有各种宗教信徒1亿多人，新教人数呈平稳增长态势，宗教活动场所共约13万处，比1997年增长约5万所。宗教教职人员约36万人，比1997年增长6万人，宗教团体5500多个，宗教院校110余所②。中国政府还不断加大对宗教团体、宗教院校和宗教活动场所建设的支持力度。从上世纪80年代开始，中国政府向宗教界提供寺观教堂维修款每年300—500万，从1997年开始提高到每年约1000万，从2006年开始，提高到每年1500万。自2003年起，政府对佛教、道教、伊斯兰教、天主教、基督教五大教的7个全国性宗教团体办公会所和6所宗教院校校舍建设给予支持并提供优惠政策，在11个建设项目中，国家资助经费超过7亿元人民币，全国性宗教团体的办公条件和宗教院校的办学条件得到了明显改善③。

4. 文化条件

---

① 中华全国总工会研究室：《2008年工会组织和工会工作发展状况统计公报》。中国工会统计调查网，2009年8月7日。http://theory.workercn.cn/contentfile/2009/08/07/101255925672654.html。

② 《宗教信仰自由的伟大实践——新中国成立60年宗教工作综述》，新华社2009年9月7日，http/cpc.people.com.cn/GB/165240/166717/10006059.html。

③ 郭艾：《经典中国辉煌60年：民族团结与宗教和谐篇》，光明日报网，2009年9月5日。

30多年来,我国政府采取有力措施,发展繁荣文化事业,保障公民发展的文化需要。主要表现如下:

(1) 实施重大文化产业项目带动战略,文化生产再上新台阶。改革开放以来,我国不断加快文化产业基地和区域性特色文化产业群建设。进入新世纪,特别是党的十六大以来,中央及各级党委、政府加大了对文化工作的支持力度,文化事业费的增长速度明显加快。2007年,全国文化事业费已达198.96亿元,占国家财政总支出的0.4%,比2003年增加104.93亿元,增长111.6%,年均增长20.6%,比1978年至2003年的年均增长率提高了7.6个百分比[①]。

文化部门艺术表演团体和场馆演出收入不断增加。截止2007年,全国文化部门艺术表演团体总收入为69.1亿元,比1978年增长20.6倍,年均增长11.2%;全国文化部门艺术表演场馆收入11.5亿元,比1985年增长8.9倍。

体育健儿在国际大赛中获得历史性突破和连续跨越。1984年,新中国首次参加在洛杉矶举办的夏季奥运会,实现了中国奥运史上金牌"零"的突破;在2000年悉尼夏季奥运会上,中国首次进入奥运会金牌榜前三名,金牌总数位居第三,取得了历史性突破;2004年雅典夏季奥运会上,中国体育代表团又取得新突破,金牌总数居世界第二位;2008年,北京成功举办了第29界夏季奥运会,中国代表团取得了51枚金牌、100枚奖牌的优异成绩,第一次名列奥运会金牌榜首,创造了中国体育代表团参加奥运会以来最好成绩。据统计,1978—2007年,我国运动员共获得世界冠军2137个,占新中国成立以来总数的99%;创造世界纪录1001次,占新中国成立以来总数的85%。全民健身运动蓬勃发展,越来越多的人投入到健身健体的体育运动和锻炼当中,体质得到加强[②]。

(2) 文化基础设施建设加强,初步形成了可以覆盖全国特别是城镇的公共文化服务体系。在文化基础设施建设方面,县乡两级公共文化服务体系初步形成,基本实现了县县有图书馆、文化馆。2008年末,全国共有公共图书馆2819个,是1978年的2.3倍多。博物馆1893个,是1978年的近5.5倍。全国文化信息资源共享工程、广播电视村村通工程等基层文化设施建设扎实推进,2008年末,共有广播电台257座,电视台277座。有线广播电视用户16352万户。年末广播节目综合人口覆盖率

---

① 国家统计局编:《辉煌三十年》,中国统计出版社2008年版,第167页。
② 国家统计局:《辉煌三十年》,中国统计出版社2008年版,第37页。

为96%，电视节目综合人口覆盖率为97%。新闻出版、广播影视、文学艺术进一步繁荣，出版各类报纸445.3亿份，各类期刊30.2亿册，图书68.7亿册（张），分别是1990年的2.1倍、1.1倍、1.2倍①。到2007年末全国共有艺术表演团体2856个，文化馆2921个，现在，让中国人发愁的是面对如此丰富的文化资源而难以作出选择。

城乡公共体育设施建设加快，群众性体育蓬勃发展。2004年，我国共有各类体育场地850080个，平均每万人拥有体育场地6.58个，比1995年增加了1.58个；人均体育场地面积1.03平方米，比1995年增加0.38平方米②。截止2007年，我国地级及以上城市（不包括市辖县）拥有体育场（馆）达33054个。一批大型文化体育设施相继建成开放，极大地满足了居民文化娱乐和体育建设需求。全民建设工程和基层文化设施的广泛普及，城市整体环境的持续改善，使市民的文化娱乐生活更加丰富多彩③。

（3）市场化改革让中国的百姓拥有越来越充分的文化消费主导权，文化消费正成为个人的事情。文化消费方式趋于多样化。随着城乡居民物质生活水平的不断提高，人们开始不断追求精神文化生活，文化消费日益受到居民的青睐。据统计，1981年农村居民人均文化娱乐教育支出近10.1元，2007年达305.7元，年均增长14.0%；1981年全国城镇居民人均文化娱乐教育支出35.8元，2007年达1329.2元，年均增长14.9%④。随着发展，城乡居民也意识到知识和信息的重要性，对文化教育等发展性投入不断增大。农村居民家庭人均文教娱乐用品及服务支出由1981年的38元增加到2007年的1329元，增长了34倍，年均增长14.7%，占消费性支出比重也由8.4%上升到13.3%⑤。

非物质文化遗产保护得到加强。继2006年5月公布第一批518项国家级非物质文化遗产名录后，2008年6月国务院批准公布了第二批国家级非物质文化遗产名录项目，共计510项，以及第一批国家级非物质文化遗产扩展项目名录，共计147项；2007—2008年，文化部先后公布了民间文学、杂技与竞技、民间美术、传统手工技艺、传统医药、民间音乐、

---

① 同上，第36—37页。
② 同上，第69页。
③ 国家统计局：《辉煌三十年》，中国统计出版社，2008年版，第81—82页。
④ 同上，第79页。
⑤ 同上，第77页。

民间舞蹈、传统戏剧、曲艺和民俗等十类777名国家级非物质文化遗产项目代表性继承人；文化生态保护区建设逐步展开，2007年6月和2008年1月，文化部先后命名了两个国家级文化生态保护区：福建省闽南文化生态保护实验区及徽州文化生态保护实验区。

5. 环境条件

改革开放以来，我们党和政府坚持人与自然和谐发展的方针，合理开发利用自然资源，积极参与国际合作，创造有益于人们生存和持续发展的环境，努力建设资源节约型、环境友好型社会，保障人们全面持续发展的环境需要。在环境利用、治理和保护方面成效显著：

（1）环境质量和利用程度日趋合理和理性。30多年来，我国不断大幅度地增加能源投入，能源生产能力大大增强。2007年，我国能源生产总量达到23.5亿吨标准煤，比1978年增长2.8倍，年均增长4.7%，已经成为世界上除了美国之外的第二大能源生产国，能源总自给率达到90%。在主要能源中，2007年原煤产量25.26亿吨，居世界第一位，比1978年增长3.1倍。2007年末，发电装机容量7.18亿千瓦，比1978年增长11.8倍，年均增长9.2%。与此同时，可再生能源开发效果明显，水电、核电、风电占能源生产总量的比例由1978年的3.1%提高到2007年的8.2%。[1]

林业生态建设稳步发展。第六次（1999—2003年）全国森林资源清查资料显示，我国森林面积达到1.75亿公顷，比第二次（1977—1981年）全国森林资源清查增长52.2%；森林覆盖率为18.21%，增长6.2个百分点；森林蓄积量为124.6亿立方米，增长38.4%。十六大以来，国家以六大林业工程为重点，大力推进生态建设，同时加大生态环境保护和监管力度。2007年全国共完成造林面积390.8万公顷，其中六大林业重点工程造林面积268.2万公顷，占全部造林面积的68.6%，造林面积增长的同时，林种结构进一步调整，造林质量呈上升趋势[2]。

人均水资源拥有量增加。与2004年相比，2008年我国人均水资源拥有量从1856立方米/人上升为2048立方米/人（如图4-9）。

---

[1] 国家统计局：《辉煌三十年》，中国统计出版社2008年版，第29页。
[2] 同上，第186页。

图4-9 2004—2008年人均水资源量

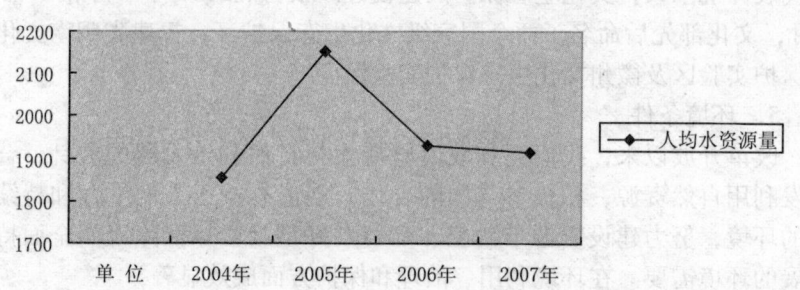

资料来源：国家统计局：《中国统计摘要（2009）》，中国统计出版社2009年版。

按2000年可比价计算，单位GDP能耗开始由2005年的1.43吨标准煤/万元下降到2007年的1.36吨标准煤/万元。

（2）环境治理与保护程度明显加强。在治理受到严重污染的环境方面已经开始收到成效。环境污染治理投资总额逐年增加，环境污染治理投资占GDP比重稳步提高。上世纪80年代初期，全国环保治理投资每年为25—30亿元，约占同期国内生产总值（GDP）的0.51%；到80年代末期，投资总额超过100亿元，占同期国民生产总值的0.60%左右；"九五"期末，投资总额达到1010.3亿元，占同期国民生产总值的1.02%，首次突破1%；"十五"期末，投资总额达到2388亿元，占同期国民生产总值的1.30%；2007年，全国环境污染治理投资总额达3387亿元，是1981年25亿元的135倍，占同期国内生产总值的比重为1.36%[①]。2000—2006年，环境污染直接经济损失由17809.9万元减少到13471.1万元。

城市环境基础设施建设投资加大。改革开放以来，国家推进城市市政公用事业改革，加强城市环境综合整治，城市环境基础设施建设投资稳步增长。2007年，全国城市环境基础设施建设投资1467.5亿元，是1981年的272倍，占环境污染治理投资总额的43.3%。其中，燃气投资160.1亿元，是1981年89倍；集中供热投资230亿元，是1986年的144倍；排水投资410亿元，是1981年的205倍；园林绿化投资525.6亿元，是1981年的584倍；市容环境卫生投资141.8亿元，是1981年的

---

① 国家统计局编：《辉煌三十年》，中国统计出版社2008年版，第182页。

5.9倍①。

工业"三废"治理取得成效。如表4-10所示，2007年工业废水排放达标率为91.7%，比2001年提高了6.5个百分点；工业二氧化硫排放达标率86.3%，提高了25.0个百分点；工业粉尘排放达标率为88.1%，提高了37.9个百分点；工业固体废物综合利用率为62.1%，提高了10.0个百分点；"三废"综合利用也取得了较高的经济效益，"三废"综合利用产品产值达到1351.3亿元，提高近3倍。

表4-10　三废治理效率情况

单位：%，万吨

指标	2001年	2002年	2003年	2004年	2005年	2006年	2007年
工业废水排放达标率	85.2	88.3	89.2	90.7	91.2	90.7	91.7
工业二氧化硫排放达标率	61.3	70.2	69.1	75.6	79.4	81.9	86.3
工业烟尘排放达标率	67.3	75.0	78.5	80.2	82.9	87.0	88.2
工业粉尘排放达标率	50.2	61.7	54.5	71.4	75.1	82.9	88.1
工业固体废物综合利用率	52.1	51.9	54.8	55.7	56.1	60.2	62.1
工业固体废物处置率	15.7	17.1	17.5	22.1	23.2	27.4	23.4
"三废"综合利用产品产值	344.6	385.6	441.0	573.3	755.5	1026.8	1351.3

城市环境治理能力继续增强。随着城市环境综合整治逐步深化，结合调整产业结构和能源结构，加强城市基础设施建设，城市环境保护工作和环境治理能力继续增强。2007年底，城市污水处理厂日处理能力达7145.5万吨，是2000年的3.3倍；城市污水处理率62.9%，比2000年提高了28.6个百分点；城市燃气普及率达到87.4%，比2000提高42.0个百分点；建成区绿化覆盖率为35.3%，比2000提高7.1个百分点；城市生活垃圾清运量达到15215万吨，比2000年增长28.8%。2007年，113个环境保护重点城市空气质量保持稳定，空气质量达到二级标准的城市占44.2%，三级的占54.9%，劣于三级的占0.9%。与上年相比，劣于三级的城市比例降低6.2个百分点。2007年监测的350个城市中，区域声环境质量好的城市占5.7%，较好的占66.3%，轻度污染的占26.6%，中度污染的占1.4%。全国监测的353个城市中，58.6%的城市

---

① 同上，第182—183页。

道路交通声环境质量为好，33.7%的城市较好，5.7%的城市为轻度污染，1.1%的城市为中度污染，0.9%的城市为重度污染[1]。

主要污染物排放总量逐步得到控制，取得了实质性的进展。据初步核算，2007年，全国化学需氧量排放量1381.8万吨，比上年下降3.2%；二氧化硫排放量2468.1万吨，比上年下降4.7%。与2005年相比，化学需氧量和二氧化硫排放量分别下降2.3%、3.2%，实现了两项污染物排放总量双下降[2]。

节能减排效果显著。1980—2006年，中国能源消费以年均5.6%的增长支撑了国民经济平均9.8%的增长。按2005年不变价格，万元GDP能源消耗由1980年的3.39吨标准煤下降到2006年的1.21吨标准煤，年均节能率3.9%，扭转了单位GDP能源消耗上升的势头。

荒漠化和沙化整体扩展的趋势得到初步遏制。第三次（2004年）全国荒漠化和沙化监测结果表明，20世纪90年代末我国荒漠化和沙化整体扩展的趋势得到初步遏制，全国沙化土地由20世纪末每年扩展3436平方千米转为每年减少1283平方千米。截止到2004年，全国荒漠化土地面积为263.62万平方千米，比1999年减少37924平方千米；重、极重度荒漠化面积在荒漠化面积中的比重由1999年的47.3%下降到2004年的38.7%；全国沙化土地面积173.97万平方千米，比1999年减少6416平方千米；流动、半固定沙化面积在沙化土地中的比重由1999年的36.1%下降到2004年的33.9%[3]。

自然保护区建设得到加强。截止到2007年底，全国（不含香港、澳门特别行政区和台湾地区）共建各种类型、不同级别的自然保护区2531个，比1991年增加1823个；自然保护区面积为15188万公顷，增加1.7倍；自然保护区占辖区面积比重为15.2%，提高9.6个百分点。

自然湿地进一步得到保护。我国首次（1995—2003年）湿地资源调查结果显示：我国湿地总面积为3848.6万公顷，占国土面积的4.0%，其中，自然湿地3620.1万公顷，占湿地总面积的94.1%。全国共有30块湿地列入国际重要湿地名录，总面积达358万公顷。我国湿地面积快速减少、功能下降的趋势初步得到控制，生态功能逐步得到恢复和改善。

---

[1] 国家统计局编：《辉煌三十年》，中国统计出版社2008年版，第184页。
[2] 同上，第185页。
[3] 国家统计局：《辉煌三十年》，中国统计出版社2008年版，第186页。

治理水土流失取得新进展。截止到 2007 年底,全国累计水土流失治理面积达到 9987 万公顷,比 1985 年增加了 5347 万公顷①。

(3)治理的同时,环境污染和破坏程度依旧严峻,环境治理与保护任重道远。土地荒漠化问题依然严峻。生态专家指出,截止 2009 年 7 月,中国荒漠化面积有 262.2 万平方公里,占国土面积的 27.3%,每年还新增 2460 平方公里,遍布东经 74 度到 119 度、北纬 19 度到 49 度的广阔空间,涉及 18 个省、471 个县(尤以西北及内蒙古 6 省区最为严重,占全国荒漠化面积的 71.1%)。受荒漠化影响,全国 40% 的耕地在不同程度地退化,其中 800 万公顷危在旦夕,1.07 亿公顷草场也是命若游丝。荒漠化深重地影响着 4 亿人的现在和未来,每年造成的经济损失有 541 亿元之巨,相当于西北 5 省 3 年的财政收入。

各种生态灾害发生频率增加。2008 年全年中国各类自然灾害造成死亡和失踪 88928 人;因灾直接经济损失 13547.5 亿元,比 2007 年增加 473.3%。全年因洪涝灾害造成直接经济损失 635 亿元,下降 23.1%;死亡 686 人,下降 41.3%。全年低温冷冻和雪灾造成直接经济损失 1595 亿元,死亡 162 人。全年实际发生各类地质灾害 2.7 万起,直接经济损失 183.7 亿元,死亡 656 人。

随着城市规模的不断扩大以及人口的进一步增长,生活污水排放量与日俱增,1998 年城市生活污水的排放量首次超过了工业废水。2002 年生活污水占全国污水排放总量的 40% 多,而目前全国城市污水处理率只有 34.3%。污水排放量的增加,对河流的污染也在加剧,造成河流纳污能力减小,水质状况变差,水的生态结构发生了改变②。

可吸入颗粒物仍是影响空气质量的首要污染物。多数经济相对发达城市的二氧化硫和二氧化氮浓度较高。工业排放和机动车排放是城市大气污染的主要污染源,并且呈现越来越严重的趋势。截止 2007 年,全国共有 30% 的土地被酸雨污染,有 90% 的可利用天然草原出现了不同程度的退化,1/4 的人口饮用不合格的水,40% 的城市生活污水直接排放,40% 的城市人口呼吸污染的空气。因污染危害居民健康引发的群体事件持续增长,每年发生的环境污染纠纷达数万起。由此看来,如何缓解快速经济发展与资源环境的矛盾是新阶段中国面临的严峻挑战。

---

① 国家统计局:《辉煌三十年》,中国统计出版社 2008 年版,第 186 页。
② 尹平:《城市水生态环境保护问题探讨》,载《东北水利水电》,2009 年第 6 期。

6. 全面能力

人的全面发展，最根本的是人的能力的全面发展，即人的体力、智力和创新力的充分、统一发展。改革开放以来，随着物质条件的提高和公共卫生事业的进步，我国人口全面能力水平有了极大提高。

（1）人均预期寿命显著提高，各种死亡率持续下降，国民生存能力明显改善。人均预期寿命显著提高。1981 年我国人口平均预期寿命为 67.8 岁，2005 年提高到 73.0 岁，提高了 5.2 岁，2007 年更是达到 74.5 岁。其中男性平均预期寿命从 1981 年的 66.3 岁提高到 2005 年的 70.8 岁，女性从 69.3 岁提高到 75.3 岁[①]（见表 4-11）。

表 4-11　1981—2005 年平均预期寿命

单位：岁

年份	人均预期寿命		
	合计	男	女
1981	67.8	66.3	69.3
1990	68.6	66.8	70.5
2000	71.4	69.6	73.3
2005	73.0	70.8	75.3

婴儿死亡率和孕妇死亡率持续下降。历年人口普查数据显示，1981 年我国婴儿死亡率为 37.6‰，1990 年下降到 32.9‰，2000 年又下降到 28.4‰，平均每十年下降 4.6 个千分点。2005 年我国婴儿死亡率为 24.3‰，比 2000 年下降 4.1 个千分点，下降速度明显[②]。而我国的孕妇死亡率也从 2000 年的十万分之 53 降低到 2007 年的十万分之 36.6（见图 4-10）。

[①] 国家统计局：《辉煌三十年》，中国统计出版社 2008 年版，第 85 页。
[②] 同上

图 4-10 2000—2007 年我国孕妇死亡率（1/10 万）

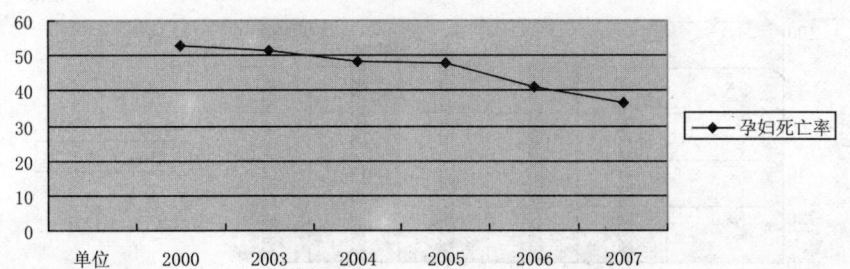

资料来源：《中国卫生统计年鉴 2007》、《2003—2007 年中国卫生发展情况简报》、《2007 年中国卫生事业发展统计公报》。

（2）知识能力大幅提升，人口素质整体提升。改革开放以来，随着社会经济的迅速发展和对各类人才的需求日益加大，政府对教育的投入大量增加，人口的整体知识能力水平显著提高。2007 年，我国 16 岁以上人口的平均受教育年限从 1982 年 5.3 年提高到 8.4 年，提高了 3.1 年，已经达到初中三年级水平。其中男性从 6.5 年提高到 9.0 年，提高了 2.5 年；女性从 4.1 年提高到 7.8 年，提高了 3.7 年[①]。

在教育范围方面，农村义务教育已全面纳入财政保障范围，对全国农村义务教育阶段学生全部免除学费、全部免费提供教科书，2007 年开始在教育部直属师范大学实施师范生免费教育试点。初中教育毛入学率由 2000 年的 88.7% 上升到 2007 年的 98.0%；高中阶段教育毛入学率由 2000 年的 42.8% 上升到 2007 年的 66.0%；高等教育毛入学率由 2000 年的 12.5% 上升到 2007 年的 23.0%[②]。

伴随着大规模扫盲运动和教育的发展，我国成人识字率不断提高（如图 4-11），从 1981 年的 67.1% 上升到 2006 年的 90.69%。人们的文化素质得到不断提高。

[①] 国家统计局：《辉煌三十年》，中国统计出版社 2008 年版，第 85—86 页。
[②] 同上，第 81 页。

图4-11　1981—2006年成人识字率（%）

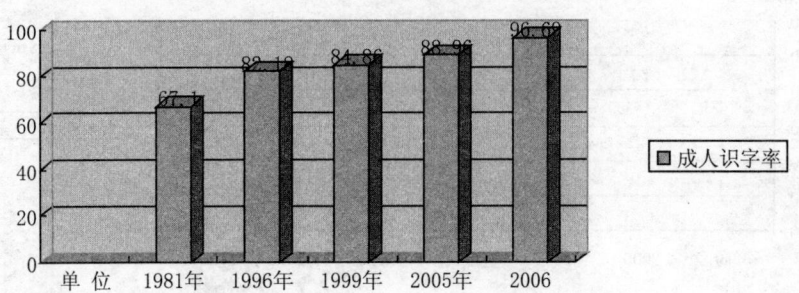

数据来源：根据1982、1997、2000、2006、2007年《中国统计年鉴》中"各地区按性别分的15岁及15岁以上文盲人口"整理计算。

（3）科技队伍不断壮大，人员创新素质不断提高。30年多来，我国不断加大科技投入，科技经费投入快速增加。近年来，国家对科技创新的支持力度不断加大，财政支出中对科技的投入逐年增加。2006年国家用于科技事业的财政拨款为1689亿元，是1980年的26.1倍，年均增长达13.4%。随着国家经济实力的不断增强，政府在加大财政扶持力度的同时采取有效措施积极引导全社会加大对科技事业的投入。据统计，2007年全社会研究与试验发展（R&D）经费支出达3710.2亿元，是1991年的26.1倍，年均增长22.6%；按全国人口计算的人均R&D支出为280.8元，是1991年的22.8倍。2007年R&D经费支出与国内生产总值（GDP）之比为1.49%，比1991年增加0.84个百分点，2008年研究与实验发展（R&D）经费支出更是达到4570亿元，比1995年增长了4221个亿，这都表明社会资源配置对于自主研发的倾斜逐年加大。

科技队伍不断壮大，人员素质不断提高。党的十一届三中全会以后，我国的科技人力资源得到迅速恢复和发展。截至2007年底，国有企事业单位拥有工程技术人员、农业技术人员、科学研究人员、卫生技术人员和教学人员等五类专业技术人员2255万人，是1978年的5.2倍。同时，我国科技人力投入不断增加，科技研发人员的水平与素质不断提高，逐步形成了一支具有较大规模和较高水平的科技人才队伍。到2007年，全国从事科技活动人员达454.4万人，是1991年的2倍；全国研究与试验发展（R&D）折合全时人员达173.6万人，其中科学家和工程师142.3万人，分别是1991年的2.6倍和3倍，2008年更是上升到161.4万人

(见图 4-12)。科学家和工程师所占比重由 1991 年的 70.3% 提高到 82%，增加了 11.7 个百分点。目前，我国的研发人员总量仅次于美国，居世界第二位①。

图 4-12　1998—2008 研究与实验发展（R&D）活动科学家和工程师人数

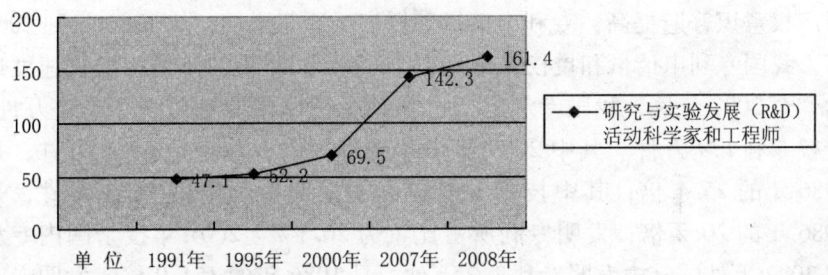

资料来源：国家统计局编：《中国统计摘要（2009）》，中国统计出版社 2009 年版。

高技术产品进出口贸易不断扩大。高技术产业的快速发展带动了我国高技术产品进出口贸易的不断扩大。据统计，2007 年我国高技术产品进出口总额达 6348 亿美元，是 1986 年的 111.3 倍（1986 年以前无该项统计）；其中，出口 3478 亿美元，进口 2870 亿美元，分别是 1986 年的 484.4 倍和 57.6 倍；进出口贸易实现了由 1986 年的逆差 42.7 亿美元到 2007 年顺差 608 亿美元的转变。高技术产品出口在我国对外贸易中的作用越来越明显。2007 年高技术产品出口占商品出口总额的份额为 28.6%，比 1986 年的 2.3% 增加了 26.3 个百分点②。

高新技术产业开发区建设得到推进。1988 年，政府开始批准建立国家级高新技术产业开发区。在国家相关政策引导和扶持下，我国高新技术产业开发区建设不断推进，区内企业不断增加，区域集聚进一步加快，产业集群加速形成。至 2007 年底，国家级高新技术产业开发区已从 1990 年的 27 个发展到 54 个，区内企业数由 1600 多家发展到超过 4.8 万家，从业人员由 12.3 万人增加到 650.2 万人；2007 年实现总收入和总产值分别达到 5.5 万亿元和 4.4 万亿元，分别为 1990 年的 726 倍和 769 倍③。高

---

① 国家统计局编：《辉煌三十年》，中国统计出版社 2008 年版，第 152 页。
② 国家统计局编：《辉煌三十年》，中国统计出版社 2008 年版，第 154 页。
③ 同上。

新技术园区和经济技术开发区已经成为我国高技术产业的重要集聚地。

专利事业取得长足进展，知识产权保护环境明显改善。专利情况是反映创新能力和水平的重要指标。为保护知识产权，鼓励发明创造，促进技术交流，国家于1985年正式实施了《中华人民共和国专利法》。《专利法》实施二十多年来，我国知识产权保护环境明显改善，科技人员知识产权意识普遍提高，专利申请量和授权量逐年增加。从1986年到2007年，我国专利申请量和授权量分别以16.7%和25%的年平均增长速度递增，至2007年底，我国专利部门已累计受理国内专利申请331.5万件，授权专利179万件。其中2007年当年受理国内专利申请58.6万件，是1986年的25.4倍；其中技术含量较高的发明专利申请15.3万件，是1986年的20.2倍；发明专利所占比重为26.1%。2007年授予国内专利权30.2万件，其中发明专利3.2万件，是1986年的354.9倍；发明专利所占比重为10.6%，比1986年提高了7.4个百分点[①]。

7. 机会平等

更多关注人的公平发展，是人的全面发展对改革开放提出的基本要求。事实上，改革开放以来，讲求发展的稳定性、协调性、可持续性，讲求全面改善民生的普惠性，不断形成弱势群体机会平等的发展长效机制，正成为我们党和政府的共识。主要体现如下：

（1）扶贫工作取得巨大成绩，但分配机会平等仍待加强。长期的努力，改革开放以来，我国扶贫工作取得巨大成绩。改革开放之初的1978年，全国农村的绝对贫困人口约有2.5亿人，约占全部人口的四分之一。到2008年末，农村绝对贫困人口减少为4007万人，只占全部人口的4.2%。正如阿马蒂亚·森所言，中国在世界反贫困斗争中的地位是独一无二的，没有哪个低收入国家取得了如此非凡的成就，为世界减贫作出如此巨大的贡献[②]。

然而，我国在居民发展总体水平提高的同时，城乡之间的发展差距也仍然比较明显。且居民发展的城乡差距突出表现在不断扩大的收入差距——城乡居民收入差距已经从2000年的2.79倍扩大到2007年的3.33倍。

---

① 国家统计局编：《辉煌三十年》，中国统计出版社2008年版，第157页。
② [印] 阿马蒂亚·森：《中国应回归全民医疗保险》，载《南华早报》，2007年7月20日。

从基尼系数来看,我国的贫富差距有扩大趋势。综合各类居民收入来看,全国基尼系数由 1978 年的 0.33 增加到 2006 年的 0.47,远远超过世界所规定的收入分配警戒线 (0.4)。贫富差距的扩大不利于我国人口的和谐全面发展,已经引起了各级政府部门的高度重视。

(2) 妇女就业、受教育、参政议政的平等权利得到保障,但差距仍在一定程度上存在。妇女就业和获得经济资源的平等权利得到保障。妇女创办的中小企业迅速发展,女性就业人员占全社会就业人员的比重已达 45%。与此同时我国农村贫困妇女人数大为减少,贫困发生率下降。

我国妇女受教育水平进一步提高。从整体发展来看,女性所占比例也在逐步提升。2000 年高等学校中女生比例为 41%,比男生低 18 个百分比,男女比例为 59∶41;而到 2002 年女生比例则提高到 44%,提升了 3 个百分点,男女比例为 56∶44。该指标也反映了我国女性受教育水平的提高。

保障妇女的公民政治权利,促进妇女参政议政。改革开放以来,广大妇女以国家主人翁的姿态参与社会主义民主政治建设,参政议政的意识和能力明显增强。妇女参政比例呈上升趋势。到 2007 年,全国女干部数量稳步增长,比例已接近干部队伍的 40%。从反映两性平等的重要指标——全国人大代表的女性比例来看,在 2008 年第十一届全国人大代表中,女代表比例提高到了 22%。而在此前结束的全国省级领导班子换届中,新一届省级人大、政府、政协领导班子的 815 名成员中,有 106 位女性,约占 13%。全国 656 个城市中,有女性市长 619 人,其中正职女市长 31 人。由此可见,中国女性从政、参政比例越来越高,不仅说明女性政治地位的提高,也说明中国干部人事制度改革进程正在加快[①]。

虽然中国居民发展的性别差距总体上不明显,但由于历史和传统习惯等因素,性别差距在一定程度上仍然存在。例如,在各类教育中,女性比例不仅低于男生,而且随着教育程度的提高而比例下降。在小学教育或初等教育阶段,中国女生的就学率是相当高的,可以说几乎与男生的就学率不相上下;到了中等教育阶段,特别是普通中学,女生的就学率开始有所下降,女生占学生总数的比重为 46.43%;到了高等教育阶

[①] 冯雪梅等:《中国女性从政参政比例渐高 政治因"她"更添魅力》,载《中国青年报》,2008 年 3 月 9 日。http://www.ce.cn/xwzx/gnsz/szyw/200803/09/t20080309_14769187.shtml。

段，普通本科中女生比重为 45.30%，研究生层次则比男生低 13 个百分点以上①。教育权益失衡带来的结果，就是强化了男女受教育机会的不公平。

总之，改革开放以来，我国在减少贫困、缩小差距方面取得了一定的成就，但其中也存在着一些发展不平衡现象，例如城乡差距、性别差距等（这在后面的小节中会详细论述，故暂不细述）。

8. 选择自由

改革开放以来，有利于我国居民文化生活和个性发展的选择自由空间有较大提升，表现在：

（1）自由闲暇日趋充裕而丰富。在闲暇时间上，我国居民的闲暇时间也正在日益增多。自 1995 年国家实行双休日、1999 年实施"黄金周"、2007 年 12 月出台法定节假日（减少"五一"国际劳动节休假天数，增设清明、端午、中秋为国家法定节假日）至今，不包括带薪假期，我国公众国家法定假日全年为 115 天。一个更加值得重视的现象是带薪休假政策的出台，这使职工的闲暇时间增加近 25%。与此同时，我国农村居民也拥有较多的闲暇时间，且其闲暇时间有日益增多的趋势。农业耕作有农忙和农闲时间，在农闲时，有一部分人外出打工，也有一部分人在家中享受闲暇。现代化建设使越来越多的农村居民失去赖以生存的土地，从而也造就了越来越多的"闲人"；眼下实行的退耕还林，也使得一部分居民变得越来越悠闲；农业现代化建设也把许多农业人口从繁重的体力劳动中解放出来，使其拥有了越来越多的闲暇时间。

然而，从总体上看，城市居民闲暇时间虽然有明显增加，但闲暇时间数量和闲暇活动质量相比，后者更是薄弱环节，闲暇活动单调、活动种类不丰富、趣味不高雅，仍是当前存在的主要倾向。如何开发"以闲暇时间形式存在的社会资源"仍是今后相当长时期的任务。

随着闲暇时间的增多，我国居民参与体育健身和外出旅游活动的次数都有增多，旅游成为城镇居民休闲度假的新方式。从短途的城市周边游，周末的国内游，到长假的国内游、出境游；旅游方式也从简单的跟团游逐步发展到自助游。城乡居民用于旅游的支出逐年增长，旅游人次数不断攀升。2007 年国内旅游人数达 16.1 亿人次，比 1994 年增长 2.1 倍。2007 年国内居民因私出境人数达 3492.4 万人次，比 2002 年增长 2.5

---

① 国家统计局：《中国统计年鉴（2007）》，中国统计出版社 2007 年版。

倍，年均增长28.3%。旅游受到越来越多居民的青睐，已成为人们陶冶情操、增长见识的重要途径[①]。

2008年的出境旅游人数保持了较大幅度的增长，据统计，中国公民全年出境总人次数可达4584万，比2007年大约增长11.9%[②]。但是，和进入21世纪以来各年中国出境旅游增长趋势相比，这个增长速度比预计的要低。之所以出现这一现象，自然和国内外的大环境有很大关系，而在社会经济发展不稳定因素如此错综复杂的年度，出境旅游能够出现这一增长，也已是很不错的成绩。与出境游低速度相比，国内旅游则是总体上升，冷热不均。2008年国内旅游总人次17.12亿人次，比上年增长6.3%。国内旅游收入8749亿元，比上年增长12.6%。应当说，在这样一个悲喜交加、政策调整的特殊年份能够取得这样的发展也是个相当不错的结果。

(2) 职业的变动与选择日趋自由。随着我国社会主义市场经济体制的建立和产业结构的调整，自由择业的人员越来越多，自主择业的就业形式已成为扩大就业的有效途径。2002—2003年我国自由就业在就业领域的功效凸显出来，在劳动力市场上扮演着日益重要的角色，70%以上的下岗失业人员进入自由就业领域。

根据《中国统计年鉴(2008)》相关数据(如表4-12)可以看出，三大产业就业人员比重从1978年的70.5∶17.3∶12.2调整至2006年的42.6∶25.2∶32.2，第一产业劳动就业人员比重大幅下降，第二产业比重有所增加，与第一、二产业相比，第三产业呈现出就业增长迅速且发展潜力巨大的特点，就业人员比重由1978年的12.2%上升至2006年的32.2%。三大产业就业人员比重的变动，从某种意义上也说明了我国居民职业选择和变动的自由度越来越大。

[①] 国家统计局编：《辉煌三十年》，中国统计出版社2008年版，第79页。
[②] 国家旅游局2009年1月29日发布的旅游统计数据。除非特别说明外，本报告所采数据的主要依据是国家旅游局公布的年度统计数据。

表 4-12　1978—2006 年我国三大产业就业人员比重变动

年份	构成（以合计为 100）		
	第一产业	第二产业	第三产业
1978 年	70.5	17.3	12.2
1990 年	60.1	21.4	18.5
2000 年	50.0	22.5	27.5
2006 年	42.6	25.2	32.2

（二）人的全面发展客观综合指数的纵向比较

综合指数的纵向比较是构建人的全面发展指标体系及客观综合指数的目的之一。事实上，由于人的全面发展指标体系的每一个指标从不同侧面反映了人的全面发展的特征，因而在整体上观察我国人的全面发展的实现程度及其发展趋势，只有通过客观综合指数的纵向比较才能从整体上把握我国人的全面发展状况和阶段。

由此，根据人的全面发展客观综合指数计算方法，本书得出我国 1990—2007 年我国人的全面发展客观综合指数分别为：（1990 年 0.6902），（1995 年 0.7086），（2000 年 0.7402），（2005 年 0.7468），（2007 年 0.7536），如图 4-13。

图 4-13　我国人的全面发展客观综合指数变化（1990—2007）

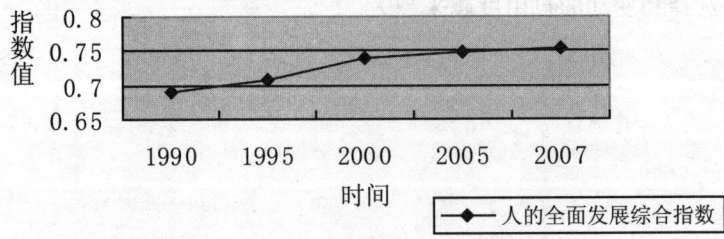

从图 4-13 可以比较直观地看到，我国人的全面发展综合指数从 1990 年到 2007 年间呈现的是不断上升的趋势，其中 1995 年到 2000 年上升最明显。但是，从下表：1978—2007 年我国"人均预期寿命"、"知识

能力"、"人均国内生产总值"、"森林覆盖率"和"社会保障覆占财政收入比重"和"基尼系数"的指标标准化值来看，我们发现，尽管1990—2007年我国居民在物质福利、生存能力、知识能力等方面的指数均呈现了不断上升趋势，但反应环境条件的"人均CO_2排放量"的标准值和反映分配公平状况的"基尼系数"标准值却是呈不断下降的趋势。由此反映的是我国不断加重的环境负担和不断扩大的贫富分化。

1990—2007年我国居民物质福利、生存能力、知识能力、环境保护和分配公平方面指标的标准化值

	1990	1995	2000	2005	2007
物质福利指数1	0.410	0.496	0.557	0.628	0.665
生存能力指数1	0.717	0.743	0.771	0.793	0.799
知识能力指数1	0.697	0.731	0.829	0.847	0.851
环境条件指数2	0.97	0.962	0.961	0.936	0.933
分配公平指数3	0.657	0.611	0.583	0.530	0.520
人的全面发展综合指数	0.6902	0.7086	0.7402	0.7468	0.7536

注：1. 部分数据来源于《2009年人类发展报告》和《中国统计年鉴》。

2. 环境条件指数数据根据世界银行相关数据计算得来。数据1990年数据根据《中国统计年鉴》的数据计算得来，其他来源于：第五、六次全国森林资源清查结果、《中国林业统计年鉴》及《2009年国际统计年鉴》。

3. 根据中国统计局和世界银行提供的相关数据计算得来。

由此可见，改革开放30多年来，我国人的全面发展，走出了一条坚定稳健的发展之路。可以说，改革开放不仅将人从计划经济模式下主体被禁锢的状态下解放出来，同时还力图从物的束缚中解脱出来。特别是进入新世纪以来，中国政府在发展生产力、义务教育、公共卫生与基本医疗服务等方面加大了力度。但由于生产力的发展水平还不高，社会建设相对滞后，我国也出现了收入差距日益扩大的发展趋势，社会不平等现象日趋严重，这既反映了经济社会发展不协调的矛盾，也反映了基本公共服务制度建设滞后的问题；与此同时，我国在各方面取得的成就，也正日益受到经济增长带来的环境污染的威胁。尽管此处我们采用的用来衡量环境条件的指数还很高，"人均CO_2排放量"的标准值较低，但事实上我国的CO_2排放总量巨大，且上升速度也很快。这样一来，我国未来人的全面发展路径，还有必要把人的发展和高增长率分离开来，使经

济增长与分配更加注重公平,并迈向充分考虑人的发展的低污染环境保护与建设,从而使我国人的发展更具公平性和可持续性。

二、我国人的全面发展客观状况的国际比较

(一)人的全面发展各领域的比较

1. 物质条件

(1)物质福利提升速度举世瞩目,但尚处于工业化初级阶段,距离中等发达国家还有相当一段距离,居民消费质量明显偏低,但也仍存在较大的提升空间。

根据钱纳里的工业化发展阶段划分(表4-14),当人均GDP低于1500美元时,国民经济属于初级产品生产阶段;当人均GDP处于3000—6000美元时,国民经济已具备相当的实力,进入活跃和加速发展的重要阶段;当人均GDP在6000美元以上时,国民经济进入发达阶段。

表4-14 钱纳里的工业发展阶段

时期	人均GDP变动范围/美元*	发展阶段
1	363—728	初级产品生产阶段
2	728—1456	
3	1456—2912	工业化阶段
4	2912—5460	
5	5460—8736	发达经济阶段
6	8736—13104	

* 此处为1982年的美元。

在我国运用中国的人均GDP数据进行国际比较,需要考虑两个价格因素:一个是以美元为单位的价格折算,包括当年价和购买力平价;另一个是折算为不变价的本国价格,即先剔除本国价格变动的影响,再以当年汇率测算。然而如果先剔除本国价格变动的影响,再以当年汇率测算,所得到的人均GDP会大大低于实际收入水平。

本书采用现行价人均GDP,以当期美元汇率折算来比较我国当前所处的工业化阶段,在分析时对价格的变动予以讨论。图4-14是自1978年以来中国人均GDP的时间序列图,从图中可以看出,20世纪80年代以来,我国人均GDP快速增长,2008年较1978年增加近11倍。尽管人均GDP的增长速度举世瞩目,但若从绝对值来看,2008年我国人均GDP

为 22698 元,排在世界百多位左右。对比钱纳里的工业化划分可以看出,我国人均 GDP 水平还比较低,尚处于工业化初级阶段,距离中等发达国家还有相当一段距离。

图 4-14 1978—2008 年人均国内生产总值

指标	单位	1978 年	1990 年	2000 年	2006 年	2007 年	2008 年
人均国内生产总值	元	381.2	1644.5	7857.7	16164.8	19524.1	22698.0
人均国内生产总值指数(1978 年=100)		100	237.3	575.5	977.8	1088.8	1191.8

虽然我国的人均国内生产总值与发达国家还有差距,但我国人均国内生产总值增长率却成绩喜人。改革开放以来我国经济进入快速发展阶段,2007 年人均国内生产总值增长率高达 11.2%,远远高于日本(2.1%)、加拿大(1.7%)、美国(1.4%)、英国(2.3%)和澳大利亚(2.9%)。与此同时,从消费水平来看,以 2006 年数据为例,在人均住户最终消费支出这一指标上,我国(651 美元)与世界高收入国家相差甚远,与中等收入国家(1079 美元)相比也有很大差距。

从总体对比情况看,我国目前居民恩格尔系数与国际上大多数国家人均 GDP 为 1000 美元时期的水平基本相当。数据显示,2007 年我国城乡居民家庭恩格尔系数分别为 36.3% 和 43.1%,与美、法、英、日四国人均 GDP 为 1000 美元时期的恩格尔系数比较接近,其中,美国为 37.2%,法国为 41.9%,英国为 43.4%,日本为 37.1%[1](如表 4-15)。2008 年,我国恩格尔系数有所上升,城乡分别为 37.9% 和 43.7%,虽然与当前我国经济发展阶段基本适应,但与高收入国家和中等收入国家现阶段情况相比,我国居民消费质量明显偏低,恩格尔系数仍存在较大的下降空间。

---

[1] 参见中华人民共和国国家统计局编:《2004 中国发展报告》,中国统计出版社 2004 年版,第 234 页。

表4-15　人均GDP1000美元左右时部分高收入国家和中国城乡恩格尔系数（%）

国别	年份	人均GDP(美元)	恩格尔系数
美国	1941	1031	37.2
法国	1958	969	41.9
英国	1958	995	43.4
日本	1966	1076	37.1
中国	2007	5345	其中：城镇 36.3 农村 43.1

（2）居住状况与发达国家相比，处于较低水平。从居住面积来看，我国人均居住面积与发达国家相比，处于较低水平。2006年我国城镇居民的人均居住面积为27.1平方米，农村居民为30.7平方米，而世界各发达国家，如日本1998年的人均居住面积就为92.4平方米，美国和英国2001年的人均居住面积也分别达到了162.0平方米和87.0平方米。当然此中不能忽略的是我国人口密度上的劣势，这一因素在一定程度上影响到了人均居住面积。

从居住设施来看，2006年我国居民享受卫生设施和清洁用水源人口占总人口比重分别为65%和88%，略高于世界平均水平（60%和86%），但与国际高收入国家平均水平（100%和100%）相比还有很长的路要走。

根据联合国2003年的人均绿化面积公布表来看，我国人均绿化面积为4—5平方米，同期的日本、韩国等国家的人均绿化面积分别达到了4000平方米和3500平方米，美国也达到了2000平方米。人均绿化面积与国际标准（人均30—40平方米）也有很大差距，虽然这与我国人口过密有一定的关系，但也说明政府在这方面还有很多工作需要做。

房价收入比是国际上通用的衡量房地产泡沫状况的指标之一，这里我们用该指标衡量居民全面发展所需的住房状况，是因为如果一个地区的房价收入比过高，则这个地区的居民会感受到很大的经济压力，全面发展所需的物质水平会下降。按照世界银行的标准，发达国家的房价收入比一般在1.8—5.5，发展中国家的房价收入比为3~6。近年来，随着城市化水平的提高，我国房地产市场发展迅速，房价上涨得也很快，绝大多数的城市居民都对房价的快速上涨表示不满。表4-16是2006年第三季度京、泸、穗、深四地房价收入比，不难看出4个城市该指标的水平均是发达国家的 2 倍,并呈现上升的态势,大大超出了居民可以承受的范围。

表 4-16 四城市房价收入比

城市	年份	人均可支配收入/元	三口之家年收入/元	商品住宅均价/元	90 平米总价/元	房价收入比
北京	2004	15638	46914	4747	427230	9.11
	2005	17653	52959	6725	605250	11.43
	2006 年前三季度	15009	45027	6781	610290	13.55
上海	2004	27596	82788	6385	574650	6.94
	2005	21494	64482	6698	602820	9.35
	2006 年前三季度	17042	51126	8836	795240	15.55
广州	2004	16884	50652	3888	349920	6.91
	2005	16287	54861	5114	460260	8.39
	2006 年前三季度	15121	45363	6388	574920	12.67
深圳	2004	27596	82788	5998	539820	6.52
	2005	21494	64482	7040	633600	9.83
	2006 年前三季度	17042	51126	8952	805680	15.76

资料来源:http://bussiness.sohu.com/20061118/n246466358.shtml,2006-11-18。

(3) 公共设施人均占有量处于国际较低水平,建设水平有待加强。长期以来,我国城市人均道路面积一直处于低水平状态,只是近十年才开始有较快发展,人均面积由 1991 年的 2.8 平方米上升到 2000 年的 6.6 平方米。但是,这种增长还是有限的,因为人口的增长和机动车辆的增加远远快于道路面积的增长,使得很多大城市的交通状况远远不能满足人们的出行需要。从国内外区域比较看,2000 年北京市人均道路面积为 4.7 平方米,广州和上海分别为 9.8 平方米和 6.0 平方米,而东京和伦敦为 13.5 平方米和 24.5 平方米。人均道路面积少,交通的不便捷使居民需要花很多时间在交通上,降低了发展的质量。

根据《国际统计年鉴 2009》提供的国家每千人拥有机动车辆数目,

我国 2006 年为 28.0 辆，这一数据低于世界发达国家水平。表 4-17 显示，日本 2004 年的每千人机动车辆数（586.0 辆），加拿大 2003 年的这一数值（582.0 辆），2005 年美国、英国、澳大利亚的数值（分别为 675.0 辆、517.0 辆和 671.0 辆）都已超出我国 2006 年每千人机动车辆数的 20 多倍。

表 4-17　各国最近几年的千人机动车辆数（辆）

国家	年份	每千人机动车辆数
中国	2006	28.0
日本	2004	586.0
加拿大	2003	582.0
美国	2005	675.0
英国	2005	517.0
澳大利亚	2005	671.0

2007 年，我国每千居民固定电话主线为 276.86 条，超出世界平均水平 193.83 条的水平，也超出中等收入国家平均 166.52 条的水平。同时，这一数值，同期的日本为 358.52、美国为 540.98、英国为 551.85、澳大利亚为 464.38，说明我国与发达国家还有很大差距；与亚洲的韩国 479.92、新加坡 405.20 相比，也有一定差距。

与此同时，我国的移动电话虽然也发展迅速，从 2000 年的 67.52 部/每千人发展到 2007 年的 414.62 部/每千人，但 2007 年这一数值却明显低于世界平均水平（497.87 部/每千人），也低于中等收入国家（465.94 部/每千人），不到高等收入国家平均水平（969.86 部/每千人）的一半。

以 2006 年为例，世界平均每千人拥有计算机数量为 154.13 台，我国每千人拥有计算机数量为 56.49 台，几乎仅为世界平均水平的 1/3。虽然高于中等收入国家平均水平（56.03 台/千人），但与世界主要发达国家相比仍有很大差距，加拿大为 943.37 台，美国为 803.28 台，英国为 802.04 台；与亚洲的韩国（539.50 台）、新加坡（722.50 台）相比，也相对落后。

在国际互联网用户发展水平上，我国不仅低于英美等发达国家，而且也低于世界平均水平。2006 年，我国的每千人宽带用户为 38.81 个，而世界平均水平达到了 50.31 个，与世界高收入国家几乎没有可比性，只比中等收入国家发展水平（20.84 个）稍高。可见，我国的网络建设水平

第四章 人的全面发展指标体系的应用：中国的现实与选择 | 267

有待加强。

2. 社会条件

（1）人口规模稳居世界第一，增长量的下降为世界人口与发展作出了重要贡献，人口年龄结构处于黄金时期，对我国人的全面持续高速发展非常有利，但今后人口工作也将面临严峻挑战。

在人口规模和增长上，我国人口多年居高不下，稳居世界第一。好在计划生育政策实施以来，全国少生4亿多人，使中国"13亿人口日"和世界"60亿人口日"的到来时间都推迟了4年，减轻了人口增长过快的压力。这期间，中国人口占世界人口的比重由1980年的22.2%下降到2007年的20.1%，中国人口粗出生率不断下降，2006年为11.9‰，低于同期世界平均水平（20.1‰），也比美国（14.1‰）、英国（12.2‰）和澳大利亚（12.9‰）分别低出2.2个百分点、0.2个百分点1.0个百分点。人口增长占世界人口年增长的比例也从1982年的18.4%下降到2007年的10.3%。中国人口增量的下降为世界人口与发展作出了重要贡献。

从人口抚养比上看，我国人口年龄结构处于黄金时期。如表4-18统计显示，中国0至14岁人口占总人口的比重2007年为20.6%；15岁至64岁人口比重2007年为71.4%，65岁及以上人口比重同期为7.9%。老年抚养比远低于少儿抚养比，总抚养比为40%，低于世界平均60%的水平。这一数字比美国、英国、澳大利亚、日本都低出10个百分点，与加拿大持平。这样的年龄结构意味着我国居民整体发展负担较轻，对我国人的全面发展非常有利。

表4-18 人口年龄构成和抚养比（2007年）

国家和地区	年龄构成(%)			抚养比(%)
	0—14岁	15—64岁	65岁以上	
世界	27.7	64.9	7.5	0.6
中国	20.6	71.4	7.9	0.4
日本	13.7	65.6	20.8	0.5
加拿大	17.0	69.5	13.4	0.4
美国	20.5	67.1	12.4	0.5
英国	17.6	66.1	16.2	0.5
澳大利亚	19.0	67.5	13.5	0.5

在城镇人口比重上，我国城镇化水平虽持续提高，但城镇人口所占比重仍较低。改革开放以来，随着大量乡村人口由农村向城市转移，我国城镇人口占总人口比重不断上升。据世界银行统计数据显示，我国城镇人口比重由2000年的35.8%上升到2007年的42.2%，提高了6.4个百分点。发展速度超过世界同期平均2.8个百分点的水平。而就具体比重而言（如表4-19），截至2007年，我国城镇化人口比重仍落后于世界平均水平（49.5%）7.2个百分点，也远远落后于发达国家日本（66.3%）、加拿大（80.3%）、美国（81.4%）、英国（89.9%）和澳大利亚（88.6%）等国。这说明我国政府今后一项重大的任务就是加快中国特色城镇化建设。

表4-19　城镇人口比重（%）

国家和地区	2000	2004	2005	2006	2007
世界	46.7	48.3	48.7	49.1	49.5
中国	35.8	39.5	40.4	41.3	42.2
日本	65.2	65.8	66.0	66.2	66.3
加拿大	79.5	80.0	80.1	80.2	80.3
美国	79.1	80.5	80.8	81.1	81.4
英国	89.4	89.6	89.7	89.8	89.9
澳大利亚	87.2	88.0	88.2	88.4	88.6

资料来源：世界银行数据库。

在家庭生育水平上，据世界银行数据统计显示，2006年我国总和生育率为1.8%，低于世界平均2.5%的水平；2000年中，避孕普及率也高达87.0%，不仅高于世界平均水平（60.4%），也高于一些发达国家，如日本（56.0%）、英国（84.0%）等。

（2）公众社会参与规模大，比率小，相关统计工作和配套补救措施需要进一步完善。

在社会参与方面，2006年我国劳动参与率为81.7%，高于同期世界平均71.0%的水平，同时失业人数规模较大。需要说明的是，由于我国缺乏一个和国际接轨的失业率统计数字，我国官方公布的唯一的失业率数字为登记失业率，根据国际劳工组织统计数据，截止到2007年，我国城镇失业率为 4.0%，与一些发达国家相比，这一数字显然不是很高。例如，同期的法国为 8.0%，德国为 8.6%，美国为 4.6%，英国为 5.3% 等。但必须指出，这些国家的失业率都是通过抽样调查得到的，是一种调查失业率，其关于失业的定义严格遵循国际上通行的失业标准。而中国的失业率是通过劳动部门进行的失业登记得到的，是一种登记失业率，实际上很难真实反映中国的失业水平。

在公益慈善参与方面，我国从事慈善活动的志愿者人口规模还较小。以以色列为例，在以色列的全部人口中，20% 以上的人参加志愿活动，平均每个月服务 16 个小时，而我国，截至 2005 年，以国家民政部的统计数字看，全国目前有志愿者 1000 万人，占全国总人口的 8%，远远低于以色列和其他发达国家。虽然，截至 2008 年全国志愿者人数增至了 2946 万名，但我国慈善事业发展仍任重道远。

(3) 社会保障水平处于较低水平，弱势群体的社会保障环境亟待完善。我国社会保障水平指标在国际上处于较低水平。2002—2006 年中国人均 GDP 在 1100—2000 美元之间，社会保障水平占 GDP 比重徘徊在 5.41%—5.60% 之间。1960 年美国、德国和法国的人均 GDP 分别为 2783 美元、1345 美元和 1279 美元，但其社会保障水平则分别是 10.3%、20.5% 和 13.4%。此外，中国社会保障支出水平也明显低于同为转型国家的俄罗斯、哈萨克斯坦、波兰和匈牙利，以及拉美的阿根廷、巴西和乌拉圭，1996 年上述这些国家的社会保障支出水平分别为 10.4%、13.6%、25.1%、22.3%、12.4%、12.2% 和 22.4%[1]。2007 年，尽管国家和企业用于社会保障和社会福利的支出为 17800 亿元，占 GDP 得 7.1%，但主要是用于城镇单位职工和离退休人员，农村和进程的农民工享受的社会保障和社会福利很少。且同期的美国，这一数值为 35.24%，英国 2006 年也达到了 21.19%，德国更是高达 56.70%（如表 4-20）。

---

[1] 参见财政部社会保障司课题组：《社会保障支出水平的国际比较》，载《财政研究》，2007 第 10 期。

表4-20 社会保障占财政收入比重（%）

国家	年份	比重（%）
中国	2007	7.1
加拿大	2006	22.04
美国	2007	35.24
英国	2006	21.19
德国	2006	56.70

数据来源：世界银行数据库；《中国统计年鉴2009年摘要》。

此外，社会保障覆盖率相对较低。据了解，世界各国社会保障的覆盖率平均达60%以上，中等收入国家达70%以上，发达国家达80%以上，而我国2007年社会保障覆盖率也仅为33.4%。而在社会保障的对象上，目前的保障对象主要在城市，农村则基本上被遗忘。2007年的统计数据显示我国城镇社会保障覆盖率为62%，农村只有11%，大部分农民生活缺乏安全感。可见，我国在大力发展社会保障的同时，还有一个举足轻重的问题，那就是农民的社会保障问题的解决。事实上，一个把农民排除在外的社会保障体系，无论如何都不是一个完整的社会保障体系。

（4）社会服务相对落后，处于国际较低水平。从国际比较来看，我国的医疗支出占国内生产总值的比重比较低。从2005年的数据看，我国（4.7%）仅高于低收入国家平均水平（4.2%）0.5个百分点，明显低于世界平均水平（9.9%）和中等收入国家平均水平（5.6%），与和高收入国家平均水平（11.2%）差距较大，不到加拿大的1/2，美国的1/3。在人均医疗费用的国际排名上，我国也居于落后位置。同样以2005年为例，我国的人均医疗支出为81美元，尽管高于低收入国家（19美元）很多，但远远低于世界平均水平（686美元），仅为高收入国家平均水平的2%，甚至还低于泰国（98美元），还有很长的路需要走。

从教育资源来看，与发达国家相比，我国财政性教育投入总量不足。从国际比较来看，中国政府的总教育支出水平仍然偏低。数据统计，2003年公共教育经费占GDP的平均比重，经合组织国家便已达到5.5%，发展中国家为4.2%，世界平均水平为4.7%，而中国2007年也仅为2.8%[①]。这不仅低于世界平均4.7%，甚至还低于低收入国家4%左右的水平。

此外，就医疗水平而言，每千人口拥有医生数是反映一个国家或地区医疗服务状况的常用指标。医疗设施和服务的可获得性对一个社会居民的全面发展状况会产生很大的影响。国际上通常用该指标反映一个国家的医疗状况和社会服务水平。另外一个指标，即每千人口拥有床位数和每千人口拥有医生数的含义基本相同。2000年发达国家的该项指标是每千人4个医生，中等收入国家为1.8个人。中国2002年为每千人1.5个医生，低于中等收入国家水平。

(5) 公共安全趋于恶化，各种犯罪和事故发生率持续上升，增长速度位居世界前列。从国际犯罪率比较视角来看，虽然每千人口刑事案件立案率由1982年的0.55件提高到2007年的3.65件，年均递增了6.3个百分点，已比印度、巴拉圭、也门、阿塞拜疆、巴布新几内亚、乌干达和斯里兰卡等国的犯罪率高，但总体上仍属于世界上犯罪率较低的国家之一。与此同时，1978年以来我国犯罪率增长速度相当快，年均增长速度位居世界前列，不但超过了全世界犯罪率的年均增长速度，而且超过世界各大地区的犯罪率年均增长速度，也比美国、日本等几个大国的犯罪率年均增长速度快得多。

从交通事故伤亡率来看，2005年我国每十万人口交通事故死亡人数为7.57人，每十万人口交通事故受伤人数为34.52人，伤亡合数高达42.09，低于2004年的日本（751.92人）、加拿大（481.8人），2005年的韩国（456.67人）、美国（640.29人），也低于2006年的英国（317.38人）。虽然如此，但是发展速度却是惊人的。据卫生部2007年发布的《中国伤害预防报告》所指出的：2000年以前，中国机动车交通事故伤亡人数以每10年翻一番的速度上升。且中国公安部的报告也指出：2000年后，中国每年的交通事故死亡人数在10万人左右，受伤人数约50万。中国机动车交通事故死亡数占到了全球道路交通事故伤害死亡总数的8%。且就中美对比而言，截至2007年，美国人均汽车拥有量全球最多，有2.07亿辆汽车每天在各种道路上行驶，每年因交通事故死亡的人

[①] 联合国开发计划署：《中国人类发展报告.2007—2008：惠及13亿人的基本公共服务》，中国对外翻译出版公司2008年版，第39页。

数约4万；而中国3000多万辆汽车，死亡人数达到10万之多。照此比例，中国的交通事故死亡率可是美国的45倍。这说明在交通事故伤亡率持续下降的国家背景下，我国交通事故的持续上升，这一方面说明我国经济社会日益活跃，另一方面也说明我国在改善交通环境、减少交通事故方面还有很多工作需要完善。

3. 政治条件

（1）政治参与程度远远高于发达国家水平。在政治参与上，中国在1953年第一次普选中，全国选民的参选率即达到85.88%；在此后人民代表大会的历次换届选举中，选民的参选比例均在90%左右；在1993年底的换届选举中，全国选民的参选率为93.58%。而美国众议院本世纪以来的历次选举中，选民的参选率一直在30%至60%之间。美国的总统选举一向被誉为重大的政治节日，选民的参选率曾经高达80%（1866年）。但是，进入本世纪后，总统选举的最高参选率仅为65%。相比之下，中国选民的参选率远远高于美国等国。

（2）政局基本稳定，反暴力的力度适当。据美联社2009年7月1日报道，《全球治理指标报告》根据银行、智库、私营企业等33家机构提供的35项数据源，制作出涵盖212个国家和地区的施政指标。与同级别的亚洲国家相比，中国在"话语权与问责"方面得分较低；而在"政府效能"方面，中国评分高于其他亚洲国家，甚至高于212个受评国家中的64个国家。世行报告显示，和10年前相比，中国的"政府效能"有了"显著改善"；中国在"政局稳定与反暴力"评分中高于印度、斯里兰卡、孟加拉等亚洲国家①。

表4-21 2006年各国军事支出占中央政府支出及国内生产总值的比重

单位：%

国家和地区	世界	中国	日本	加拿大	美国	英国	澳大利亚
军事支出占中央政府支出的比重	—	—	—	6.5	18.9	6.4	7.5
军事支出占国内生产总值的比重	2.5	2.0	0.9	1.2	4.0	2.6	1.9

---

① 《世行最新报告：中国政府效能"显著改善"》，中青在线-青年参考，2009年7月8日。

资料来源：世界银行数据库。

表4-22　2006年世界各国军事人员数及其占劳动力总数比重

国家和地区	世界	中国	日本	加拿大	美国	英国	澳大利亚
军事人员数(万人)	2703.0	360.5	25.2	6.4	149.8	18.1	5.1
军事人员占劳动力总数比重(%)	0.9	0.5	0.4	0.4	1.0	0.6	0.5

资料来源：世界银行数据库。

从表4-21不难看出，我国军事支出占国内生产总值的比重2006年为2.0%低于世界平均2.5%的水平，也大大低于美国（4.0%）和英国（2.6%），处于世界较低水平。在军事人员建设方面（如表4-22），2006年，我国军事人员为360.5万人，在数量上虽然多于日本（25.2万人）、加拿大（6.4万人）、美国（149.8万人）、英国（18.1万人）和澳大利亚（5.1万人），但在军事人员占劳动力总数比重方面却不仅大大低于世界平均水平（0.9%），也大大低于美国的1.0%，低于英国的0.6%。这一方面说明我们注重经济发展目标下的政府治理和反暴力的合理性，另一方面也是对世界关于"中国威胁论"的有力说明，中国用数据向世界说明，中国坚决反对暴力，坚决维护政局稳定与世界和平。

（3）法制建设相对落后，控制腐败任务艰巨。从打击犯罪的专门力量——警察的数量来看，世界各国的人口警察比各不相同，拉美、北美、欧洲地区较高，非洲、东亚地区较低，但从世界各国的情况来看，中国警察总规模位居世界第一，但人均警察数略低于世界平均水平，随着现代化特别是城市化的推进，我国警察规模还有一定的扩充空间。

从律师、法官、检察官的数量和比例来看，世界各国的情况各不相同，我国律师、法官、检察官的数量位居世界第一，而且在人均水平上超过了世界平均水平，也位居世界比较偏前的位置。

此外，在法制方面，据美联社2009年7月最新版《全球治理指标报告》，中国得分略低于印度，但远高于孟加拉以及巴基斯坦。中国香港特区则在腐败控制方面表现尤为突出①。

4. 文化条件

我国文化事业投入相对较少。2007年用于文化、体育、广播、出版、文娱的事业费和固定资产投资,只有2370亿元,占GDP得0.9%,低于一般国家的1%以上水平,人均180元,文化事业发展滞后,远远不能满足群众日益增长的精神文化需求。

在图书馆事业发展上,从世界发展的坐标来看,我国与发达国家,甚至与一些第三世界国家相比,都处于劣势,如表4-23。

表4-23 中国、芬兰、丹麦、瑞典、挪威公共图书馆发展宏观状况

国家	面积(平方公里)	图书馆总数(个)	每万平方公里图书馆数量(个)	人口数(万人)	每一万人口拥有图书馆数量(个)	人均拥有藏书量(册/件)
中国	9600000	2720(2004年)	2.8	13亿	0.2	0.3
芬兰	338145	17011	50	522.9(2006年)	33	7.77
丹麦	43094	7742	17.2	533.2(2000年)	1.4	5.79
瑞典	449964	20003	44.4	890.1(2001年)	2.2	5.3
挪威	385155	14534	37.3	452.1(2002年)	3.2	4.9

注:1. FinnishPublicLibraryStatistics. [2007-08-28].. http://tilastot.kirjastot.fi. 2. 杨翠英:《丹麦公共图书馆》,载《图书情报工作》,2006年第12期:142—144页。3. 李嘉:《瑞典的公共图书馆事业》,载《图书馆工作与研究》,1995年第1期:32—34页。4. 吴凤霞:《挪威公共图书馆与公共图书馆法》,载《图书馆理论与实践》,2005年第3期:110—112页。

其他数据来源:朱询:《北欧四国公共图书馆事业发展启示》,载《图书情报工作》,2008年第4期。

从以上数据可以看出,北欧这4个国家虽然面积较小,人口较少,但是全国图书馆的密度与人均拥有藏书册数都是相当高的,中国这两个指标远远落于其后。因此,从科学发展观和人口宏观战略目标考虑,提升每个公民的素质,普及与加强图书馆建设都是当务之急。

---

① 《世行最新报告:中国政府效能"显著改善"》,中青在线-青年参考,2009年7月8日。

第四章 人的全面发展指标体系的应用：中国的现实与选择 | 275

从体育文化事业发展来看，我国 2008 年在体育事业中创造的世界纪录为 16 个，荣获的世界冠军数量为 120 个，处于世界领先地位（如表 4 - 24）。

表 4 - 24 2008 年奥运会奖牌榜

国家和地区	金牌数	银牌数	铜牌数	总计奖牌总数	金牌数排名	按总奖牌数排名
中国	51	21	28	100	1	2
美国	36	38	36	110	2	1
俄罗斯	23	21	28	72	3	3
英国	19	13	15	47	4	4
德国	16	10	15	41	5	6
澳大利亚	14	15	17	46	6	5
韩国	13	10	8	31	7	8
日本	9	6	10	25	8	11
意大利	8	10	10	28	9	9
法国	7	16	17	40	10	7

资料来源：第 29 界奥林匹克运动会网站，http://results.beijing2008.cn/WRM/CHI/INF/GL/95A/GL0000000.shtml。

从以上数据不难发现，我国运动员不仅全部刷新了中华人民共和国成立以前各种运动项目的全国所有纪录，而且跻身于世界纪录创造者和世界冠军的前列，2008 年奥运会取得金牌总数第一的前所未有的好成绩，使中国一跃成为世界体育强国。在北京残奥会上，我国运动员共获得 89 枚金牌，70 枚银牌，52 枚铜牌，蝉联金牌榜和奖牌榜的第一位。群众体育运动蓬勃开展。这也说明，我国政府在发展体育文化，培养民族勇敢顽强、勇攀高峰、超越自我精神品质，创造文明、和谐的社会文化环境方面作出了不少的努力。

5. 生态环境

（1）从资源总量看，我国是一个资源大国，品种丰富，一些重要资源的拥有量位居世界前列，但从人均资源占有量看，我国却是一个"资源小国"，经济发展面临的资源约束尤其明显。

由于人口众多，中国许多关键资源的人均占有量低于世界平均水平。

2005年，我国淡水资源总量只有2145立方米，是世界人均占有量的1/4，其中有16个省（自治区、直辖市）的人均水资源拥有量低于国际公认的1700立方米用水紧张线。《2007年中国能源状况与政策》白皮书指出，我国石油、天然气人均资源量仅为世界平均水平的1/15左右；在主要矿产资源方面，我国人均占有量仅为世界平均水平的58%，居世界第52位；在耕地资源方面，到2003年底我国人均耕地面积仅为1.43亩，不到世界人均水平的30%。在2000多个县（市）中，有600多个县（市）人均耕地面积在世界公认的人均耕地警戒线0.8亩以下。在森林覆盖率方面，2008年，我国的森林面积已达17490.9万公顷，相当于国土面积的18.215%，虽然总体面积较大，但是人均森林覆盖率仍然很低，只有大约0.13公顷，不到世界平均水平的1/4。

（2）资源消费速度惊人，较低的资源利用率使早已出现的经济发展与资源短缺之间的矛盾变得更加突出。在资源利用上，消耗剧增，浪费严重。1990—2005年，我国石油消耗量增长了286%，天然气的消耗增长了312%，电力消耗已经超过日本，居世界第二位，仅次于美国。从工业用水来看，我国工业生产用水的重复利用率约为40%，远低于发达国家75%—85%的水平；万元GDP用水量为680 m3，也远远落后于发达国家40 m3的水平。因此，如果不能在节水技术、服务上得到妥善有效地解决，将会造成水资源的更大浪费①。

表4-25　单位GDP能耗国际比较

单位：吨标准煤/万元

年份	世界	高收入国家	中等收入国家	中国	日本	加拿大	美国	英国	澳大利亚
2000	3.08	2.08	7.13	9.22	1.13	3.44	2.36	1.62	2.73
2001	3.12	2.10	7.11	8.33	1.27	3.44	2.24	1.63	2.93
2002	3.06	2.04	7.22	8.22	1.33	3.40	2.20	1.45	2.91
2003	2.82	1.83	6.79	8.29	1.22	3.03	2.09	1.28	2.48
2004	2.62	1.68	6.15	8.19	1.16	2.71	2.00	1.08	1.90
2005	2.49	1.61	5.42	7.65	1.17	2.40	1.89	1.05	1.81

资料来源：中华人民共和国国家统计局编：《国际统计年鉴2009》，中国统计出

---

① 尹平：《城市水生态环境保护问题探讨》，载《东北水利水电》，2009年第6期。

版社 2009 年版。

虽然能源利用效率提高速度较快，但与发达国家相比差距较大，存在差距也大。由表 4-25 可以看出，2000 年以来，节能降耗工作取得初步进展，2005 年万元 GDP 能耗下降 1.57 吨标准煤/万元，下降幅度远高于世界平均水平（0.59）、高收入国家平均水平（0.47）以及日本（-0.04）、加拿大（1.00）、美国（0.47）、英国（0.57）与澳大利亚（0.92），表明我国能源利用效率大大提升，但与发达国家相比较差距甚大。2005 年我国万元 GDP 能耗是日本的 6 倍多，英国的 7 倍多，与其分别有 6.48 吨标准煤/万元和 6.60 吨标准煤/万元的差距，可见我国的能源利用效率还有很大的提升空间。为此，中国政府正在付出巨大努力，控制资源的消耗，力争实现政府制定的节能减排目标。

（3）环境污染问题日益突出，有毒有害污染物已对人民的身体健康产生了负面影响。2006 年，国家环保总局共接报并处置 161 起突发环境事件。其中，空气污染、水污染的范围最为广泛。数据显示，我国居民人均二氧化碳排放量虽保持在较低水平，但增长速度令人担忧。2004 年，我国人均二氧化碳排放量为 3.9 吨，这一数字不仅低于世界平均水平（4.5 吨），也远远低于同期的日本（9.8 吨）、加拿大（20.0 吨）、英国（9.8 吨）、澳大利亚（16.2 吨）、美国（20.6 吨）。但是值得指出的是，虽然人均排放量较低，但二氧化碳排放的年均增长率却飞速上升。2008 年《世界发展指标》数据显示，1990—2004 年我国二氧化碳排放的年均增长率为 4.8%，与世界平均年增长率呈负 3.1% 增长形成鲜明的对比。根据联合国开发计划署统计，2006 年，全球 20 个空气污染的城市，我国占 16 个。在水污染方面，根据国家环保总局《2006 年中国环境状态公报》报告，2006 年全国地表水总体水质属中度污染。在国家环境监测网实际监测的七大水系的 197 条河流 408 个监测断面中，Ⅰ~Ⅲ类、Ⅳ、Ⅴ类和劣Ⅴ类水质的断面比例分别为 46%、28% 和 26%[①]。

总的来说，虽然国家已重视了环保，加强了对污染的治理，但中国自然生态系统仍处在不同程度的退化中，环境与资源问题依然严峻。中国生态环境在国际上也处于落后状态，据中国科学院现代化研究中心用水污染、废水废物处理率、森林覆盖面等十项指标计量，2004 年中国的

---

① 邹东涛主编：《中国经济发展和体制改革报告 NO.2：中国道路与中国模式（1949—2009）》，社会科学文献出版社 2009 年版，第 320 页。

生态现代化指数为42%，仅居世界118个国家中的第84位。因此，在未来我国的经济发展中，能源、资源和环境约束已经成为最紧迫的问题。要改变这一状况，必须把突破能源、资源、环境瓶颈约束放在我国人们发展的优先位置，通过科技进步和创新，转变发展模式，实现从资源消耗型向资源节约型的转变，从忽视环境的增长向环境友好型增长转变。

6. 全面能力

（1）生存健康水平发展较快但仍处较低水平，疾病控制挑战较大。

我国居民的生存健康水平在国际上居于较高发展速度水平。2006年，我国的人均预期寿命从1990年的68.9岁提高到72.0岁，高于全球平均预期寿命68.2岁。但是在同期的国际比较中，这一数据却明显低于发达国家日本（82.3岁）、加拿大（80.4）、美国（77.8岁），也低于英国（79.1岁）和澳大利亚（81.0岁）。

我国的婴儿死亡率处于较低水平，2006年为20.1%，远远低于世界平均水平（49.5%），但明显高于发达国家，是日本（2.6%）近8倍，加拿大（4.9%）和英国（4.9%）的近4倍，美国（6.5%）的近3倍。

与此同时，我国在妇幼保健方面也作出了很大的努力。2005年，我国的孕产妇死亡率为45/100000，远远低于世界平均水平（400/100000），与日本（6/100000）、加拿大（7/100000）、美国（11/100000）、英国（8/100000）和澳大利亚（4/100000）相比，任务还很艰巨。值得指出的是，与发达国家相比，我国相对较高的孕产妇死亡率和婴儿死亡率差距主要在农村，尤其是偏远落后的山区。究其原因，一方面，源于农村人口文化层次低，卫生意识淡薄；另一方面，由于农村经济贫困、地区偏远，孕产妇不能享受到良好的医疗保健服务，不能按时接受孕期检查和做到住院分娩等。因此，减少孕产妇死亡的工作重点，毫无疑问应该在农村。

据卫生部第三次全国居民死因抽样调查结果显示，脑血管病、恶性肿瘤、呼吸系统疾病、心脏病是我国城乡居民前四位死亡原因，其中脑血管病和恶性肿瘤分别占死亡总数的22.45%和22.32%。与发达国家比较，我国居民死亡率水平明显偏高，慢性疾病尤为突出，脑血管病是欧美发达国家的4—5倍，是日本的3.5倍；恶性肿瘤与美国、英国、法国接近，却高于亚洲国家（如日本、印度和泰国）；心脏病接近美国、英国,却明显高于法国、澳大利亚、日本和泰国[①]。因此,疾病控制挑战巨大。

(2) 整体知识能力处于上升时期,高等教育处于大众化阶段,但与发达国家还有一定距离,有待向普及化迈进。从知识能力来看,伴随着大规模扫盲运动和教育的发展,2006 年我国成人识字率提高到 90.69%。这一发展成就超过了 2005 年中等收入国家的平均成人识字率 (90.04%),比低收入国家平均值 (60.79%) 高出近 30 个百分点。然而,这一数据与 2005 年高收入国家的成人识字率平均值 (98.66%) 相比,则表明我国的教育发展水平距离发达国家还有相当的距离。

我国各级教育入学率多年来一直在上升。2008 年我国小学毛入学率为 105.7%[②],初中为 98.5%,高中为 74.0%,高等教育为 23.3%,高于世界平均水平,也好于中等收入国家的整体情况。但与发达国家相比,我国的中学和高等教育入学率还很低,这些国家的中学入学率均值为 90.1%,高等教育为 66.6%。由此可见,我国的高等教育处于大众化阶段,有待于向普及化迈进。

(3) 无论是人力资源数量还是科技成果产量都是绝对值大、相对值小,创新能力还有很大的上升空间。从研究开发 (R&D) 投入规模看,中国属于中等偏下水平。中国研究开发经费投入在国际上的地位低于其经济产出的地位。2006 年,中国研究开发经费支出占国内生产总值的比重为 1.42%,仅为世界平均水平的 61.7%。2007 年占 GDP 的 1.5%,2008 年虽增至 1.52%,但也明显低于日本 (3.40%)、加拿大 (1.97%)、美国 (2.61%)、英国 (1.8%)。值得注意的是,日本、美国、英国的研究开发投入都有一个持续增长的阶段。分析国际经验可以发现,在一个国家经济处于发展初期,研究开发投入占国内生产总值的比例一般在 0.5%—0.7% 左右;在经济起飞阶段,该比例应当上升到 1.5%;进入稳定发展期,该比例应当保持在 2% 以上。而在前两个阶段,政府科技投入应当占主导地位。事实上,德国和日本从上个世纪 60 年代已经开始持续投资。这些经验表明:我国必须坚持对科技投入不断增加,

---

① 《卫生部通报我国第三次居民死因抽样调查主要情况》,中国政府网,2008 年 4 月 29 日。

② 由于毛入学率是指已入学人数(无论年龄多大)与适龄人数之比,所以对于本身入学率就很高的小学教育阶段来说,由于在统计计算时算入了因早入学、晚入学、复读等原因导致的"超龄"学生在校数,所以毛入学率超过 100% 的情况是很正常的。

才能为保持经济的持续发展提供足够的知识积累①。

在科研人力上，我国 R&D 人力资源在绝对数值的比较上，居于世界前列，与发达国家的数量相当；但在相对量的比较上，与发达国家相差甚远。2005 年，我国每百万人中研究人员仅为 852.0 人，远远落后于日本（5511.9 人）、美国（4651.3 人）、英国（2995.3 人）等国。

在高科技产业增值占工业增值比重上，我国取得了一定的发展。仅高技术产品出口额占制成品出口额比重这一项来说，我国 2006 年就达到了 30.3%，不仅高于世界平均水平（20.5%），也高于高收入国家（20.6%），虽然相对于英国低出了 3.3 个百分点，但相对于日本却高出了 8.7 个百分点，相对于加拿大高出了 15.1 个百分点，相对于美国高出了 0.2 个百分点，相对于澳大利亚也高出了 18 个百分点。由此可见，在"科学技术是第一生产力"理念的推动下，高科技产业在我国工业增值中所起的作用将越发显著。

就专利申请数而言，我国专利申请量发展迅速。数据显示 2008 年美国是世界上申请专利最多的国家，申请了 5.3 万多件，但比 2007 年减少了 1%。日本和德国分列第二和第三，分别申请了 2.8 万多件和 1.8 万多件。中国的专利申请量增长也较为迅速，2008 年达到 6089 件，增长率高达 11.9%，世界排名第 6。国际专利申请量的大幅增长不仅反映了我国人民创新能力的迅速提高以及保护知识产权意识的不断增强，也为加固世界知识产权改革进程作出了重要贡献。

7. 机会平等

（1）分配机会平等状况处于较低水平。分配制度改革一方面提高了居民的积极性，使得我国居民收入渠道日益多元化，收入水平显著提高，但另一方面也导致了居民收入差距拉大，贫富分化加速的问题。2007 年，中国的基尼系数达到了 0.48，已超过了世界所有发达国家的水平。由于部分群体隐性福利的存在，有专家认为我国实际收入差距还要高。表 4 - 26 数据表明，我国居民基尼系数明显高于日本（0.25）、加拿大（0.33）、美国（0.41）、英国（0.36）澳大利亚（0.35）等高收入国家，也高于埃及（0.34）、菲律宾（0.45）等经济发达程度相似的国家；但低于马来西亚（0.49）、南非（0.58）、巴西（0.57）和阿根廷（0.51）等

---

① 参见薛澜：《我国科技发展的国际比较及政策建议》，载《文汇报》，2003 年 12 月 22 日。

中等收入国家。

表4-26 各国最近年份的基尼系数

国家	年份	基尼系数
中国	2007	0.48
日本	1993	0.25
加拿大	2000	0.33
美国	2000	0.41
英国	1999	0.36
澳大利亚	1994	0.35
埃及	2004	0.34
菲律宾	2003	0.45
马来西亚	1997	0.49
南非	2000	0.58
巴西	2005	0.57
阿根廷	2004	0.51

资料来源：2009年国际统计年鉴。

在收入差距上，我国形势较为严峻。据世界银行发表的一份数据（如表4-27），最高收入的20%人口的平均收入和最低收入20%人口的平均收入，这两个数字的比在中国2004年是12.2：1，而美国2000年是8.4：1，英国1999年是7.2：1，印度2004年是5.6：1，最低的是日本，1993年只有3.4：1。

表4-27 20%最高收入和20%最低收入的比重（%）

国家	年份	最低的20%	最高的20%
中国	2004	4.25	51.86
日本	1993	10.58	35.65
印度	2004	8.08	45.34
美国	2000	5.44	45.82
英国	1999	6.14	44.02

资料来源：世界银行数据库。

（2）两性机会平等。劳动参与率和工资率两性差异，中国大大小于世界的平均水平。如劳动参与率，无论是按经济发达程度比较，还是按区域比较，中国是世界上男女劳动参与率最高的国家之一（见表4-28、4-29），也是男女劳动参与率差距最小的国家之一。男性在1980年、1995年和2000年分别比世界平均水平高出4个、4.1个和4.1个百分点，而女性则高出18.1个、20.3个和19.3个百分点，因此，男女劳动参与率之比分别为100：82.5、100：89.2和100：89.3，两性差距远小于世界平均水平，也远小于世界发达地区和不发达地区以及世界各洲的平均水平。

表4-28 不同经济发达地区15—64岁劳动力参与率（%）

	男性			女性			参与率之比（女/男）		
	1980	1995	2000	1980	1995	2000	1980	1995	2000
全世界总计	87.5	86.0	85.5	57.4	60.1	60.7	65.6	69.9	71.0
较发达地区	84.4	81.4	80.8	58.7	64.0	65.4	69.5	78.6	80.9
次发达地区	88.6	87.3	86.7	56.9	59.0	59.5	64.2	67.6	68.6
最不发达地区	89.9	88.4	87.6	67.6	66.0	65.8	75.2	74.7	75.1
中国	91.5	90.1	89.6	75.5	80.4	80.0	82.5	89.2	89.3

资料来源：国际劳工局：《2000年世界劳动报告》，中国劳动与社会保障出版社2001年版。

表4-29 世界各洲15—64岁劳动力参与率（%）

	男性			女性			参与率之比（女/男）		
	1980	1995	2000	1980	1995	2000	1980	1995	2000
全世界总计	87.5	86.0	85.5	57.4	60.1	60.7	65.6	69.9	71.0
非洲	88.0	86.3	85.8	56.4	56.8	57.4	64.1	65.8	66.9
亚洲	88.9	87.6	87.0	59.9	61.6	62.0	67.4	70.3	71.3
欧洲	84.2	80.3	79.6	60.2	63.0	64.0	71.5	78.5	80.4
拉丁美洲和加勒比	86.6	85.7	85.5	33.3	43.3	45.2	38.5	50.5	52.9
北美洲	84.1	82.7	81.7	58.2	68.8	70.2	69.2	83.2	85.9
大洋洲	86.9	85.0	84.1	52.6	64.4	66.2	60.5	75.8	78.7
中国	91.5	90.1	89.6	75.5	80.4	80.0	82.5	89.2	89.3

资料来源：国际劳工局：《2000年世界劳动报告》，北京：中国劳动与社会保障出版社，2001年版。

中国也是世界上男女工资差距较小的国家。我国（不含港澳台）女性工资收入约为男性的80%（见表4-30），高于世界上大多数国家和地区（见表4-31、表4-32）。

表4-30　中国城镇男女工资收入比率（女/男）

年月	女/男(%)	范围	资料来源
1978.7 1986.7 1988.7	79 82 84	上海石家庄业锦州等13个市的218个企业	国家劳动部1988年调查，《中国妇女统计资料》 中国统计出版社1991年版，第318—319页
1988	84.4	全国	(中国居民收入分配再研究)，中国财政经济出版社1999年版，第571页
1995	82.5	全国	(中国居民收入分配再研究)，中国财政经济出版社1999年版，第571页
1999	80.4	全国	国务院新闻办公室，《中国21世纪人口与发展》白皮书，2000年12月19日
1999	84.7	北京、上海、大连、成都、西安5市参保职工缴费工资	劳科院《中国养老保险基金测算报告之六：五城市数据调查综合报告》2001年
1990.9	77.5	全国	全国妇联和国家统计局，第一期中国妇女社会地位调查
2000.12	70.1	全国	全国妇联和国家统计局，第二期中国妇女社会地位调查

表4-31　90年代初世界部分国家(地区)非农行业男女工资比率(女/男)

澳洲	瑞典	瑞典	芬兰	美国	新加坡	英国	香港	泰国	韩国
90.8	89.0	82.6	77.0	75.0	71.1	69.7	69.5	68.2	53.5

资料来源：UNDP, Humon Development Report 1995, Oxford University Press.

表 4-32 中国澳门、台湾非农行业男女工资比率（女/男）

	1994	1995	1996	1997	1998
澳门	69.07	68.07	68.86	66.94	66.97
台湾	67.44	69.95	70.71	71.98	72.35

资料来源：《中国劳动统计年鉴1999》、《中国劳动统计年鉴2001》，中国统计出版社。

8. 选择自由

2007年12月，《小康》杂志联合新浪网，会同有关专家及机构，对我国"休闲小康"进行了调查。经过对调查结果加权处理，并参照国家有关部门的监测数据和大量社会信息，得出中国休闲小康指数为65.5分，比2006年度的64.7分提高0.8分。调查结果还显示，69.2%的人每周花在休闲上的时间不足20个小时；这一数值与欧洲十国居民休闲时间最多的挪威（41.72小时）以及欧洲十国居民的平均休闲时间（37.21小时）都少出很多。

尽管平均休闲时间国际比较处于较低水平，但我国居民的休闲时间纵向比较却增加不少。多出的休闲时间有力地促进了国民的文化休闲娱乐消费。根据国家统计局编制的《中国统计年鉴2008》，2007年城镇居民家庭平均每人全年教育文娱服务消费为1329.16元，占总消费性支出的13.29%；同期农村支出比为9.48%。虽然两者综合下的数字明显低于2006年的日本（休闲文化和教育支出比重为13.23%）、英国（休闲文化和教育支出比重为14.83%），但是却明显地高于发展中国家平均水平。

与此同时，我国居民的人均外出旅游次数比绝大多数国家都要多，属于居民旅游水平高的国家。2008年，我国仅国内出游人数达17.1亿人次，增长6.3%；国内旅游收入8749亿元，增长12.6%。而国内居民出境人数达4584万人次，增长11.9%。其中因私出境4013万人次，增长14.9%，占出境人数的87.5%。2008年人均外出旅游次数为1.35次，远远高于韩国、泰国等国家。但就出国旅游人数而言，我国仍居于世界较落后地位。2006年世界银行数据显示，我国出国旅游人数仅3452万人，明显低于世界高收入国家57749万人的水平，也低于中等收入国家30320万人的水平。

（二）客观综合指数的国际比较

根据人的全面发展标准化公式，将各国和地区的"人均预期寿命"、"成人识字率和小学、中学、大学综合毛入学率"、"人均国内生产总值"、"人均 CO_2 排放量"和"基尼系数"的数据标准化后得到表 4-33。

由表 4-33 和图 4-15（2007 年人的全面发展综合指数国际比较）可知，这几个国家和地区的人的全面发展指数按照高低顺序排列，依次为日本（0.8974）、英国（0.8694）、加拿大（0.8662）、澳大利亚（0.8606）、美国（0.8368）、和中国（0.7536）。

在参与国际比较的国家或地区中，日本的人的全面发展综合指数最高，达到 0.8974；在综合指数计算中得到这样的结果是因为，日本在"生存能力指数"、"知识能力指数"、"物质福利指数"和"环境条件指数"及"分配公平指数"五个方面均有很高水平，其中分配公平指数、生存能力指数在参与比较的所有国家中排名首位。

表 4-33　2007 年不同国家人的全面发展综合指数相关指标的标准化值

2007 年数据	英国	美国	加拿大	澳大利亚	日本	中国
物质福利指数[1]	0.978	1.000	0.982	0.977	0.971	0.665
生存能力指数[1]	0.906	0.902	0.927	0.940	0.961	0.799
知识能力指数[1]	0.957	0.968	0.991	0.993	0.949	0.851
环境指数[2]	0.866	0.724	0.761	0.743	0.856	0.933
公平指数[3]	0.64	0.59	0.67	0.65	0.75	0.52
人的全面发展综合指数	0.8694	0.8368	0.8662	0.8606	0.8974	0.7536

1. 数据来源于《2009 年人类发展报告》。
2. 数据根据世界银行 2006 年数据计算得来。
3. 根据《2009 年国际统计年鉴》相关数据计算得来。

图 4–15 2005 年人的全面发展综合指数国际比较

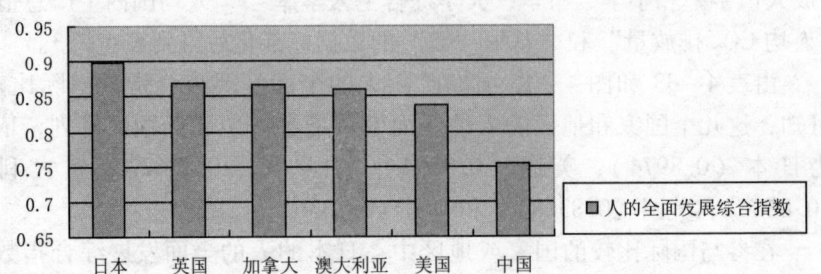

我国人的全面发展综合指数最低，只有 0.7536。从表 4–33 中不难看出，我国的各项指标，除了"环境条件指数"比英国、澳大利亚相对较高外，其他几个指标的标准化值都处于极低水平。

仔细分析物质福利、生存能力、知识能力、环境条件和分配公平五个方面指标的标准化值，我们可以看到与人的全面发展综合指数较高的国家比较，我国在某些方面还存在很大差距。虽然，我国在"环境条件"方面处于较高水平，这也只能说明我国人均 CO_2 排放量相对较少。事实上，这一数据无法掩盖我国环境治理与保护方面所面临的挑战；与此同时，在"物质福利"、"生存能力"、"知识能力"以及分配公平等方面的指数值，我国却都排名最后，说明我国在这些方面做得还不够，还有很长的路需要走。政府应该充分重视这个事实，努力提高居民在物质福利、生存能力、知识能力、环境条件以及分配机会等方面的水平。

三、我国人的全面发展状况的国内比较

我国在人的全面发展方面取得的进步是显而易见的，但在其发展过程中出现的不平衡问题已然不容忽视。可以说，在经济增长中获益及落在后面的人口间的差距是愈发明显，即便是宏观水平的数据也不能掩盖我国地区、城乡、男女和不同社会群体之间的巨大发展差异，且具体在各个领域内表现如下：

（一）我国城乡、不同地区、不同群体、性别之间收入存在非常大的差距

对改革开放 30 多年城乡关系进行考察，我们可以注意到如下事实：我国城乡经济社会发展失衡和城乡二元结构的不断加剧严重阻碍了广大

农民的全面发展。

从经济发展水平来看,用人均 GDP 来表示的城乡之间的差距是非常大的。虽然由于人口流动因素的影响,中国还没有分城乡统计的 GDP 和人均 GDP 指标,但是从其他相关的指标中不难看出,城乡之间的经济发展水平上存在着非常大的差异。按照国家统计局公布的数据,2008 年城镇居民人均可支配收入是农村居民人均纯收入近 3.32 倍,城镇居民人均消费性支出是农村居民人均消费支出的近 3.1 倍(如表 4-34)。据 2007 年国家统计局的城乡住户调查,20% 高收入与 20% 低收入的城乡居民平均收入差距为 6.5 倍,比 1978 年的 2.7 倍扩大了 3.8 倍。城乡差距呈扩大趋势①。

表 4-34 城乡居民人均收入与消费差距

指标	单位	1990 年	2000 年	2007 年	2008 年
城镇居民人均可支配收入	元	1510	6280	13786	15781
农村居民人均纯收入	元	686	2253	4140	4761
城镇居民人均消费性支出	元	1279	4998	9997	11243
农村居民人均生活消费性支出	元	585	1670	3224	3661

数据来源:《中国统计年鉴 2008 年》。

事实上,城乡间居民收入差距一直以来都是我国居民总收入差距的主要来源(见表 4-35),2007 年我国居民总收入差距中,64.45% 是由城乡间居民收入差距造成的。

表 4-35 1978—2007 城乡居民收入差距对居民总收入差距的贡献率

单位:%

年份	1978	1985	1990	1995	2000	2005	2006	2007
贡献率	60.61	47.98	56.90	62.66	64.78	64.05	64.30	64.45

---

① 《中共中央关于推进农村改革发展若干重大问题的决定》(2008 年)提出,到 2020 年,农民人均纯收入要比 2008 年翻一番。其实,农民人均纯收入只要每年保持 6.9% 的增长速度,上述目标就能实现,而只要城市居民的人均可支配收入的年均增值率大于上述比率(这些年的经验数据就是如此),未来 10 年中,城乡居民的收入差距肯定会进一步扩大。

数据来源：国家发改委宏观经济研究院课题组：《促进形成合理的居民收入分配机制》，载《宏观经济研究》，2009年第5期。

同时，与世界经济地理的特征一样，中国的经济地理也是"不平"的，地区之间的人均GDP差距也相当明显。虽然，近年来我国加大了开发西部的力度，但东西部的差距仍呈扩大趋势。2007年全国人均GDP是西部的2.4倍，比1991年的1.9倍扩大了0.5倍。分省市看，在全国各省、区、市中，即使将几个中央直辖市排除在外，2008年人均GDP最高的浙江省与人均GDP最低的贵州省相比，前者是后者的近4.8倍；浙江省与人均GDP倒数第二的甘肃省相比，前者是后者的近3.5倍。

不同社会群体之间的差距扩大。不同社会群体之间的发展差距，突出的表现在各行业之间的收入差距以及20%最高收入和20%最低收入组所占社会财富之比上。事实上，由于缺乏有效的调控机制，垄断行业及一些高收入行业的收入水平增速过快，导致行业差距不断扩大。2007年，证券业的年人均工资最高，达14.30万元，比2006年增长65%；其次是其他金融活动和软件业，人均分别达6.96万元和6.22万元；最低的是畜牧业、农业职工，分别仅为9521元和9861元。最高和最低的行业收入差距为15倍，比2006年的7.8倍扩大了7.2倍。如果计入高收入行业的灰色收入，则行业收入差距更大。此外，以2004年为例，总人口中20%的最低收入人口占收入的份额仅为4.25%，而总人口中20%的最高收入人口占总收入的份额高达51.86%，差距异常显著。

城镇就业人员的女男工资比呈下降趋势。全国妇联2001年第二次妇女地位调查结果表明，1990—1999年，中国城市女性与男性工资比率从77.5%降到70.1%，这一数字在农村则从79%降到59.6%。这种差距具体表现为妇女就业率连续下降，再就业比较困难；部分女性集中在低技能、低收入、劳动密集型产业，非正规岗位中女性比例较大；收入中的性别差距更加明显，高收入阶层中女性比例低，低收入阶层中女性比例高等，严重影响了女性的身心健康[1]。

总之，过去的30多年，我国已经从一个收入分配较为平等的国家，变成全球贫富差距最大的国家之一。当然，一个社会的居民收入和财产

---

[1] 参见袁卫、彭非主编：《中国人民大学中国报告2007》，中国人民大学出版社2008年版，第110页。

状况不可能是平均的，适度的差距也是必要的，这是经济发展和社会前进的动力所在。改革前，实行平均主义的结果是大家共同贫穷，社会生产力的发展受到了限制。但是如果贫富差距过大，两极分化必然会对经济和社会发展造成很大的负面影响，甚至引起社会动荡。所以贫富差距必须保持在一定的限度之内。目前我国社会的贫富差距已经过大，超过了合理的状态，已经影响到社会公正，而且阻碍了消费市场的发展，成为和谐社会建设中人的全面发展的制约因素。这一判断已经成为社会共识，也成为我国今后需要努力克服并加以改善的重要任务之一。

（二）我国城乡和不同地区居民的生存健康状况仍存在较大差异

城乡居民在人均预期寿命和健康方面同样存在着明显的差异。根据第五次人口普查数据显示，2000 年我国城镇居民和农村居民的人均预期寿命分别为 75.2 岁和 69.6 岁，二者相差近 6 岁。越落后的省份，城乡之间的预期寿命差距越大。东部 10 个发达省份，城乡之间的预期寿命差距平均值不到 3.5 岁；西部 10 个欠发达省份，差距却高达 8.2 岁。在农村地区，省与省之间的预期寿命差距也相当明显。西藏、贵州和云南的农村居民的预期寿命都没有超过 65 岁，而海南和江苏农村居民的预期寿命在 74 以上。城市婴儿死亡率为 1.36‰，农村为 33.8‰；城市孕妇死亡率每 10 万人为 33.1，而农村为 61.9。农村比城市高出近两倍[①]。

城乡之间公共卫生与医疗保健资源配置的差异。2007 年卫生事业和固定资产投资只有 2700 亿元，仅占 GDP 的 1.1%，人均仅 205 元，医疗资源的分配在城乡间也严重不公平，约 80% 集中在城市，农村缺医少药的状况没有从根本上改变，医疗改革难度较大，改革进度慢，看病贵、看病难仍是居民的后顾之忧。2006 年，城镇居民每千人拥有的医疗人员数和床位数分别为 3.6 人和 2.5 张，而农村居民每千人拥有的医疗人员数和床位数分别为 1.2 人和 0.8 张。同时，近年来，卫生设施的增长也不平衡。例如，妇幼保健机构略有减少，从 1998 年的 3191 家减少到 2007 年的 3051 家；卫生院从 1998 年的 50613 家减少到 2007 年的 40678 家，设有卫生室的村庄的比例从 1998 年的 89.5%，下降到 2003 年的 77.6%，2006 年又恢复到 88.1%。这些变化部分原因是由于乡镇和行政村合并导

[①] 参见联合国开发计划署编，中国发展研究基金会协调撰写：《中国人类发展报告 2005 年：追求公平的人类发展》，中国对外翻译出版公司 2005 年版。

致的。但是，与改革开放初期近98%的镇和村都有自己的诊所相比仍然偏低。上述变化，尤其是镇和村医疗卫生机构减少，在一定程度上增加了农村居民享受公共卫生和基本医疗服务的困难。而另一方面，我国的卫生资源却向大中城市不合理地过渡集中。这种不合理的资源配置直接影响了农村居民对卫生服务的可得性，加剧了城乡之间的资源拥有不平等现象。

地区之间居民健康水平的差异。地区之间居民的健康差异首先表现在东西部地区之间人均预期寿命上的差距。2002年西部地区平均预期寿命为68.4岁，比东部地区低3.5岁。其次，从孕（产）妇死亡率指标上看，2002年东部地区12个省份的孕（产）妇死亡率全部低于全国平均水平；中部地区9个省份，除内蒙古与全国水平持平以外，孕产妇死亡率几乎全部高于全国平均水平。

公共卫生与医疗保健资源也存在着地区之间分配的不均衡，在东、中、西部之间存在着明显的差异。在西部的一些贫困的山区，一些村庄没有卫生室，农民患病只能到乡镇或县城就医。2002年东、中、西部地区的被调查村中，距最近卫生院的距离在5公里以上的分别占9.79%、12.68%和21.85%[1]。西部贫困地区农民的公共卫生与医疗保健建设是一个亟待完善的任务。

从下图4-16、图4-17看，东、中、西部地区的千人口医疗机构床位数、卫生技术人员拥有量亦呈现差异。其中，东部地区每千人口卫生技术人员拥有量为3.19人，中部地区为2.38人，西部地区为2.3人，卫生人力资源仍然呈现出"东高西低"的梯度分布态势。所不同的是，卫生人力资源的数据要小于卫生财力和物力资源的数量差距以及居民实际可利用的卫生人力资源的差距是很大的[2]。

---

[1] 联合国开发计划署编：《中国人类发展报告.2007—2008：惠及13亿人的基本公共服务》，中国对外翻译出版公司2008年版，第59页。

[2] 千人口卫生技术人员拥有量不能充分反映东、中、西部地区人均实际可利用卫生技术人员的差距。因为，东部地区人口密度大，居民经常性就医半径内的卫生人员数量较之地广人稀的西部地区要多得多，所以，从居民人均可实际利用的卫生人力资源来看，东部地区要大大高于西部地区。

图4-16 2006年东、中、西部每千人口医疗机构床位数（张）

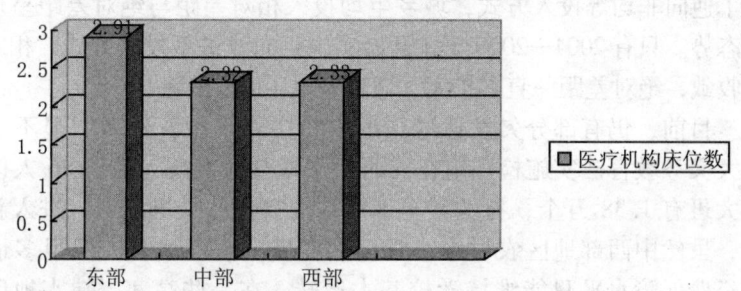

资料来源：《中国卫生统计提要2007》。

图4-17 2006年东、中、西部每千人口卫生技术人员数（人）

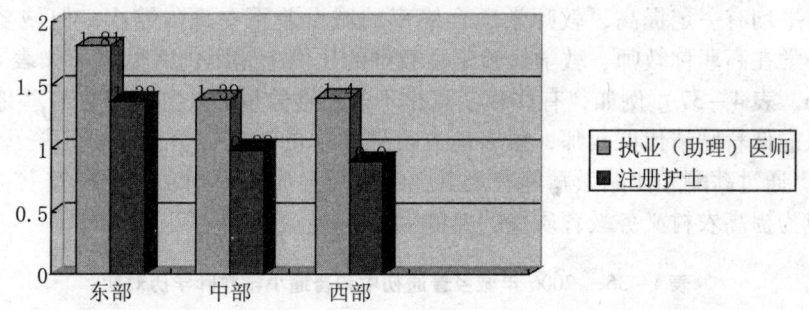

资料来源：根据《中国卫生统计提要2007》计算。

（三）在知识能力培养方面，城乡之间、地区之间和性别之间的差距表现得也相当明显

城乡义务教育存在一定差距。中国农村义务教育的"两免一补"政策于2004年在西部开始实施，很快覆盖全国；2007年全国农村又全面实行了免费义务教育，大大减轻了农民教育负担，在缩小城乡义务教育差距中发挥了重要作用。目前义务教育的普及率在城镇和农村都已很高，差距不是很大。城乡义务教育的主要差距是办学质量，具体反映在城乡义务教育经费投入、教师水平等方面。

在义务教育经费投入上，城乡生均教育经费投入差距呈现长期扩大的态势，经费不足一直是制约农村义务教育发展的突出问题。从1993—2006年13年期间，城乡小学、初中生均投入相对差距由起点的1.38倍、1.44

倍扩大到终点的 1.54 倍、1.59 倍,绝对差距由起点的 94 元、210 元扩大到终点的 1005 元、1285 元。从阶段来看,从 1993—2003 年 10 年时间内,实施了逆向非均等投入方式,城乡生均投入相对差距与绝对差距呈现急剧扩大态势。只有 2004—2006 年才开始实施正向改进型投入方式,相对差距趋于收敛,绝对差距一直在扩大,城乡差距还远没消除[①]。

目前,仍有部分欠发达地区的农村中小学教育经费明显不足。全国人大义务教育法实施检查组在江西执法检查时发现:该省 66 人以上学生的大班有 1.38 万个,有的甚至 100 多人挤在一个班上课。进入新世纪以来,虽然中西部地区农村中小学公用经费一直在增长,但很多地方目前的经费保障水平只能维持学校基本运转。在一些高寒、缺水地区,仅采暖费一项,就要用去公用经费的一半以上,很少有经费组织学生开展促进德、智、体全面发展的课外活动。

义务教育阶段教师水平的差距。过去几年,义务教育城乡教师学历水平均有一定提高,教师学历合格率的城乡差距在逐步缩小。但城乡中小学在高职称教师、教学经验丰富教师的比例上差距仍然很大(如表 4-36、表 4-37)例如,有些教学点排不进足够数量的公办教师,有些地方只能低薪聘请代课教师,很多地方代课教师的工资比公办教师工资少 1/3。通过薪酬和津贴激励等有效措施吸引高素质人才到农村学校教书,已成为提高农村义务教育质量的关键因素。

表 4-36　2006 年城乡普通初中和普通小学教师学历对比

	城市		县镇		农村	
	学历合格率	高学历教师比例	学历合格率	高学历教师比例	学历合格率	高学历教师比例
小学	99.73%	82.54%	99.53%	72.41%	98.43%	53.61%
初中	98.78%	68.47%	96.95%	41.15%	94.80%	29.97%

数据来源:根据《中国教育统计年鉴 2006》数据计算。

[①] 王元京、崔盛:《论城乡义务教育投入分配方式的转变》,载《宏观经济研究》,2009 年第 6 期。

第四章　人的全面发展指标体系的应用：中国的现实与选择　　293

表4-37　2006年普通初中专任教师职称情况（%）

职称	城市初中(%)	县镇初中(%)	农村初中(%)
中学高级	17.67	6.7	4.6
中学一级	43.16	39.87	35.23
中学二级	30.29	40.22	42.71
中学三级	2.38	6.18	8.77
未评职称	6.49	7.04	8.67

数据来源：根据《中国教育统计年鉴2006》数据计算。

在教师编制上，城乡标准也不统一。农村初中的班级规模比城市大1/3，小学班级规模比城市大20%以上。按照现行教师编制标准，农村初中、小学的教师每人负担学生数分别为18人和23人，而城市初中、小学分别为13.5人和19人。

城乡义务教育的差距，也表现在辍学率上。有调查显示，中小学生辍学现象大多数发生在农村。2006年，一项针对甘肃的义务教育辍学状况调查表明，有些地方农村义务教育辍学率从0.2%到4.8%不等。尽管大多数辍学是由于"学习成绩差和不感兴趣"，但还有21%的辍学是因为经济原因：有12%的学生是因为家里需要孩子去干活赚钱；有9%的学生是因为教育成本太高而辍学[①]。

在人均受教育年限上农村远远落后于城市，文盲率农村明显高于城市。教育经费在城乡间、地区间分配不公，机会不均等格局还没有从根本上得到扭转，造成农村居民文化水平不高，文盲率明显高于城市。1996年与2006年相比，城镇文盲率由9.12%下降到6.31%，农村由22.93%下降到12.49%，但是2006年农村的文盲率仍然是城市2倍以上[②]。城乡教育之间的巨大差距，表现在数量上，是人均受教育年限的差距。2007年，我国16岁以上人口的平均受教育年限为8.4年，其中城镇人均受教育年限为9.7年，乡村为7.3年，城乡人口之间在受教育程度方

[①] 参见联合国开发计划署编，中国海南改革发展研究院协调撰写：《中国人类发展报告2007—2008：惠及13亿人的基本公共服务》，中国对外翻译出版公司2008年版，第62—65页。
[②] 王元京、崔盛：《论城乡义务教育投入分配方式的转变》，载《宏观经济研究》，2009年第6期。

面差异依然较大。

中国各地区之间存在显著的教育发展差异。2005年《中国人类发展报告》显示：在城市15—64岁人口中，从未接受任何教育的人口比例为2.5%，而农村为8.7%；仅受过小学教育的人口比例，城市为14%，农村为39%。在不同的省份之间，15岁及15岁以上人口中文盲半文盲的比例呈现出很大的差别。就男性的文盲半文盲而言，有5个省份在3%以下，有8个省份在4%以下；有6个省份在10%以上，都是西部省份。对女性来说，省份之间文盲半文盲率的差别更为明显，文盲半文盲率在10%以下的省份有8个，在20%以上的省份有8个，其中5个省份超过了25%，比全国的平均值高出10个百分点。2003年全国15岁及以上人口中文盲半文盲的比重为11%，其中男性为6.1%，女性为15.9%，后者是前者的2.6倍。文盲半文盲的性别差异在落后的省份表现更加明显，如青海省男女之间文盲半文盲率相差18.7个百分比，西藏自治区为17.8个百分比，云南省为16个百分点，贵州省为15.8个百分点。同时，教育的性别差距还表现在各类教育中女学生的比例不仅低于男学生，而且女学生的比例随着教育程度的提高而下降。这两种现象在农村地区表现得更加明显。在小学教育或初中教育阶段，中国女生的就学率是相当高的，可以说几乎与男生的就学率不相上下。到了中等教育阶段，特别是普通中学，女生的就学率开始有所下降。到了高等教育阶段，女生的比例比男生更低。在2002年高等学校中女生的比例为44%，比男生低12个百分点，而在2000年比男生低近18个百分点。我们还需要注意的是特殊教育学生中很低的女生比例，这里的特殊教育主要是指对残疾儿童的教育。即使在2002年特殊教育学校中女生的比例也仅为36%，大大低于男生的比例。这意味着残疾女童更缺少受教育的机会。

（四）在基本社会保障方面，我国城乡、地区和性别之间仍存在不同程度的差距

目前，中国在扩大城乡基本社会保障覆盖面、提高基本社会保障水平方面都有一定的进展，但基本社会保障体系的重心仍在城镇，农村社会保障体系建设滞后。一方面，城镇养老、医疗、失业、工伤等各项基本社会保障起步早于农村，已经初步建立了相对完善的体制和制度。另一方面，农村基本社会保障体制和制度仍在探索之中。例如，城镇已经建立了职工养老保险，而农村养老保险制度尚未完全定型；城镇早在20世纪90年代初就已开始建立居民最低生活保障制度和各种社会救助制度，而农村居民最低生活保障 2007 年才全面启动；城镇社会救助制度已经比较完善，而农村社会救助制度仍在试验的过程中。总体而言，农村的基本社会保障距离实现农民"困有所救、病有所医、老有所养"的目标，仍有很大距离。

从 2005 年我国城镇职工与农民工各大社会保险参保率情况来看，城镇职工基本养老保险参保率为 74.3%，比农民工参保率的 26.63% 高出 47.77 个百分比；城镇职工基本医疗保险参保率为 56.80%，农民工参保率则为 26.23%，前者比后者又高出了 30.57 个百分比；而失业保险参保率相应的则为 60.40% 和 15.35%，高出 45.05 个百分比，工伤保险也高出 15.56 个百分比（见表 4-38）。就最低生活保障而言，城乡保障水平也不同。截至 2006 年，享受最低生活保障人数，城市为 2240 万人，农村为 1593 万；2007 年，农村最低生活保障平均实际支出水平（补差额）为人均 37 元/月，而城镇为城市最低生活保障平均支出水平（补差额）人均 102 元/月，城镇是农村的 2.76 倍，即使把城镇生活成本比农村高的因素考虑在内，这个差距仍显过大（如表 4-38）。

表 4-38　2005 年我国城镇职工与农民工基本社会保障比较

项目	城镇职工职工参保率	农民工参保率	农民工低于城镇职工
基本养老保险	74.3%	26.63%	47.77 个百分比
基本医疗保险	56.80%	26.23%	30.57 个百分比
失业保险	60.40%	15.35%	45.05 个百分比
工伤保险	48.10%	32.54%	15.56 个百分比

数据来源：农民工参保率数据来源于《城市农民工劳动就业和社会保障状况》，国家统计局；城镇职工参保率数据根据《中国劳动和社会保障年鉴 2006》数据计算。

社会保障的地区差距仍然显著。如 2005 年全国养老保险参保率平均为 77%；东部经济发达省份如广州、辽宁、上海等的综合参保率超过了 90%，是西部个别欠发达省份的 4—5 倍；2005 年全国城镇职工基本医疗保险参保率超过 60%，其中西部一些地区的比例低于 50%；2005 年全国城镇职工基本医疗保险的人均支付水平为 782.7 元，但西部的一些省市还未达到 500 元。据中国卫生部 2007 年公布的数据显示，2007 年全国开展新型农村合作医疗的县（县级市、区）达到 2448 个，占全国总县（县级市、区）的85.5%，参加新型农村合作医疗人口7.26亿。然而，这一社会保障在各地区间发展不平衡。目前，东部地区建立新型农村合作医疗的县（县级市、区）占中西部县（县级市、区）总数的82.9%，东部和中西部已经建立新型农村合作医疗的县（市、区）比重相差近10个百分点。在参保人数上，东部地区参加新型农村合作医疗人口2.23亿，参合率为89.6%；中西部地区参加新型农村合作医疗人口5.03亿。参合率为84.4%，东部和中西部参合率相差近5个百分点①。

基本社会保障也存在一定的性别差距。直到2004年，城镇职工生育保险覆盖率只有38.9%，5年间只增长了0.2个百分点②。女性参与非正规就业明显高于男性，而非正规就业享受的保障待遇通常比正式职业低，因此城镇女性享受与就业有关的社会保障明显低于男性。全国妇联和国家统计局2000年关于中国妇女社会地位的调查也发现，就业单位为男女职工提供基本社会保障差别比较明显（如表4-39）。

表4-39　为女工提供基本社会保障服务的单位比例（%）

	医疗保险		养老保险		失业保险		工伤保险	
	女	男	女	男	女	男	女	男
提供	45.6	54.5	57.1	621	22.4	26.3	29.7	40.7
不提供	52.6	46.3	40.7	35.3	70.3	66.3	62.8	52.6
说不清楚	1.7	1.9	2.2	2.6	7.3	7.4	7.6	6.7
合计	100	100	100	100	100	100	100	100

资料来源：国家统计局、国务院妇女儿童工作委员会办公室、全国妇女研究所：《中国社会中的男人和女人——事实和数据》，中国妇女网，2007年6月7日。

女性农民工的问题更加突出。根据2006年国家妇女儿童权益保障协调组的调查报告，女性农民工参加养老、医疗、失业和工伤保险的比例，只有农民工总体参保比例的50%左右，与男性农民工相比有明显差距。但医疗保险覆盖率性别差距比较小，女性农民工参保率只比农民工总体参保率低10%。这一报告还显示，女性农民工参加生育保险的比例只有

---

① 参见《我国新型农村合作医疗参合率已达85.96%》，新华网，2007年11月12日。
② 参见《中国性别平等与妇女发展状况评估报告》，见谭琳主编：《妇女研究论丛》，社会科学文献出版社2006年版。

6.7%。64.5%的产妇未享受带薪产假,享受产假全薪的产妇比例只有14.4%,产假期间领取部分工资的占21.1%。这次调查还表明,只有36.4%的单位为农民工产妇提供90天的产假;报销分娩医疗费农民工产妇比例不足13%。

大多数农村社会保险刚刚开始建立,采集数据、评估农村社会保险服务的性别差距为时尚早。但是,由于这一切都是与经济发展水平相关的,在比较贫穷的中西部农村,这种差距更大。社会保障性别差距在贫穷的中西部农村可能更大。所以,加快改善贫困地区农村社会基本社会保障服务是缩小农村性别差距的重要途径。

(五)在生态环境方面,我国城乡、地区和性别之间也存在一定程度的差距

研究表明,目前中国各省区的二氧化碳排放情况存在显著差异。中国区域内的排放总量呈由东部沿海向中部和西部地区递减的趋势,高排放区域主要集中在东部沿海发达地区和内蒙古、河南等少数内陆省份,总体形成内蒙古—河北—辽宁—山东—江苏—浙江的高排放连绵带(以环渤海区和长三角区为主)和珠三角高排放区。而就排放强度来说,则表现出西北和西南地区高,而中东部地区低的特征,东南—南沿海一线的排放强度明显处于全国较低的水平。2006年中国各省区人均二氧化碳排放量(排放量/人口数量)处于前五位的是内蒙古、宁夏、上海、天津和辽宁,其中内蒙古的人均排放量为11.95吨,而海南省的人均排放量仅为0.93吨①。

从地理位置上来看,我国2/3以上的森林资源分布在东北和西南,其余分散在中南部。从分布的省份看,黑龙江省的森林面积最大,占了全国的12%。

在自然保护区的分布上也不均匀。从数量方面来看,截止2008年,中国自然保护区在数量方面集中分布在广州(347个)、云南(198个)、内蒙古(192个)、黑龙江(186个)、四川(163个)、江西(138个)、贵州(129个)等省份,上述7个省、区自然保护区总数达1353个,占全国自然保护区总数的53.5%;从面积分布来看,集中分布在西藏(4097.6万公顷)、青海(2182.2万公顷)、新疆(2143.7万公顷)、内蒙古(1357.1公顷)、甘肃(987.7万公顷)、四川(906.3万公顷)等

---

① 《中国各区域二氧化碳排放量差异显著》,载《节能与环保》,2009年第2期。

西部省区,上述6个省、区自然保护区面积占全国自然保护区总面积的76.9%;从自然保护区面积占国土面积的比例来看,超过全国平均水平的有西藏(34.2%)、青海(30.35%)、甘肃(21.7%)、四川(18.6%)4个省、区;10%以上的有上海(14.8%)、天津(14.4%)、新疆(13.4%)、黑龙江(13.2%)、吉林(12.5%)、内蒙古(11.5%)、重庆(10.9%)、云南(10.7%)8个省份。自然保护区占国土面积在5%以下的有浙江(2.6%)、福建(3.1%)、河北(3.0%)、安徽(4.1%)、河南(4.6%)、广东(4.7%)6个省份①。

总之,我国人的全面发展在城乡、地区、性别之间存在明显的差异。且又因为人的全面发展指数的差异是地区之间各种差别的集中反映,为此,本书计算了2005年我国各省、市、区各自的人的全面发展指数(图4-18)。

图4-18 2005年我国各省市人的全面发展综合指数

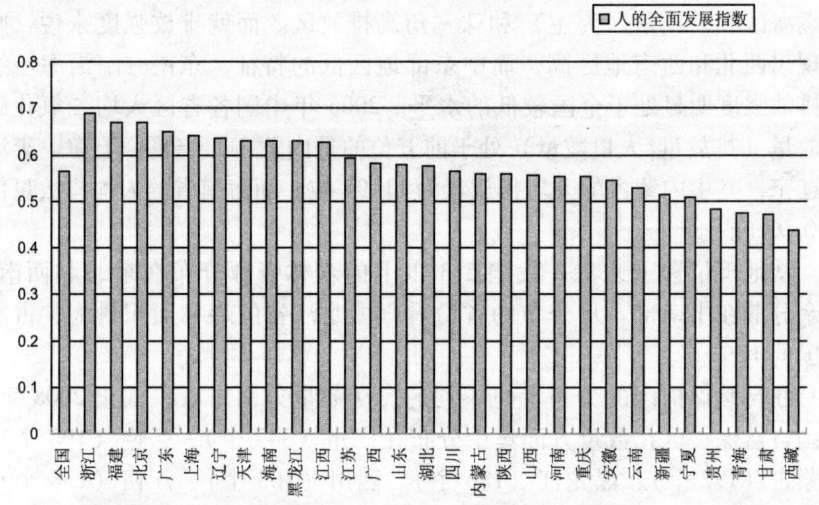

需要指出的是,在计算各省、市、区各自的发展指数过程中,对分配公平指数本书采用的是反映城乡公平状况的"农村与城镇居民家庭人均可支配收入比",而环境条件指数采用的是"森林覆盖率",因为在国

---

① 中国环境年鉴社:《中国环境年鉴2008》,中国环境年鉴社2008年版,第315页。

内各种统计年鉴中不包括各地区"基尼系数"和"各地区人均 CO_2 排放量"这两个指标,所以无法从权威年鉴中获得这一数据,而"农村与城镇居民家庭人均可支配收入比"指标可以根据各地区农村居民家庭人均纯收入和各地区城镇居民家庭人均可支配收入计算得来,且能够进行区域间的公平状况比较,"森林覆盖率"也能从《中国统计年鉴》中获得,其余三个领域的指标没有变化,与人的全面发展综合指数的国际比较采用的指标一致。

表4-40 2005年中国各省(市、自治区)人的全面发展指数

省份	收入指数[1]	健康指数[2]	知识指数[3]	环境指数[4]	公平指数[5]	人的全面发展指数
全国	0.703	0.792	0.837	0.1821	0.3102	0.5649
上海	0.930	0.886	0.919	0.0317	0.4424	0.6418
北京	0.909	0.852	0.931	0.2126	0.4388	0.6687
天津	0.869	0.832	0.931	0.0814	0.4415	0.6310
浙江	0.826	0.828	0.839	0.5441	0.4087	0.6892
江苏	0.806	0.815	0.841	0.0754	0.4283	0.5931
广东	0.805	0.805	0.849	0.4649	0.3176	0.6483
辽宁	0.763	0.806	0.872	0.3297	0.4052	0.6352
山东	0.773	0.815	0.801	0.1344	0.3659	0.5779
黑龙江	0.718	0.790	0.852	0.3954	0.3894	0.6290
福建	0.760	0.793	0.806	0.6296	0.3612	0.6700
吉林	0.704	0.802	—	0.3813	0.3756	
河北	0.721	0.792	—	0.1769	0.3823	
山西	0.693	0.778	0.855	0.1329	0.3243	0.5566
内蒙古	0.738	0.748	0.810	0.1770	0.3271	0.5600
海南	0.677	0.799	0.817	0.4887	0.3698	0.6303
河南	0.677	0.776	0.820	0.1619	0.3312	0.5532
重庆	0.672	0.779	0.817	0.2225	0.2743	0.5530
湖北	0.679	0.768	0.818	0.2677	0.3527	0.5770
湖南	0.663	0.761	—	0.4063	0.3274	—
新疆	0.701	0.707	0.824	0.0294	0.3107	0.5144

省份	收入指数[1]	健康指数[2]	知识指数[3]	环境指数[4]	公平指数[5]	人的全面发展指数
陕西	0.655	0.751	0.820	0.3255	0.2481	0.5599
广西	0.635	0.772	0.817	0.4141	0.2686	0.5813
江西	0.647	0.733	0.827	0.5586	0.3630	0.6257
四川	0.640	0.770	0.773	0.3027	0.3342	0.5640
宁夏	0.660	0.753	0.758	0.0608	0.3010	0.5066
安徽	0.633	0.781	0.756	0.2403	0.3118	0.5444
青海	0.657	0.684	0.714	0.0440	0.2670	0.4732
甘肃	0.608	0.708	0.727	0.0666	0.2448	0.4709
云南	0.616	0.675	0.726	0.4077	0.2204	0.5290
贵州	0.542	0.683	0.717	0.2383	0.2303	0.4821
西藏	0.641	0.656	0.552	0.1131	0.2203	0.4365

注：1、2、3部分数据来源于联合国开发计划署编，中国海南改革发展研究院协调撰写：《中国人类发展报告 2007—2008：惠及13亿人的基本公共服务》，中国对外翻译出版社公司 2008 年版。

4. 数据来源：第六次全国森林清查资料。

5. 数据来源：根据《中国统计年鉴 2009 摘要》计算得来。

从数据不难看出，我国不同地区之间人的全面发展水平的差异性是不容忽视的，表 4-40 给出的 2005 年各省人的全面发展指数有力地说明了这一点。人的全面发展水平高出全国平均水平的省市有上海（0.6418）、北京（0.6687）、天津（0.6310）、浙江（0.6892）、江苏（0.5931）、广东（0.6483）、辽宁（0.6352）、山东（0.5779）、黑龙江（0.6290）、福建（0.6700）、海南（0.6303）、广西（0.5813）、江西（0.6257）、湖北（0.5770）；低于全国平均水平的省市为：四川（0.5640）、内蒙古（0.5600）、陕西（0.5599）、山西（0.5566）、河南（0.5532）、重庆（0.5530）、安徽（0.5444）、云南（0.5290）、新疆（0.5144）、宁夏（0.5066）、贵州（0.4821）、青海（0.4732）、甘肃（0.4709）、西藏（0.4365）。从地区分布来看，除了上海、北京、天津三大直辖市外，具有较高发展水平的省市主要集中在沿海地区，而人的全面发展水平较低的省份主要集中在中西部地区，地区差距十分明显，且同一省（自治区）内城乡之间人的全面发展公平程度也有很大的差距。

这表明,在当前条件下,采取一系列重大的综合性改革以加快缩小不断扩大的发展差距刻不容缓,同时,政府必须把公平和正义作为基本理念,为公共政策的制定提供一个迫切和清晰的理由①。

附表:2005 年全国各地区公平指数数据

区域	农村居民家庭人均可支配收入	城镇居民家庭人均可支配收入	农村与城镇居民家庭人均可支配收入比	公平指数
全国	3254.9	10493.0	0.31019727	0.3102
北京	7746.3	17653.0	0.43880927	0.4388
天津	5579.9	12638.6	0.44149668	0.4415
河北	3481.6	9107.1	0.38229513	0.3823
山西	2890.7	8913.9	0.32429128	0.3243
内蒙古	2988.9	9136.8	0.32712766	0.3271
辽宁	3690.2	9107.6	0.40517809	0.4052
吉林	3264.0	8690.6	0.37557821	0.3756
黑龙江	3221.3	8272.5	0.38939861	0.3894
上海	8247.8	18645.0	0.44235988	0.4424
江苏	5276.3	12318.6	0.42831978	0.4283
浙江	6660.0	16293.8	0.40874443	0.4087
安徽	2641.0	8470.7	0.3117806	0.3118
福建	4450.4	12321.3	0.36119565	0.3612
江西	3128.9	8619.7	0.36299407	0.3630
山东	3930.5	10744.8	0.36580485	0.3659
河南	2870.6	8668.0	0.33117213	0.3312
湖北	3099.2	8785.9	0.35274702	0.3527
湖南	3117.7	9524.0	0.32735195	0.3274
广东	4690.5	14770.0	0.3175694	0.3176
广西	2494.7	9286.7	0.26863148	0.2686
海南	3004.0	8123.9	0.36977314	0.3698

---

① 联合国开发计划署编,中国海南改革发展研究院协调撰写:《中国人类发展报告 2007—2008:惠及 13 亿人的基本公共服务》,中国对外翻译出版社 2008 年版,第 102 页。

区域	农村居民家庭人均可支配收入	城镇居民家庭人均可支配收入	农村与城镇居民家庭人均可支配收入比	公平指数
重庆	2809.3	10243.5	0.27425196	0.2743
四川	2802.8	8386.0	0.33422371	0.3342
贵州	1877.0	8151.1	0.23027567	0.2303
云南	2041.8	9265.9	0.22035636	0.2204
西藏	2077.9	9431.2	0.22032191	0.2203
陕西	2052.6	8272.0	0.2481383	0.2481
甘肃	1979.9	8086.8	0.24483108	0.2448
青海	2151.5	8057.9	0.26700505	0.2670
宁夏	2508.9	8093.6	0.30998567	0.3010
新疆	2482.2	7990.2	0.31065555	0.3107

数据来源：《中国统计年鉴2009年摘要》。

第二节 部分城市居民主观幸福感受的调查

在客观发展领域综合评价的基础上，2009年9月至2010年1月，笔者根据人的全面发展最终指标体系设计调查问卷，并奔赴各地展开社会调查。调查的目的是要通过调研，动态地把握我国城市社会的民意幸福体验，客观反映我国城市人们的某种意愿，以及对自身发展所处现状的态度，考察经济收入状况、健康状况、人际关系、婚恋家庭等方面对城市居民主观幸福感的影响，从而为我国城市在人的全面发展重大战略方面的改革和决策提供参考。

本次调查以我国经济发达地区（以北京、广州为代表）、经济一般发达地区（以长沙、郑州为代表），以及经济欠发达地区（以兰州与昆明为代表）的六大城市居民作为调查对象，采用街头偶遇的方式获取样本，每个城市调查对象预计为120名左右，共计发问卷700份，有效问卷回收率为95.4%，调查样本的人口特征如下表4-41：

表 4-41 调查样本人口特征

变量名称	类别	频数(N)	百分比(%)
性别	男	318	47.6
	女	350	52.4
年龄	16—29 岁	331	49.6
	30—44 岁	224	33.5
	45—59 岁	93	13.9
	60 岁以上	20	3.0
文化程度	小学及以下	23	3.45
	初中	48	7.21
	高中(中专、职高)	98	14.71
	大专	140	21.02
	大学本科及以上	262	39.34
	研究生班以上	95	14.26
		666	100.00
目前就业状况	在职在岗	479	72.47
	离退休	25	3.78
	病伤休	1	0.15
	内退	11	1.66
	下岗	5	0.76
	再就业	24	3.63
	自由职业	58	8.77
	无业	58	8.77
		661	100.00
工作单位类型	国家事业单位	203	30.90
	国有企业	82	12.48
	集体企业	52	7.91
	外资、合资企业	54	8.22
	私营/民营企业	121	18.42
	个体经营	58	8.83
	其他	87	13.24
		657	100.00
个人月收入	500 元及以下	38	5.8
	501—1500 元	164	25.0
	1501—2500 元	186	28.3
	2501—3500 元	148	22.5
	3501 元及以上	121	18.4
		657	100.00

将上述人口特征与《中国统计年鉴2008》中的相关数据进行比对的结果显示,各项指标均存在一定差别。但这并不能说明本调查样本的代表性,原因如下:(1)《中国统计年鉴》有关人口和人民发展的指标绝大部分反映的是全国人口整体特征,对城乡人口并未进行区分,显然与本调研聚焦城市人口特征必然存在明显差异;(2)在资料的搜集方式上,由于本调研采用的是街头偶遇的方式获取样本,具有随机性,因而在样本的获取上本身就不具备严谨性,样本的人口特征很大程度上取决于调查的具体情境以及人口活动的特点,这些因素也在某种程度上限制了样本的代表性;(3)本调研选取的六个城市在问卷安排上(无论是问卷规模还是问卷本身所设计的主题)也具有特殊性,在现有统计资料中也难以找到相关数据进行对比,因而样本的代表性也无法确定。对此,本研究将在后续的研究中通过进一步完善抽样过程以增强样本的代表性和结论的权威性,这也将是本研究需要继续努力的方向。

此外,为了进一步检验调查信度,衡量调查结果受随机误差影响的程度,本书选择并计算了 Alpha 信度系数,以表明每一调查项目得分之间的一致性。

$$\alpha = \frac{k \overline{X}}{1 + (k-1) \overline{X}}$$ 其中:k 为调查的项目数,$\overline{X}$ 为 k 个调查项目相关系数的均值。

利用 SPSS11.5 对本次调查结果计算的信度系数如表 4-42。

表 4-42 信度系数表

项目	N of items	Alpha 系数
总体感受	43	0.9247
知足充裕满足感	4	0.7154
身心健康愉悦感	6	0.7308
自我实现成就感	14	0.8996
人际关系认同感	7	0.7143
心态平衡自信感	7	0.6287
婚恋家庭幸福感	4	0.3057

可以看出,本调查的总体一致性系数达到0.9247,这表明本调查有较

好的内部一致性。从各个维度方面来看，除了心态平衡自信感与婚恋家庭幸福感的信度偏低外，其他维度的信度系数介于0.71—0.89之间，均高于0.7，说明了本调查的信度水平达到优良水平，符合统计的要求。

一、人口社会特征与总体幸福度相关分析

主观幸福感受是个人对自身发展及其各个方面的主观评价和体验。总体主观幸福度分析不但能表达个人对自身发展总体的满意度及对自身发展各方面的整体感受，而且为研究个人发展各方面（如婚姻、家庭、工作等社会特征）的相对重要性提供了比较的基础和评价的依据。事实上，国际上关于主观幸福度分析的一个必不可少的环节就是考察总体幸福度与人口社会特征之间的关系。

本次调查按照很满意（很同意）=6分，比较满意（比较同意）=5分，一般=4分，不太满意（不太同意）=3分，很不满意（很不同意）=2分，说不清楚=1分的计分方式进行。且主要是基于这样一种假设：由于不同的人口特征在其自身发展过程中有着相应的作用，因此，人口特征的不同，被调查者对自身发展的主观幸福感受也会不同。为此，本书也对人口特征与总体满意度进行了相关性分析，我们选定的人口特征其中包括了性别、年龄、文化程度、婚姻状况、收入和就业状况类型。

（一）性别：女性对自身发展总体满意度要高于男性，但二者之间的差异不是很大

从统计调查及指数的测算结果看，女性对自身发展的满意度（18.8%）高于男性（11.3%），而男性中感到不满意的人数比例（30.5%）则略高于女性（30.3%）。不同性别的调查对象对自身发展满意度的评价无明显差异[1]（见表4–43，表4–44）。

---

[1] 显著性为0.164 > 0.05，显著性的值大于 $P > 0.05$ 表示无明显差异；$0.01 < P < 0.05$ 则为差异显著，如果 $P < 0.01$ 则差异非常显著。

表4-43 性别 * 主观幸福总体满意度交叉列联表

<table>
<tr><th colspan="2"></th><th colspan="6">总的来说,对现在自身发展是否满意</th><th rowspan="2">Total</th></tr>
<tr><th colspan="2"></th><th>说不清楚</th><th>非常不满意（非常不同意）</th><th>不太满意（不太同意）</th><th>一般</th><th>比较满意（比较同意）</th><th>很满意（很同意）</th></tr>
<tr><td rowspan="4">性别</td><td>女 Count</td><td>2</td><td>10</td><td>96</td><td>176</td><td>60</td><td>6</td><td>350</td></tr>
<tr><td>% within 性别</td><td>0.6%</td><td>2.9%</td><td>27.4%</td><td>50.3%</td><td>17.1%</td><td>1.7%</td><td>100.0%</td></tr>
<tr><td>男 Count</td><td>1</td><td>11</td><td>86</td><td>184</td><td>33</td><td>3</td><td>318</td></tr>
<tr><td>% within 性别</td><td>0.3%</td><td>3.5%</td><td>27.0%</td><td>57.9%</td><td>10.4%</td><td>0.9%</td><td>100.0%</td></tr>
<tr><td rowspan="2">Total</td><td>Count</td><td>3</td><td>21</td><td>182</td><td>360</td><td>93</td><td>9</td><td>668</td></tr>
<tr><td>% within 性别</td><td>0.4%</td><td>3.1%</td><td>27.2%</td><td>53.9%</td><td>13.9%</td><td>1.3%</td><td>100.0%</td></tr>
</table>

表4-44 方差分析

	平方和	自由度	均值平方	F	显著性
组间	1.163	1	1.163	1.944	164
组内	398.555	666	.598		
共计	399.719	667			

事实上，这一结果与国际研究基本相符。英国牛津布鲁克斯大学的心理学荣誉退休教授、世界著名的社会心理学家之一阿盖尔（Argle）对西方研究者二十多年主观幸福感相关研究文献的考察发现，在总体满意度和积极情感方面性别差异极小[①]。事实上，国际上关于性别对幸福的影响的基本判断一般而言倾向于认为妇女自我报告的幸福水平要高于男人所报告的幸福水平。原因有三：其一，从整体上讲，妇女经历某种极端积极和极端消极情绪的几率要超过男人。妇女们有一种趋势报告自己非常幸福，也有一种趋势报告自己非常不幸。妇女与男人之间的主要区别在于其感受强度的不同，这种差异可归因为性别的角色。在社会中，女

---

① 参见 Argyle, M., The psychology of happiness, London: Routledge, 1987.

人承担的是情感表达的角色,男人则被教育成工具行动的角色。其二,妇女比男人在本质上拥有更多的幸福的遗传能力。其三,妇女的抱负水平较低,对生活的期望较少,比男人更容易感受到幸福[1]。

我们认为,我国城市女性群体的主观幸福度高于男性,有其性别的自然差别因素在内,也和我国长期坚持的"男女平等"原则,重视女性发展的政策有很大的关系。但不容否认的事实是,男女不平等现象仍然存在,我国女性仍承受着来自家庭和工作的双重压力。一方面,"女性不如男性工作能力强"的性别歧视在一定程度上给我国女性群体带来一些不如意;另一方面,就城市女性而言,虽然城市女性忙于工作,但"女主内"的传统观念仍然占有一定地位。所以城市女性群体在日常生活中会感受到各方面的压力,从而会使她们的实际主观幸福感水平较低。

(二)年龄:年龄与主观幸福感之间存在近乎U型的关系

测算结果表明,不同年龄的人群其主观幸福感差异不大。其中60岁及以上群体指标值最高,16—29岁群体次之,而30—44岁群体最低。(如表4-45)。

表4-45 不同年龄段人群的幸福指数

年龄	16~29	30~44	45~59	60岁及以上
主观幸福指数	4.40	4.33	4.35	4.41

本次研究与易松国、风笑天在武汉、北京、西安三城市主观生活质量的比较研究中得出的结论不相符合。他们的研究认为"满意度都有着与年龄同步增长的趋势",认为"形成这一现象的主要原因在于,随着年龄的增长,特别是在中老年以后,人们大都进入了资源条件的顶峰阶段,同过去的境况和现在一般人的条件相比,他们感到较为满意。另一方面,我们在进入中老年以后,生活的期望值降低,追求的动机减弱,在选择参照标准时也更为实际,由此提高了主观生活满意度"[2]。本研究结果与国外有关研究结果也不相符合,国外曾有少部分研究指出幸福感随年龄

---

[1] Wood, Wendy, Nancy Rhodes, and Mhelan, 1989. "Sex differences in positive well-being: A Consideration of Emotional Style and Martial Status." Psychological Bulletin 106 (2): 249-264.

[2] 易松国、风笑天:《城市居民主观生活质量研究——武汉、北京、西安三地调查资料比较》,载《华中理工大学学报》(社会科学版),1997年第3期。

的增长而降低①。

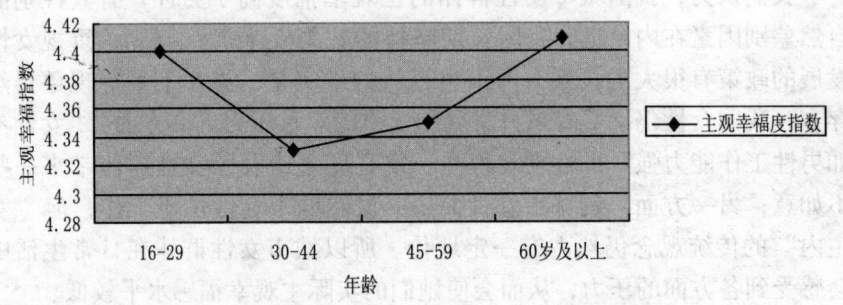

图 4-19　年龄与主观幸福指数

本研究结果认为，年龄与主观幸福感之间存在近乎 U 型关系。从图 4-19 可以看出，年龄和主观幸福指数并不是呈正相关，曲线的最低点在 30—44 年龄段人群，年轻人和老年人相对较幸福。我们认为，这一结果的形成与四个群体所具有的不同发展阶段、发展观念和发展目标有关。以 30—44 岁的群体为例，这一群体虽然正处于"有奔头"的时期，且身体健康状况总体良好，但这一年龄段的群体却积蓄相对较少，又面临着生养教育子女的巨大经济压力和事业发展上的压力，因而这一群体的主观幸福指数表现为最低。60 岁及以上的群体，虽然处于老年阶段，但饱经沧桑后往往对物质的需求下降，较为知足，且社会阅历丰富，与人交往能够较宽容地对待别人，具备良好的心理和社会适应能力，对自身的缺点也能够坦然接受，肯定自我的存在价值。此外，这一群体面临的社会压力也有所减少，再加上我国有尊老敬老的文化传统，因此，大部分老年人在主观幸福感受方面却是最高的。16—29 岁的群体，他们虽然面临着学业、就业等方面的挑战，对物质生活的期待也往往高于现实收入水平，但这一群体尚处于生理机能最佳时期，他们崇尚自由和个人的独立，社会交往愿望强烈，且对自身发展各个方面都充满了美好的理想和憧憬，相对其他年龄段，具有更多的发展机会，因而也具备了较高的主观幸福值。45—59 的群体，虽然其收入状况处于稳定且不断上升的状态，同时在心态上也较为务实，对物质方面也表现出相对合理的期待，

---

① 参见 M. Argyle. & L. Luo. "Extraversion and Happiness". Personality and Individual Differences, 1990, Vol11, PP. 1011-1017.

但由于生活方式、知识、技能、职业等方面基本定型,生理机能开始明显衰退,事业发展上他们中相当一部分人也开始逐渐失去竞争优势,所以这个群体的主观幸福感受也不高。

事实上,年龄与主观幸福感之间的关系是复杂的,年龄对幸福感的影响缺乏一致的方向性①。加之,不同研究者对这一问题的研究明显受到各自的文化背景和研究取向的影响,在主观幸福感的测量因素、评价标准以及评价手段等方面存在一定程度的差异,因此,关于年龄与主观幸福之间的相关性还需要经过谨慎的分析与论证。

(三) 文化程度:文化程度越高的人可能有更高的主观幸福感

表4-45的结果显示,不同文化程度之间的主观幸福感受具有比较明显的差异,大体表现为,文化程度越高,则选择"非常不满意(同意)"与"不太满意(同意)"这两个选项的人群比例较低;而选择"比较满意(同意)"与"很满意(同意)"的人群比例越高。特别是研究生及以上人群,"非常不满意(同意)"与"不太满意(同意)"这两个选项的比例之和要远远低于其他文化程度的人群组;而选择"比较满意(同意)"与"很满意(同意)"的人口比例之和要高于其他人群组;特别是"比较满意(同意)"选项的人口比例要比平均比例(13.9%)高出6个多百分点。同时,表4-46也显示,文化程度与主观幸福感存在着较强相关性(显著性 $0.001 < 0.01$),即文化程度越高的人可能有更高的主观生活满意度。

---

① 参见 B. Headey, &A. Wearing. "Personality, Life Events, and Subjective Well - being: Toward a Dynamic Equilibrium Model." Journal of Personality and Social Pychology, 1989, Vol57, PP731 -739.

表4-45 文化程度*主观幸福总体满意度交叉列联表

			总的来说,对现在自身发展是否满意						Total
			说不清楚	非常不满意(非常不同意)	不太满意(不太同意)	一般	比较满意(比较同意)	很满意(很同意)	
受教育程度	小学及以下	Count	0	1	13	7	0	2	23
		% within 受教育程度	0.0%	4.3%	56.5%	30.4%	0.0%	8.7%	100.0%
	初中	Count	2	2	17	22	4	1	48
		% within 受教育程度	4.2%	4.2%	35.4%	45.8%	8.3%	2.1%	100.0%
	高中(中专、职高)	Count	0	4	34	48	12	0	98
		% within 受教育程度	0.0%	4.1%	34.7%	49.0%	12.2%	0.0%	100.0%
	大专及以上	Count	0	4	31	89	16	0	140
		% within 受教育程度	0.0%	2.9%	22.1%	63.6%	11.4%	0.0%	100.0
	大学本科	Count	1	7	69	140	42	3	262
		% within 受教育程度	0.4%	2.7%	26.3%	53.4%	16.0%	1.1%	100.0%
	研究生及以上	Count	0	1	18	54	19	3	95
		% within 受教育程度	0.0%	1.1%	18.9%	56.8%	20.0%	3.2%	100.0%
Total		Count	3	19	182	360	93	9	666
		% within 受教育程度	0.4%	3.1%	27.2%	53.9%	13.9%	1.3%	100.0%

表4-46 方差分析

	平方和	自由度	均值平方	F	显著性
组间	12.278	5	2.456	4.256	0.001
组内	380.815	660	0.577		
共计	393.093	665			

显然,无论是追求幸福的动力还是追求幸福的能力都与人的文化知识相联系。从这个意义上来看,上述结论也就不难理解。当然,文化程度与主观幸福之间的这种正相关性其实更可能与现实社会中人们从较高的文化程度中获得的实际受益度有关。从我国发展的实际情况看,原有体制下的"脑体倒挂"问题已基本得到解决,个人的文化程度与其得到的各种发展机会与环境密切相关,文化程度越高,获得的发展机会越多,发展的条件越多,因而也就越可能较多地感受到幸福。这一结论部分地支持了西方一些研究者得出的教育程度与幸福体验之间成正比的结论[1]。

当然,文化程度较高的人是否幸福,除了取决各种发展机会和条件外,还取决于他们自身发展目标的实现程度。事实上,文化程度较高者往往具有更高的发展预期,而难以实现的预期则很有可能成为主观幸福感受的消极影响因素;与此同时,文化程度越高的人也可能对生活与工作具有更为强烈的不满足感,也有可能面临着更大的工作压力。因此,关于文化程度与主观幸福之间的正相关关系也还需要进一步的认定与分析。

(四)婚姻状况:已婚者所报告的主观幸福水平比未婚者、离婚者、分居者和鳏寡者所报告的幸福水平都要高

婚姻状况是影响主观幸福感受的一个因素。从表4-48可知,显著性水平很低,表明不同婚恋状况之间主观幸福度之间存在很好的对应关系。表4-47显示,我国城市居民已婚(18.5%)、分居者(14.3%)、未婚(12.3%)、离异(6.7%)和丧偶(0%)的总体幸福感依次递减。这表明由配偶所提供的社会支持,婚姻因素会有助于个人提高主观幸福感水平。

---

[1] Canlpbell, A. Subjeetive measures of well-being, American Psyehologist, 1976, P. 31.

表4-47 婚姻状况 * 主观幸福总体满意度交叉列联表

			总的来说,对现在自身发展是否满意						Total
			说不清楚	非常不满意(非常不同意)	不太满意(不太同意)	一般	比较满意(比较同意)	很满意(很同意)	
婚姻状况	未婚	Count	2	8	91	148	33	2	284
		% within 婚姻状况	0.7%	2.8%	32.0%	52.1%	11.6%	0.7%	100.0%
	已婚	Count	0	9	80	198	58	7	352
		% within 婚姻状况	0.0%	2.6%	22.7%	56.3%	16.5%	2.0%	100.0%
	离异	Count	0	2	5	7	1	0	15
		% within 婚姻状况	0.0%	13.3%	33.3%	46.7%	6.7%	0.0%	100.0%
	丧偶	Count	1	2	2	3	0	0	8
		% within 婚姻状况	12.5%	25.0%	25.0%	37.5%	0.0%	0.0%	100.0%
	分居	Count	0	0	3	3	1	0	7
		% within 婚姻状况	0.0%	0.0%	42.9%	42.9%	14.3%	0.0%	100.0%
	其他	Count	0	0	1	1	0	0	2
		% within 婚姻状况	0.0%	0.0%	50.0%	50.0%	0.0%	0.0%	100.0%
Total		Count	3	21	182	360	93	9	668
		% within 婚姻状况	0.4%	3.1%	27.2%	53.9%	13.9%	1.3%	100.0%

表4-48 方差分析

	平方和	自由度	均值平方	F	显著性
组间	15.238	4	3.810	6.561	.000
组内	383.778	661	.581		
共计	399.017	665			

显然,本研究的结论与邢占军等得出的结论,即"从总体上看,城

市居民中无婚姻生活群体主观幸福感高于有婚姻生活群体"① 相反，也与有学者所认为的已婚群体中大部分人婚姻质量不高的结论相悖，如国内社会学研究者徐安琪等人所作的一项颇有影响的研究就表明，目前只有3%的中国夫妇的夫妻关系可以称得上是高质量和完美型的②。

事实上，婚姻与个体主观幸福感之间的正相关关系，这一点已被西方许多研究的结果所证明：婚姻能在死亡率、发病率以及精神健康等方面表现出许多优点③。而至于婚姻质量方面的问题，既与社会转型期的骚动而引起的婚姻价值观的失衡有关，也与传统文化背景下形成的对婚姻的不合理期待有关。因而，模塑健康向上的婚恋观，倡导和谐成熟的婚姻生活，不断提高婚姻质量，已经成为提升全体社会成员主观幸福的重要环节。

（五）单位类型：各职业群体对自身发展现状比较满意，但也表现出差异性

表4-49反映了调查对象的工作单位类型分布。其中国家事业单位人员为30.90%，国有企业人员为12.48%，集体企业人员为7.91%，外资、合资企业人员为8.22%，私营、民营企业人员为18.42%，个体经营人员为8.83%，其他为13.24%。这基本反映了城市经济结构和职业结构。

总体上看，我国各职业群体对自身发展现状比较满意。表4-50与表4-51显示，各职业群体中有15.2%的人对自身发展的现状比较满意，30.3%的人对自身发展的现状不是很满意，53.9%的人表示"一般"，另有0.4%的人表示"不清楚"。而总体满意度均值也是介于4.2到4.48，反映出我国不同单位工作类型的居民在主观幸福感受上满意度都是趋于"比较满意"的，也反映出我国经济结构改革取得良好成效。

---

① 邢占军、金瑜：《城市居民婚姻状况与主观幸福感关系的初步研究》，载《心理科学》，2003年第6期。
② 参见徐安琪、叶文振：《中国婚姻质量研究》，中国社会科学出版社1999年版。
③ Lee, Gary R., Karen Seccombe, and Constance L. Shehan, 1991. "Marital Status and Personal Happiness: An Analysis of Trend Data." Journal of Marriage and the Family 53 (November): P. 839-884.

表4-49 调查人口的工作单位类型及地域分布

			城市						Total
			北京	广州	兰州	郑州	昆明	长沙	
单位类型	国家事业单位	Count	26	10	57	21	34	55	203
		% within 单位类型	12.8%	4.9%	28.1%	10.3%	16.7%	27.1%	100.0%
	国有企业	Count	14	7	17	18	19	7	82
		% within 单位类型	17.1%	8.5%	20.7%	22.0%	23.2%	8.5%	100.0%
	集体企业	Count	6	9	6	15	8	8	52
		% within 单位类型	11.5%	17.3%	11.5%	28.8%	15.4%	15.4%	100.0%
	外资、合资企业	Count	7	16	1	2	23	5	54
		% within 单位类型	13.0%	29.6%	1.9%	3.7%	42.6%	9.3%	100.0%
	私营、民营企业	Count	19	37	17	24	10	14	121
		% within 单位类型	15.7%	30.6%	14.0%	19.8%	8.3%	11.6%	100.0%
	个体经营	Count	11	12	5	9	3	18	58
		% within 单位类型	19.0%	20.7%	8.6%	15.5%	5.2%	31.0%	100.0%
	其他	Count	11	11	21	16	21	7	87
		% within 单位类型	12.6%	12.6%	24.1%	18.4%	24.1%	8.0%	100.0%
Total		Count	94	102	124	105	118	114	657
		% within 单位类型	14.31%	15.53%	18.87%	15.98%	17.96%	17.35%	100.00%

表4-50 不同工作单位类型群体的总体满意度比较分析

单位类型	均值	标准差
国家事业单位	4.48	0.45
国有企业	4.42	0.32

第四章　人的全面发展指标体系的应用：中国的现实与选择 | 315

单位类型	均值	标准差
集体企业	4.32	0.48
外资、合资企业	4.35	0.43
私营、民营企业	4.33	0.41
个体经营	4.2	0.47
其他	4.31	0.48

表4-51　不同职业群体的总体幸福度比较

		总的来说，对现在自身发展是否满意						Total
		说不清楚	非常不满意（非常不同意）	不太满意（不太同意）	一般	比较满意（比较同意）	很满意（很同意）	
单位类型	国家事业单位							
	Count	1	2	43	112	41	4	203
	% within 单位类型	0.5%	1.0%	21.2%	55.2%	20.2%	2.0%	100.0%
	国有企业							
	Count	0	0	18	55	9	0	82
	% within 单位类型	0.0%	0.0%	22.0%	67.1%	11.0%	0.0%	100.0%
	集体企业							
	Count	0	4	15	27	5	1	52
	% within 单位类型	0.0%	7.7%	28.8%	51.9%	9.6%	1.9%	100.0%
	外资、合资企业							
	Count	0	2	15	29	8	0	54
	% within 单位类型	0.0%	3.7%	27.8%	53.7%	14.8%	0.0%	100.0%
	私营、民营企业							
	Count	0	2	41	61	16	1	121
	% within 单位类型	0.0%	1.7%	33.9%	50.4%	13.2%	0.8%	100.0%
	个体经营							
	Count	1	5	20	30	2	0	58
	% within 单位类型	1.7%	8.6%	34.5%	51.7%	3.4%	0.0%	100.0%
	其他							
	Count	0	6	27	45	7	2	87
	% within 单位类型	0.0%	6.9%	31.0%	51.7%	8.0%	2.3%	100.0%

	Count	2	21	179	359	88	8	657
Total	% within 单位类型	0.4%	3.1%	27.2%	53.9%	13.9%	1.3%	100.0%

但是,各职业群体在主观幸福感受上表现出差异性,在主观幸福满意度的各个选项上的分布也有所不同,其中国家事业单位群体对自身发展的满意度是各单位类型群体中最高的,高达22.20%的人比较满意,而在"很满意(同意)"的选项中,国家事业单位群体也占了2.0%的比例,这两项指标均居各单位类型前列;其次是外资合资企业,有14.8%的人对自己的发展比较满意;接下来依次是私营、民营企业(14.0%),集体企业(11.5%),国有企业(11.0%),个体经营(3.4%),其他(10.3%)。从某种意义上讲,主观幸福感受考察的是人们对自身发展资源、发展机会等利益性因素分配状况的主观感受和体验,而现代社会中,这些资源的分配往往与所处单位职业类型密切联系在一起。对此,孙立平认为,在20世纪80年代初期的一段时间里,改革曾带来了一个短期的平等化效应。但在进入90年代以后,社会资源配置反转过来,呈一种重新积聚的趋势。其结果就是社会中的各种资源,越来越集中到少数地区、少数群体甚至少数人的手中,这些人的联合更是加剧了这种态势[①]。表4-50与表4-51中的数据显示这些职业群体的幸福满意度高于其他职业群体。

(六)收入:收入的高低与主观幸福指数之间存在一定的关系,但非线性正相关

从指数的计算结果看,收入的高低与主观幸福之间存在一定的关系,但主观幸福指数并没有随着收入水平的增加而表现出线性上升的态势(如表4-52)

表4-52　不同收入水平的居民其幸福指数

收入	500元及以下	501~1500	1501~2500	2501~3500	3501元及以上
主观幸福指数	4.31	4.25	4.32	4.50	4.50

---

① 参见孙立平:《失衡——断裂社会的运作逻辑》,社会科学文化出版社2004年版,第52—57、106—109页。

图 4-20　不同收入水平的生活满意度总体评价

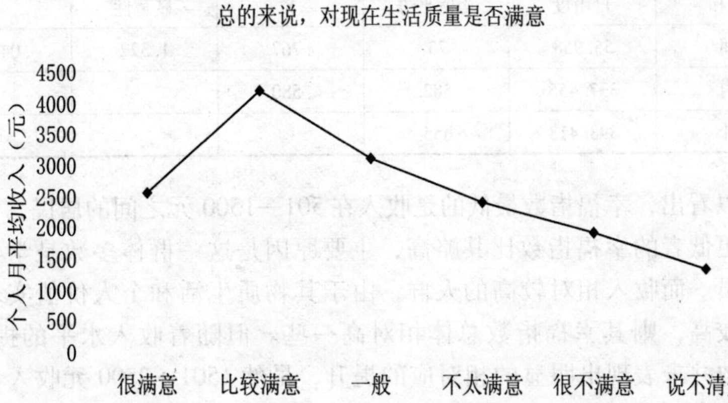

总的来说，对现在生活质量是否满意

（个人月平均收入（元），横轴：很满意　比较满意　一般　不太满意　很不满意　说不清楚）

图 4-20 显示，在人们对生活质量总体评价的不同档次上，收入差距非常明显。而表 4-53、表 4-54 是关于收入和主观幸福感受之间关系的数值描述和方差检验。显然，按照个人主观幸福度总体评价的层次，各层次的个人平均收入有显著差别。95% 的置信区间下的平均收入的上下限也显著不同。F 检验的显著性很好，说明个人月收入对总体生活满意度的确存在显著影响。

表 4-53　个人月收入描述

	频数	均值	标准离差	标准误差	均值95%的置信区间	
					下限	上限
很满意(很同意)	9	2538.89	2129.521	709.840	901.99	4175.78
比较满意(比较同意)	91	4174.73	6544.613	686.062	2811.74	5537.71
一般	355	3094.96	3920.554	208.081	2685.73	3504.19
不太满意(不太同意)	177	2400.03	3939.765	296.131	1815.61	2984.46
很不满意(很同意)	21	1923.33	1586.481	346.199	1201.18	2645.49
说不清楚	3	1333.33	577.350	333.333	-100.88	2767.55
共计	656	15465.27	18698.284	2579.646	9315.37	21615.18

表 4-54 个人月收入 ANOVA 分析

平方和	自由度	均值平方	F	显著性	
组间	55.958	73	.767	1.322	.045
组内	337.455	582	.580		
共计	393.413	655			

可以看出,幸福指数最低的是收入在 501—1500 元之间的居民,而收入比其更低者的幸福指数比其略高,主要原因是这一群体多数是学生及退休人员。而收入相对较高的人群,由于其物质生活和个人价值实现程度相对较高,则其幸福指数总体相对高一些。但随着收入水平的提高,幸福指数并未表现出明显的相对应的提升,虽然 1501—2500 元收入者较之于 2500 元以下的收入者幸福指数有所提升,但 3501 元以上收入者的幸福指数和 2501—2500 元收入者的幸福指数却呈现均等(均为 4.50),主要原因是在满足最基本的要求的基础上,有更高的期望与要求,其幸福观与低收入水平者有所不同,因此,收入在主观幸福方面的影响度就减弱了。

这一结论在有些学者那里也得到了证实。对此,有学者就指出,个人收入与主观幸福度的对应关系有三类或三阶段,一是收入效应(income effect),在主观幸福度较低的时候,个人收入的增长能够显著地改善主观幸福;二是饱和效应(Saturation effect),当个人已经习惯较富裕的生活方式,个人收入增长带来的边际效应明显降低,对个人幸福的主观感受影响下降;三是富足效应(affluence effect)。这个阶段,个人已经习惯了富足的生活,物质财富的增长带来的幸福感减少。相反,由于城市的扩张或工作的紧张以及人际关系的复杂等负面因素带来的影响,主观幸福度甚至会有所下降[1]。可以说,对于低收入者而言,收入水平对其主观幸福度是有着直接决定性的。只有当收入水平达到一定程度,能够满足人们发展所需的基本需求之时,其影响度才会逐渐减弱。因此,主观幸福对于尚处于发展中的国家而言,是受该国或地区的国民收入水平,受其经济发展程度影响的,在此,主观幸福指数在某种程度上可以说首先就

---

[1] 参见余锦华、杨维权:《多元统计分析与应用》,中山大学出版社 2005 年版,第 232—238 页。

是一个实实在在的经济发展指数。

就我国而言，与发达国家相比，经济正在迅速发展，但是差距仍然巨大，仍是一个发展中国家。在这样的发展情境下，提高人的全面发展一个关键的问题本身就包含着提高居民的主观幸福满意度。以上的实证研究表明，目前，我国国民收入水平处于相对较低水平，影响我国居民主观幸福度状况的主要还是收入因素，我国人的全面发展尚处于物质财富还相对有限的阶段，主观幸福度的提升在很大程度上还依赖于个人收入的增长，而且高收入和高的主观幸福满意度存在着十分明显的对应关系。尽管收入相对较低的老百姓由于消费层次和对发展要求可能相对较低，发展目标相对单一，主观幸福度也就可能会呈现较高的水平，但这毕竟不是主流，更不能以此为理由认为收入低的人更加幸福。提高老百姓的物质福利无疑能够提高人的主观幸福度和全面发展水平。

以此看来，我国国民的收入增长对主观幸福的贡献还具有相当大的发展空间，发展经济仍将是现阶段我国提升国民主观幸福度的重要手段。与之相应，当前的工作重点应该是在努力发展经济的同时，提升国民物质福利，缩小贫富差距，提高国民实际收入水平，从而让人民群众享有更高的主观幸福度。这既是构建和谐社会的内在要求，也是人的全面发展的重要体现。

二、不同领域的幸福度分析

尽管性别、年龄、婚姻状况、文化程度、职业单位类型、收入等因素对个人主观幸福有着一定的影响，但总体看，所有人口统计学变量加在一起也只能解释快乐感、满意感总量的10%左右[1]。因此对主观幸福感受的测量还应引入更多的因素，从不同社会领域进行测量。事实上，不同领域的幸福度分析是人的全面发展主观幸福测量的又一重要维度。通过个体对自身发展的各个领域的局部感受，领域幸福度分析将有助于更好地了解特定发展阶段下我国居民对自身全面发展的需求及其满足程度。

为此，本书将在调查研究已有数据基础上，分别就"知足充裕满足感"、"身心健康愉悦感"、"自我实现成就感"、"人际关系认同感"、"心态平衡自信感"以及"婚恋家庭幸福感"这六个领域对我国城市居民主

---

[1] Michalos, A. C., 1985. "Multiple Discrepancies Theory." Social Indicators Research 16: 195–223.

观幸福度开展分析与思考，探讨并深入了解我国城市居民主观幸福感在各领域的具体发展状况。

（一）知足充裕满足感

物质充裕且知足，是人们主观幸福的重要条件。因此，本次调查主要是从两个方面对其进行测量：物质充裕度满足感与控欲知足感。物质充裕度满足感主要通过对个人及家庭经济收入满意度、对住房状况及居住环境的满意度以及对个人及家庭存款满意度这三个维度来进行测量，而控欲知足感则通过对物欲的控制力来衡量。对调查对象知足充裕满足感的结果如表4-55所示：

表4-55　知足充裕满足感情况

单位：%

	说不清楚	很不满意（很不同意）	不太满意（不太同意）	一般	比较满意（比较同意）	很满意（很同意）
您对个人及家庭经济收入的满意度	1.50	6.74	21.26	43.56	22.01	4.94
您对自身住房状况及居住环境的满意度	1.20	7.50	15.44	40.63	30.13	5.10
您对个人及家庭存款的满意度	3.76	10.68	24.81	40.15	17.59	3.01
您认为自己对物欲有很强的控制力	1.95	2.10	9.00	37.93	42.58	6.45

调查表明，对于个人及家庭经济收入，感到满意的人占26.95%（其中4.94%的人"很满意"，22.01%的人"比较满意"），比例略低于感到不满意的人，占28.00%（其中21.26%的人"不太满意"，6.74%的人"很不满意"），有43.56%的人感受"一般"，另有1.50%的人表示"不清楚"。

对自身住房状况及其居住环境，感到满意的人所占比例略高于感到不满意的人数所占的比例，表示满意的人占35.23%，表示不满意的人占22.94%，而比例最多即40.63%的人感受"一般"，另有1.20%的人表示"不清楚"。

对个人及家庭存款，使人们感到不满意的程度略高，有35.49%的人感到不满意,有 20.60% 的人感到满意,有 40.15% 的人表示感受"一般",另有 3.76% 的人表示"不清楚"。

对自身对物欲控制力的评价,感到满意的人数所占比例高于感到不满意的人数所占的比例,是知足充裕满足感满意度较高的项目。有 49.03% 的人感到满意,有 11.10% 的人感到不满意,有 37.93% 的人感受"一般",另有 1.95% 的人表示"不清楚"。

就各项目的情况比较而言,对于知足充裕状况的满意程度从高到低的排序依次为:控欲知足状况(49.03%)、住房状况及居住环境(35.23%)、个人及家庭经济收入(26.95%)、个人及家庭存款(20.60%)。

而对知足充裕状况的不满意程度从高到低的排序则依次为:个人及家庭存款(35.49%)、个人及家庭经济收入(28.00%)、住房状况及居住环境(22.94%)、控欲知足状况(11.10%)。

综合看来,我国居民对目前自身物质充裕各方面的状况,感到满意的高于不满意的程度,可以说呈现出一种基本的满意状况,当前人们较为不满意的是对个人及家庭存款及个人家庭经济收入状况,这表明物质发展条件有所提高的我国居民,对自身物质充裕的要求提高了。

(二) 身心健康愉悦感

无疑,健康是与人的主观幸福感受密切相关的因素。本次调查从三个方面对健康进行测量:个人身体状况、个人精神状况和公共卫生。个人身体状况主要是对自身身体健康状况的满意度测量,个人精神状况主要包括对自身精神面貌、处事状况、应变能力和睡眠质量等方面的测量,公共卫生则主要是对所享受的医疗保障满意度的测量,具体的测量结果如表 4-56、表 4-57、表 4-58 所示。

表 4-56 个人身体状况满意度

单位:%

	说不清楚	很不满意(很不同意)	不太满意(不太同意)	一般	比较满意(比较同意)	很满意(很同意)
对自身健康状况的满意度	0.45	1.35	10.18	35.33	40.72	11.98

表 4-57　个人精神状况满意度

单位:%

	说不清楚	很不满意（很不同意）	不太满意（不太同意）	一般	比较满意（比较同意）	很满意（很同意）
精力充沛,能从容应付日常生活和工作压力而不感到过分紧张	0.75	1.50	9.31	38.59	41.74	8.11
处事乐观,态度积极,乐于承担责任,事无巨细不挑剔	0.60	0.75	4.22	31.22	47.96	15.23
应变能力强,能适应环境的各种变化	0.75	0.90	6.45	38.23	42.88	10.79
善于休息,睡眠良好	0.60	3.00	11.09	35.83	35.98	13.49
对个人精神状况总的满意度	0.675	0.5375	7.7675	35.9675	42.14	11.905

表 4-58　公共卫生状况满意情况

单位:%

	说不清楚	很不满意（很不同意）	不太满意（不太同意）	一般	比较满意（比较同意）	很满意（很同意）
对自己所享受的医疗保障的满意度	4.49	5.99	23.65	37.57	25.60	2.69

调查结果显示,有52.70%的人对自己的身体状况比较满意（其中比较满意占40.72%,很满意占11.98%）；对于自身精神状况,也有超过54%的人表示满意。可见,就总体而言,被调查人口对自身健康状况是持肯定态度的。

但是,除了个人健康以外,公共卫生状况同样影响着人的全面发展。目前看来,人们对自身所享受的医疗保障不满意的程度较高（见表4-58）,约占29.63%。从各项满意度所占比重而言,居民对自身所享受的医疗保障,表示很满意的仅占2.69%,表示很不满意的则占5.99%,虽有25.60%的人表示"比较满意",但也有23.65%的人表示了"不太满意"。除此之外，表示 37.57% 的人表示"一般"，4.49% 的人表示"不清楚"。这恰恰反映了近年来公共卫生事业发展的软肋。因此，要提高人们的主观幸福感受，加强公共医疗保障建设，尤其是扩大医疗保障覆盖面显得尤为重要。

（三）自我实现成就感

自我实现成就感是总体主观幸福的一个特殊领域。现代社会对个人能力的要求越来越高，能力是个人自我发展的一个重要条件，能力强的人比能力弱的人更能获得较好的生存发展机会，自我实现成就感也会随之提高。由于工作在人们的自我能力发展与实现中所扮演的重要角色，因此，工作满意度和成就感显然就成为测量主观幸福的一个重要指标。从社会实际出发，本书主要采用了对所从事工作职业的满意度、工作条件（工作环境、工作强度、工作安全性、薪酬、管理制度、工作量、工作职责、与上司的关系、晋升机会以及表现自身能力的机会）满意度以及工作中的自身能力、价值实现程度满意度等指标进行测量。

在本次调查的对象中，在职在岗的人数为 479 人，退休（离退休、病伤休、内退）人数为 37 人，下岗未再就业 5 人，下岗后再就业 24 人，自由职业 58 人，无业人员 58 人。具体自我实现成就感情况如表 4－59 显示：

表 4－59 自我实现成就感情况

单位:%

	说不清楚	很不满意（很不同意）	不太满意（不太同意）	一般	比较满意（比较同意）	很满意（很同意）
对自己所从事的职业的满意度	4.35	1.95	12.14	45.43	30.13	6.00
对工作环境和工作关系的满意度	3.75	3.15	12.14	44.98	32.23	3.75
对自己所获薪酬的满意度	3.60	6.75	23.09	47.53	16.49	2.55
对自己的直接上级的满意度	6.15	3.30	10.79	42.13	30.88	6.75

	说不清楚	很不满意（很不同意）	不太满意（不太同意）	一般	比较满意（比较同意）	很满意（很同意）
对单位管理制度和流程的满意度	4.37	3.62	16.74	55.81	17.35	2.11
对自身工作量合理度的感受	2.86	3.61	18.80	43.76	25.41	5.56
对自身工作职责明确度的感受	3.47	1.06	13.88	37.10	34.84	9.65
工作和生活之间不存在冲突	3.30	4.20	20.69	36.43	26.99	8.40
感觉自身工作能力得到认可	3.74	1.95	13.17	46.41	29.04	5.69
对晋升机会的满意度	7.24	4.68	23.83	42.38	18.55	3.32
对自身级别、职务、职称的满意度	5.86	3.45	20.87	42.94	23.42	3.45
对自身能力指数的评价	1.05	0.75	4.22	36.90	49.55	7.53
对自身价值实现程度的满意度	6.23	3.95	21.43	39.82	23.86	4.71

调查显示，调查对象对自己所从事的职业，感到满意的人占36.13%，感到不满意的人占14.09%，有45.43%的人感受"一般"，另有4.35%的人表示"不清楚"。

关于工作环境和工作关系的情况，有35.98%的人表示满意，有15.29%的人表示不满意，有44.98%的人认为"一般"，另有3.75%的人表示"不清楚"。

所获薪酬的情况如何？对此，感到满意的人占19.04%，感到不满意的人占29.84%，感到"一般"的人占47.53%，另有3.60%的人表示"不清楚"。

就被调查者对自己的直接上级的满意度而言，37.63%的人表示满意，14.09%的人表示不满意，42.13%的人感受"一般"，另有6.15%的人表示"不清楚"。

单位管理制度和流程在某种程度上可以说对个人自我实现成就感发

挥着重要作用。那么，对于单位管理制度和流程，被调查者是怎样感受的？调查数据显示，感到满意的人占 19.46%，感到不满意的人占 20.36%，而感受"一般"的人占 55.81%，另有 4.37% 的人表示"不清楚"。

对工作量的合理程度的感受，30.97% 的人表示满意，22.41% 的人表示不满意，43.76% 的人感受"一般"，另有 2.86% 的人表示"不清楚"。

对自身工作职责明确度的感受，44.49% 的人表示满意，14.94% 表示不满意，37.10% 感受"一般"，另有 3.47% 的人表示"不清楚"。

对工作和生活之间是否存在冲突，35.39% 的人认为存在冲突，24.89% 的人认为不存在冲突，36.43% 的人感受"一般"，另有 3.30% 的人表示"不清楚"。

而对于自身工作能力是否得到认可，有 34.73% 的人认为得到了认可，15.12% 的人认为未得到认可，46.41% 的人表示"一般"，3.74% 的人"说不清楚"。

在晋升机会的满意度方面，有 21.87% 的人感觉满意，28.51% 的人感觉不满意，42.38% 的人表示"一般"，7.24% 的人表示"不清楚"。

对自身级别、职务、职称的满意度方面，26.89% 的人表示满意，不满意的人占 24.32%，表示"一般"的人占 42.94%，表示"说不清楚"的占 5.86%。

在对自身能力指数的评价方面，有 57.08% 的人表示满意，有 4.97% 的人表示不满意，评价"一般"的为 36.90%，"说不清楚"的则占 1.05%。

对自身价值实现程度的满意度，28.57% 的人表示满意，25.38% 的人表示不满意，38.82% 的人表示"一般"，"说不清楚"的人占 6.23%。

由此可见，调查对象对工作环境、工作强度、直接上司满意度以及自身工作能力评价普遍较高，而对工作薪酬、晋升机会等方面的满意度有明显的分化，有近半数的人对这些方面满意，另一半则不满意。由此可见，在我国当前的经济发展水平和组织体制上，分配机制和升迁机制的公平性仍是影响我国居民自我实现成就感的主要因素。

（四）人际关系认同感

人际交往关系被视为影响主观幸福感受的重要因素之一。人的大部分时间是在与他人的交往过程中度过的，因此和谐而有认同感的社会人际关系是主体主观幸福感高的重要表现。本次调查，具体情况如表 4-60。

表 4-60　人际关系认同感情况

单位:%

	说不清楚	很不满意（很不同意）	不太满意（不太同意）	一般	比较满意（比较同意）	很满意（很同意）
您对自己人际关系的满意度	0.15	0.75	4.96	23.91	60.30	9.92
您常常感到自己与同事或亲朋好友间的关系很融洽	0.60	0.75	2.25	25.30	54.49	16.62
您对他人、企业或政府诚信状况的满意度	4.50	7.66	26.13	38.14	19.07	4.50
您常常感到自己在交友中能获得尊重	0.60	0.15	2.40	30.13	53.67	13.04
遇到困难时,您总能从他人那里获得帮助	0.75	0.60	10.98	38.05	41.20	8.42
您认为自己在人际交往中有很好的容忍度	1.05	0.75	4.04	22.31	57.63	14.22
您对自己隔居(或邻居)情况很了解	3.15	5.55	18.74	38.53	29.39	4.65

对于自身人际关系的评价 70.22% 的居民表示满意，5.71% 的人表示不满意，23.91% 的居民感受"一般"，另有 0.15% 的居民表示"说不清楚"。

同事和亲朋好友之间的关系是日常生活里人们因共同的工作或生活而构成的人际关系形式，对于这种人际关系，有 71.11% 的人表示满意（其中 54.49% 的人表示比较满意，16.62% 的人表示很满意），有 3.00% 的人表示不满意，有 25.30% 的人感受"一般"，另有 0.60% 的人表示"不清楚"。

被调查居民对他们的邻里关系也表现出较高的满意度，有 34.04% 的人感到满意，有 24.29% 的人感到不满意，有 38.53% 的人感受"一般"，另有 3.15% 的人表示"不清楚"。

对于人际交往过程中他人、企业或政府诚信度状况，满意度显得略低一些，感到满意的人占 23.57%，感到不满意的人占到了 33.79%，感受"一般"的人占 38.14%，另有 4.50% 的人表示"不清楚"。

而对于交往中自己所获得的尊重，居民似乎表现出较高的满意程度。有 66.71% 的人表示满意，有 2.55% 的人表示不满意，有 30.13% 感受"一般"，另有 0.60% 的人表示"不清楚"。

对于人际交往的互助程度，有 49.62% 的人感到满意，有 11.58% 的人感到不满意，有 38.05% 的人感受"一般"，另有 0.75% 的人表示"不清楚"。

对于人际交往的容忍度，被调查者中有 71.87% 的人感到满意，有 4.79% 的人感到不满意，感受"一般"的人占 22.31%，有 1.05% 的人表示"不清楚"。

由此可见，我国居民对自身周围人际关系认同感的满意程度从高到低依次为：人际交往的容忍度（71.87%），与同事或亲朋好友间的关系（71.11%），对自身人际关系满意度（70.22%），交往中自己所获得的尊重（66.71%），人际交往的互助程度（49.62%），邻里关系（34.04%），他人、企业或政府诚信度状况（23.57%）。

而居民对自身周围人际关系认同感的不满意度从高到低排序依次为：他人、企业或政府诚信度状况（33.79%）、邻里关系（24.29%）、人际交往的互助程度（11.58%）、对自身人际关系满意度（5.71%）、人际交往的容忍度（4.79%）、与同事或亲朋好友间的关系（3.00%）、交往中自己所获得的尊重（2.55%）。

总体而言，我国居民对自身发展中的人际关系的满意程度都是比较高的，其中对人际交往的容忍度、与同事和亲朋好友之间关系的满意度比较高，不满意程度比较低，人际交往中的相互尊重和互助度也较高，不满意度也较低。与此同时，对他人、企业或政府的诚信度状况满意程度却是最低，不满意程度也最高。满意程度最低项和不满意程度最高项的正好一致表明，我国居民对当前社会诚信度现状表示了极大的不满，且已成为一种普遍社会心理，而这一方面的条件对于居民开展人际关系与自身发展来说却是极其重要的，因此改进这方面的状况应作为改进工作的一大重点。

（五）心态平衡自信感

心态平衡自信感同样也被视为影响主观幸福感受的重要因素之一。因此，与他人相比、与自己的过去相比，主体对自身及其现状的满意度、对自身缺点的自知程度及其自身未来的自信度等理应成为测量幸福的重要指标。结合现实，本研究主要采取如下 7 个指标进行测量（具体情况如表 4-61）。

表 4-61　心态平衡自信感情况

单位:%

	说不清楚	很不满意（很不同意）	不太满意（不太同意）	一般	比较满意（比较同意）	很满意（很同意）
与他人相比，您的心态很平衡	1.20	0.45	5.56	31.68	50.00	11.11
与过去相比，您对自己现状的满意度	1.20	2.10	16.19	38.23	35.38	6.90
对自己的缺点，您总是很自知也很自爱	1.05	0.90	4.06	26.47	57.44	10.08
对自己有重大关系的人，您总是很尊重	0.60	0.45	1.05	11.11	56.76	30.03
在社会福利的受惠程度上，您感觉很满意	2.40	6.30	25.49	39.28	22.49	4.05
您对自身受教育程度的满意度	0.30	3.93	19.97	40.85	29.35	5.60
您总是相信，自己的未来发展会越来越好	2.26	0.75	5.11	26.92	41.80	23.16

在心态平衡方面，与他人相比，同意自身心态很平衡的居民高达 61.11%；表示"一般"的人占 31.68%，比例居其次；不同意者比较小，占 6.01%；另有 1.20% 的人表示"不清楚"。

与过去相比，在对自身现状方面，感到满意的占 42.28%；有 18.29% 的人表示不满意，有 38.23% 的人感觉"一般"，另有 1.20% 的人表示"不清楚"。

在对自己缺点的自知自爱方面，有 67.52% 的人表示很自知也很自爱；有 4.96% 的人表示缺乏；有 26.47% 的自我评价是"一般"，另有 1.05% 的人表示"不清楚"。

在对与自己有重大关系的人方面，有近九成的人表示很尊重，占

86.79%；有近1.50%的人表示不是很尊重，有11.11%的人表示"一般"，另有0.60%的人表示"不清楚"。

在对社会福利的受惠程度上，有26.54%表示满意，有31.79%的人表示不满意，有39.28%的人持中性的"一般"态度，另有2.4%的人表示"不清楚"。

在对自身受教育程度的满意度方面，表示满意的人占34.95%，表示不满意的人占23.90%，感受一般的人占40.85%，表示"不清楚"的人占0.30%。

对与自身未来发展的自信方面，我国居民表现出较为乐观的精神面貌：表示相信自己未来发展会越来越好的占64.96%，表示不自信的人占5.86%，有26.92%的人持中性的"一般"态度，而有2.26%的人表示"不清楚"。

由此可见，我国被调查居民在对与自身有重大关系的人往往表现出很高的尊重度，在对自身缺点方面的认知也表现出较高的自知自爱，与他人相比能很好地调整心态，对未来发展也是充满信心的。但是，比较两个维度——满意程度与不满意程度，我们可以轻易地看出一个明显的现象：在对社会福利的受惠程度上，虽然有26.54%的被调查者表示了满意，但却也有近31.79%的人是不满意的，且26.54%这一数据在满意度从高到低的次序上是最低的，而31.79%也是不满意度从最高到最低次序上的最高位。这一现象说明，我国居民在心态的平衡度方面，最明显的不平衡就是对社会公共福利享受方面的不平衡，这也进一步说明了我国加强社会福利建设，扩大社会福利覆盖率的迫切性和必要性。

（六）婚恋家庭幸福感

人的一生，婚恋家庭是人们无法选择且很重要的幸福组成部分。研究表明（如表4-62）人们对婚恋家庭满意度非常高，说明中国人以家庭为中心的特点依旧在延续，总体来看，在对家庭生活总的满意度的选择上，选择"不太满意"和"很不满意"样本的比例仅为4.36%，选择"很满意"和"比较满意"的比例高达72.63%，有22.26%的人表示"一般"，有0.75%的人表示"不清楚"，家庭生活总的评价表现出非常高的满意程度。

表4-62　婚恋家庭幸福状况

单位:%

	说不清楚	很不满意（很不同意）	不太满意（不太同意）	一般	比较满意（比较同意）	很满意（很同意）
您对家庭生活总的满意度	0.75	0.45	3.91	22.26	49.92	22.71
您对自己婚恋状况的满意度	7.83	3.92	8.73	26.05	35.39	18.07
在您家,亲子之间能很好地沟通	1.51	1.36	3.16	22.14	47.89	23.95
对长辈,您总是心存感恩并能很好地孝顺	0	0.30	0.15	6.76	45.65	47.15

具体说来,对于婚恋状况,被调查者的满意程度显得略低一些,有53.46%的人感到满意,有12.65%的人感到不满意,有26.05%的人感受"一般",另有2.5%的人表示"不清楚"。

在亲子关系方面,融洽沟通状况比较好,对此有71.84%的人表示满意,表示不满意的人占4.52%,有22.14%的人感受"一般",有1.51%的人表示"不清楚"。

对长辈,调查者们也表现出我国传统孝道的良好美德,有92.80%的人认为自己对于长辈总是心存感恩并很孝顺,表示未能做到的人仅占0.45%,另也只有6.76%的人表示"一般"。

可见,虽然现代社会人与人之间亲情关系不如传统社会那么密切,但是在人们的心目中还是占据着很重要的地位,通常人们在遇到困难的时候,给予其最大帮助的都是身边的亲人。

三、不同发展地域的主观幸福感受

在现代化进程中,我国的区域差异十分明显,从东到西、从高到低依次形成了三个发展阶梯。本书对于经济发展程度的判断,主要依据中国城市GDP排名。北京和广州成为经济发达地区的代表;郑州和长沙代表经济中等发达国家、兰州和昆明则代表经济欠发达地区,力图通过对六个城市的主观幸福调查结果进行比较,探讨社会变迁中主观幸福在不同城市之间的分布状况。尽管我们不能完全根据幸福度绝对值来判断不同地区主观幸福度的高低,但如果同一主观幸福度在不同领域上表现出较大的差异,那么,这种绝对数值的差异可能说明一定的问题。通过分析六城市样本在总体满意度和不同领域的满意度变化趋势,我们发现:

(一)在六城市样本中,不同城市总体幸福度指数分布差异不大

(见表4-63),从高到低的排序为:北京(4.46)、昆明(4.44)、郑州和长沙(均为4.41)、兰州(4.30)、广州(4.25),北京、郑州、长沙、兰州的总体幸福度指数在排序上与经济发展水平呈现出一定的规律性。但整体排序也出现了异常,其中,昆明市民的总体幸福度指数就超过了经济更为发达的广州、郑州和长沙,排在六大城市的第二位,广州却位列倒数第一。统计分析显示,城市总体幸福度与城市的平均收入水平有着密切的关系,但并不是绝对的正相关。

表4-63 不同城市总体幸福度

城市	总体幸福度
北京	4.46
广州	4.25
兰州	4.30
郑州	4.41
昆明	4.44
长沙	4.41

这一统计结果与美国芝加哥大学奚恺元教授的研究结论相一致。在《2005年中国城市及生活幸福度调查报告》中,奚恺元教授分析指出,城市总体幸福度与城市居民的平均收入没有明显的关系,因此经济发达并不能与幸福划上等号。

这就要求我们在为提高居民主观幸福感受的过程中,在发展经济的同时又不陷入唯经济论,注重协调各方面发展因素,全面提升居民主观幸福度。

(二)北京市民在六大城市市民中知足充裕满足感有着最高的满意度,广州最低

表4-64是不同城市知足充裕满足感指数的情况。从中不难得出,六大城市居民知足充裕满足感满意度排名依次为北京(22.8%)、长沙

(20.0%)、兰州（19.2%）、郑州（18.1%）、昆明（17.7%）和广州（9.7%），北京最高，广州最低。导致这一结果的原因除了经济收入的因素影响之外，可能与北京市民倾向于对自身发展所需物质条件作出保守的积极性评价有关，也可能是随着广州社会经济的不断发展，广州市民对自身发展所需的经济收入、居住环境以及个人积蓄要求不断提高的结果。这样一来就要求我们在发展经济的同时一定要重视对关乎民生物质福利方面的提升，要让经济的发展更切实际地落实到居民收入、居住等方面的改善。

表 4-64　不同城市知足充裕满足感

		知足充裕满足感						Total
		说不清楚	很不满意（很不同意）	不太满意（不太同意）	一般	比较满意（比较同意）	很满意（很同意）	
北京	Count	1	6	30	41	15	8	101
	% within 城市	1.0%	5.9%	29.7%	40.6%	14.9%	7.9%	100.0%
广州	Count	2	3	47	41	9	1	103
	% within 城市	1.9%	2.9%	45.6%	39.8%	8.7%	1.0%	100.0%
兰州	Count	4	23	38	36	22	2	125
	% within 城市	3.2%	18.4%	30.4%	28.8%	17.6%	1.6%	100.0%
郑州	Count	0	0	16	70	19	0	105
	% within 城市	0.0%	0.0%	15.2%	66.7%	18.1%	0.0%	100.0%
昆明	Count	4	3	34	57	17	4	119
	% within 城市	3.4%	2.5%	28.6%	47.9%	14.3%	3.4%	100.0%
长沙	Count	7	15	27	43	19	4	115
	% within 城市	6.1%	13.0%	23.5%	37.4%	16.5%	3.5%	100.0%
	Count	18	50	192	288	101	19	668
	% within 城市	2.7%	7.5%	28.7%	43.1%	15.1%	2.8%	100.0%

(三) 在身心健康愉悦感方面，昆明领先，郑州、长沙随后，北京、广州为代表的经济相对发达城市市民身心健康愉悦感有待进一步提升

如表4-65所示，昆明市居民的身心健康愉悦感最高，为34.5%。郑州、长沙居民在身心健康愉悦感方面还比较满意，分别以31.4%和30.4%。紧随其后，北京、广州则分别为26.7%和25.2%，处于相对较低水平。

表4-65 不同城市身心健康愉悦感

		身心健康愉悦感						Total
		说不清楚	非常不满意（非常不同意）	不太满意（不太同意）	一般	比较满意（比较同意）	很满意（很同意）	
北京	Count	1	1	25	37	24	13	101
	% within 城市	1.0%	1.0%	24.8%	36.6%	23.8%	12.9%	100.0%
广州	Count	0	3	25	49	24	2	103
	% within 城市	0.0%	2.9%	24.3%	47.6%	23.3%	1.9%	100.0%
兰州	Count	0	4	34	53	26	8	125
	% within 城市	0.0%	3.2%	27.2%	42.4%	20.8%	6.4%	100.0%
郑州	Count	0	0	26	46	33	0	105
	% within 城市	0.0%	0.0%	24.8%	43.8%	31.4%	0.0%	100.0%
昆明	Count	2	2	22	52	37	4	119
	% within 城市	1.7%	1.7%	18.5%	43.7%	31.1%	3.4%	100.0%
长沙	Count	2	8	27	43	20	15	115
	% within 城市	1.7%	7.0%	23.5%	37.4%	17.4%	13.0%	100.0%
合计	Count	5	18	159	280	164	42	668
	% within 城市	0.7%	2.7%	23.8%	41.9%	24.6%	6.3%	100.0%

对于北京、广州居民身心健康愉悦感出现相对滞后的现象，或许可

以从两个方面来作出解释：一方面，本次调查的问卷设计中，关于身心健康愉悦感领域的指标大部分侧重于从心理健康的角度进行测量，因此有可能是设计的不足导致北京、广州居民身心健康愉悦感滞后的结论；另一方面，这样的结果也与北京、广州这两大城市居民存在较大心理压力有关。经济相对发达的城市，人们面临的各种竞争也相应较大，在处理各种日常生活和工作压力时难免容易陷入紧张，适应各种环境的变化也需要劳心劳力，因此出现满意度相对较低的情况也是不难理解的。由此一来，北京、广州为代表的经济相对发达城市应加强对市民身心健康愉悦感的关注，采取各种措施，让人们在激烈的竞争中能更好地适应环境的变化，增强应付各种风险的能力，全面提升居民的综合心理素质。

（四）在自我实现成就感方面，长沙、昆明、北京样本的满意度明显高于广州、兰州和郑州，不同城市间发展不平衡

从统计结果来看（见表4-66），六大城市中，长沙、昆明、北京居民在自我实现成就感方面总体满意度比较高城市（分别为45.2%、41.2%、33.6%）。但不同城市间发展不平衡。其中，长沙的满意度（45.2%）就高出郑州（6.7%）近39个百分点。同样属于经济中等发达城市，长沙和郑州居民在自我实现成就感方面的满意度却呈现出巨大差距，这再一次证明了影响人的主观幸福感受除了经济因素之外，还应包括更多方面的因素。

表4-66　不同城市自我实现成就感

		自我实现成就感						Total
		说不清楚	很不满意（很不同意）	不太满意（不太同意）	一般	比较满意（比较同意）	很满意（很同意）	
北京	Count	2	0	12	53	27	7	101
	% within 城市	2.0%	0.0%	11.9%	52.5%	26.7%	6.9%	100.0%
广州	Count	2	5	25	58	11	2	103
	% within 城市	1.9%	4.9%	24.3%	56.3%	10.7%	1.9%	100.0%
兰州	Count	5	5	27	51	32	5	125
	% within 城市	4.0%	4.0%	21.6%	40.8%	25.6%	4.0%	100.0%

第四章 人的全面发展指标体系的应用：中国的现实与选择

		自我实现成就感						Total
		说不清楚	很不满意（很不同意）	不太满意（不太同意）	一般	比较满意（比较同意）	很满意（很同意）	
郑州	Count	4	1	15	78	7	0	105
	% within 城市	3.8%	1.0%	14.3%	74.3%	6.7%	0.0%	100.0%
昆明	Count	0	2	12	56	44	5	119
	% within 城市	0.0%	1.7%	10.1%	47.1%	37.0%	4.2%	100.0%
长沙	Count	1	6	9	47	47	5	115
	% within 城市	0.9%	5.2%	7.8%	40.9%	40.9%	4.3%	100.0%
合计	Count	14	19	100	343	168	24	668
	% within 城市	2.1%	2.8%	15.0%	51.3%	25.1%	3.6%	100.0%

通过进一步分析，可以看出，两者在自我实现成就感的不满意度方面差距却不大，长沙为13.00%，郑州为15.3%，而两市居民在这一问题的回答上表示"一般"的差距却很大，分别为40.9%和74.3%，表示"说不清楚"的也分别为0.9%和3.8%。这样一来，从表4-67可以看出，两城市在自我实现成就感指数上差距也不是很大，分别为4.22和3.76。

表4-67 六城市自我实现成就感指数

城市	自我实现成就感
北京	4.18
广州	3.81
兰州	4.00
郑州	3.76
昆明	4.24
长沙	4.22

同时，表4-67也表明，我国六大城市自我实现成就感满意度都不是很高，介于"不太满意（同意）"和"一般"之间，也从一定程度上表

（五）在人际关系认同感和心态平衡自信感方面，六大城市居民虽然存在一定的差距但都呈现出较高的满意度

从表4-68、表4-70不难发现：在人际关系认同感方面，六大城市表示满意的居民比例介于59.1%和39.8%之间，表示不满意的则介于16.8%和8.6%之间，综合指数也介于4.54和4.34之间，整体表现趋于"比较满意"。

表4-68 六大城市人际关系认同感

		人际关系认同感						Total
		说不清楚	非常不满意（非常不同意）	不太满意（不太同意）	一般	比较满意（比较同意）	很满意（很同意）	
北京	Count	1	0	14	34	44	8	101
	% within 城市	1.0%	0.0%	13.9%	33.7%	43.6%	7.9%	100.0%
广州	Count	0	1	15	46	40	1	103
	% within 城市	0.0%	1.0%	14.6%	44.7%	38.8%	1.0%	100.0%
兰州	Count	1	0	19	47	51	7	125
	% within 城市	0.8%	0.0%	15.2%	37.6%	40.8%	5.6%	100.0%
郑州	Count	0	0	9	50	46	0	105
	% within 城市	0.0%	0.0%	8.6%	47.6%	43.8%	0.0%	100.0%
昆明	Count	0	2	18	34	62	3	119
	% within 城市	0.0%	1.7%	15.1%	28.6%	52.1%	2.5%	100.0%
长沙	Count	0	4	11	32	63	5	115
	% within 城市	0.0%	3.5%	9.6%	27.8%	54.8%	4.3%	100.0%
合计	Count	2	7	86	243	306	24	668
	% within 城市	0.3%	1.0%	12.9%	36.4%	45.8%	3.6%	100.0%

在心态平衡自信度方面，如表4-69、表4-70所示，六大城市居民表示满意的人口比例北京高达70.3%，广州为46.6%，兰州为57.6%、郑州为66.7%，昆明为69.8%，长沙为61.8%；表示"不太满意（同意）"的人口比例北京为3.0%，广州为3.9%，兰州为0.8%，郑州为0.0%，昆明为1.7%，长沙为8.7%；满意度指数最高值达4.55，最低值也达到了4.34，同样趋于"比较满意"。

表4-69 六大城市心态平衡自信感

		心态平衡自信感					Total
		说不清楚	不太满意（不太同意）	一般	比较满意（比较同意）	很满意（很同意）	
北京	Count	1	3	26	63	8	101
	% within 城市	1.0%	3.0%	25.7%	62.4%	7.9%	100.0%
广州	Count	0	4	51	46	2	103
	% within 城市	0.0%	3.9%	49.5%	44.7%	1.9%	100.0%
兰州	Count	0	1	52	62	10	125
	% within 城市	0.0%	0.8%	41.6%	49.6%	8.0%	100.0%
郑州	Count	0	0	35	70	0	105
	% within 城市	0.0%	0.0%	33.3%	66.7%	0.0%	100.0%
昆明	Count	0	2	34	74	9	119
	% within 城市	0.0%	1.7%	28.6%	62.2%	7.6%	100.0%
长沙	Count	0	10	34	60	11	115
	% within 城市	0.0%	8.7%	29.6%	52.2%	9.6%	100.0%
合计	Count	1	20	232	375	40	668
	% within 城市	0.1%	3.0%	34.7%	56.1%	6.0%	100.0%

表4-70　六城市人际关系认同感和心态平衡自信感指数

城市	人际关系认同感	心态平衡自信感
北京	4.50	4.55
广州	4.34	4.34
兰州	4.46	4.52
郑州	4.45	4.46
昆明	4.48	4.51
长沙	4.54	4.53

与此同时，六大城市中间也存在不平衡现象，广州居民无论是人际关系认同感还是心态平衡自信感，在其满意度比例和综合指数上都表现为最低，作为同样经济比较发达的城市，北京却分别列居第二位和第一位。北京和广州之间为什么会出现这样的差距呢？二者在哪些方面存在着巨大差距呢？

表4-71　北京、广州两城市人际关系认同感满意（同意）度人口比例状况

	北京	广州
对自己人际关系的满意度	68.0%	71.0%
对同事或亲朋好友关系的满意度	78.2%	64.1%
对他人、企业或政府诚信状况的满意度	25.0%	15.5%
对自己交友中所获尊重与信任的满意度	82.2%	59.3%
遇到困难时，从他人那里所获帮助的满意度	58.4%	33.4%
对自己人际交往过程中容忍度的满意度	66.4%	70.9%
对邻居了解程度	19.8%	43.7%

表4-72　北京、广州两城市心态平衡自信感满意（同意）度人口比例状况

	北京	广州
和他人相比，您的心态很平衡	56.0%	68.0%
与过去相比，您对自己现状的满意度	47.5%	32.1%
对自己的缺点，您总是很自知也很自爱	66.3%	70.6%
对与自己有重大关系的人，您总是很尊重	91.1%	90.3%
对自己所享受的社会福利的满意度	29.7%	19.4%

第四章　人的全面发展指标体系的应用：中国的现实与选择 | 339

	北京	广州
对自己所受教育程度的满意度	46.6%	21.8%
您总是相信,自己的未来发展会越来越好	75.0%	59.2%

从表4-71我们发现：在人际关系认同感两市居民满意（同意）度人口比例分布上，两地居民对自身人际关系的满意度（北京为68.0%，广州为71.0%）、对同事或亲朋好友关系的满意度（北京为78.2%，广州为64.1%）、对自己交友过程中所获尊重与信任的满意度（北京为82.2%，广州为59.3%）、人际交往中容忍度的满意度（北京为66.4%，广州为70.9%）是比较高的，且两城市差距不大。虽然在对邻居的了解程度上广州高出北京近24个百分点，在"遇到困难，从他人那里所获帮助的满意度"上，北京却比广州表现出较高的满意度。除此之外，在"对他人、企业或政府诚信状况的满意度"上，广州则只有15.5%的居民选择了满意，有13.6%的居民选择了"非常不满意（同意）"，35.0%的居民选择了"不太满意（同意）"（另有29.1%选择了"一般"，6.8%的人选择了"说不清楚"）；北京则有25.0%的居民选择了满意，比广州高出近10个百分点，选择"非常不满意（同意）"和"不太满意（同意）"的居民仅为4.0%和17.0%（另有45.0%的人选择了"一般"，9.0%的人选择了"说不清楚"），也是大大低于广州的水平。

在心态平衡自信感方面，如表4-72，两城市被调查者中，北京有56.0%的人对与他人相比自己的心态平衡状况的回答是"很同意（满意）"或"比较同意（满意）"，47.5%的人对自己现状的满意度是"很满意"或"比较满意"，且有91.1%的人对与自己有重大关系的人，总是很尊重，75.0%的人总是相信自己的未来发展会越来越好，而这些数据，在广州也分别高达：68.0%、32.1%、90.3%、59.2%。两市在"心态平衡自信感"方面表现出的差距主要体现在"对自己所享受的社会福利的满意度"和"对自己所受教育的满意度"上，在这两项选择上，北京就分别高出广州10.3%和24.8%。

总体来看，北京和广州两市居民的差距，主要体现在"对他人、企业或政府诚信状况的满意度"，"对自己所享受的社会福利的满意度"以及"对自己所受教育的满意度"等方面。这表明，我国城市居民主观幸福感受的提升还有赖于我们在长期的经济社会发展过程中，注重对居民社会福利的改善，加强在教育方面（特别是农民工子女的教育）的建设，

(六)在婚恋家庭幸福感方面,六大城市都呈现出较高满意度,郑州最高,长沙、昆明、北京紧随其后

调查显示,六大城市居民对自身婚恋家庭的满意度都比较高(如表4-73)。其中表示满意的人口比例,北京为55.4%,广州为47.5%,兰州为43.2%,郑州为65.8%,昆明为59.7%,长沙为57.4%,郑州满意度最高,长沙、昆明、北京也不低。在表示不满意的比例上,从高到低依次排序为:兰州(32.0%)、广州(23.3%)、北京(22.8%)、昆明(21.0%)、长沙(19.1%)和郑州(6.7%)。

表4-73 六大城市婚恋家庭幸福感

		婚恋家庭幸福感						Total
		说不清楚	很不满意(很不同意)	不太满意(不太同意)	一般	比较满意(比较同意)	很满意(很同意)	
北京	Count	3	2	21	19	27	29	101
	% within 城市	3.0%	2.0%	20.8%	18.8%	26.7%	28.7%	100.0%
广州	Count	0	7	17	30	40	9	103
	% within 城市	0.0%	6.8%	16.5%	29.1%	38.8%	8.7%	100.0%
兰州	Count	3	10	30	28	32	22	125
	% within 城市	2.4%	8.0%	24.0%	22.4%	25.6%	17.6%	100.0%
郑州	Count	0	0	7	29	43	26	105
	% within 城市	0.0%	0.0%	6.7%	27.6%	41.0%	24.8%	100.0%
昆明	Count	0	4	21	23	47	24	119
	% within 城市	0.0%	3.4%	17.6%	19.3%	39.5%	20.2%	100.0%
长沙	Count	1	0	22	26	42	24	115
	% within 城市	0.9%	0.0%	19.1%	22.6%	36.5%	20.9%	100.0%
合计	Count	7	23	118	155	231	134	668
	% within 城市	1.0%	3.4%	17.7%	23.2%	34.6%	20.1%	100.0%

第四章 人的全面发展指标体系的应用：中国的现实与选择 | 341

表 4-74 六大城市婚恋家庭幸福感指数

城市	婚恋家庭幸福感
北京	4.90
广州	4.72
兰州	4.65
郑州	5.07
昆明	4.92
长沙	4.93

尽管六大城市在婚恋家庭方面的满意度呈现出差异，但实际差异不大。从六大城市婚恋家庭幸福感指数得分（如表 4-74）不难得出，六大城市在综合指数上介于 4.65 和 5.07 之间，差异不大，幸福感趋于"比较满意"和"非常满意"。总体而言，六市被调查者对自身婚恋家庭是比较满意的。

综上所述，对我国城市居民主观幸福感调查表的试用表明：

1. 我们所编著的主观幸福感调查表，具有良好的效度和信度。

2. 我国被调查城市居民主观幸福感在年龄、文化程度、婚姻状况、工作类型、收入等方面存在组群差异，收入因素、文化程度、婚姻状况对我国城市居民主观幸福感具有突出的影响。

3. 各领域的幸福度分析表明：我国居民对目前自身物质充裕各方面的状况，感到满意的高于不满意的程度，可以说呈现出一种基本的满意状况；身心健康愉悦感分析反映了我国公共卫生事业发展的软肋；自我实现成就感的追求使得人们对工作薪酬分配机制、升迁机制等方面的公平性提出了更高的要求；人际关系认同感方面，对他人、企业或政府的诚信度状况满意度最低，不满意程度最高；心态平衡自信感方面，最明显的不平衡就是对社会公共福利和享受方面的不平衡；婚恋家庭幸福感总的评价则表现出较高的满意度。

4. 不同发展地域主观幸福感的初步分析结果表明，我国各城市主观幸福感存在一定差异性，在六地样本中，北京和广州的各项满意度分布差异较大，而郑州、长沙、昆明样本的分布则相对集中于中等偏上层次。

总之，主观幸福感调查分析进一步论证了：城市居民主观幸福度与城市经济发展水平有着密切的关系，但并不是绝对的正相关关系。这表明城市居民主观幸福感受的提升应该是一种强调经济发展但不局限于经济发展的各方面条件良性运作和协调发展的趋向。显然，这是当前推进我国人的全面发展的方向，也是我们需要坚持的原则。

第三节　　选择与对策：推进我国人的全面发展的若干措施

作为客观的历史发展过程，人的全面发展在受客观物质生产运动规律支配的同时，在某种程度上也是一个人们能动的创造历史、改造历史和人自身及其关系的过程。在当代中国，前面的分析已经说明，30多年的改革开放不仅为我国人的全面发展提供了越来越充分的外在客观条件，而且也使社会主义中国具备了资本主义所不具备的、受自觉先进政党引导的发展主体，因而能够利用"物的依赖关系"努力实现人的全面发展。然而，现实的发展，也使当代中国在尚未完全摆脱贫困的同时遭受着来自市场经济自发力量和西方发达国家主导的政治利益及垄断资本力量的影响与制约，同资本主义制度类似的、完全受物欲支配的自发倾向和动力机制还将长期存在并发挥作用。在此情境下，当代中国人的全面发展目标的实现，还要靠执政的中国共产党，以科学的理论和路线为指导，建立起充分体现中国特色社会主义根本价值和现实目标要求的、向现实的人的全面发展稳步前进的体制和机制。唯此，才能在社会主义市场经济条件下保证人的全面发展现实目标付诸实施，使应然变为使然。为此，本书在已有数据调研和统计的基础上，根据中国的现实环境，尝试着对提高人的全面发展提出些许粗浅的建议。

一、方向目标：坚持"以人为本"的科学理念和指导思想

人们的思想观念和实践的行为方式是紧密关联的，列宁说："没有革命的理论，就不会有革命的运动。"[①] 美国著名的社会学家英格尔斯也曾经深刻地指出，没有人的心理、思想、态度和行为方式的现代化，现代化社会是不可能实现的。当前，以人为本的科学发展观是建立在马克思主义人学思想及其发展观的基础之上的。唯物史观赋予以人为本完全不

---

① 《列宁全集》第2卷，人民出版社1984年版，第443页。

同于抽象人本主义的科学内涵和价值内涵，强调人的历史主体地位，认为人民群众是历史的创造者，是生产力中的决定力量，人民群众利益同历史的发展规律相一致，人民群众的历史活动构成社会发展的过程，是推动历史前进的决定力量。可以说，科学的发展观为我们促进经济社会和人的全面发展提供了理论支撑。为此，要使人的全面发展付诸实现就要求我们必须坚持以人为本的科学发展观。

以人为本是对人类的一切历史创造活动的概括，它是基于人是一切社会实践的主体这一客观事实，反映了人既是历史的剧作者又是历史的剧中人这一人类社会发展的基本规律。以人为本的核心是摆正人与物的关系，其根本的含义是指：发展要一切从人出发，一切为了人，一切依靠人。就我国当前来说，一切从人出发，就是发展的一切方面都要从人民群众出发，把人民群众作为一切活动的出发点，充分反映和尊重人民群众的根本利益、愿望和要求；一切依靠人，就是发展过程要依靠人民群众，人民群众才是发展的动力、发展的主体，依靠人民群众促进改革开放和社会主义现代化建设。树立人力资源是第一资源的观念，努力使我国由人口大国转化为人才资源强国。充分发挥各类人才积极性、主动性和创造性，推动生产力的发展；一切为了人，就是发展的根本目的是为了人民群众，发展的成果要满足人民群众的经济、政治和文化权益，让发展的成果惠及全体人民，促进人的全面发展。

以人为本的科学发展观继承和发展了马克思主义关于人的全面发展的思想，确立了新时期、新阶段我国社会主义现代化建设、经济社会和人的全面发展的总的指导方针，这是我国发展战略的重大转变，即由以物为本发展观念向以人为本发展观的转变。这对于我们克服发展过程中非科学发展观念，具有重要指导作用。我国社会主义初级阶段同样是市场经济，物的依赖关系仍然是普遍关系，现阶段的以人为本将受到历史的局限性。而以物为本发展观在现阶段均有不同程度地反映，一些地方出现了见物不见人的现象，在"一切向钱看"的观念驱使下，有的人追求金钱至上，不择手段，追求物质享受，这必然不利于社会的发展。当前，在构建社会主义和谐社会的宏大背景下，只有坚持以人为本的科学发展观，才能从根本上克服和纠正以物为本的发展观，也才能超出一般市场经济的狭隘界限，破解发展中的难题，最终促进人的全面发展。

二、战略重点：坚持经济转型与人的发展同步协调

坚持"以人为本"的科学发展观，推动人的全面发展，需要从社会主义市场经济发展实际和人的发展现实出发探讨促进人的全面发展的现实途径。显然，这是正视并正确处理当代中国人的全面发展与"物的依赖"关系发展两种矛盾趋向的关键。

诚然，就中国的实际而言，社会主义市场经济，是推进人的发展由"片面发展"走向"全面发展"的必由之路和巨大动力，但从总体上来说，它所代表的仍是"物的依赖"关系的发展。在中国特色社会主义的发展道路和价值目标中，这一关系的发展必须要被纳入公共的、社会多数人发展的根本利益要求的范围。可以说，以工人阶级、农民阶级为核心的广大劳动群体应成为社会主义市场经济与社会发展当之无愧的受益主体。问题在于，改革开放30多年后的今天，在经济转型和社会改革中，工人却成为公认的受益最少的群体，广大农民在改革中的受益程度也趋于递减，显然，这与改革开放、促进人的全面发展的目标是背道而驰的。

受益主体的错位直接导致了利益主体间的发展失衡。为此，有学者根据改革以来人们利益获得和利益受损的状况，将中国人分为四个利益群体或利益集团，即特殊获益者群体、普通获益者群体、利益相对受损群体和社会底层群体[①]。这四个不同利益群体，在所获得的发展资源、掌握话语权、利益表达渠道、组织化程度、社会影响力等方面，差别极其悬殊，表现出不同的生存发展状况。

用社会学的术语讲，社会获益者群体也可以称之为"经济精英集团"。这一群体在各利益群体的博弈中明显占有优越的发展机会，文化素质相对较高，组织化程度、谋求共同利益的认知度也较高，具备较强的主动性、创造性和自主选择性，在某种程度上可以说是具备了实现全面发展相对较好条件。尽管这一群体人数相对较少，但在发展所需的某些稀缺资源的分配中却居于有利地位，在获得经济利益的同时也获得了较多的政治利益与社会利益，因而力量强大。特别随着经济和科学技术不断发展而突出的经济精英和技术精英，以及与政治权利结合起来的强势利益群体，各种发展资源也正在加剧向其聚集。尽管此类利益受益群体

---

① 参见李强：《当前中国社会的四个利益群体》，载《学术界》，2000年第3期。

因其自身所具备的优越发展条件和发展水平而对历史的发展往往能发挥某种"领航"作用，但这种作用并不能取代人民群众在整个历史发展进程中的主体地位。因此，少数精英和强势利益群体的发展不能等同于全体社会成员的整体发展。

以农民和农民工为主体，包括城镇中的失业人员与下岗职工（准失业人员），效益欠佳企业的职工，许多退休者，低收入或无劳动收入的残疾人和长期患病者、孤儿、未获得社会保险无其他收入鳏寡老人的贫困群体则是一个人口众多的弱势群体。在经济转型与社会改革背景下，尽管这一群体人数众多，但在利益分配中，这些群体却往往因文化水平较低，拥有的资源相对较少而失去了大量的经济利益，导致他们的政治利益和一些社会利益也相继失去，同时也就失去了自我全面发展的机会，甚至导致下一代人的发展受阻，比如，贫困家庭子女上学难问题在全社会的日益凸显。

现阶段，较大规模的利益受损群体和弱势群体的存在，严重违背了"全社会成员整体发展和个人的自由发展协调并进"这一人的全面发展的总目标。虽然，在社会发展急速转型期，各利益群体的分化、重构与失衡现象是不可避免的，但在中国，利益受损群体所积累的如此大的规模，却绝非偶然和"正常现象"。如若任其固化和扩大，严重的失衡和断裂势必会使许多社会成员产生不平衡心理，丧失发展信心，从而将形成对我国人的全面发展目标追求的反作用力，主要表现在："第一，社会公正原则的损伤和社会整合程度的降低，使贫困群体丧失了平等发展的机会。在市场经济社会，由于人们在能力、生产要素的拥有量以及劳动贡献量诸多方面存在着差别，因而造成社会成员之间在发展上的差异应当说是一种正常现象。但是，这种差距不应过大，不宜超过一定的'度'，它应是以广大社会成员都能够普遍得到社会经济发展所带来的益处为前提条件的。否则，便成为一种不公平的社会现象。第二，限制了社会成员潜能的开发。社会成员的潜能的开发的具体状况，在很大程度上取决于社会成员各项需求的满足状况，这些需求包括生理、安全、归属、尊严和自我实现等多个方面。处在绝对贫困状态中的社会成员，面对的是自身的生存危机，其生活的主要目标取向只能是限于满足生理和安全方面的需要，而无力顾及其他需求层面。在这种情形下，绝对贫困者的潜能不可能得到充分的开放。第三，大量贫困群体成员难以有效地介入民主化进程，维护个人正当合法权益及民主自由权利。就一般情形而言，绝对贫困者，从其基本的需求来看，他们所看重的是满足基本的生存条件，很难产生主动参与社会事务的意愿和冲动（特殊条件下的社会动员和集群行为除外）；从其能力来看，由于长时期地缺乏教育，文化素质较低，而且又长时期地处在封闭的状态，因而很难积极而有效地参与社会性的事务，也很难维护个人发展权。"①

因此，当前推动我国人的全面发展之战略重点便是要努力实现经济转型与人的发展的同步协调。其中这里还涉及一个效率与公平的问题。事实上，一个真正有利于人的全面发展的社会的进步，一方面是依靠效率提升来推动的，另一方面是依靠社会的公平正义与道德来推动。没有效率的发展，整个社会也就会失去其生产力的物质基础。有着很高的生产力，但是这种高效的生产力如果不是建立在公平的基础上，那么这样发展也只会将人类推向自我毁灭的境地。为此，推动人的全面发展目标实现的社会主义，应该是以高效率和社会公平为发展目标的。正是出于这样的考量，在改革开放初期，为了克服普遍存在的平均主义倾向，我国政府提出允许一部分人先富起来，当生产力发展到一定时期，则更多强调共同富裕，反对两极分化。对此，邓小平曾指出："我们允许一些地区、一些人先富起来，是为了最终达到共同富裕，所以要防止两极分化。这就叫社会主义。"② 在此基础上，十六大报告提出了"效率优先，兼顾公平"的方针。党的十六届五中全会进一步提出"更加注重社会公平，使全体人民共享改革发展成果"。显然，这是贯彻科学发展观的重要内容，其实质就是在经济发展的基础上，正确处理经济发展与人的发展的关系。因此，当前的工作重心就是要加大民生投入，把优先投资于人的全面发展作为我国发展的全局性战局选择，实现经济转型与人的全面发展的和谐发展。

为此，首先必须明确发展的目的，把经济转型与发展看做促进人的全面发展的手段，把提高人民发展水平作为经济转型与发展的出发点和落脚点。同时，必须使两种发展指标相协调。既要重视经济发展的指标，又要重视与人的自身发展的"同生性目标"，赋予经济发展以"人文关怀"，使经济发展指标与人的全面发展指标同生、同步、协调、共荣。因

---

① 徐春：《科学发展观内蕴人的全面发展》，见俞可平等主编：《马克思主义研究论丛》（第8辑），中央编译出版社2007年版，第187—189页。

② 《邓小平文选》第3卷，人民出版社1993年版，第195页。

而，还必须使两种社会投资相匹配。硬件投资是指工业、能源、交通、通讯、住房等基础设施的投资。软件投资是指教育、科学、文化、卫生、环保以及民主制度建设的投资。随着社会的发展，必须运用加减法，逐步减少硬件投资，增加软件投资，使二者相匹配相协调①。

总之，必须克服 GDP 崇拜的片面思想，在发展经济的同时，必须保证"底线公平"，大力缩小城乡差距、地区差距和居民收入差距，加大民生指标和软件指标的投入，大力发展与人民生活息息相关的社会事业，大力发展教育事业，要从全面保障公民权利的角度出发，通过完善的立法和有效的执法，确保社会的良性运行和协调发展，将公平竞争的发展权利平等地赋予每一个人、每一个群体，从而给人的全面发展创造条件。这是效率与公平协调发展的体现，也是构建和谐社会的必然要求。

三、对策建议：把人的全面发展作为我国发展的全局性战略选择

在社会主义市场经济条件下，如何推进经济转型与人的发展的同步协调，还应考虑一些与我国国情相符合的，能够促进人的发展的更为具体的措施与对策。从我国目前存在的问题和面对的人的发展现实目标来看，笔者认为当前迫切需要我们进行积极的探索与改革，努力建立并完善能使亿万人民聪明才智得以充分发挥的良好机制，把人的全面发展作为我国发展的全局性战略选择，为此，必须从以下几个方面加大努力：

（一）最大限度地解放和发展生产力，提高全社会的物质福利，改善公共设施和居民居住环境

2003 年 10 月 14 日，胡锦涛在《树立和落实科学发展观》中明确表示："生产力的发展是人类社会发展的最终决定力量。只有坚持以经济建设为中心，不断解放和发展生产力，才能为社会全面进步和人的全面发展奠定坚实的物质基础。"可见，最大限度地解放和发展生产力，提升我国居民全面发展状况已成为我国政府事务的宏观指导方针。实证研究也表明，作为人的全面发展的基本和重要方面，客观物质条件成为影响我国居民整体发展水平提高的关键因素之一。因此，最大限度地解放和发展生产力，提高全社会的物质福利，改善公共设施和居民居住环境也就

---

① 参见谢庆奎、佟福玲主编：《政府创新的理论与实践》，黑龙江人民出版社 2008 年版，第 25—26 页。

成为提高我国居民全面发展的当务之急。对此，本书相应提出如下建议：

1. 进一步消除影响人的全面发展的经济体制障碍，最大限度地解放和发展生产力，提高全社会的物质福利

社会生产力的发展与人的全面发展，是一个互动共进的历史进程。正如江泽民在庆祝建党 80 周年的讲话中所指出的："推进人的全面发展，同推进经济、文化的发展和改善人民物质文化生活，是互为前提和基础的。人越全面发展，社会的物质文化财富就会创造得越多，人民的生活就越能得到改善，而物质文化条件越充分，又越能推进人的全面发展。社会生产力和经济文化的发展水平是逐步提高、永无止境的历史过程，人的全面发展程度也是逐步提高、永无止境的历史过程。这两个历史过程应相互结合、相互促进地向前发展。"① 为此，继续解放和发展生产力，进一步消除影响人的全面发展的经济体制上的障碍，努力提高人均国内生产总值，增加城乡居民收入，是促进我国人的全面发展的一条基本途径。

与此同时，还需要运用积极的财政政策，促进消费结构升级，为居民建立良好的消费环境，以进一步提高人民的物质福利。随着人均收入和总消费支出的增加，我国居民在满足了基本物质生活需求的同时，会追求更高层次的享受性和发展性消费。因此，培育新的消费热点，开拓新兴消费领域将是提倡消费升级应该积极探索的问题。为此，则需运用积极财政政策引导消费进一步升级，完善消费政策，调整相关税收制度，规范消费服务，加强相关基础设施建设；改善城乡居民消费环境，继续加大启动农村消费市场的力度；完善政府引导和促进消费的公共服务职能。集中力量建设公共服务平台，促进相关资源和信息的社会共享；完善城乡商品信息服务系统；发挥流通业在扩大消费中的作用，加快新型商业流通方式，提高流通的现代化水平，完善业态结构，鼓励连锁经营等新兴组织形式的发展；加强商业设施建设，合理商业网点布局；建立和完善有中国特色的多样化商品批发交易体系，促进市场的提档升级，规范其发展；促进营销方式的创新，积极引导市场消费行为。此外，还需要加强对消费者的理性消费观、消费权益、消费理论和消费知识的教育，才能在我国培育出具有理性消费观念且具有一定消费能力和自足消

---

① 江泽民：《在庆祝中国共产党成立八十周年大会上的讲话》，载《人民日报》，2001 年 7 月 2 日。

费、自我保护意识的新型消费者。

此外,针对我国所面临的低消费率和高储蓄率问题,反思我国居民特别是农村居民的消费支出过低的深层原因,我们发现,我国居民高储蓄率很大程度上是源于我国当前尚不健全的社会保障制度。我国老百姓特别是农村的百姓并不是没有购买能力,而是有很多顾虑,不敢即期消费,更不用说过渡消费或提前消费,倾向于提高储蓄以备将来不时之需。因此,我国居民承受不起透支性的消费模式,因为我们缺乏相应健全的社会保障机制。百姓的家庭或个人一旦出现突发情况需要靠平时的银行储蓄来支付和购买。所以,我们现有的高储蓄率的存在有其合理性,我国的储蓄率应该高于西方发达国家的储蓄率,至于其高出的程度则取决于消费模式中"适度消费"的度。

2. 加快住房建设,切实保障人民基本居住条件,着力改善居住环境

改善住房条件的最有效措施就是加快住房建设,提高人均居住面积。为此应完善多层次的住房供应体系,鼓励多渠道扩大住房的市场化供应。在此基础上,改革管理制度和管理体制,在住房开放方面力图由面向单一的开发商转向面向多渠道供应服务,使其得到相应体制和制度的支持,抑制各种投机行为,并防止以权谋私和腐败现象的发生。同时,进一步完善租赁市场和二级市场。简化旧房交易手续和流程,鼓励二手房进入流通,进一步活跃二级市场,增大市场规模。进一步培育规范住房租赁市场,鼓励机构投资者进入住房租赁市场,改善租赁市场的供应结构,通过各种形式提高人均居住面积。

构建适合我国国情的住房保障体系,改善中低收入家庭住房状况。针对我国住房购买力低,房价收入比高的现实,现阶段完善住房保障制度就显得尤为重要。当前,我们可以借鉴欧洲、新加坡、日本等国家的成功经验,把买不起房的人群从市场中分离出来,将城市低收入群体作为政府提供住房保障的目标对象,特别是将没有住房或居住条件达不到一定标准的城镇最低收入家庭、就业时间较短且不稳定的年轻家庭、进入城市就业的外来人口(如农民工)等低收入群体,作为当前住房保障的重点,从而使市场需求能够真实地体现为有效需求;其次,应明确住房保障标准并在此基础上尽快研究制订针对低收入家庭的住房保障措施,建立多层次的住房保障体系。通过提供价格低廉的公租房(廉租房)、经济适用房(低价房)、住房补贴、低息贷款、减轻购房税负等多种方式,

妥善、全面地解决不同类型低收入家庭的住房困难①。此外，从我们的具体国情出发，住房保障制度还需要有针对特殊性问题的设计。例如，我国最大的国情之一，是我们正处于大量农村剩余劳动力向城镇转移的过程中，几亿农村人口要在一个不太长的时间内转移到城市，我们对如何保障这样一个庞大人群的住房需求还非常缺乏经验。再如，参加工作时间不长的年轻人购房显然存在困难。个人积累不足、工资不高，成家生子又使他们对住房的需求十分迫切。他们的住房需求同样应当有专门的政策保障。又如，城市化进程中的大规模拆迁，造成一部分低收入群体居住地远离核心市区，出现了"有了房子却坐不起车"的问题；此外还有城乡结合部出现的"城中村"问题、老工业基地等的"棚户区"改造问题等。这些问题都迫切需要我们深入研究并加以解决②。

提升居住品质，优化国民人居。为此，在城镇，新建住房要注重使用功能，注重建筑节能和环境绿化建设，需要重点改善与居民生活有关的住房基础设施建设，要把安全饮水、清洁能源使用、住房卫生设施、配套物业服务、社区服务等设施建设放在突出的位置；与此同时，也可以把城镇的给排水、供电、交通、有线电视、网络以及垃圾处理等设施延伸到"城中村"和已经与城镇连片的农村，提升住房环境，提高人居质量。

3. 公共设施：增强政府在公共设施发展中的宏观指导和调控作用，重点加强交通和通讯基础设施建设

从国际经验看，在人均 GDP 超过 1000 美元之后，人们对各种公共设施的需求开始进入高速增长期。目前我国在经济社会发展中面临的一个重要矛盾是：公共需求的全面、快速增长与公共设施供应严重不足的矛盾。而如果我们不能在改革中尽快满足人们对公共设施的基本需求，那么由此产生的矛盾和问题将会严重限制我国人的全面发展。所以我们应该正确认识公共设施建设与人的全面发展相互关系的规律，通过增强政府在公共设施发展中的指导和宏观控制，在重点加强交通和通信基础设施方面建设的同时，优化资源配置，逐步形成惠及全民全面发展的基本公共设施服务体系。创新体制、改进方式，加大基础设施建设。

（1）增强政府在交通、通讯基础设施发展中的宏观指导和调控作用。

---

① 参见智强：《浅谈我国住房改革的方向》，载《财经视点》，2009 年第 4 期。
② 陈淮：《构建符合中国国情的住房保障体系》，载《北京日报》，2009 年 3 月 2 日。

根据公共物品理论，交通、通信基础设施属于公共物品，而非私人物品，良好的交通、通讯设施会使大多数社会成员享受到便利和实惠。因此，交通、通讯设施的主要投资者仍然是政府，政府应该充分发挥其在交通、通讯中的指导和调控作用，如在交通建设方面，加强交通规划，提高管理水平，提倡交通的环境保护，协调交通与汽车行业等部门的关系，为交通的发展提供良好的行政保障。注意完善交通管理法规，及时修改其不合理的条款、规定。在操作层面上，尤其注意对交通违规行为的处罚。在通信基础设计建设方面，在赋予电信企业业务经营权的同时，加强对电信市场的宏观调控和指导，积极制定、完善电信法律体系，成立独立的监管机构，增强实施法律的能力，为电信业的良性运作提供稳定的环境和法律保障。

（2）增加交通和通讯基础设施建设投入。我国公共基础设施存在总量不足的问题。长期以来政府是公共基础设施的唯一提供主体，这种垄断经营造成政府既是提供者又是生产者，还是监督者。由于政府的垄断产生的低效率和低质量，造成了公共基础设施数量和质量的不足。如此一来，我们一方面需要继续增加政府在交通和通信基础设施建设方面的投入，但另一方面也需要适当促进各种社会资金的进入。按照推进经济和社会信息化的发展战略，加强通信基础设施建设的目标应锁定在以下两个方面：一是按照高起点的要求建设通信基础设施。尽快建立具有相当规模、面向未来、结构合理、高速宽带的国家信息基础设施。建设高速宽带传输网络，发展高速互联网；推进电信网、电视网、计算机网的三网融合；提高电信服务水平；加强传输网络路由保护，提高网络安全可靠性，保证信息通信安全畅通。二是大力推进信息技术在国民经济和社会各领域的广泛应用，用高新技术改造其他基础设施。大力推进电子商务，不断提高电子商务在商贸等领域所占的份额。根据中国的实际情况，围绕整固信息化、社会领域信息化、企业信息化、家庭和社区信息化、区域信息化等方面，组织实施一些重大工程。与此同时，在交通基础设施建设方面，也要从根本上改变政府投资的单一投资模式，努力构建政府、企业、社会资本有机结合的多元化投资模式。政府及其国有资本要在交通基础设施建设尤其是关系到国家经济命脉的重大项目中占有主动支配地位，也要进一步放松市场进入限制，对一些不关国家经济命脉的交通设施建设，许可民间、社会、外商资本投资，大力推进交通基础设施建设的产业化、市场化运作；按照有关要求，加速高速公路网等重点工程建设，加快国省干线公路网改造，充分利用有效资源，着力加强铁路、公路等重要交通基础设施建设及相对薄弱的农村、西部等地区的交通基础设施建设，实现交通运输业平衡、协调发展。

（3）因地制宜，实施科学合理的公共设施发展规划。一方面，注重提高公共设施的利用率。以公共交通事业为例，就是要努力引导居民选择公共交通作用为主要出行方式，使得公共交通工具和私人汽车的出行达到合理平衡。针对车多路少的情况，有规划地在新建交通设施中采用行车道中单行线的方法提高车速、降低交通堵塞和交通事故率，提高车辆快速循环流动性，减少车辆的停滞时间，提高道路利用率；加强城市交通换乘枢纽建设。以中心城市为试点，加快综合交通换乘枢纽建设，引入各种交通方式，实现公共汽（电）车、大容量快速公共汽车、轨道交通之间的方便换乘，以及城市交通与铁路、公路、民航等对外交通之间的有效衔接，并努力提高紧急情况下的应急联动能力，为公众出行提供高效、安全、便捷的公共交通服务。另一方面，切实保障公共设施的优先使用权。要努力改进公共交通设施和票价，合理安排线路和停站点；根据中国客运季节性交通需求变化明显的特点，可通过进一步增强车票出售的透明度有效保障民众的出行交通需求。此外，还可运用合理收费政策，加强对车辆的停车管理。对此，伦敦的成功经验值得借鉴："在优先发展城市公共交通方面，伦敦的收费政策是为了缓解市中心的交通压力，他们的做法很直接：提高收费标准，凡是驾车进入繁忙路段，每天必须为此支付5英镑。"这一做法的收效十分明显，"统计显示，收费路段的道路负荷下降15%，区域内发生拥堵的情况减少30%。"①

（二）正面出击，着力创造与人的全面发展相适应的各种社会条件

如果将人的全面发展看做是一个社会的历史发展过程，那么与之相适应的社会条件将会对其产生正面影响和促进作用。本书应用社会学原理、系统论方法，对我国人的全面发展的社会条件——人口与家庭、社会参与、社会保障、社会服务、公共安全五方面提出相关政策建议。

1. 控制人口数量过快增长，坚定不移地走统筹解决人口问题的中国特色道路

就我国的国情而言，人口数量过多仍是发展进程中的首要问题。人口

---

① 《各国工程师为城市交通可持续发展献计策》，2004年11月5日，http://www.shanghai.gov.cn/。

总量大，增量可观，既给经济发展带来压力，也影响人的自身发展。因此，要继续坚定不移地实行计划生育基本国策，稳定和完善现行生育政策，落实人口与计划生育工作目标责任制。全面实行计划生育家庭奖励扶助等制度。重点杜绝多胎生育，关键控制农村总和的生育率，加强经济控制政策和实行利益诱导，扩大农村"少生快富"工程的实施范围。

针对我国人口出生性别比失衡现象，不仅要普及优生优育知识，实施计划生育生殖健康促进计划，预防和控制先天性感染、遗传性因素对出生人口健康的影响，还要采取有效措施治理出生人口性别比升高的问题，完善以现居住地管理为主的流动人口计划生育服务管理体系。

积极应对人口老龄化。中国人口政策也要根据我国人口现状和经济发展水平，不仅要着眼于解决当前的问题，还要考虑今后数十年后可能出现的问题，要尽可能保持政策的连续性、稳定性。因此，要加强对目前人口状况的研究分析，充分开发、利用现有人口数据，并通过多方案预测对人口发展趋势作出明确的分析，在防止人口过度老龄化通盘考虑的基础上，制定一个积极应对人口老龄化的综合方案。在全国范围内要弘扬敬老风尚，营造老有所养、老有所乐、老有所为的社会氛围。积极发展老龄事业、老龄产业，增强全社会的养老服务功能，提高老年人生活质量，保障老年人权益。实施爱心护理工程，加强养老服务、医疗居住、家庭病床等面向老年人的服务设施建设。

此外，还要加强宣传教育和发动群众参与人口管理，将重视社会的作用和实行国家、地区、家庭三个层次的管理相结合。

2. 扩大国民社会参与，就业是关键

创造更多的就业岗位，解决就业难问题。就业，作为公民社会参与的最重要方式之一，在当代中国正面临着巨大的压力。对此，党的十六届五中全会提出，把扩大就业摆在经济社会发展更加突出的位置，坚持实施积极的就业政策，千方百计增加就业岗位。为此，首先要促进灵活、统一、公平的劳动力市场的形成，为城乡人口特别是人才的合理流动创造宽松的环境，逐步在全社会消除城乡分割所造成的身份歧视。其次要努力采取积极的就业政策，培育市场导向的就业机制，在社会上为大众提供更多更广泛的就业途径；政府要继续适度保持财政对基本建设和固定资产项目的投资，创造新的就业岗位；发展具有市场前景的劳动密集型产业和就业容量大的服务企业，使下岗和失业人员通过各种类型的劳动就业提高收入；大力发展各种免费的职业介绍机构，疏通就业渠道；增加政府对失业劳动者进行再就业培训的经费投入，建立各种就业培训和指导中心，提高劳动的就业能力等等；再次，对各级领导干部的考核，不仅要看其产值增加了多少，更要看新的就业岗位提供了多少。此外，逐步转变全社会的择业、就业观念以及不切实际的对就业的过高期望值，发展弹性工作、非全日制工作、钟点工等灵活多样的就业方式，以拓宽就业渠道。当然，这种灵活就业不同于发达国家基于劳动者个人择业权利扩张和劳动者就业自由度提升而形成的灵活就业，而是我国劳动力供过于求、就业形势严峻下的无奈选择，有些甚至是以牺牲劳动者的权益为前提的，因此政府更要完善劳动法制，维护和保护灵活就业人员的合法权益，并尽可能引导和创造正规的就业机会。

大力倡导发展公益事业和弘扬公益精神。作为一种基于自愿基础上的社会参与行为，我国社会公益参与现状相对孱弱，但这些年经济和社会的发展也为社会公益的发展提供了日益广阔的空间。为了有效提高公益活动的参与度，我们当前应大力宣传社会公益事业的意义和重要性，强化民众公益意识，推动社会公益事业深入人心。政府、媒体、社群都要对公益组织在公益事业领域所做的工作给予关注，在全社会形成一种浓厚的公益氛围，激发公益从业人员的工作热情，鼓励更多民众参与到这项造福全民的事业中来，从而推动我国国民公益活动的参与广度和深度。与此同时，社会公益力量的培育还要走促进和规范并重的道路。要注重完善现有制度，采取更有利的激励措施并提高制度执行力；在确立社会公益力量合法地位的前提下，针对我国目前存在的一些公益组织的违规行为，必须在制度上加以规范，建立有效的公众监督机制、公开的评估机制和财务审计制度等；此外，社会公益参与度的提升还需要政府的参与，毕竟，公益事业从自发走向自觉是需要外在推动力的。在中国，政府动员无疑是最大动力，如在非公募型基金会发展的起步阶段，可由政府动员并组织企业和个人单独或共同捐资成立专项基金，如基础教育发展基金、职业教育（培训）发展基金等，由社会各界有名望的人出任董事负责基金的运作和资助。待公益理念和社会参与内化为全体公民的社会责任规范时，社会公益力量参与在公民自身发展中必将呈现一个全新的局面。

壮大义工和志愿者的队伍，提升自觉社会参与度。有计划、有步骤地在全国建立健全支援服务组织网络，大力实施支援服务项目，培养和形成多层次、高质量、大规模的义工队伍，让义工精神在更广泛的领域发扬广光大，号召更多的人加入到义工服务的行业；建立和完善从事志愿服务的奖励机制。义工、志愿服务不能获取报酬，否则违背了志愿服务的本意。所以，对义工的奖励应以非物质奖励为主。当然，也要重视对义工的培训和督导。尽管人人可以做义工，但是不同的知识和技能储备所能提供的服务质量是有很大差异的。一般而言，义工制度发展成熟的国家和地区都十分重视对义工的培训。这就决定了在义工实践中，必须配备强有力的督导制度，督导应该贯穿义工实践的全过程，既及时发现问题加以纠正，又充分肯定其每一点进步，并在义工活动结束后给予评估和总结，扎实推进义工队伍素质建设。

3. 社会保障：加大民生事业投入，建立健全社会保障制度

社会保障是目前制约我国居民全面发展的另一重要的体制性障碍。对未来的不确定性，不仅会对我国居民的全面发展产生负面影响，也会制约我国居民的全面发展水平及其提升。因此，加大投入，适当增加社会保障投入金额，提高我国人民全面发展的保障水平就显得尤为重要。当前，我国社会保障费用占国内生产总值的比重处于国际较低水平。我国政府可以在不增加财政压力的基础上，适当增加公共财政对社会保障的投入。近两年，我国社会保障支出占财政支出的比重虽然基本保持在10—11%之间，有了较大增加，但是各级政府公共财政仍需要加大力度，增加对社会保障的投入，而且要把它作为一项长期的制度固定下来，形成一个稳定的财政投入增长比例。与此同时，在增加投入的同时，要完善社会保障资金筹措运营机制，调整财政支出结构，增加社会保障资金的预算安排，并确保社会保障资金专款专用；加强社会保障资金管理和操作的规范性，增强社会保障制度改革的透明度。

建立多元化的社会保障体系。为了减轻政府财政的压力，可以进行市场化、社会化的社会保障模式的尝试，鼓励各种不同的社会组织如家庭、教会、慈善机构、救济机构、经济组织等共同分担社会保障的功能，公私兼顾，在确保政府在社会保障中的主导地位的同时，继续完善社会保障制度，扩大社会保障的覆盖率，形成多支柱、多层系、多元化的社会保障体系。应逐步形成社会保险、社会救济、社会福利、优抚安置和社会互助等相结合的多层系社会保障制度，建立社会保障管理和社会化服务体系，实行社会保障待遇的社会化；社会保障内容丰富，不仅包括社会保险，而且包括社会救助、社会互助、社会优抚、个人储蓄性保险等形式。在完善社会保险各个项目的同时，应当重视发展社会互助、社会救助等社会保障形式，保障社会特殊群体的基本生活，不仅老有所养、病有所医，而且残有

所助、贫有所扶，从而充分发挥社会保障在人的全面发展中的"安全网"的作用①。

进一步扩大社会保险的覆盖范围，把让更多的人享有保障作为发展的目标。以混合所有制、非公有制经济组织从业人员和灵活就业人员为重点，扩大社会保险的覆盖面，使越来越多的中国老百姓享有社会保障。农民工社会保障问题，被征地农民的社会保障政策都应加速推进落实，还要逐步地分地区、分类别地推进农村社会保险制度的实行；根据经济发展水平，政府应高瞻远瞩、未雨绸缪，在有关政策导向和制度安排上给予高度的重视，逐步建立起城乡一体的社会保险体系，提高医疗保险参与率，使大多数人能够具备抵御疾病的经济能力。

4. 在投入与竞争中动态地满足人们不断增大的社会服务需求

随着人民生活水平和对自身全面发展要求的提高，社会服务的需求不断加大，需要国家社会政策作出及时的回应，大力发展社会服务具有重要意义。各个国家和地区发展的历程也表明，在经济发展到一定阶段以后，没有相应的社会服务水平的提高，人们自身发展就很难有全面的提升。为此，在提高社会服务方面我们还需要加强如下几个方面的工作：

第一，增加公共教育和卫生医疗的投入。中央和地方政府应该增加医疗部门的投入。政府的医疗投入可以通过医疗资金的设立来实施，主要包括：培育医疗资金市场，建立医疗和卫生健康筹集资金的多种渠道；放开医疗保险市场和医疗机构产权交易市场，鼓励私人资金进入卫生保健部门。政府需要提供充足的预防性医疗、健康教育、计划免疫等服务，加强对感染病及地方病的控制，还要提供生活用水和其他公共卫生产品等措施。此外，合理安排财政预算，将公共与支出强度尽快提高到与人的全面发展需要相适应的水平。虽然我国教育支出总量保持着较高的增长速度，但这并不是判断教育支出合理程度的依据，我国的公共教育支出强度水平还很低，这与教育在国人全面发展过程中的战略地位很不适应。确定教育支出在国家公共支出中的份额，一方面要考虑到财政支出的统筹规划，另一方面要使教育支出尽快达到满足社会经济发展需要、能够支撑我国未来人的全面发展目标的水平。这就要求我们在财政预算安排上对教育事业给予必要的倾斜，适当加快公共教育支出增长速度。

第二，引入竞争机制，鼓励合理竞争。政府需要改变职能，鼓励私人

---

① 刘峰、龚维斌主编：《社会建设与政治建设研究》，中央文献出版社2008年版，第139页。

资本的医疗服务的投入,发展公平的竞争。在现有的医疗系统中,大部分医院收入的诊断和治疗费用都相当低,其收入主要来自于药物销售和医疗器械的费用。医院的药物零售价格一般都是出厂价格的好几倍。因此,政府有必要建立和维持医疗规范来监督医院治疗、服务质量和价格,同时还要加强安全措施,对药物的不合理定价进行管理。我们还需要发展公共健康服务,增强大医院和公共健康服务机构之间的合作,鼓励大医院提供适当的技术和人员。在教育方面,也应引入竞争机制。在科学认识竞争、树立高等教育竞争意识的基础上,转变政府职能,明确学校(特别是高等院校)的竞争主体地位;尽快建立规范的人才、资金及技术与信息市场,实现教育资源的社会化,建立规范的教育市场;同时,建立教育竞争的监督约束机制,优化教育竞争进程,当务之急是尽快实现"依法治教",建立健全教育法律法规体系,加大执法力度,实现教育行政司法化;建立教育竞争保障机制,保障竞争主体平等参与竞争的权利。就我国的现实而言,继续解决的问题是完善资助制度,消除因经营原因而导致的竞争机会的不平等,建议在某些教育机构(如高等教育机构)开办信贷业务,运用金融手段,保证资助来源的稳定,实现资助款项的有偿使用,这既可以保障竞争主体平等参与竞争的权利,又有助于教育成本的真正分担,从而实现更高层次上的平等竞争。

第三,树立"人才强卫"、"人才强教"理念,建立健全教育、卫生人才教育、培养、配置和评价体系,培育和造就一批医德、师德高尚、职业素质高超的优秀教育、卫生人才。在教师人才建设方面,可以积极探索"一体化"教育体系。所谓"一体化"教育体系,就是为了适应学习型社会的需要,以终身教育为指导思想,根据教师专业发展的理论,对教师职前、入职、在职教育进行全程规划设计,建立起教师教育各个阶段相互衔接的,既各有侧重,又有内在联系的体系。由于社会的发展和教育改革的深化,教师必须不断地接受各种新知识、新理论和新技术的培训,必须不断地汲取各种经济、政治、科技和教育知识,以扩大自己的知识领域,提高理论水平和专业能力。因此,依据终身教育思想,应实行职前培养、入职培训、在职培养一体化的教师培养模式。在医疗人才发展上,坚持"传统医药振兴行动计划",推动中医药和民间医药传承、创新,并加强中医人才培养①。

第四，积极发展职业教育和再就业培训，培养新型劳动者。1999 年，联合国教科文组织在关于职业技术教育与培训的第二届国际大会的建议书中提出："政府和私营部门必须认识到：职业技术教育是一种投资，并非消费；职业技术教育所给予的巨大回报是提高了工人的福利、提高了人们的生产力和国际竞争能力"，建立在这一认识的基础之上，政府应积极承担发展职业教育的责任，将发展职业教育放到一个更高、更突出的战略地位，是当前我国提高劳动者素质，促进再就业的必然要求。政府应承担的责任包括对职业院校的经费投入、为职业院校与企业的合作搭建平台、为职业教育发展出台相应的政策措施等。与此同时，在随着下岗和再就业问题的日益突出，各级政府也要积极行动，千方百计为下岗职工提供社会再就业服务，其中下岗职工再就业培训就是职工再就业工程的重要环节。为此应积极加快建立再就业培训网络，努力实行先培训后上岗的就业准入制度，在注重素质教育和创业能力培训的基础上探讨灵活多样的再就业培训形式，开展多层次的技能培训，在各地建立以当地经济界人士和政府有关部门参加的咨询机构，加强师资队伍的建设和教学研讨，对下岗人员特别要注重实际操作能力、实际应用能力的培养。根据他们的特点制定相应的教学方法。在培训方式上，把全日制、半日制和业余时间结合起来，根据下岗人员的年龄大小和文化高低，合理安排培训时间。同时，针对那些生活、经济比较困难的下岗失业人员应提供支持的就业培训项目，在培训费用的支出方面国家和各地政府应起主要作用，以帮助那些困难的下岗失业人员同样得到再就业培训的机会。对于文化较低、年龄较轻的下岗人员，要通过免试进入中等职业技术学校学习，优先参加大中专院校的函授旁听和统一安排及报考成人高校等优惠措施，鼓励他们提高文化知识，增强劳动技能的开发能力。

5. 建立社会公共安全环境，有效保障国民生存、发展权利

加强社会治安的综合治理，降低犯罪率。严厉打击危害人们生命健康安全的假冒伪劣产品，保证食品、药品、交通、居住等各方面的安全，创造安全、舒适、良好的社会生存环境，增强人们的安全感，保障人民的生命财产安全。倡导安全文化，培养和树立超前、预防、科学的安全风险意

---

① 参见陈竺：《建设全面皆享的医疗卫生体系》，见张玉台主编：《中国 2020：发展目标与政策取向》，中国发展出版社 2008 年版，第 226—227 页。

识，树立城市忧患和综合减灾观念，建立风险防范和预警机制，提高应对公共危机的能力。发生在2003年春天的非典型肺炎疫情对整个国家和民族而言是一场严峻的挑战和考验，松花江水污染事件、全国各地矿难接连不断，公共安全对确保人民自身发展水平至关重要。

加强公共安全问题立法建设。首先应制定一部紧急状态法。紧急状态法应着眼于应对公共安全问题的制度设计，规定公共安全问题处理的基本准则与管理方法。另外还应健全以下几个方面："紧急状态的确认与宣布制度，政府处理紧急状态的专门机构，政府的行政紧急权力，紧急状态下公民法人和其他组织的权利和义务。"[①] 其次，完善公共安全问题的专门法律、法规。紧急状态法侧重公共安全中的一般问题，由于现实中发生的公共安全问题在发生机制、危害后果等方面存在诸多不同，需要我们在紧急状态法之下制定应对公共安全问题的专门法律法规，增强法律的针对性和适用性。具体包括"根据宪法和紧急状态法的规定，及时对现行有关危机管理的专门法律、行政法规进行修改、完善；对由部门规章或者规范性文件确立的在危机管理实践中行之有效的但没有法律或者行政法规作为依据的突发事件应急制度，应逐步上升为法律或者行政法规，提高其效力；对还没有得到规范的其他突发事件，抓紧进行分析研究，尽快制定相应的法律、行政法规"[②]。最后，完善与公共安全问题相关的法律制度。完善包括行政强制法制、政府信息公开法制、行政指导法制、国家赔偿法制等在内的与公共安全问题相关的法律制度，形成行政权力与其他国家权力，行政权力与公民权利、政府责任等的良性互动。具体来说，就是"运用行政法治原则（包括行政应急性原则）来处理紧急情况下国家权力之间及其与公民权利之间的关系；加强公共应急法制建设的对策措施，包括立法、执法、守法、监督、救济、制度改革、机构和队伍建设方面的举措；完善紧急情况下政府的危机管理行为的特殊程序规范；提高公共应急法制的公众知晓度、认同度、适应度和配合度，改善公共应急法制的社会环境条件"[③]。

建立公共安全问题应急体系。就是要在公共安全问题发生之前进行积极预防，在公共安全问题发生后，采取有力手段及时控制事态。在公共安

[①] 范旭斌：《关于完善危机管理法律制度的思考》，载《学海》，2004年第4期。
[②] 同上。
[③] 莫于川：《我国的公共应急法制建设——非典危机管理实践提出的法制建设课题》，载《中国人民大学学报》，2003年第4期。

全问题事前防范方面，我们知道公共安全问题的及早发现是问题得以解决的关键。我们必须建立应对公共安全问题管理机构，如2004年启用的上海应急联动中心；必须建立和完善公共安全问题的监测和预警系统，通过预警系统更好地监测公共安全问题的风险源和危机征兆，以便对公共安全问题的规模、损害程度有个总体把握；必须在和平稳定时期，大力宣传公共安全知识，进行应对公共安全问题的模拟演练，增强群众的公共安全意识，提高公众应对公共安全问题的能力①。

建立立体式道路交通网络。为了有效缓解我国车多路少，提升交通安全水平，有必要积极规划城市地铁、轻轨等新型立体交通网络。建立公共汽车、轨道联网联运的公共交通网络，建立信息化、网络化、立体化的城市交通体系，提升居民的交通安全。发展公共交通运输以减少私人轿车和电单车的使用，增加泊车用地，完善交通信号和路牌指示，加强交通安全教育宣传②。

建立食品安全准入制度。加强食品质量安全工作，加快相关安全标准的制定与修订，提高涉及人身健康和安全产品的生产许可条件和市场准入门槛；成立专门的食品安全检测机构和执法机构，建立食品安全信息中心；加强各个部门的协调配合，逐步建立起从种植养殖、生产加工、流通销售到餐饮消费的食品安全监督链条，建立起食品安全的质量追溯体系和责任追究体系，建立起覆盖全社会的食品质量监管网络。

（三）积极稳妥地推进政治体制改革，努力建设促进人的全面发展的政治文明

在社会主义市场经济条件下，人民当家做主的权利意识和责任意识是人的全面发展的一个重要内容。现阶段，要建设社会主义民主政治，促进人的全面发展，就必须努力"从制度上保证党和国家政治生活的民主化、经济管理的民主化、整个社会生活的民主化"③。一句话，必须积极稳妥地推进政治体制改革，努力建设促进人的全面发展的政治文明。

1. 发展社会主义基层民主政治，提高全民政治参与水平

改革开放以来，随着我国人们民主意识、社会参与意识、政治参与意

---

① 周桂琴：《论突发公共事件引发的安全问题及其处置》，载《华北科技学院学报》，2006年第4期。

② 参见 http：//www.ditie.com/Article_Show.asp?ArticleID=2204&City=%B9%E3%D6%DD。

③ 《邓小平文选》第2卷，人民出版社1994年版，第336页。

识的不断增强,建设社会主义政治文明一个重要的方面就是要建设高度发达社会主义基层民主,健全充满活力的基层群众自治机制,扩大基层群众自治范围,完善基层民主管理制度;真正实现全体人民当家做主,保证人民充分行使民主选举、决策、管理和监督的权力,提高全民政治参与水平。为此,首先就是健全基层党组织领导的基层群众自治机制,完善民主管理制度;完善以职工代表大会为基本形式的企事业单位民主管理制度,推进厂务公开,支持职工参与管理,维护职工合法权益;深化乡镇机构改革,加强基层政权建设,完善政务公开、村务公开等制度,实现政府行政管理与基层群众自治有效衔接和良性互动;发挥社会组织在扩大群众参与、反映群众诉求方面的积极作用,增强社会自治功能。

同时,努力增强各种利益群体的公民(尤其是弱势群体)对各种公共行动和公共决策的影响力,亦即加强对他们的赋权,增加他们对公共行为和决策的参与。显然,这是推动政治民主化的一项战略决策,应当能够为全面推进人的全面发展战略的实施提供一种良好的政治基础。因此,首先,政府要加强与不同利益、政策观点的公民的对话,进行讨论和协商谈判,政府不仅可以获取群体智慧,还有利于增强共识和责任感,实现公共利益。其次,政府要在充分遵循宪法和法律赋予公民的政治权利和自由的前提下,对公民参与的内容、方式、途径作出明确的规定,使其可以按一定的程序实际操作,并用法律的形式固定下来,做到有法可依,依法参与,使公民参与经常化、制度化。与此同时,政府必须树立正确的理念,充分尊重公民的人格和合法权利,承认公众在公共管理整个运行中的主体地位,积极推进公民参与。

此外,还应大力发挥大众传媒在公众参政方面的作用。电子通信、声像、统计手段等大众传媒工具迅速发展使政府与公民之间的信息沟通更加容易。政府利用传播媒介,定期不定期地举行记者招待会、新闻发布会、提供新闻公报、约见新闻界人物座谈、及时报道国家社会经济和社会生活的信息动态,通过公民表决、公民投票、民意测验、预算等来决定国家的重大事情。政府利用电视系统定期举行听证会,与公众对话,而居民可以通过各种传播媒介,就政府的政策和政府官员的政治行为发表意见,提出批评,这就为公众参政创造了一个较为适宜的政治形式,提高了公民政治参与的深度和广度。

2. 加速推进政府转型,加快建立公共服务型政府

伴随着经济社会的全面转型,广大百姓日益迫切地要求政府能够为他

们提供基本而有保障的公共产品和有效的公共管理、公共服务；广大百姓越来越期望建设一个公开、透明和没有腐败的政府。在这个特定的大背景下，需要对政府的职责和责任重新定位，需要对政府权力的有效监管。因此，为了最大限度地调动亿万人民群众的积极性和创造性，为了使多数人能不断地分享改革发展的成果，我们还必须自觉地推进政府转型，加快建立公共服务型政府。为此，一是加快政府职能转变。合理界定政府在市场经济活动中的职责范围，继续推进政企分开、政事分开、政府与市场中介组织分开，加强和完善宏观调控，减少和规范行政审批，解决政府职能越位、缺位、错位的问题，把政府职能切实转到经济调节、市场监管、社会管理、公共服务上来。二是深化政府机构改革，建立"决策科学、分工合理、执行顺畅、运作高效、监督有力"的行政管理体制。三是健全科学民主决策机制，推进行政管理决策科学化、民主化。四是全面推进依法行政，完善行政管理权力的监督机制，强化对决策和执行等环节的监督，建立科学发展观要求的干部实绩考评制度。

3. 弥补制度漏洞，有效防控腐败，维护民主权利

如何防止民主制度下"多数人的暴政"，保护少数人的权益，从而实现并保持社会的和谐呢？这就需要在加强法治的同时防控腐败。

人的全面发展与法治具有内在联系，民主法治作为人的全面发展的重要政治保障，表明了民主法治对人的全面发展的重要意义。民主是实现人的全面发展的制度之源，法治是人的全面发展的基本政治保障，它能协调各种社会利益关系，促进和实现社会公平正义，也能为人们之间的诚信友爱创造良好的社会环境，激发人们的社会创造活力，为维护人的全面发展提供安定有序的外界保障。为此，当前我们必须坚持党的领导、人民当家做主和依法治国的有机统一，不断完善社会主义民主制度；健全和完善社会主义法律体系，不断推进科学立法和民主立法；加强对权力的监督和制约，营造国家公权力和公民私权利互动新格局；全面推进依法行政，建设法治政府；加强现代法制教育，树立社会主义法治理念。

对于腐败问题的控制，理论界一致认为，遏制并最终根除腐败的根本在于推进政治体制改革，不仅要弥补原有的制度漏洞，还要大力进行制度创新。近几年的理论研究都将反腐败视为系统工程，与现有政治系统的各个方面的改革相衔接，以"治理"的角度和理论模式展开对反腐败解决方

案的综合性研究①。学者们认为：中国要从根本上走出"腐败困扰期"，同时引来中国经济的"环境发展期"，就必须从制度层面建立起一套完善的惩治和预防腐败的廉政体系。为此，我们必须建立起中国廉政建设的长效机制，不仅要加强和完善惩治和预防腐败的领导体制建设，加强和完善权力监督体制建设，还要加强和完善行政管理体制建设，继续落实和完善"收支两条线"的财政管理体制；探索和完善编制部门预算管理的措施，实现预算编制、执行、监管的法制化；探索实施国库集中收付制度；通过改革和创新，逐步建立起一种适应社会主义市场经济和现代民主管理需要的科学、规范、公开、透明的财政管理体制；通过强化金融机构的内控机制，有效地防治金融犯罪和腐败现象的发生，最大限度地减少资金损失；同时建立有效的"反洗钱制度"，打击金融犯罪，防治赃款外流；建立投资决策责任追究制度，加强和完善投资的宏观调控，加强投资监管。此外，还要注重制定、修改和完善国家惩治和预防腐败的重要法律制度，从立法建立起制约腐败的天罗地网；完善、创新党内民主监督制度；完善、创新干部选拔任用制度；建立和强化廉洁施政激励机制；建立和强化举报保障和及时查处惩治机制；继续强化和完善道德规范约束机制；加强国际合作，建立和强化外逃贪官预防引渡机制②。

4. 维护政治稳定，加强反暴力领域的国际合作

当前，国际敌对势力为了达到分化、弱化中国政治的目的，阴谋分裂中国，暗中纵容和支持少数民族分裂主义分子，利用民族、宗教"人权问题"，从事破坏民族团结、破坏祖国统一的活动。近些年来，在中国新疆地区，"东突"分裂势力策划、组织了一系列爆炸、暗杀、纵火、投毒、袭击等血腥恐怖暴力事件，严重危害了中国各族人民的生命财产安全和社会稳定。在西藏，以达赖为首的分裂主义流亡势力一直在从事策划"西藏独立"的阴谋活动。虽然党和国家高度重视这些问题，并采取了有力措施对其进

---

① 参见何增科：《反腐败新路：转型期中国腐败问题研究》，中央编译出版社，2002年版；何增科：《推进政府改革与创新 完善防治腐败的制度安排》，载《马克思主义与现实》，2001年第5期；彭心安：《当代反腐败的体制路径》，载《中共福建省委党校学报》，2003年第7期；胡鞍钢：《中国：挑战腐败》，浙江人民出版社2001年版；[新西兰]杰瑞米·波普：《制约腐败——建构国家廉政体系》，清华大学公共管理学院廉政研究室译，中国方正出版社2003年版；王明高等：《中国新世纪惩治腐败对策研究》，湖南人民出版社2002年版；周卫东：《廉政理论研究》，中央编译出版社2005年版。

② 参见石亚军主编：《中国政治建设与发展研究》，人民出版社2009年版，第277—281页。

行有力打击，维护了国家的主权和各族人民生命财产安全，但是反对民族分裂、维护国家统一，实现社会的政治稳定还将是长期艰巨的任务。为此，对内，我们要正确处理人民内部矛盾，努力提高开展群众工作的能力促进民族团结、宗教和睦；对外，为了更加有效地保障稳定局势，为国民全面发展提供有效的国际国内环境，还必须加强反暴力领域的国际合作。恐怖主义已经成为一个国际性问题，单靠一个国家应对往往无能为力。只有各国政府通力合作，才能有效遏制恐怖主义的蔓延，打击恐怖主义的嚣张气焰，最终消除恐怖主义。

5. 畅通"民声"渠道，维护公民权利

为了更好地构建有利于人的全面发展的政治文明，当前一项非常重要的任务之一就是要畅通"民声"渠道，维护公民权利。为此，当前政府应采取主动积极的措施推动公民宗教信仰自由、言论自由及自组织机构的相关建设。就体现自由结社权利的非政府组织机构建设而言，就要引导建立公民的非政府的自组织机构和明文规范其活动空间和权利，为公共理性的形成提供积极的规范的主体。一方面，制定和健全公民的非政府自组织机构的法律规章建设。在已有的法律规章——如《基金会管理办法》(1988)、《社会团体登记管理条例》(1998)、《民办非营利企业登记管理暂行条例》(1998)、《公益事业捐赠法》(1999)和《民间非营利组织会计制度》(2004)等——的基础上，政府应该进一步用法律法规明确界定公民的非政府自组织机构的地位、职能、权利与义务、活动空间与内部宏观的管理机制，使公民的非政府自组织机构的地位权利有充分的法律保障。另一方面，提高公民的非政府自组织机构的管理和经营能力。我国的非政府组织现在存在的最大问题，是管理落后、缺乏经营意识、发展资金不足和组织资源匮乏等。这要求政府加强对这些组织的管理人员的培训，引导他们建立交流平台，促进他们的经营与管理，鼓励部分社会精英进入这些机构，使这些组织充满活力，能够承担起微观领域的社会管理和公共服务职能，有效集合其成员的公共意识，为公共理性的形成奠定良好的组织基础。

此外，还要加快公共舆论的自由形成和有效调控机制的建设，使公共舆论在明确的法律规章约束下进行自由的舆论生成和表达，让公民及其组织对于自己和公共事务的意见得以快捷畅通地表达，规范有效地讨论，形成公共理性。下情迅捷上达，可以节省政府的信息获取成本，掌握民心取向。

总之，政治改革的最终目的是为了促进人的全面发展，因此，一切束缚和妨碍人的全面发展的思想观念都要坚决突破,一切束缚人的全面发展的做法和规定都要坚决改变,一切影响人的全面发展的体制弊端都要坚决革除。

(四)坚持文化提升战略,为人的全面发展提供强大的智力支持和精神动力

社会文化的发展与繁荣是人的全面发展的基本条件。实现人的全面发展,既需要发展生产力和提高人民的生活水平,增强综合国力,也需要发展繁荣先进文化,提高人们的科学文化素质和思想道德水平,提升人们的精神境界。因此,发展先进文化,为我国人的全面发展提供强大的智力支持和精神动力就尤为重要。

1. 加大文化事业投入,健全公共文化服务体系,保障人民群众的基本文化权益

大力提高居民的文化素质,保障人民群众的基本文化权益,发展公益性文化事业,健全公共文化服务体系,提高公共文化的服务水平是当务之急。其中,公益性文化事业可以说是保障人民群众基本文化权益的主要途径。就我国文化事业发展状况而言,一方面要加大投入,在做好规划、广纳资金、抓好全国文化信息资源共享工程的普及和应用中加强文化基础设施建设,加快建立覆盖全社会的公共文化服务体系;另一方面要努力增强服务机构活力,提高服务水平,在全面提高文化馆、图书馆、广播电视等公共文化服务机构的综合服务能力的同时,形成覆盖全国的公共图书馆网络,提高广播电视覆盖率,以适应人民群众多方面、多层次、多样性的文化需求。要着力丰富农村、偏远地区、进城务工人员的精神文化生活。中国社会科学院2007年12月17日发布的《中国公共文化服务发展报告》指出,与城市居民所享受到的文化权益相比,农民工群体不论是在文化需求还是在文化供给上都面临着边缘化的困境。调查情况显示,中国有1亿多的农民工生活在城市,他们被城市接纳的程度低,难以融入工作所在地的城市社区中,生活在城市的农民工如同生活在"文化孤岛"上。农民工在城市社区内的生活和交往具有很强的边缘性、封闭性,相应的,他们的文化生活具有明显的"窄圈子性",生活在城市中的农民工群体存在文化孤立现象[①]。因此,要重点发展村镇文化,加强基层馆站建设,抓好农村乡镇综合文化站和村文化活动室建设工程,进一步完善图书信息资源共享工程,

---

① 《中国农民工群体身陷文化边缘化困境》,新华网,2007年12月17日。

继续抓好偏远农村电影放映工程，多开展送文化下乡活动，更加关注进城务工人员的精神文化生活，通过传、帮、带等方式引导他们广泛开展丰富多彩、健康有益的文化活动，保障人民的基本文化权益。

2. 创新文化体制和机制，加快文化产业建设，增强我国文化的整体实力和竞争力

党的十六大指出，发展文化产业是市场经济条件下繁荣社会主义文化、满足人民群众精神文化需求的重要途径。为此，我们必须（1）注重推动文化产业建设的基础研究，制定长远发展战略。可以由政府牵头组织，大力推动本土文化产业发展的基础研究，并建立包括政府、企界、学界参与的文化产业发展指导委员会，探讨我国文化产业的发展远景，制定长远规划以及与之相关的发展政策、教育培训政策、人力资源及移民政策等，协助各部门互动和整合，对文化产业进行指导、协调和组织，发挥优势、整合资源、重点推进。（2）加快文化产业投资融资扶持措施。与传统工业相比，文化产业的企业规模较小，市场变化较快，因此存在较大的商业风险。这种市场的不稳定性和风险妨碍了文化产业持续发展，相关企业在产品研发、业务拓展中面临资金短缺等问题。鉴于此种情况，政府应积极支持有创新能力的个人或企业，设立自主计划为其提供发展所需的资金。一是通过政界、商界、企界合作，成立文化及创意产业发展基金，对富有创新精神或有发展潜力的公司提供支持。二是提供信用保证，解决融资问题。（3）重视人力资源的培养和引进。智力资源是区域文化产业发展的核心资源。一是在培养人才方面，应加强与发达国家的合作和交流，引进其培训资源及培训理念，将创意教育融进不同形式、不同阶段的教育中。在高等教育层面，我们目前从事文化及创意产业研究的学术机构为数不多，也没有专门的学系。因此，应考虑构建一套完整的学术及培训架构，或形成一个独立的文化及创意产业研究机构，建立配套的科研及技术开发中心。在高等教育以外，推广创意行业的专业培训和继续教育，培养包括文化创意产业专家、职业经理人在内的管理人才，以及创作、设计、演艺、表演等优秀的、具有创意的专业人才。与此同时，还要对不同层次的平民大众进行文化艺术教育，使创意的人文学科教育渗入到日常社会生活中，提升大众的文化、艺术修养。二是在引进人才方面，要为其营造良好的生活与工作环境，在某种程度上，社区的可居住性吸引创意人才。发达国家之所以能成功引进大批优秀人才，除政策优惠外，集商贸、文化及休闲为一体的可居住性优势也是重要因素。从这个角度理解，政府还应进一步打造社区的可居住性

优势,为创意人才提供多元、开放、富于创造活力的自然与人文环境。

3. 提升文化消费质量

目前,我国的精神文化产品整体格调有待提高。文化产品精品少、媚俗多;文化少、商味多;引导少、诱惑多。整体文化消费品质显得较为肤浅、浮躁、低俗。一些文化设施如图书馆、艺术馆、博物馆等利用率不高,没有很好地达到向人们传输精神营养的目的。对此,不仅要注重提高文化生产部门的素质,加强对文化产品的监制工作,努力创造出一些有意义、有内涵的文化产品,还要依法规范文化消费市场,我国的文化娱乐及宣传部门要严格依法把关,加大检查力度,防止过度渲染暴力的影视娱乐文化的传播和不健康文艺作品的出版发行,减少对凶杀、暴力、色情和物质享受内容的过分渲染,限制暴力文化的传播,采取切实措施营造良好的文化消费氛围。相应地还需要提高文化设施的利用率,在社会大众中营造一种良好文化氛围。当然,教育也是提升人们精神文化素养的一个重要途径。在居民教育既定的条件下,可以有计划地开展文化素质的培训计划,从文化信息的获取、专业能力提升、休闲娱乐、扩大社交方面综合提升利用文化设施的能力。从具体路径来看,可以从公共图书馆系统和社区服务系统展开。应对信息时代的挑战,充实并提高数字图书馆及虚拟图书馆,优化公共图书馆、社区图书馆的地域分布,提高信息化水平。同时,引导青少年合理健康利用互联网,防止沉迷其中。在教育中,鉴于媒介在影响和塑造人们的世界观、价值观方面的巨大作用,应当开展媒介教育和研究。在日益商业化的媒介环境下,防止公民完全沦为"大众",使其保持个体的独立审美力和批判鉴别力。实际上,媒介素养教育和科学素养教育一样,已成为当代许多国家培养"有责任的公众"的核心举措。例如,"加拿大西部协议组织"于 1997 年拟定"加拿大西部基础语言教育与艺术教育合作协议",协议的基本结论第 2 条指出:"学生应当通过聆听、谈话、阅读、协作、观看和表现(represent)对口头的、印刷的和其他形式的传媒文本进行自主的、具有批判意识的反映和理解。"澳大利亚、加拿大、英国、法国、德国、挪威、芬兰、瑞典等国已将媒介素养教育设为全国或国内部分地区中、小学的正规教育内容[①]。

4. 加强文化资源保护,努力挖掘文化遗产的价值,丰富国民文化内涵

提高全民族的文化素质,还需要加强对民族民间文化遗产和非物质文

---

① 阳化冰:《媒介素养教育及其作用》,载《当代传播》,2005 年第 10 期。

化遗产保护工作，建立健全工作机构和制度，认真做好各项目落实以及资料的搜集整理等各项工作。组织人员在全国开展普查工作，在努力做好非物质文化遗产保护的同时，筛选优秀项目，加强申报工作，使我国更多项目被纳入保护名录。在转型过程中，要努力挖掘非物质文化遗产的价值，充分发挥非物质文化遗产在整个经济建设和产业发展中的作用。加强对传统历史文化资源的研究，正确的态度应该是：在马克思主义指导下，批判地继承传统文化，在继承中实现综合创新。从根本上说，随着传统文化赖以生存的经济社会结构发生了根本性的变化，与此相联系的是人们的生活方式和文化习俗也发生了根本性的变化。既然传统文化繁盛的社会基础发生了根本性的变化，这就要求我们必须批判地吸收传统文化遗产，将其与时代要求结合起来，融入时代精神。因此，在文化建设中，既要重视宏观的理论规划与引导，又要积极吸收外来文化中先进的、科学的成分，更加重视在具体实践中培养和发现新的文化因子。唯有如此，才能做到古为今用、洋为中用，推陈出新、继往开来，不断丰富和发展国民的文化内涵。

（五）保护与防治相结合，促进人与自然的和谐相处，为人的全面发展创建可持续发展的生态环境

生态破坏与环境污染的制造者给自己带来利益，却造成他人生产成本增加和生活质量下降，甚至罹患疾病，付出健康和生命代价，还使后代面临资源枯竭的威胁，这种对社会公众利益包括后代利益的侵占，已成为阻碍人的全面发展的现实问题。基于此，我国政府明确提出了保护与防治相结合的提升居民发展生态环境的施政方向。针对当前存在的环境问题，本书提出了对我国生态环境改善的如下建议。

1. 进行制度创新，改变现有的生产方式和消费模式

人是社会的主人和生产的主人，而不是"信用卡"的奴隶，生产应惠及广大人民，要考虑到子孙后代的幸福和生存。因此，应当在改进现有生产方式和消费模式的基础上，依靠科技发展，合理地组织生产和有计划地利用自然资源，真正实现人与环境的全面、协调和可持续发展。

2. 认真落实环境保护基本国策，坚持预防为主、综合治理的方针

从源头上防治污染和生态破坏，切实改变先污染后治理、边治理边污染的状况，努力降低主要污染物排放总量，尽快改善重点流域、区域和城市环境质量，基本遏制生态环境恶化的趋势。具体来说，一要加强水污染防治。加大重点流域和区域水污染防治力度，强化对主要河流和湖泊排污的管制，严禁向江河湖海排放超标污水。加强对城市污水处理设施建设，

全面开征污水处理费。二要加强大气污染防治。加大重点城市大气污染防治力度。加快燃煤电厂脱硫设施建设，推广钢铁、有色、化工、建材等行业二氧化硫综合治理，在大众城市及其近郊，严格控制新（扩）建除热电联产外的燃煤电厂，禁止新（扩）建钢铁、冶炼等高耗能企业。禁止污染企业和城市污染物向农村扩散，控制农村面源污染，合理使用农药、化肥、农膜，加大规模化养殖场污染治理力度，推广农村沼气和作物秸秆资源化利用。三加强固体废物污染防治。加强城市垃圾处理设施建设，加大城市垃圾处理费征收力度，努力提高城市生活垃圾无害化处理率。四要健全监管制度。建立"国家监察、地方监管、单位负责"的环境监管体制，实行严格的环保绩效考核、环境执法责任制和责任追究制。实施排放总量控制、排放许可和环境影响赢家制度。实行清洁生产审核、环境标识和环境认证制度。实行环境质量公告和企业环保信息公开制度，鼓励社会公众参与并监督环保。五是要加快开发和推广先进环保技术，大力发展环保产业，并实现有利于生态环境保护的价格和财税政策，按照污染者负担、治理者受益的原则。

3. 加大投入，完善扶持措施

足够的资金投入是污染治理的根本保证。首先，加大财政对环保投入，增加国债资金和中央预算内资金，支持城镇生活污水、垃圾处理和危险废物处理设施建设。其次，严格责任单位的资金投入，凡是污染物排放不达标的企业，其自有资金必须用于污染治理，治理任务没有完成之前，不准扩大生产规模；新建、扩建、技改项目，要把污染设施纳入固定资金投资，专款专用。再次，给予一系列优惠政策。对污染治理项目，要给予大环境设施配套费、教育附加费、水电增容费的减免，财政还给予重点项目发展基金的支持，金融部门给予贷款规模的保证，等等。此外，还应建立社会多元化环保投融资机制，积极引进外部环保资金和世界银行贷款。

4. 积极开展环保教育，树立生态意识

人们的思想观念和行为方式是紧密关联的。如果没有广泛的生态观念、科学的意识，不仅保护生态环境的行为不会产生，即使是建立并具备了一系列有效保护生态环境的相关制度和规则，也会因人的素质不适应而成为空壳，是不起作用的。因此，做好环境保护与治理是确保人的全面发展的重要基础，当前我们要从战略高度对环境保护进行再认识，充分发挥政府在环境保护方面的主导作用，努力开展广泛的环保教育，并动员社会力量共同并广泛参与，在全社会树立起科学的生态意识。

5. 创新区域生态合作治理机制

我国的生态文明建设应该走系统整体化建设的道路，即应该走全国区域整体化、城乡一体化的建设道路。对跨区域的生态环境治理，必须反对简单化、部门化和一刀切等做法。要从整体性和全局性的高度，认真研究不同区域的生态环境状况和生态治理的要求，根据不同地区资源环境承载能力和发展潜力，按照优化开发、重点开发、限制开发和禁止开发的不同要求，明确不同地区的功能定位和发展模式，按照生态环境状况和功能区域构建区域发展格局，并通过不断的制度创新，如区域生态治理组织建构制度的创新、区域生态补偿机制的创新、区域生态环境资源价格制度的创新、区域生态环境资源税收制度的创新、区域生态治理主体队伍的创新等，从根本上遏制日益严重的区域生态危机，开创出区域生态合作治理的新局面[1]。

6. 加强合作，达成共识，采取有力措施，努力实现环境的全球保护与治理

为此，应当加强合作与协商，与其他国家一道制定和完善类似《京都协定书》这样的国际法规，减少热气排放量，防止对地球资源和环境继续造成破坏。同时要动员各种力量，采取有效措施，促进各国政府在保护地球环境和节约资源方面作出积极贡献。保护地球生态环境，是全球的事业，只有全球人民行动起来，才能取得实际效果。

（六）探索能力型组织建设途径，加强相应人力资源制度建设

人的全面发展表现为人的能力的全面发展。马克思指出："任何人的职责、使命、任务就是全面地发展自己的一切能力"[2]。"每一个人都无可争辩地有权全面发展自己的才能"[3]。人的全面发展所倡导的"各尽其能"是指人的积极性、能动性被最广泛、最充分地调动起来，人的主体价值最大限度地得到实现。要实现"各尽其能"，前提是个体拥有促进自身全面发展和推动社会协调发展的基本能力素质，比如，一定的生存能力、知识能力、创新能力等等。因为自然状态的发展是以自发的形式实现的，而社会领域人的全面发展则需要人通过发展个人能力，发挥主观能动作用去追求、去

---

[1] 参见方世南：《区域生态合作治理是生态文明建设的重要途径》，载《学习论坛》2009年第4期。
[2]《马克思恩格斯全集》第3卷，人民出版社1960年版，第330页。
[3]《马克思恩格斯全集》第2卷，人民出版社1965年版，第614页。

创造。只有社会成员的自身能力得到了长足发展,才能各司其职,扮演好自己的职业角色和社会角色,人类自身才能得到全面发展。目前,我国劳动力素质低下和科技创新能力不强已经成为制约我国经济发展和国际竞争能力的一个重要因素,沉重的人口负担还没有转化为人力资源的优势。因此,我们必须努力探索必要的能力型组织建设途径,大力提高社会成员的生存能力、知识能力和创新能力,全面提高社会成员的综合能力,与此同时,加强相应的人力资源制度建设,只有这样才能为构建社会主义和谐社会创造条件,为人的全面发展奠定坚实基础。为此,需要加强以下几个方面的工作。

1. 把增进人民健康放在提升国民生存能力的优先位置

拥有良好的生存能力是人的全面发展的基础。要实现国民全面发展,必须全面提高国民健康水平。为此,工作的重点就是要把增进人民健康放在提升国民生存能力的优先位置,深入分析新形势下影响国民健康的各种因素,并以此制定和实施一批切实可行的行动计划。例如,改善孕产妇和婴儿保健的"母婴安全"计划,最大可能地提高住院分娩率,降低孕产妇、婴儿死亡率;实施艾滋病、结核病、肝炎、血吸虫病、大流感等重大疾病防治行动计划,有效控制传染病流行;开展疫苗免疫行动计划,扩大国家免费疫苗预防疾病的病种,促进非国家免费疫苗的使用,大幅度减少感染人群[1]。

此外,随着社区建设的不断扩大,要注重完善社区卫生服务,推动居民人人享有预防保健和基础医疗。把社区卫生服务建设纳入当地经济和社会发展计划中,加大社区卫生服务投入,扩大社区卫生服务机构的覆盖面,提高医疗服务的可及性,实现基础医疗服务质量与速度、数量、覆盖面的统一。强化预防保健和基本医疗等社区卫生服务功能,落实计划免疫、传染病管理和妇女儿童保健,着重抓好高血压、糖尿病、心肌梗死和骨质疏松等慢性病的预防控制,关注低收入人群健康状况的改善,确保人人享受到社区预防保健和基本医疗服务。

还应关注居民健康调查和研究,实时掌握影响居民健康因素的变化趋势。目前,国内多数关于健康、卫生服务等方面的调查研究主要侧重于卫生服务利用方面的评价,对影响居民健康状况因素的全面、系统的调查研

---

[1] 参见陈竺:《建设全面皆享的医疗卫生体系》,见张玉台主编:《中国2020:发展目标与政策取向》,中国发展出版社2008年版,第226页。

究还需要各方面的重视。随着我国"治未病"卫生服务理念的提出，对于健康影响因素的调查、分析和研究就更加具有重大的理论意义和深远的现实意义。

2. 充分发挥教育在人的全面发展中的作用，探索必要的能力型组织建设途径

马克思和恩格斯认为，在生产过程中，教育与生产劳动相结合是使人的体力和智力得到全面发展的重要途径。马克思明确指出，教育"不仅是提高社会生产的一种方法，而且是造就全面发展的人的唯一方法"[1]。"教育会生产劳动能力"[2]。而人类之所以能够不断进步和发展，就在于人能够进行知识和经验的传授活动，把人类已有的科学文化知识、劳动经验和技能由少数变为多数人掌握，并且一代一代地传下去。与动物每一代、每一个体都从头开始不同，人的发展由于教育的作用而成为一种接力赛、团体赛。正是教育使人们不断获得新的知识、经验和技能，拥有新的认识能力、劳动能力和生活能力。马克思指出："要改变一般的人的本性，使它获得一定劳动部门的技能和技巧，成为发达的和专门的劳动力，就要有一定的教育或训练"[3]。恩格斯也指出："教育将使年轻人能够很快熟悉整个生产系统，将使他们能够根据社会需要或者他们自己的爱好，轮流从一个生产部门转到另一个生产部门。因此，教育将使他们摆脱现在这种分工给每个人造成的片面性。"[4]

然而，受制于生产力发展水平，现阶段的教育还不能使所有的人在知识能力上得到全面的培养和发展；受制于个人知识、才能的限制，相当多的劳动者被固定在某种单一的职能上，仍然只是具有某种专业特长、某种技能的片面发展的个人；受制于低素质人口比重过大的国情，社会全体成员的全面发展大大地受影响。为此，全面能力建设就必须坚持教育为人的全面发展服务，努力探索必要的能力型组织建设途径。

第一，继续坚持和发扬科教兴国战略，把以教育促进人的全面发展落实到实处。我国实施了科教兴国战略，这既是物质文明建设的客观要求，也是提高全民族知识能力，逐步实现人的全面发展的必由之路。目前，我

---

[1] 《马克思恩格斯文集》第 5 卷，人民出版社 2009 年版，第 557 页。
[2] 《马克思恩格斯全集》第 26 卷（Ⅰ），人民出版社 1972 年版，第 210 页。
[3] 《马克思恩格斯选集》第 2 卷，人民出版社 1995 年版，第 174 页。
[4] 《马克思恩格斯选集》第 1 卷，人民出版社 1995 年版，第 243 页。

们加快了教育发展的步伐，在全国各级各类学校全面推行以提高国民素质和人的全面发展为根本宗旨的教育改革，全面实施素质教育，改革教学内容、方法、手段，充分利用现代科学技术手段，提高教学质量，培养学生的人文精神、科学素养、创新意识和开拓能力、实践能力；还要健全和完善从小学到大学及继续教育、终身教育机制，建设学习型社会；加强师资队伍建设，注重教师自身知识体系的构建和自身素质的提高；加强教育法实施的监督力度，确实保障人们平等享受教育的权利；努力在全社会普及科学知识，提倡科学思想和科学方法，弘扬科学精神，尊重事实、尊重真理，开拓创新，反对迷信。这是人的全面发展的力量源泉。

第二，扩展义务教育的广度和深度，提高人均受教育年限。今后还需要进一步做好以下工作：其一，继续将"普九"作为我国经济社会发展的"重中之重"。政府应进一步完善义务教育的经费保障制度特别是进一步加大中央对义务教育经费的保障力度；坚持落实"分区规划，分类指导"的要求，鉴于全国区域之间的差异性，坚持积极进取，实事求是的原则，对"新三类"地区提出不同的义务教育发展分类要求，推进不同地区义务教育健康持续地发展：即占全国人口15%左右、未实现"两基"[①]的贫困地区，以打好"普九"攻坚战为教育事业发展的"重中之重"；占全国人口50%左右、已实现"两基"的农村地区要切实抓好巩固、提高"普九"成果和水平工作，要以提高教育质量为核心，以扩大普及程度、提高师资队伍素质、改善办学条件为重点；占全国人口15%左右的大中城市和经济发达地区，要高水平、高质量普及九年义务教育，要以提高师资队伍素质、学校办学水平和教育教学质量为重点[②]。其二，适当延长义务教育年限，逐步将幼儿教育、高中阶段的教育纳入义务教育范围。实现全体人民知识能力的提升，需要保证全体公民有一个基本的能够改善其发展状况的受教育水平。世界发达国家的经验和我国发展的实际情况都表明，应该在九年义务教育的基础上，适当延长义务教育年限。因此，建议将普及十二年义务教育作为我国新的教育发展国家目标。为此，应坚持普通高中教育与非普通中等教育（包括中专教育、高级职业中学教育和技工学校教育）并举的方针，同时满足适龄人口的升学目标和就业目标；防止一刀切、一哄而上，坚持

---

① "两基"为基本普及九年义务教育和基本扫除青壮年文盲的简称。
② 参见上海市教科院发展研究中心：《我国普及义务教育的进展及问题分析》，载《教育发展研究》，2002年第1期。

因地制宜的原则;中央政府应实行"雪中送炭"的原则;在高级中等学校中积极引入竞争机制,扩大受教育者选择学校的权利①。其三,通过扎实的理论研究与实验研究,探索出大幅度提高基础教育质量的理论和方法,进一步完善义务教育制度,彻底改变义务教育培养质量不高的状况。

第三,提高人力资本发展,加强相应的人力资源制度建设。教育可以提高人的能力,增加人力资本,增强人民就业和未来发展的能力。一般来讲,中国教育还是应试教育为主,素质教育仍处于一个起步阶段,一些新的教育方法还待日后的不断探索与研究。政府可以在财政上支持,或者鼓励高等教育机构、就业培训中心、技术学校和非公共学校来组织就业前和在职培训。现在的教育体系对新劳动力提出新的挑战,大学毕业生出现"就业难"的问题,这也表现如今教育培养系统与劳动力市场并不协调。我们需要对如今的教育体制进行改革,重新分配教育资源和调整教育内容,以此适应市场的需要。在职业教育、技术教育和成人教育方面,教学内容的改革还需要加强。此外,还应加强相应的人力资源制度建设,要从全面保障公民发展权利的角度出发,通过完善的立法和有效地执法,确保人力资源的良性运行和协调发展,给人的全面发展创造条件。

3. 以科技创新为重点,建立激发科技工作者创新热情的有效机制

全面能力建设,其中一项重要内容便是人的创新能力的不断提升。作为主体改造客观对象的实践能力,科技创新能力的提升不仅是人的全面发展的维度,更是发展到何种程度的重要标志。为此,正确认识我国创新政策存在的不足,以科技创新为重点,建立激发科技工作者创新热情的有效机制便成了当前推进国人能力全面发展的重要任务之一。具体而言:

第一,努力营造"尊重知识、尊重人才"的政策环境。要保证技术创新成果发明者的知识产权得到保护,从政策上给创新企业在税收等方面一定的优惠政策;要提高科技人才特别是高层次人才的薪酬标准,充分体现智力劳动的合理价值;积极探索和完善以岗位工资为核心,基础工资和绩效工资相结合的新型分配制度;探索以协议工资、年薪制等方式高薪聘用优秀拔尖人才;丰富和完善治理要素参与收益分配的办法和途径;落实课题责任人自主权,提高课题经费中人员成本的支出比例;为人才特别是重要人才创造良好的工作和生活条件;建立健全包括重要人才国家投保在内

---

① 参见胡鞍钢、熊义志:《我国应普及十二年义务教育》,载《发展导报》2000年11月3日。

的人才社会保障制度。

第二，努力营造有利于优秀人才脱颖而出的用人机制。要在科研院所全面推行岗位聘用制度，建立公开、公平、公正的选聘机制，以岗位需要的真才实学而不是各种名衔为标准，根据实际需要不同程度地面向社会招聘优秀人才；加强科技人才市场建设，鼓励科技人员在企业、科研机构和高校以及各地区、部门之间自由流动，形成科技人员竞争上岗的机制，实现科技人员的优化配置。

第三，努力营造有利于求实创新的科技评价体系。应当推进政府宏观指导下的科技人才社会化评价工作，探索资格考试、考核和同行评议相结合的评价方法；建立并实行重能力、重业绩、重质量、重创新、重专利的科技人才评价指标体系；建立鼓励创新、容许失败的选题评估机制，对创新性强的小项目及非共识项目给予特殊支持；完善科技同行评价机制，积极试行匿名评价、书信评价等方法，重要项目邀请外国专家参加评估；完善评估监督机制，积极探索建立评审专家信誉制度。

最后，努力营造有利于人才创新和成长的科研土壤。要在科技界大力弘扬拼搏进取、献身祖国的民主精神，努力创新、严谨求实的科学精神，淡泊名利、团结协作的团队精神；加强科技人员职业道德的宣传教育，建立科技人员信誉制度体系；大力构建百家争鸣、宽松和谐、容忍失败、保护个性的学术文化氛围；在选题立项方面为科技人才创造更宽松的环境，对自由选题给予更多关注和支持；改变单纯支持项目的做法，应该对具有良好创新土壤和浓厚学术氛围的科研机构及其研究人员给予特殊的支持和鼓励。

（七）妥善处理利益关系，更加注重社会公平

诚然，改革开放的伟大实践极大地推进了平等精神的伸展，特别是随着市场经济体制的逐步确立，平等获得了较为充分的制度性支持。但是，我们必须看到，当代中国机会平等的实现状况仍然存在着许多不足，这种不足在很大程度上束缚了中国人的全面发展。从目前我国人的全面发展的实际来看，我们迫切需要妥善处理好各种利益关系，更加注重社会公平，以推进机会平等的广泛实现，从而充分激发并调动一切人的发展活力。

1. 构建以公平为导向的分配调节机制，积极改善收入平等状况

在我国，不同社会群体、行业之间存在着收入分配不平等的现象，极大地损害了大多数社会成员的积极性和创造性。由于分配机会的不平等所带来的社会差距，甚至还导致了社会不平衡心理。"源于机会不均等的经济

不平等,比机会均等时出现的经济不平等,更加令人不能忍受。"①,对此,罗尔斯特别指出:"为了平等地对待所有人,提供真正的同等的机会,社会必须更多地注意那些天赋较低和出身于较不利的社会地位的人们。这个观念就是要按平等的方向补偿由偶然因素造成的倾斜。"② 可见,充分认识我国分配不平等现状,合理划定政府和市场配置资源的边界,建立合理、公平公正的社会收入分配体系,采取适宜的再分配政策就成为摆在我国政府面前刻不容缓的历史任务。

为此,我们必须全面贯彻落实科学发展观,正确认识、把握效率与公平的辩证关系,加强宏观调控,采取各种手段调节过高收入,逐步消除地区之间、部门之间、垄断行业与一般行业之间非效率性的分配差距;加快改革步伐,加强制度建设,逐步消除经济领域中导致收入差距不合理的体制因素;注重取缔非法收入,建立健全个人收入申报制,实行综合与分类相结合的个人所得税制度,提高"个税"起征点,取消低收入者纳税③,将收入分配差距控制在适当范围。在此基础上,要努力建立农民增收减负的长效机制,挖掘农业增收潜力,增加非农产业收入,完善增收减负政策;提高城乡居民收入在国民收入分配中的比重,提高劳动报酬在初次分配中的比重;创造条件让更多的群众拥有财产性收入,逐步扭转收入分配差距扩大的趋势。

2. 城乡平等,政府是第一责任人

在发展政策上,坚持向农村低收入者、社会弱势群体倾斜,构建一套完整的城乡社会成员人人平等享有的医疗、教育保障体系,缓解城乡贫富差距尤为重要。而在实现城乡平等的过程中,在利益均衡和资源分配上就急需要政府扮演实际"再分配者"角色。可以说,城乡平等,政府是第一责任人。为此,首先需要政府循序渐进,在财政反哺农村的过程中,创建城乡平等的有效着力点。财政反哺,分为以强化农村竞争力为目的的初级反哺阶段和以获取社会平均利润为目的的高级反哺阶段。根据国力,我国处于初级反哺阶段,此阶段主要是增强农村竞争能力,创造一个有利于农村发展的公平公正环境。具体地讲,初级反哺阶段的财政反哺政策,包括

---

① [美] 阿瑟·奥肯:《平等与效率》,王奔洲等译,华夏出版社 1999 年版,第 73 页。
② [美] 约翰·罗尔斯:《正义论》,何怀宏等译,中国社会科学出版社 1988 年版,第 96 页。
③ 参见叶建平:《要把收入分配提高到改革成败的高度》,载《经济参考报》,2010 年 5 月 21 日。

给农民财政话语权,推进城市化进程,加大对农民、农业和农村的财政支持力度,给农民以平等发展机会。其一,关键是要保证农民的财政话语权。近期可以考虑以条例或法律的形式固定农民参与国家收入和分配决策的人数,远期应该培育农民协会的成长,从根本上形成压力和游说机制,保护农民利益,促进城乡和谐发展。其二,加大对农村劳动力的职业技能培训和就业中介组织的投入,推进城市化进程,提高农民收入。其三,进一步加大政府财政对农业的投入,提高对农业的综合支持力度,同时,通过运用财政政策工具,吸引和带动全社会增加对农业的投入;重新界定中央财政和省级财政对农村义务教育的职责,使城乡居民同等享有义务教育的权利;统筹城乡公共物品的供给,大力发展农村医疗卫生事业;积极发展农村社会保障事业,分步骤地给农民以平等发展机会。总之,我国的财政反哺只能进行初级反哺,此时建立的必定是一个初级的和谐社会。随着我国经济的进一步发展,当我国进入工业化后期的城市反哺农村阶段时,也就进入了以获取社会平均利润为目的的高级反哺阶段,这时我们才能建立高级的和谐社会。也就是说,初级反哺建立的是初级的和谐社会,高级反哺建立的是高级的和谐社会,值得注意的是,城市反哺农村、建立和谐社会必须循序渐进,逐步推进,不能急于求成①。

其次,坚持优先权的选择,在建立综合医疗保险和医疗补助系统的同时,加大对农村医疗卫生事业的投入,推进农村卫生事业的快速发展。所有公民都有享受基础医疗、卫生保健和基本教育的公平权力,中国一半的城镇居民和85%的农村人口都没有购买任何形式的医疗保险,所以,建立一个广泛的医疗保险和医疗补助系统将是很有必要的,这将能扩大城镇职工的基础医疗保险范围;同时建立覆盖全部农村居民的农村医疗保险系统,从而保证城乡居民享受到公平的基础医疗服务。城镇医疗补助系统需要特别关注无劳动能力者、自然灾害的受害者、城镇流浪者和失业人员。除了医疗援助以外,政府也要不断提倡资源医疗补助,包括医生和医院对贫困人口的帮助,减少诊断和治疗费用,尽量开一些便宜有效的药等等一些措施。

在此基础上,坚持优先权的原则,还要加大农村卫生服务投入,这意味着要将有效的卫生资源更大比例地投入到人口众多的、社会卫生资源严

---

① 参见李锦顺:《我国城乡平等发展阶段建立和谐社会的政策选择》,载《统计与决策》,2005年第2期。

重缺乏的农村地区，将城镇的卫生资源转向农村地区，从大医疗机构转向农村卫生机构，并鼓励社会资本投入到农村卫生服务领域，为了减少医疗服务水平的不公平性，我们要尤为关注农村地区和不发达地区的公共医疗服务的发展，提高农村卫生技术人员的业务水平。对此，加强现有技术人员的培训工作是有效的解决方法之一，但根本问题是要解决农村卫生技术人才队伍建设的机制问题。基于中国目前的医疗体系，社区卫生服务中心（农村卫生服务站）也许是最适合农村地区医疗服务配送的机构。应该考虑为提高中国农村地区全科医师和社区卫生服务中心的数量、可及度提供更多的培训和扶持，同时采取财政激烈的措施，鼓励医师在偏远地区从业。各级政府应该从个人事业发展空间以及相关福利政策等方面积极引导卫生人员在城乡间有效流动，对于医疗卫生个体从业者应该在环境建设上给予一定的政策倾斜，必要时考虑给予创业资金支持，积极引导高层次卫生服务人员到农村创业，为广大农村居民的身心健康服务。

此外，要高度重视发展农村基础教育，培育全面而自由发展的人。要从体制上废除城乡教育双轨制度，从根本上消除让优势群体优先享有教育资源的马太效应。"废除城乡教育双轨制度，给予农村教育真正的国民教育待遇，这是正义原则具体指导我国公共教育制度建设和改革的时代性要求，也是考验我国公共教育体系是否正义的基本标尺。"①

落实农村义务教育经费保障机制，加大农村教育的投入力度，改善农村办学条件。从经费保障角度看，推进义务教育均衡发展，需要根据不同地区的人均 GDP 和人均可支配收入，制定义务教育生均预算内教育事业经费的拨款标准，对于同一地区的义务教育学校，应当以在校学生数为标准，实行均等化拨款制度，确保区域内的城乡之间、学校之间获得大体相当的经费，实行义务教育经费均衡配置。但是对于城乡之间、校际之间已经存在巨大差距的现状，必须通过适当增加对于薄弱学校和农村学校的投入来实现城乡之间的均衡发展；力图将农村义务教育全面纳入公共财政保障的范围，全面免除农村义务教育阶段学生学杂费，合理配置城乡教育资源。建立完善各级政府责任明确、财政分级投入、经费稳定增长、管理以县为主的农村义务教育管理体制，逐步形成保障有力的义务教育长效机制②。

实施规范的教师轮岗制度。城乡教师资源均衡发展是城乡教育公平的

---

① 王本路：《消除双轨制：我国农村教育改革的伦理诉求》，http://www.ccrs.org.cn。
② 金人庆：《大力支持社会主义新农村建设》，载《人民日报》，2006年3月3日。

基本前提和基础。因此，城乡范围内各级教育行政部门要加强农村学校教师队伍建设，建立起人才培养与流动的优化机制，在城镇学校与农村学校之间实行校长和骨干教师的定期相互轮岗制度，促进城乡教师资源的均衡发展。事实上，在一些国家，教师轮岗已成为国家法律，如日本公立学校的教师在同一所学校连续工作一般是 3—5 年，最多不超过 10 年，校长的任期也只有 2 年，届时便要调到同一地区的其他学校去任教，以实现校际之间的交流。从我国目前的状况来看，一方面，教师轮岗尚存在诸多的问题，比如城市的教师到了农村的学校很多教不好或者教不了，而农村的好教师到城市被相中，又不愿意再回去，在一定程度上造成了农村优秀教师的流失；另一方面，教师轮岗还没有在全国范围内普遍展开，也没有成文的规章制度可循。所以，当务之急是要制定规范的教师轮岗制度，加快各项配套的硬件设施建设（如教师轮岗期间的住宿设施），从而保障师资在城乡不同学校之间的有效协调，从而保障了农村教育质量的提高。

特别要关注移居孩子的教育。农村移居孩子的上学问题应该放到政策层面上，消除这些孩子所遭受的歧视，使他们能够融入整个社会中去。我们需要增加教育财政拨款，提供义务教育资金来保障城市中农村移居孩子的义务教育。当前，最好的办法就是对农村移居孩子设立特殊学校，以此来保证孩子的教育；同时，尽量将学校建在郊区，便于孩子的上学。

3. 注重从性别的角度制定社会政策，维护妇女的合法发展权益

首先，政府应将社会性别平等意识纳入决策主流。作为国际劳工组织的成员国、《消除对妇女一切形式歧视公约》的缔约国、联合国第四次世界妇女大会的东道国，我国政府应极倡导符合时代特征和国际社会要求的新型性别平等观，充分将性别平等纳入宏观经济社会决策的主流，打破习以为常的传统角色定性，有目的分阶段地消除对妇女一切形式的歧视，促进男女两性平等地承担社会和家庭责任，保障男女平等地享受就业、教育、参政权利。

其次，政府应更多地承担起促进有家庭责任的男女职工平等就业和女职工劳动保护的责任。通过政策和财政支持，解决女性就业难的问题；针对中国劳动就业领域中对妇女过度保护依然存在，从而使妇女就业机会日益减少的问题，如：将妇女的"四期"保护等同于劳动禁忌拒收女工；将普通体力劳动等同于"四级以上"体力劳动拒收女工；将野外作业等同于重体力劳动拒收女工；将孕期哺乳期的妇女不能上夜班扩展为女职工都不宜上夜班拒收女工；不分井下条件、岗位和女工的愿望一律禁止女工从事

井下工作等。应当尽快研究出哪些是"不适合女工的岗位",降低女性就业的限制,保障和促进女性平等就业的权利和机会;为所有有家庭责任的男女职工,而不仅仅为女职工创造生育保障和母婴保护条件;鼓励和支持男子承担家庭和照顾责任,为丈夫休陪护假(产假)创造条件、开辟空间。

再次,提高女性决策者的数量和地位,维护妇女参政议政的权益。妇女在司法、行政和信息管理领域获得高职位的机会还不多,但是只要充分发挥她们的资质能力,女性完全可以愉快胜任。最关键的问题是,如何才能建立提高妇女参政地位的政治压力?首先应该提高女性决策者的数量和地位。由于群体意识和特殊的生命特征,女性决策者更能够作为女性群体的代言人,在公共政策的形成中敏锐地发现被男性决策者忽略的性别问题,表达女性的诉求,争取女性的利益,维护两性发展机会均等。因此,性别意识的主流要求从数量上增加女性决策者的比重。同时,女性即使进入了决策圈,还有一个权力大小和影响力强弱的问题。一般而言,正职比副职、权力要害部门比普通部门的权利大、影响力强,而现实状况是女性领导者基本上是正职少,副职多;在权利要害部门任职少,在普通部门任职多,处在权利层的边缘,在维护本群体利益时出现"心有余而力不足"的尴尬局面。因此,性别意识的主流化还要求改变女性在决策层被边缘化的现状,让她们参与到核心层,在决策讨论和制定中真正发挥作用[①]。

同时,要与时俱进,努力推进女性教育的创新和发展,促进男女平等。在"终身教育"、"教育发展机会平等"等理论支持下,应当将女性教育问题与当代教育的发展趋向融合起来,对女性教育问题的研究应具有开放性的态度,与时俱进,努力推进女性教育的创新和发展。关于女性高等教育,除了对高等教育女性比例提出一定要求外,还应提高女性的平均受教育年限。与此同时,培养女性的知识创新能力、社会适应能力、人文素养和科学精神的问题也应该引起全社会的关注和支持。尤其是应该加大社会办学的力度,这样才可能使中国女性的平均受教育年限得到提升。针对女性的特殊需求,不仅应重视正规教育体系中的男女平等,而且需要更多地重视扫盲教育、文化补习、成人学历教育、职业培训、知识普及教育等相互交错的、适应不同层次、不同需求人群的非正规教育体系,它们将在推动女

---

① 参见尹旦萍:《新农村建设公共政策的社会性别分析——兼论社会性别主流化的实现途径》,见谭琳、姜秀花主编:《妇女/性别理论与实践》,社会科学文献出版社2009年版,192—193页。

性获取发展机会、增强女性对自身价值的认同、改变传统性别观念方面发挥重要的作用。教育应当给予女性更多关注,如果教育既实现了量的扩展,又实现了质的飞跃,那么它就能够成为提高女性社会地位,促进男女两性和谐发展的积极因素。①

此外,要加强对性别公平问题的调查研究与统计。现实中,女性遭遇的许多不公平问题和困境,都需要公共政策的积极干预才能解决。但目前很多问题或只是媒体的呼吁,或停留于对现象的简单陈述,或是出于人道的感慨,缺少在大量取样调查和规范研究的基础上得出的严谨结论,没有强劲的说服力,无法引起政策决策者的关注。因此,加强对现实社会性别公平问题的调查和研究,以研究推动决策,也是促进两性机会平等的重要渠道。与此同时,在创造条件的可能下,建立社会性别数据统计国家机制,使社会性别统计和信息发布制度化。在我国,特别是内地的社会数据统计中较少有社会性别区分和社会性别统计。然而,社会性别数据可以帮助决策者增进对我国两性公平情况的了解,为法规、政策的制定提供有效的依据。同时,检测妇女发展状况和趋势,也能够作为政策评估指标的依据,为公共政策的修改提供真实可靠的统计数据库和评估资料。因此,我们要建立社会性别统计常规机制,使性别数据的收集和公布制度化,以利于两性公平策略在政策范畴内的有效推进与发展。

总之,正如乔·萨托利所说,平等"是我们所有理想中最不知足的一个理想。其他种种努力都有可能达到一个饱和点,但是追求平等的历程几乎没有终点"②。在中国,机会平等还处于起步阶段。因此,我们既不能以中国社会发展的特殊性问题而拒绝机会平等所具有的普遍性价值,又不能在强调人类社会发展的共同性基础时忽视中国社会发展的实际条件,而应该在现实的社会实践发展过程中积极稳妥地推进机会平等的广泛实现。

(八)努力提升人的自由选择空间

诚然,我国的经济、科技、文化等的发展为我国居民的自由选择提供了广泛的空间,但是不可否认,我国居民在自由选择方面的发展尚存在有待完善的地方,因此,需要政府和居民共同努力以提高我国居民的自由选择空间。

---

① 参见汪忠杰:《当代中国女性教育差异问题研究》,载《武汉科技大学学报》(社会科学版),2009年第4期。

② [美]乔·萨托利:《民主新论》,冯克利、阎克文译,东方出版社1998年版,第380页。

1. 通过多种途径增加我国居民的自由闲暇时间，提升闲暇活动质量

闲暇时间的多少和利用结构是影响居民自身自由选择及发展的重要因素。从总体上看，我国居民的闲暇时间有明显增加，但闲暇时间数量与闲暇活动质量相比，后者是薄弱环节。可以说，我们的闲暇时间还处于一种"放任自流"的时期。闲暇活动单调、活动种类不丰富、趣味不高雅、时间分配不合理等等仍是当前存在的主要问题。另外，活动场所投入不足也限制了居民的闲暇生活。因此，我国政府一方面应通过多种途径进一步增加居民的自由闲暇时间，引导居民进行多种闲暇活动。另一方面应该进一步培养居民多种闲暇活动兴趣，通过适当增加公共财政在居民闲暇领域的投入，例如以社区为中心，增加社区内公共休闲场所的面积，丰富休闲娱乐设施；划出专门的场地用以修建体育场、公园，发展旅游业等，为人们提供更多的闲暇娱乐场所，帮助居民改变原有的消费观念，创造一个很好的闲暇消费环境，刺激居民的闲暇消费，以提高居民的闲暇质量。此外，提高居民的闲暇质量，还应大力推行休闲教育，提高居民的闲暇观念素养。这时候就需要政府、社会及学者对闲暇进行研究，就需要有专业性的休闲研究工作予以支持。政府通过提供必要的资金、设施等对其予以支持，而研究所搜集和积累居民休闲时间安排、休闲活动、休闲消费以及生活休闲产品的供给等方面的资料，则可以为政府制定合理的休闲政策提供参考，同时也可以通过多种活动提高我国居民的自由闲暇质量。

2. 促进社会成员有序、合理的流动，扩大居民职业变动的自由选择

一般而言，一个社会的流动程度越高，就越意味着能够为社会成员提供更多的自由发展机会和希望。社会流动可以克服人的自身局限、地域局限、职业局限和社会关系局限，为人的全面发展创造条件。然而，当前我国社会流动仍然受制于社会转型和体制转轨，带有明显的转型特点，还没有形成一个合理、公平、开放的社会流动模式。研究表明，当代中国社会流动打上了明显的体制转轨烙印，制度和政策安排对社会流动的作用相当显著，在有的阶段甚至左右着社会流动。实践证明，市场经济的发展，以及劳动力资源的合理定价和优化配置，需要以人口的迁徙自由来保证。事实上，在美国，每年有近20％的人口在迁徙，各类技术人才和大批年轻劳动力资源不断地自由流动，是美国能够保持经济优势的重要原因；在日本，这一比例是20％；在法国、德国、瑞典等多家每年的人口迁徙率也超过10％，而中国至今也只有0.5％—3％。这就要求我们要打破分割地区、部门和城乡的户籍藩篱，形成平等、竞争、尊重个人选择的人口迁移制度，

进一步改革劳动人事和户籍管理制度，建立统一、规范的劳动力市场体系，促进劳动力在城乡之间、地区之间的有序流动。现在，对关键行业的计划垄断、城乡二元体制、体制内外分割等计划体制仍在影响着社会的合理、公正流动，阻碍着我国人的自由选择和发展。在未来相当长的一段时间内，仍然需要采用新的政策、构建新的体制来促进体制转轨。因此，制定合理的、有效的社会政策，促进社会体制转轨时期社会流动的有序、合理进行，对促进人的全面发展仍然具有重要意义。

（九）整合社会资源，不断提升人的主观幸福水平

作为人的全面发展重要组成部分的主观幸福感已成为人们越来越关注的话题，它对提升国人全面发展的重要性也越来越为人们所重视。实际上，提高人民的幸福度也已成为我国最高决策层的执政理念，在某种程度上，主观幸福指数体现的便是一种追求人民幸福的执政理念。可以说，不断提高人的主观幸福感水平，应成为各级决策者的指导思想和实际行动。本书在调查研究的基础上，对提高人的主观幸福感提出以下粗浅建议。

1. 在居民绝对收入提高的前提下，采取提高大部分人的相对收入的政策，提升居民知足充裕满足感

由于在绝对收入达到一定水平之前，收入水平和居民主观幸福感具有一定的正相关关系，因此在一定时期内我国仍需进一步提高居民的绝对收入。从这个角度而言，发展经济与促进国民主观幸福是一致的。研究表明，由于绝对收入的提高并不总是会提高居民主观幸福感，而且在收入达到临界值之后，两者的正相关关系削弱或消失，这就提醒我们，经济增长本身并不是目的，而只是提高居民主观幸福感的一种手段，如果这种手段被证明是效率低下的，则需要反思我们的政策取向；由于参照物对居民主观幸福有着重要影响，居民对自身收入的知足充裕满足程度往往受到相对收入的影响。因此，对于政府来说，提高人们的相对收入或许比提高绝对收入更能够有效地提高居民知足充裕满足感。如果相对收入取决于个人收入与社会整体收入水平的对比，则从整个社会的角度来看，不可能提高所有人的相对收入。但是由于整个社会中收入高于平均水平的人所占比例远远低于收入低于平均水平的人的比例，因此，我们可以使大部分人的相对收入提高，而只是以少部分人的相对收入下降为代价。这种结果并不一定要通过"劫富济贫"才能实现，只需要在增量经济中使低收入阶层获得的份额比以前有所增加就可以了，因此，政府可以通过改变增量经济的再分配实现提高居民绝对收入的同时也提高居民总体的相对收入，以实现更多居民

幸福感水平的提升。当然，这也就与我们前面所强调的采取收入分配公平政策相一致。只是此处所强调的提升并不仅仅来自于低收入阶层相对收入的提升，而且可能来自于高收入阶层对社会不稳定的恐惧感的减少。

2. 全面推进健康教育工作，强化居民的健康自我维护理念

在疾病发生率和医疗费用持续增长、现有国家医疗保障体系完善尚需时日的形势下，健康教育能够改变居民的健康观念，提高居民的健康意识，能够有效减少疾病的发生，并能使居民自我医疗行为更加规范，更具科学性，这也是提高医疗保障、减少医疗费用开支的重要途径。因此，在提升国民主观幸福的过程中，应当加强健康教育的促进和推广，大力提高居民的健康自我维护意识，以抵抗一般性的感冒和传染病，预防某些严重疾病，提升居民对自身健康状况的满意度并降低居民对自己所享受医疗保障的依赖度和不满意度。

推进健康教育工作制度化，保障健康教育促进活动落实到位。要制定相应的制度及管理规定，把推进城乡居民教育工作制度化、经常化，尤其把举办健康教育活动作为各级社区、村委会的一项重要的、经常性的工作。各级社区、村委会只有适时地结合季节、气候变化，社会政治、经济和文化变迁以及居民人口分布和居住环境等特点，恰如其分地选择教育主题，才能提高居民对该活动的关注度，有效地扩大健康教育促进活动在居民中的知晓率，提高居民们的参与热情。与此同时，各级卫生行政部门应该在经费、人员等资源上给予必要的保障，切实保证健康教育促进制度的有效落实。

积极引导居民健康行为，促进城乡居民对健康教育活动的关注和参与。健康教育促进活动的目的是要改变城乡居民的健康理念，教育和培养国民形成健康的生活习惯、运动习惯和工作习惯，进而影响城乡居民的身心健康。因此，健康教育促进活动一定要有很强的针对性。

完善自我医疗配套制度，提高居民自我医疗能力。应加强居民自我医疗相关配套制度、设施建设。应该进一步完善居民实施自我医疗的相关配套设施、制度建设，合理布局零售药店并配套相应的保险保障制度，在方便居民自我购药的同时，极大限度地降低居民自我医疗用药的经济负担。要加强对零售药店经营行为的规范管理，完善非处方药的销售管理制度，切实规范药品说明书内容的书写要求。要加强非处方药销售人员职业道德规范建设，严格落实注册药师坐诊制度。对于非处方药的宣传广告，应该制定强有力的法律来规范媒体的行为，使广告能够如实地宣传非处方药的

疗效，使民众以准确的信息来指导自我的药疗行为。建立健全包括中医、中药、健身、保健、足疗、健康饮食、体育、旅游和文化活动在内的健康产业和健康服务体系，引导国民把维护自身健康作为应当承担的社会责任。

3. 加强心理健康教育与服务工作，促进国民身心健康

加强国民心理健康服务工作，是促进国民身心健康和全面发展的重要保障，也是提升居民主观幸福的有效举措。随着经济社会深刻变革、社会竞争加剧、人们生活节奏加快、压力增大，普及心理卫生知识、增加心理训练内容、提高国民心理承受能力、降低心理疾病发生的可能性、发挥心理门诊作用等心理服务内容，也逐渐走入了公众的视野。当前，实施国民心理健康援助计划，其核心技术即为国民提供较为全面的心理咨询、辅导和治疗。为了保证心理咨询、辅导等的效果，为此应：（1）结合国情大力普及心理科普知识。当前，在我国普及心理科学知识显得尤其必要。例如各级心理学的学术团体、卫生医疗机构，向群众大力宣传心理科普知识，编写常见心理问题的科普书籍。一些科普期刊、都市报刊等要适当开设心理学科普栏目，多渠道、多方位地普及心理学知识，提高人民群众应对心理问题的能力。此外，普及心理学知识还需要结合我国的国情。有着数千年文明的祖国医学——中医，也有自己的心理学研究内容，较之西方心理学治疗方法有着诸多优势，也是符合国人认知心理习惯的。所以，开展心理学知识普及，不能一味的宣扬西方的心理学思想、方法，结合中医心理学思想将更有事半功倍的效果。（2）应增加研究型的心理咨询服务。不是以心理咨询为职业的一些研究型心理学专业人才，可以通过适当途径开展义务免费的心理咨询服务。以提高非盈利性心理咨询服务的比例。例如，对心理学适当专业（如应用心理学）的人才，要求向社会义务提供一定数量和质量的心理咨询服务（义工时间）才能晋升更高一级的职称，心理学专业的大学生需要积极参与心理学的社会服务活动（义工时间），作为学分必修的项目。此外，各级心理学的学术团体要切实发挥自己的作用，将心理学积极地服务于社会，普及心理学知识，为构建和谐的社会尽一份力。非盈利型心理咨询服务的优点在于：发挥了我国心理学界最权威的力量为民服务，提高心理咨询在人民群众心中的良好声誉，增加了心理学研究与实践结合的机会，反过来促进了我国心理学的健康发展。（3）严格心理咨询师的培训认证及管理监督。一是提高心理咨询师入行门槛。例如仅允许心理学及医学相关专业的本科毕业生参与心理咨询员的认证；获取心理咨询师初级的，要求有心理学及医学相关专业硕士学位及至少半年的实习期，

高级心理咨询师应要求有心理学及医学相关专业的博士学位。二是规范心理咨询师的培训机构，将培训机构和权利交付具有相关实力的高校、研究所等进行，将心理咨询作为一门更加高级的心理学专业必修课。学习时间和实习时间要有严格的规定。三是严格考核发证制度。可以仿照我国现行的医师资格证的模式进行，申请职业资格证者需要经过相关考试，并要有相应的心理学专业的学术成果（如论文、专著等）才可以申请。对申请成立心理咨询诊所的要有相关法规出现。四是制定相应的"心理咨询师"法，明确心理咨询师的职责，出现过失时相应的法律责任，且有必要规范收费标准[①]。

4. 积极完善社会诚信的法制体系，培育和弘扬社会诚信伦理规范，强化公民个体诚信美德

人是社会的产物，只有在一个合乎人性的社会环境中，人际交往才得以健康发展，社会认同才得以实现，人们才得以幸福生活。社会伦理环境是个体主观幸福得以实现的基础，在一个不讲诚信的社会环境里，任何独立的诚信都很难生存和发育。据调查，对他人、企业或政府的诚信度所呈现的最低满意度表明，当前我国的信任危机是内部诚信伦理规范缺失的社会失范现象，也表明随着我国人民全面发展的不断推进，人们对诚信也提出了更高的要求。因此，化解当前的信任危机，提高全面的主观幸福度则需要我们从提高全社会诚信度入手，建立社会诚信的法律体系，积极培育和弘扬社会诚信伦理规范，强化公民个体诚信美德。

第一，建立社会诚信的法制体系。加强制度供给，建立完善的市场规范和诚信法制体系，为诚信建设提供外在的保障，是我们建设诚信社会的首要条件，也是提高国人主观幸福度的重要内容之一。为此，需要我们明晰产权制度，完善市场机制以形成市场信用关系和信用意识的基础；健全诚信法律体系，加强信用管理立法，完善经济信用立法，加大信用法律的执法力度，严格执法，提高审判效率，确保惩治力度；逐步建立信用等级制度；提高失信的惩罚标准，增大失信者的利益成本；建立公开批评制度，在完善个人和企业的信用记录制度的基础上，对情节较恶劣的失信者，在法律允许的范围内在媒体曝光和进行公开批评和谴责，增大失信者的道德成本；改革干部任免制度，将干部的提拔与人民的选举和监督相结合，干

---

① 参见阮鹏：《我国心理咨询服务来源与发展分析》，载《中国医学伦理学》，2008年第2期。

部的考核也要与信用记录和信用档案结合起来；对于有失信记录的公民提拔要十分谨慎；对于弄虚作假、欺上压下、不守诚信的干部应坚决降职或免职，增大违信的政治成本。通过这些措施，形成对失信行为的惩罚机制，增大失信行为的代价和成本。

第二，培育和弘扬社会诚信伦理规范。培育和弘扬市场主体的诚信伦理精神，强化人们的诚信意识和诚信理念，是社会诚信建设中不可或缺的重要部分，对提高国民经济参与中的主观安全感具有重要的意义。我们应着重加强培育公民守法精神，强化诚信伦理规范，让诚实守信成为现代社会的一种占主导地位的价值观念，并自觉贯彻到社会和经济生活的各个环节，成为社会上大多数人所认同和遵守的行为准则。这样失信者不仅受到法律的制裁，而且受到社会伦理的规范。与此同时，还应加强诚信职业道德建设，营造成新的社会氛围。在诚信职业道德建设中，不仅要加强政府诚信建设，让政府和领导在建设诚信社会的过程中起到带头和示范作用，还要加强企业管理经营者和商业从业人员的职业道德教育，尽快克服和扭转经济和商业活动中的失信违约、弄虚作假、坑蒙拐骗等现象，在全社会形成合法经营、诚实守信的良好氛围。还要加强重点行业的诚信道德教育，对一些重要的行业和部门如会计、评估、监管和司法等从业人员，推行职业资格考试和从业准入制度，并加强职业道德教育和培训，提高这些从业人员的职业道德和诚信意识。此外，在社会诚信建设中，我们还应充分发挥政府的主导作用和媒体的宣传力量，利用各种有效载体，采用广泛有效的教育形式，不断增强诚信教育的感召力和渗透力，努力营造一种诚信光荣、失信可耻的社会氛围，强化人们的诚信意识，创造有利于诚信生长的人文环境。

第三，强化公民个体诚信美德。如果说国家法制和社会伦理是维护社会诚信的第一道和第二道防线的话，那么个体诚信美德则是维系社会诚信的第三道防线，它是一道自我约束，也是最后一道内在的防线。为此，在尊重道德教化规律的同时，需要采取切实可行的措施唤醒耻感意识；努力挖掘和利用传统诚信道德精华，让人们在现实生活中通过自身道德修炼，提升境界、完善人格，在社会生活中自发地产生诚信行为；还要注重抓好诚信的基础性道德教育。应在中小学开设诚信道德教育课程，也可考虑在大学的有关系科和专业，开设与国际接轨的信用管理课程，为社会的诚信制度建设提供所需要的专门人才；同时将学校教育与家庭教育、社会教育相结合，促使诚信成为人们的基本德性。

5. 发展社区服务网络，促进邻里间的和睦相处

随着改革的深入，人们居住环境的改变，特别是一些新住宅区，住户之间的差异特别大，加上住房结构、防人心理机制的存在，邻居关系似乎越来越淡漠。社区建设、社会服务业的发展和不愿意欠人情的心理，导致向邻居求助的意愿减弱，邻里互助功能减弱。为此，首先，应加强社区公共空间建设，创造良好的社区交往环境。这是构建和谐人际关系的物质保障。在城市社区的规划与设计上，应加强有助于鼓励居民之间交往的公共空间环境的建设，如社区内的文化场馆、中心广场、草地、体育设施等，这些是社区居民人际交往的必备场所，有利于居民社交礼仪的教育、感情的沟通，形成强烈的社区认同感。从这个意义上讲，和谐的社区人际关系的构建具有非常现实、具体的内容。其次，应推动和谐社区文化建设，这是构建和谐社区人际关系的精神保障。著名社会学家费孝通认为，如果现代化是在当今世界人际关系的新发展，那么也可以认为应当是一个"文化自觉"的过程，即人类从相互交往中获得对自己和"异己"的认识，创造文化上的兼容并包、和平共处局面的过程。在日益激烈的市场竞争和日益增大的工作压力下，人们渴望找到慰藉，寻找到可供休憩的精神家园。丰富多彩、形式多样的社会文化活动不仅可以沟通社区成员间的感情，进一步改善人际关系，而且还可以减轻社区居民的生活压力，促进人际关系认同感的升华；此外，还应开展多种形式的社区活动，吸引居民参与，促进人际互动。仅有交往的场所还是不够的，还必须为社区居民创造共同活动的机会，建立居民之间的情感网络，以消除城市生活的封闭性带来的隔离感。开展社区活动最重要的一条原则就是形式多样化。社区居民的年龄结构、职业结构、兴趣爱好等方面都差异很大，如果所开展的活动单一化，就不能满足各类社区成员的需要，也会减弱活动的吸引力，难以调动社区成员的参与积极性。在对完整掌握社区成员情况的前提下，开展多种形式的社区活动，满足社区各类群体的需要，使活动的开展能收到实效，受到社区成员的欢迎。如：结合各种节日举办不同主题的活动，儿童节的少儿活动、重阳节的老人活动等；又如：根据现代人交往手段现代化的特点，创办社区网页，在网上开展宣传、交流活动等。另外，还可以结合社区的实际和条件，组建各种社区活动团体，使活动的开展更有群众基础，也更有持续性。总之，通过种种有效措施进行社区管理，增进社会成员的感情交流，构建和谐的社区人际关系。

6. 采取积极策略，加强相关制度改革，全面提升人的自我实现成就感

个人是否幸福和在工作中所获得的自我实现成就感休戚相关。在工作中，人可以获得报酬从而满足衣食需要，也可以通过与人交往，创造价值而获得尊重与满足，所以提升工作中的自我实现成就已经成为了个人幸福的重要内容，根据对自我实现成就感影响因素的分析，我们认为，可以从以下几个方面来提升我国人民的主观幸福。

强调自主意识，打造自主工作个体或群体。许多研究发现，工作自主程度可以增加员工的自我实现成就感，例如，当人从事与自身兴趣、爱好相符合的职业时，会有更好的工作满意度并且会表现出很强的工作热情与能力。另一方面，在工作中，当个体能根据工作的需要，在合理的范围内可以作出一切必要的决定，如在哪里工作，工作时间多长，和谁一起完成这项工作等，这就增强了个体的控制感。上级不再干预个体工作自主意识的发挥，而是作为资源提供者在个体或群体需要时提供帮助，并对其进行培训，重要的是领导由个体或群体自己选出，必要时个体或群体还可以罢免，这样的个体或群体在工作中生产能力和工作满意度都将很高。

健康的物理工作环境。所处工作环境对国人自我实现成就感也会产生很大的影响。不良的空气质量、不够舒适的办公用具，均会产生某种消极影响。因此有必要对工作的物理环境加以改善，以达到提升国人工作满意度的目的。

合理的工作负荷。在现实的工作中，国人需要承担较重的工作负荷，倘若工作负荷过重，则会给其主观幸福感带来不利影响。事实上，在理想的工作负荷水平下，人们的状态最佳，心情平静，并具有创造性；而当工作负荷过重则会使人产生紧张感、失眠、易怒等症状，并出现差错。因此，政府有关部门首先应当督促企业对有关的业务流程进行合理优化，并注重培养国人良好的时间管理习惯，减少重复性的且无创造价值的工作。

加强薪酬晋升制改革。有关如何让员工快乐的研究已经获得了许多成果，有专家建议在以下三个方面下工夫："第一，为员工创造良好的物理工作环境，并提供合理的薪资；第二，改变薪酬的发放方式，在保持薪酬总体水平不变的情况下，尽可能让员工体会更多的快乐；第三，提高工作需要和员工积极性格特质的匹配程度……在改变薪酬发放方式方面有所举措。比如，与其一年只发一次年终奖，不如在奖金总额不变的前提下拆成季度奖。不要总是以现金形式对员工给予奖励，要以等额的资金购买员工平时根本不舍得破费，但又十分想要得到的商品或服务奖励员工。在以实物奖励员工的时候，确定一种实物即可，而不要让他们选择。……让工作变得更有意义；对于过于简单的工作，要增加工作的内容，或让员工轮岗；对员工的表现要给予及时而准确的反馈；在招聘的时候不仅仅要考虑员工知识技能与工作的匹配程度，还要考虑员工的积极性格特质与工作特性的匹配程度。"①

7. 遏制利用不正当手段获得收入的恶劣社会风气，维护居民心态平衡，提升社会信心

在社会发展过程中，"我们特别应当注意两种可能出现的不良发展模式：一是在物质财富迅速积累的同时，出现了整体的价值迷失和精神空虚。二是在经济高速增长的同时，因发展中的种种不平衡而导致民众对执政力量的离心离德，社会矛盾激化，从而引发社会动荡，使发展受阻。"② 其中，利用各种不正当手段获得收入的恶劣社会风气对我国城市居民的心态平衡、社会信心影响尤其重大。所以，要加快人的全面发展，使居民更幸福，就应当继续加大对这些问题的解决力度。

改革的核心是人民的利益，因此，在调整各种利益关系，弥补社会发展裂痕的过程中，还要注重营造高效的矛盾疏导系统，建立敏锐的社会预警系统。政府必须大力健全矛盾疏导的工作机制，维护社会稳定。建立信访工作责任制，综合运用政策、法律、经济、行政等手段和教育、协商、调节等方式，依法及时合理地处理群众面临的问题。没有社会矛盾、社会冲突的社会是没有的，关键是当社会矛盾、社会冲突出现之后，政府能不能合理地运用制度、规范、机构的力量进行调节，将其弱化、缓和，不使其激化。例如，当前政府的工作重点就应当向一些难点、热点问题倾斜，集中力量解决一些民众非常关心，社会影响非常严重的社会问题和矛盾，如收入差距过大、腐败、下岗失业和就业等问题。这就要求政府尽快构建具备舆情汇集、智能分析等功能的预警系统，以便及时发现公共卫生、社会治安等社会不稳定因素的征兆，提前向相关部门发出警示，并提供解决问题的初步方案与对策，提高保障公共安全和处置突发事件的能力。

8. 齐心协力，共创共享幸福美满的婚恋与家庭

婚恋家庭生活是人生幸福的基石和源泉。我们的研究结果显示，从总体上看，我国城市居民已婚者比未婚者、离异者、丧偶者、分居者等具有较高的主观幸福水平。这一结论显然是对"婚姻生活是不幸的开始"的有

---

① 奚恺元、王佳艺、陈景秋：《撬动幸福》，中信出版社2008年版，227页。
② 邢占军：《幸福指数与社会决策》，载《中国职工教育》，2008年第5期。

力反驳。与此同时，婚姻质量不高的现状也应引起高度重视，虽然这不是我国婚恋家庭的主流，但已成为社会问题，不容忽视。因此，齐心协力，共创共享幸福美满的婚恋与家庭，可以从如下几个方面加以完善：

创建文明健康的婚姻家庭文化。应大力提倡传统文化中的尊老、爱幼、忠贞、责任、忍让等良好的家庭价值观念和美德；通过各种舆论工具，大力宣传健康向上的择偶观、婚恋观和对家庭的责任心，鞭挞各种不道德行为；在加强社会主流文化价值观的倡导与舆论宣传、运用传统道德力量规范婚姻家庭行为的同时，要解放思想，合理吸纳具有进步意义的现代观念，增强在婚姻家庭问题上的社会宽容度，既弘扬传统美德，又促进家庭和睦，从而提升人民幸福水平。

加大对婚姻家庭领域的社会调查与研究力度。高度重视婚恋家庭幸福感在主观幸福水平提升中的作用，加大对该领域的社会调查与研究力度。以妇联为主，整合有关高校、科研院所力量，集中调查研究目前普遍出现在该领域的一些新问题和趋势，如问题家庭多样化、婚姻解体、不婚族、家庭暴力以及老年再婚障碍等，探寻原因，对症下药。在此基础上，还可结合主观幸福度调查，开展专题讨论，利用互联网等多种媒介，广泛征询市民意见，达成共识，从而形成健康、宽松的舆论氛围。

成立婚姻家庭咨询指导服务机构。充分发挥社会科学界婚姻家庭研究领域单位、机构的作用，以婚姻家庭研究领域的专家、学者为骨干力量，成立服务机构，通过讲座、咨询、热线服务、资料发放等形式，开展法律、性知识、心理辅导、家庭教育、家庭人际关系相处技巧等的指导和服务。婚姻家庭咨询指导服务可以通过项目向政府申请专项拨款或服务补偿获取经费支持，服务人员可以通过争取事业编制、聘用兼职人员、巾帼志愿者等组成。服务机构应设在各级基层，尤其应在社区成立机构或开展活动①。

充分发挥街道社区作用，加强对单身家庭和空巢家庭的社会关心。可定期在社区组织单身联谊、交友活动，为其寻找配偶提供机会；组织单亲家庭开展社会公益、文体等活动，以扩大其生活领域，形成良好的人际关系和健康的心理品质；应对空巢家庭的老人给以更多的关心与帮助，在加强对他们的生活服务、物质扶持的同时，重视其精神赡养，将共青团、妇联等组织开展的敲门送温暖、上门送体贴等活动坚持下去。同时，尝试建立"智力养老院"，组织有一技之长的老人，为社会提供力所能及的专业服

---

① 参见谷秀峰：《当代中国婚姻家庭现状与对策》，载《黑龙江史志》，2007年第10期。

务，使他们可继续发挥余热。针对单身家庭、空巢家庭增多的趋势，在有条件的地方，应建立对其实施全套社会服务的体系，以解除这类家庭成员生活中遇到的实际困难[①]。

---

① 参见李炜：《2005—2006 青岛市家庭婚姻现状与趋势》，见任银睦、孔庆峒：《青岛市经济社会发展蓝皮书 2006》，中国海洋大学出版社 2006 年版，第 266—275 页。

结语 评价与展望

本部分是对整个研究的系统总结，在说明本研究的特色与创新的基础上，分析指出研究中所存在的问题与不足，并对今后的研究作以展望。

一、特色与创新

首先，在研究范式上，实现了人的全面发展从理论向实践的研究范式转换。以往关于人的全面发展研究一个明显的特点是，重理论、轻实证。在有关人的全面发展研究过程中，研究者们往往倾向于对人的全面发展进行定性研究，而对人的全面发展相关定量研究在方法、思路和具体操作方面，缺乏较深层次的探讨。为此，本研究认为，定性和定量研究的有效结合，实现从理论到实践的研究范式的转化，是进一步深化人的全面发展研究的新的切入点。事实上，对人的全面发展相关理论进行深层次的探讨，并在此基础上形成明晰的人的全面发展指标体系，是对人的全面发展理论的进一步深化。当然具体的定量分析，往往是在深入理论探讨的基础上进行的。本研究认为，迄今为止对人的全面发展研究所积累的理论成果，以及相关发展指标研究所积累的经验材料，已经为这种整合提供了条件。为此，在论文的第一、二部分，通过对以往相关人的发展的指标研究和人的全面发展的研究成果的系统梳理，本研究提出了和谐论人的全面发展理论，并进而提出了和谐论人的全面发展指标体系的研究思路。和谐论人的全面发展研究强调，人的全面发展，应是一种人的内在能力、发展机会、自由选择与外在客观经济、政治、社会、文化、自然以及人自身主观世界的和谐发展。它既同人们生活的客观条件密切相关，又体现了人们各种能力、机会、选择的内在发展需求和价值。人的全面发展正是由这些因素共同作用而产生的主体对自身存在和发展状况的一种积极的完善。为了避免对人的全面发展指标体系研究的空洞性和抽象性，本研究还提出要将其与中国人的全面发展的现实目标相结合。

其次,编制了一套衡量我国人的全面发展的指标体系。在报告的第三部分,本研究尝试编制出了一套人的全面发展指标体系。具体来说,整个指标体系由外在条件和内在素质以及主观幸福感受这三个具体目标范畴构成,包括 9 个一级指标、32 个二级指标和 161 个三级指标。其中包含的 9 个一级指标,分别强调从物质条件、社会条件、政治条件、文化条件、环境条件、能力全面、机会平等、选择自由、主观幸福等方面考察人的全面发展状况。该指标体系既可以用于我国居民人的全面发展状况的诊断,也可以用于动态地把握我国居民全面发展的总体走势,还可以作为反映我国居民发展状况的重要的指示器。在此基础上,本书还尝试性地构建了人的全面发展综合指数。需要说明的是,在选择指标时,受到指标的可比性和资料可得性的限制,一些方面的指标被略去。但就人的全面发展整体而言,由于其内容的诸多方面是相互联系的,略去的指标所反映的内容,在已有的指标中得到一定程度的反映,或者间接的反映。正因如此,构成人的全面发展综合指数的这些指标虽然还不够全面,但仍具有一定的代表性,能够在一定程度上反映人的全面发展的实际情况。事实上,通过对客观综合指数的构建,人的全面发展在某种程度上就可以通过一个单独的指标数值来衡量,从而使人的全面发展研究更具量的确定性和直观性。

第三,对我国人的全面发展客观领域进行了初步的实证分析。人的全面发展指标体系研究的一个重要目的就是,通过对我国人的全面发展这一复杂系统的状况和特征给出定量分析,由此找出存在的问题,以促进我国人的全面发展向更好的方向发展。因此,本书不仅就改革开放 30 多年来我国人的全面发展各客观领域进行了纵向比较,而且还进行了国际、国内间的横向比较,意在更好地对我国的人的全面发展状况进行客观合理的分析和评价,肯定成就,反思问题。同时,基于综合评价的需要,为克服人的全面发展各领域指标数量的复杂多样,本书在原有指标体系的基础上确立了客观综合指数的评估体系,选取了具有代表性的 5 个方面的指标,对其进行了权重分配、标准化处理,确定了具体的计算步骤,同样出于国际比较的需要在比较国的选择方面也有所斟酌。经过综合指数的计算与横向、纵向比较,阐明了改革开放以来我国人的全面发展的变化及其规律,并在与国际发达国家的比较中,反思并分析了国内发展的现状及其所面临的挑战,这为我们选择今后的发展路径提供了某些借鉴。

第四，对我国部分城市进行了主观幸福感调查分析，得出了一些具有重要参考价值的结论。本书通过对我国部分城市居民主观幸福感的调查分析，得出了一些重要的结论。研究表明，城市居民主观幸福感受在年龄、文化程度、婚姻状况、工作单位类型、收入等方面存在着组群差异，因而可以认为目前这些因素对城市居民主观幸福感具有一定的影响。各领域的幸福度分析表明：在物质发展条件相对提高的前提下，我国城市居民在知足充裕满足感方面有了更高的要求；身心健康愉悦感分析反映了我国公共卫生事业发展的软肋；自我实现成就感的追求使得人们对工作薪酬分配机制、升迁机制等方面的公平性提出了更高的要求；人际关系认同感方面，对他人、企业或政府的诚信度状况满意度最低，不满意程度最高；心态平衡自信感方面，最明显的不平衡就是对社会公共福利和享受方面的不平衡；婚恋家庭幸福感总的评价则表现出较高的满意度。对不同发展地域主观幸福感的初步分析也表明，我国各城市主观幸福感存在一定差异性，六地样本中，北京和广州的各项满意度分布差异较大，而郑州、长沙、昆明样本的分布则相对集中于中等偏上层次，从而进一步论证了城市居民主观幸福度与城市经济发展水平有着密切的关系，但并不是绝对的正相关性，体现出城市居民主观幸福感受的提升应该是一种强调经济发展但不局限于经济发展的各方面条件良性运作和协调发展的趋向。这些结论，有助于我们更好地理解和把握我国城市居民主观幸福感状况，不仅为今后对我国城市居民主观幸福感的进一步研究提供了框架，而且也有助于更深入地把握并分析影响国民主观幸福感差异的因素和方面，同时也为心理学、社会学、哲学、经济学等学科对与人的全面发展有关的幸福问题的理论创新提供了实证研究的依据。

二、问题和展望

由于时间和条件的限制以及笔者理论研究水平的有限性，本研究还存在以下问题有待今后进一步完善和深入研究：

其一，和谐论人的全面发展理论尚待进一步完善。本研究虽然提出了和谐论人的全面发展思路，但还只是作为观点提出，并没有进行深入而详尽的论证。例如，虽然提出了"人的全面发展归根到底是'作为目的本身的人类能力的发展'"、"人的全面发展也是一个主体对自身发展机会的平等获得和充分利用"、"人的全面发展还是一个不断扩大主体自由选择的过程"、"人的全面发展更应是各种能力、机会和选择的和谐发展，是发展的各种能力、机会及其选择与各种客观现实条件的和谐发展"等观点,但对这些问题并没有展开详细的论述,也没有对其中的某些概念和关系进行深入的分析。这主要因为,考虑到本研究的主旨仍为人的全面发展指标体系的编制,担心在其他方面着墨过多,会有喧宾夺主之嫌。基于同样的考虑,对人的全面发展与自由发展、人的全面发展与社会发展、人的全面发展与人的需要之间分析也没有展开。另外,本研究在对各种的现实依据的具体分析上也没有进行较为深入的剖析和探讨。毫无疑问,和谐论人的全面发展理论是否完善,会直接决定着该理论指导下的人的全面发展指标体系设计的成败,因此,仍需要对有关理论问题进行更为深入的思考和阐释。当然,任何理论的提出与完善,都必须以大量的实证研究材料为基础。和谐论人的全面发展的观点也仅为一家之言,在今后的研究工作中,首先要做的是对我国人的全面发展进行更多的实证性研究,从而为理论上的完善进行更多的实证准备。

其二,人的全面发展指标体系在具体设计上需要进一步探索。本研究所编制的由9个一级子指标所组成的当代中国人的全面发展指标体系,还只是一套初步的人的全面发展测量、评价工具,其中的某些设想还是比较粗糙的,需要继续探讨的问题还很多。例如:由于数据的限制,本文没有考虑到更多的可能影响人的全面发展的因素,人的全面发展的条件和表现还包括哪些方面?在指标和方法上怎样才能更科学地表示出来?如何更有效地认识和确定各指标之间的联系?等等。另外,本书所设计的主观幸福指标在很大程度上是围绕着城市居民来编制的,主要是考虑到乡村居民情况更为复杂,受各种条件限制,只好避繁就简。因此,本书的研究只能是探索性的,随着时代的发展,人的全面发展的内容也会不断发生变化。今后应结合我国和世界现代化发展的进程,不断对人的全面发展指标体系进行充实和完善。在更广泛的调查研究基础上,制定出切合我国实际的人的全面发展评价标准,探索较为科学系统的人的全面发展评价标准的方法。无疑,尽快编制一套能够对城乡居民都实用的主观幸福指标体系,也具有重要的现实意义。

其三,在我国人的全面发展各领域比较过程中存在的相关问题。本书对我国人的全面发展指标体系在具体的应用(如测量、评价)方面的研究还略显单薄。特别是在对人的全面发展各领域的比较研究中,由于受数据搜集方面的局限,很多数据都暂时无法获得,今后还有待进一步完善。且随着指标体系的不断修善,对人的全面发展的定量研究还可以针对某一领域进行深入分析，结合特定的评价领域和评价指标，做一些更有针对性的研究。此外，第四部分包含的两项（人的全面发展各领域的客观比较和部分城市主观幸福感的调查）研究相对独立，没有有效结合形成一体，今后的工作还需要侧重于将主观指标与客观指标进行有机耦合，做到主客观指标及其评价的内在统一，力图使评估人的全面发展的任何一个指标都是对主客观指标的聚集，主观中有客观，客观中有主观，努力实现既能反映人的全面发展的客观状况，又能反映对自身发展的主观满足程度的评价，从而增加对人的全面发展测评的解释力。对此，相关研究方法还有待进一步提升。

其四，中国城市居民主观幸福感调查分析应用方面的研究还有待深入。本书主要考虑了影响居民主观幸福的六个因素（知足充裕满足感、身心健康愉悦感、自我实现成就感、人际关系认同感、心态平衡自信感以及婚恋家庭幸福感），当然，主观幸福感并非只有这六个方面的因素，其他一些主观方面的因素也有重要的影响，如人格特征、归因方式等等都可能对其主观幸福感造成重大影响。对于这些因素的影响作用，则有待进一步研究。在实证分析上，本书主要以北京、广州、郑州、长沙、兰州、昆明六大城市为例，对我国居民的主观幸福进行了调查统计，在样本数量方面，由于实际操作的局限性，数量偏少，对六大城市主观幸福度的调查，也只发放了不到750份的问卷，理想的情况下应该进行比较大规模的调查。今后还应搜集更多城市的资料，在全国范围内对我国居民主观幸福进行综合评价和比较分析。同时，本书对调查统计后的一些结论、现象的原因还不能作出肯定的解释，对于这些现象还有待于进一步深入分析。

至此，本书对人的全面发展指标体系的研究暂告一段落。在此，有必要说明的是，"天地之间，莫贵于人"、"民惟邦本，本固邦宁"。60多年前的共和国百业待兴，百事待举；60多年后的共和国千帆竞发、万象更新。而对于本书所作的尝试及得出的结论，尚需进一步完善，且有待于假以时日考验，笔者不敢企求能够就此解决人的全面发展指标体系研究中所面临的所有问题，但这毕竟已经是一个开端。笔者愿意在随后的科研工作中，在众多前辈的指导帮助下继续沿着这条道路坚定地走下去。这正应验了人们常说的一句话，人类的发展是无限的，人类对于自身的认识发展也必然是无限的。

附录一 人的全面发展指标体系专家调查表

（第一轮）

尊敬的专家：

您好！

我们是中共中央编译局"人的全面发展指标体系研究"课题组，首先对您为本课题提供宝贵的意见表示衷心的感谢！

人的全面发展思想是马克思主义基本理论的重要内容和组成部分，我党更是明确地将其作为治党治国的重要理念。在新的历史条件下，实现人的全面发展这一人类远大目标，也已从过去的价值理念层面，逐渐转变为社会的客观要求和现实呼唤。人的全面发展的目标具体体现在哪些方面，需要我们设计一系列的指标，以便于对当代中国推进人的全面发展的程度进行全面的监测评估。为此，我们拟制定出关于人的全面发展指标体系咨询表，希望通过本次专家调查，为制定人的全面发展指标体系提供科学依据。

本次调查所有回答无对错之分，只用于统计分析。请您根据实际情况和想法对问卷进行作答。若您认为同意的指标请打√，不同意的打×，如有新意见建议请一并提出。

再一次衷心感谢您的大力支持与帮助！

"人的全面发展指标体系研究"课题组
课题负责人：万资姿 博士后
2009 年 6 月

一、评价人的全面发展主要表现在哪几个方面：（任选）

（一）物质生产和健康生活（　　）

（二）社会政治生活和关系（　　）

（三）文化生活和个性发展（　　）

（四）生态可持续发展（　　）

（五）主观幸福感受（　　）

除上述内容外，您认为还表现在哪些方面，如果有，请填写。

A _____

B _____

C _____

二、就您在上一题中同意的几个方面，在下列选项中选择具体指标

（一）评价"物质生产和健康生活"的指标，应采用：

1. 物质福利（　　）

2. 居住条件（　　）

3. 公共设施（　　）

4. 健康状况（　　）

其他_____

（1）如选"物质福利"指标，以下哪些指标可代表：

①人均 GDP（　　）

②人均可支配收入（　　）

城镇人均可支配收入（　　）

农村人均纯收入（　　）

③人均最终消费支出（私人消费）（　　）

④恩格尔系数（　　）

⑤人均储蓄存款余额（　　）

其他_____

（2）如选"居住条件"指标，以下哪些指标可代表：

①人均住房建筑面积（　　）

②住房供水、电、气普及率（　　）

③享有住房卫生设施人口占总人口比重（　　）

④城镇社区服务设施数（　　）

⑤人均公共绿地面积（　　）

⑥住房购买力（即房价收入比）（　　）

其他_____

（3）如选"公共设施"指标，以下哪些指标可代表：

①交通和信息通讯设施支出占国内生产总值比重（　　）

②人均道路面积（　　）
③每千人机动车辆拥有量（　　）
④每千人拥有公交车辆数（　　）
⑤每千人电单车拥有量（　　）
⑥每千人电话主线数（　　）
⑦每千人移动电话数（　　）
⑧每千人计算机拥有量（　　）
⑨每千人拥有上网主机数（　　）
其他＿＿＿＿＿＿＿＿＿＿＿＿＿＿＿＿＿＿＿＿＿
（4）如选"健康状况"指标，以下哪些指标可代表：
①政府医疗保健开支占国内生产总值的比重（　　）
②人均预期寿命（　　）
③孕妇死亡率和婴儿死亡率（　　）
④死因构成比（　　）
⑤每千人口医院卫生院床位（　　）
⑥每千人口卫生技术人员（　　）
⑦每千人拥有心理医生数（　　）
⑧每千人拥有中医数（　　）
其他＿＿＿＿＿＿＿＿＿＿＿＿＿＿＿＿＿＿＿＿＿

（二）评价"社会政治生活和关系"的指标，应采用
1、社会保障（　　）
2、社会公正（　　）
3、社会安全（　　）
4、社会政治参与（　　）
5、人口与家庭（　　）
其他＿＿＿＿＿＿＿＿＿＿＿＿＿＿＿＿＿＿＿＿＿
（1）如选"社会保障"指标，以下哪些指标可代表：
①社会保障费用支出占国内生产总值比重（　　）
②人均社会保障费用（　　）
③社会保障覆盖率（　　）
④城镇居民最低生活保障人数（　　）
⑤农村居民最低生活保障人数（　　）
⑥收养性福利事业单位数（　　）

⑦社会福利企业单位数（　　）
其他＿＿＿＿＿＿＿＿＿＿＿＿＿＿＿＿＿＿＿＿＿＿＿＿＿＿＿
(2) 如选"社会公正"指标，以下哪些指标可代表：
①基尼系数（　　）
②贫困人口比重（　　）
③城乡居民人均收入比（　　）
④各行业之间人均收入差距比（　　）
⑤20%最高收入和与20%最低收入组所占社会财富之比（　　）
⑥接受高等教育的男女比例（　　）
⑦城镇就业人员男女工资比（　　）
⑧全国人大代表的女性比例（　　）
其他＿＿＿＿＿＿＿＿＿＿＿＿＿＿＿＿＿＿＿＿＿＿＿＿＿＿＿
(3) 如选"公共安全"指标，以下哪些指标可代表：
①犯罪率（　　）
②交通、火灾事故伤亡率（　　）
③食物中毒率（　　）
④非正常死亡人数占人口比重（　　）
⑤每年腐败渎职涉案人数占公职人员数比重（　　）
⑥千人警察比（　　）
⑦每千人口拥有律师数（　　）
其他＿＿＿＿＿＿＿＿＿＿＿＿＿＿＿＿＿＿＿＿＿＿＿＿＿＿＿
(4) 如选"社会政治参与"指标，以下哪些指标可代表：
①就业率与就业不足率（　　）
②投票率（　　）
③公务员人数比（　　）
④公益活动参与度（　　）
⑤志愿者及义工比重（　　）
⑥参加工会人数（　　）
⑦非政府组织数量（　　）
其他＿＿＿＿＿＿＿＿＿＿＿＿＿＿＿＿＿＿＿＿＿＿＿＿＿＿＿
(5) 如选"人口与家庭"指标，以下哪些指标可代表：
①人口规模（　　）
②人口出生率和死亡率（　　）

③人口自然增长率（　　）
④人口性别比（　　）
⑤人口抚养比（0~14岁和65岁及以上人口与15~64岁人口之比）（　　）
⑥城镇人口比重（　　）
⑦结婚率与离婚率（　　）
⑧家庭平均人口数（　　）
⑨独生子女率（　　）
⑩已婚育龄妇女采取避孕措施百分比（　　）
其他_____

（三）评价"文化生活和个性发展"的指标，应采用：
1. 文化生活（　　）
2. 科技发展（　　）
3. 教育（　　）
4. 闲暇（　　）
其他_____

（1）如选"文化生活"指标，以下哪些指标可代表：
①文化活事业费占国内生产总值比重（　　）
②文化产业值占GDP的比重（　　）
③文化从业人员占社会总从业人员的比重（　　）
④每千人拥有图书报刊量（　　）
⑤每千人拥有的图书馆、博物馆、影剧院数量（　　）
⑥每千人拥有文艺表演场馆、文化馆（群众艺术馆）数量（　　）
⑦广电节目综合人口覆盖率（　　）
⑧非物质文化遗产项目数（　　）
⑨每千人拥有体育场（馆）数（　　）
⑩体育事业中创造世界纪录、荣获世界冠军数量（　　）
其他_____

（2）如选"科技发展"指标，以下哪些指标可代表：
①公共科技投入占GDP的比率（　　）
②万人R&D科学家和工程师人数（　　）
③科技进步贡献率（　　）
④高科技产业增值占工业增值比重（　　）

⑤专利申请受理量（   ）
其他_____
(3) 如选"教育"指标，以下哪些指标可代表：
①公共教育支出占国内生产总值比重（   ）
②预期受教育年限（   ）
③各级入学率和升学率（   ）
④成人识字率（   ）
⑤义务教育普及率（   ）
⑥万人在校大学生数（   ）
⑦职业教育普及率（   ）
⑧正规教师比重（   ）
其他_____
(4) 如选"闲暇"指标，以下哪些指标可代表：
①年人均闲暇时间（   ）
②每年人均外出旅游次数（   ）
③体育场地人均使用次数（   ）
④人均文化娱乐康乐消费在人均总支出中的比重（   ）
其他_____

(四) 评价"生态可持续发展"的指标，应采用：
1. 生态质量与利用程度（   ）
2. 生态破坏与污染程度（   ）
3. 生态治理与保护程度（   ）
其他_____
(1) 如选"生态质量与利用程度"指标，以下哪些指标可代表：
①森林覆盖率（   ）
②人均水资源量（   ）
③人均用电量（   ）
④人均耕地面积（   ）
⑤农业生态园区产值占农业总产值的比重（   ）
⑥清洁能源占总能源的比率（可再生能源的消费份额）（   ）
⑦单位GDP能耗（   ）
其他_____
(2) 如选"生态破坏与污染程度"指标，以下哪些指标可代表：

①土地荒漠化比重（　　）
②CO_2人均排放量（　　）
③工业产生的对人类危险物的平均排放密度（　　）
④生态灾害（地质、地震、海洋灾害及赤潮等）发生频率（　　）
其他＿＿＿＿＿＿＿＿＿＿＿＿＿＿＿＿＿＿＿＿＿＿＿＿＿＿
(3) 如选"生态治理与保护程度"指标，以下哪些指标可代表：
①环保投入占GDP比重（　　）
②每年空气质量等于或好于二级的天数（　　）
③每100毫升样本水中未含大肠杆菌比重（　　）
④城市生活垃圾无害化处理率（　　）
⑤噪声达标区覆盖率（　　）
⑥受保护地区占国土面积比例（　　）
其他＿＿＿＿＿＿＿＿＿＿＿＿＿＿＿＿＿＿＿＿＿＿＿＿＿＿

（五）评价"主观幸福感受"的指标，以此设计更为详细和具体的问卷，应采用：
1. 知足充裕满足感（　　）
2. 身心健康愉悦感（　　）
3. 自我实现成就感（　　）
4. 人际关系认同感（　　）
5. 心态平衡自信感（　　）
6. 婚恋家庭幸福感（　　）
其他＿＿＿＿＿＿＿＿＿＿＿＿＿＿＿＿＿＿＿＿＿＿＿＿＿＿
(1) 如选"知足充裕满足感"指标，以下哪些指标可代表：
①对个人及家庭经济收入满意度（　　）
②对住房状况及居住环境满意度（　　）
③对个人及家庭存款的满意度（　　）
④控制物欲能力的强弱（　　）
⑤生活压力感强度（　　）
其他＿＿＿＿＿＿＿＿＿＿＿＿＿＿＿＿＿＿＿＿＿＿＿＿＿＿
(2) 如选"身心健康愉悦感"指标，以下哪些指标可代表：
①对自身健康状况满意度（　　）
②身体某些部位是否感觉特别不舒服（　　）
③是否为一些严重的疾病所困扰（　　）

④精力充沛，能从容不迫地应付日常生活和工作压力而不感到过分紧张（ ）
⑤处事乐观，态度积极，乐于承担责任，事无巨细不挑剔（ ）
⑥应变能力强，能适应环境的各种变化（ ）
⑦善于休息，睡眠良好（ ）
⑧能够抵抗一般性感冒和传染病（ ）
⑨有无职业病困扰（ ）
⑩对自己所享受的医疗保障的满意度（ ）
其他_____

（3）如选"自我实现成就感"指标，以下哪些指标可代表：
①对自己所从事的职业的满意度（ ）
②对自身级别、职务、职称的满意度（与自己的实际能力相符合的程度）（ ）
③对工作环境与工作关系的满意度（ ）
④对薪酬的满意度（ ）
⑤对自己的直接上级的满意度（ ）
⑥对单位管理制度与流程的满意度（ ）
⑦工作安全度评价（ ）
⑧自我感觉能力指数（ ）
⑨工作自主程度（ ）
⑩是否胜任目前的工作（ ）
⑪工作职责是否明确（ ）
⑫工作量是否合理（ ）
⑬工作与生活之间有无冲突（ ）
⑭工作能力被认可度（ ）
⑮晋升机会的满意度（ ）
⑯认为自身价值实现程度（ ）
其他_____

（4）如选"人际关系认同感"指标，以下哪些指标可代表：
①对自己人际关系的满意度（ ）
②与同事或亲朋好友关系融洽度（ ）
③对他人、企业和政府的诚信满意度（ ）
④在交友中所获得的尊重与信任度（ ）

⑤困难中所获帮助的互助度（ ）
⑥人际交往容忍度（ ）
⑦国际交往了解度（ ）
⑧对隔居的了解程度（ ）
⑨网络交往频繁度（ ）
其他＿＿＿＿＿＿＿＿＿＿＿＿＿＿＿＿＿＿＿＿＿＿＿

(5) 如选"心态平衡自信感"指标，以下哪些指标可代表：
①自卑感程度（ ）
②妒忌心强弱（ ）
③与别人相比，你的心态平衡程度（ ）
④与自己过去经历相比，对自己现状的满意度（ ）
⑤对自己缺点的自知自爱程度（ ）
⑥对和自己有重要关系的人的尊重度（ ）
⑦自我感觉社会福利的受惠程度（ ）
⑧对自身受教育程度的满意度（ ）
⑨对自己未来工作是否有很好的预期（ ）
⑩对自己未来发展的自信度（ ）
其他＿＿＿＿＿＿＿＿＿＿＿＿＿＿＿＿＿＿＿＿＿＿＿

(6) 如选"婚恋家庭幸福感"指标，以下哪些指标可代表：
①对家庭生活总的满意度（ ）
②对自己婚恋状态的满意度（ ）
③对家庭气氛的满意度（ ）
④亲子关系和谐度（ ）
⑤敬老关系感恩度（ ）
其他＿＿＿＿＿＿＿＿＿＿＿＿＿＿＿＿＿＿＿＿＿＿＿

附录二　人的全面发展指标体系专家调查表

(第二轮)

尊敬的专家：

您好！

首先，再次对您为我们作答第一轮问卷表示深深的谢意。

通过第一轮专家问卷调查，我们根据各个专家的具体意见，设计出第二轮调查表。本轮问卷在原有五个方面的基础上，为强调能力、选择和机会在人的全面发展中的重要性，故独立列出，且将社会政治条件进行了区分而分别设计了社会条件指标和政治条件指标，因而指标体系共分九个方面进行设计。

本次调查仍按照第一次问卷的方式，所有回答无对错之分，只用于统计分析。请您根据实际情况和想法对问卷进行作答。若您认为同意的指标请打√，不同意的打×，如有新意见建议请一并提出。

再一次衷心感谢您的大力支持与帮助！

"人的全面发展指标体系研究"课题组

课题负责人：万资姿　博士后

2009 年 8 月

一、评价人的全面发展主要表现在哪几个方面：（任选）

（一）物质条件（　　）

（二）社会条件（　　）

（三）政治条件（　　）

（四）文化条件（　　）

（五）环境条件（　　）

（六）能力全面（　　）

（七）机会平等（ ）

（八）选择自由（ ）

（九）主观幸福（ ）

除上述内容外，您认为还表现在哪些方面，如果有，请填写。

A _____

B _____

C _____

二、就您在上一题中同意的几个方面，在下列选项中选择具体指标

（一）评价"物质条件"的指标，应采用：

1. 物质福利（ ）
2. 居住条件（ ）
3. 公共设施（ ）

其他_____

(1) 如选"物质福利"指标，以下哪些指标可代表：

①人均可支配收入（ ）

城镇人均可支配收入（ ）

农村人均纯收入（ ）

②人均最终消费支出（私人消费）（ ）

③恩格尔系数（ ）

④人均储蓄存款余额（ ）

其他_____

(2) 如选"居住条件"指标，以下哪些指标可代表：

①人均住房建筑面积（ ）

②住房供水、电、气普及率（ ）

③享有住房卫生设施人口占总人口比重（ ）

④城镇社区服务设施数（ ）

⑤人均公共绿地面积（ ）

⑥住房购买力（即房价收入比）（ ）

其他_____

(3) 如选"公共设施"指标，以下哪些指标可代表：

①交通和信息通讯设施支出占国内生产总值比重（ ）

②人均道路面积（ ）

③每千人机动车辆拥有量（ ）

④每千人拥有公交车辆数（　）

⑤每千人电单车拥有量（　）

⑥每千人电话主线数（　）

⑦每千人移动电话数（　）

⑧每千人计算机拥有量（　）

⑨每千人拥有上网主机数（　）

其他_____

（二）评价"社会条件"的指标，应采用

1. 人口与家庭（　）

2. 社会参与（　）

3. 社会保障（　）

4. 社会服务（　）

5. 公共安全（　）

其他_____

（1）如选"人口与家庭"指标，以下哪些指标可代表：

①人口规模（　）

②人口出生率和死亡率（　）

③人口自然增长率（　）

④人口性别比（　）

⑤人口抚养比（0~14岁和65岁及以上人口与15~64岁人口之比）（　）

⑥城镇人口比重（　）

⑦结婚率与离婚率（　）

⑧家庭平均人口数（　）

⑨独生子女率（　）

⑩已婚育龄妇女采取避孕措施百分比（　）

其他_____

（2）如选"社会参与"指标，以下哪些指标可代表：

①劳动力参与率（　）

②失业率（　）

③公益活动参与度（　）

④志愿者及义工比重（　）

其他_____

(3) 如选"社会保障"指标，以下哪些指标可代表：
① 社会保障费用支出占国内生产总值比重（ ）
② 人均社会保障费用（ ）
③ 社会保障覆盖率（ ）
④ 城镇居民最低生活保障人数（ ）
⑤ 农村居民最低生活保障人数（ ）
⑥ 收养性福利事业单位数（ ）
⑦ 社会福利企业单位数（ ）
其他_____

(4) 如选"社会服务"指标，以下哪些指标可代表：
① 公共教育、卫生医疗支出占国内生产总值比重（ ）
② 人均财政性教育、医疗经费（ ）
③ 12年教育普及率（ ）
④ 万人在校大学生数（ ）
⑤ 职业教育普及率（ ）
⑥ 正规教师比重（ ）
⑦ 每千人口医院卫生院床位数（ ）
⑧ 每千人口卫生技术人员（ ）
⑨ 每千人口拥有心理医生和中医数（ ）
⑩ 再就业率（ ）
⑪ 职业培训人数占就业人口比重（ ）
其他_____

(5) 如选"公共安全"指标，以下哪些指标可代表：
① 犯罪率（ ）
② 交通、火灾事故伤亡率（ ）
③ 食物中毒率（ ）
其他_____

(三) 评价"政治条件"的指标，应采用
1. 政治参与（ ）
2. 政治稳定和反暴力（ ）
3. 法治和控制腐败（ ）
4. 公民权利（ ）
其他_____

(1) 如选"政治参与"指标,以下哪些指标可代表:
①投票率(　　)
②国家机关、党政机关和社会团体就业人数之比(　　)
其他_____

(2) 如选"政治稳定和反暴力"指标,以下哪些指标可代表:
①非正常死亡率(　　)
②军事支出占中央政府支出及国内生产总值比重(　　)
③军事人员及其占劳动力总数比重(　　)
其他_____

(3) 如选"法治和控制腐败"指标,以下哪些指标可代表:
①千人警察比(　　)
②每千人口拥有律师数(　　)
③每年腐败渎职涉案人员占公职人员比重(　　)
其他_____

(4) 如选"公民权利"指标,以下哪些指标可代表:
①言论自由指数(　　)
②参与宗教团体人数比(　　)
③非政府组织数量(　　)
④参加工会人数(　　)
其他_____

(四) 评价"文化条件"的指标,应采用:
1. 文化生产(　　)
2. 文化消费(　　)
3. 文化活动条件(　　)
其他_____

(1) 如选"文化生产"指标,以下哪些指标可代表:
①文化活动事业费占国内生产总值比重(　　)
②文化产业值占 GDP 的比重(　　)
③文化从业人员占社会总从业人员的比重(　　)
④体育事业中创造世界纪录、荣获世界冠军数量(　　)
其他_____

(2) 如选"文化消费"指标,以下哪些指标可代表:
①人均文化娱乐消费在人均总支出中的比重(　　)

②非物质文化遗产项目数（　　）
其他_____
(3) 如选"文化活动条件"指标，以下哪些指标可代表：
①每千人拥有图书报刊量（　　）
②每千人拥有的图书馆、博物馆、影剧院数量（　　）
③每千人拥有文艺表演场馆、文化馆（群众艺术馆）数量（　　）
④广电节目综合人口覆盖率（　　）
⑤非物质文化遗产项目数（　　）
⑥每千人拥有体育场（馆）数（　　）
其他_____

（五）评价"环境条件"的指标，应采用：
1. 环境质量与利用程度（　　）
2. 环境破坏与污染程度（　　）
3. 环境治理与保护程度（　　）
其他_____
(1) 如选"环境质量与利用程度"指标，以下哪些指标可代表：
①森林覆盖率（　　）
②人均水资源量（　　）
③人均用电量（　　）
④人均耕地面积（　　）
⑤农业生态园区产值占农业总产值的比重（　　）
⑥清洁能源占总能源的比率（可再生能源的消费份额）（　　）
⑦单位GDP能耗（　　）
其他_____
(2) 如选"环境破坏与污染程度"指标，以下哪些指标可代表：
①土地荒漠化比重（　　）
②主要城市废水排放量（　　）
③CO_2人均排放量（　　）
④工业产生的对人类危险物的平均排放密度（　　）
⑤生态灾害（地质、地震、海洋灾害及赤潮等）发生频率（　　）
⑥噪声超标率（　　）
其他_____
(3) 如选"环境治理与保护程度"指标，以下哪些指标可代表：

①环保投入占 GDP 比重（　）
②"三废"处理达标率和综合利用率（　）
③每年空气质量等于或好于二级的天数（　）
④每100毫升样本水中未含大肠杆菌比重（　）
⑤城市生活垃圾无害化处理率（　）
⑥噪声达标区覆盖率（　）
⑦自然保护区、生态多样性和湿地资源比重（　）
其他_____

（六）评价"能力全面"的指标，应采用：
1. 生存能力（　）
2. 知识能力（　）
3. 获得资源的能力（　）
其他_____

（1）如选"生存能力"指标，以下哪些指标可代表：
①人均预期寿命（　）
②孕妇死亡率和婴儿死亡率（　）
③死因构成比（　）
其他_____

（2）如选"知识能力"指标，以下哪些指标可代表：
①人均受教育年限（　）
②各级入学率和升学率（　）
③成人识字率（　）
④万人 R&D 科学家和工程师人数（　）
⑤科技进步贡献率（　）
⑥专利申请受理量（　）
其他_____

（3）如选"获得资源的能力"指标，以下哪些指标可代表：
①人均 GDP（购买力平价）（　）
其他_____

（七）评价"机会平等"的指标，应采用：
1. 分配机会平等（　）
2. 城乡机会平等（　）
3. 两性机会平等（　）

其他_____
(1) 如选"分配机会平等"指标,以下哪些指标可代表:
①基尼系数(　　)
②20%最高收入与20%最低收入所占社会财富之比(　　)
③各行业之间人均收入差距比(　　)
其他_____
(2) 如选"城乡机会平等"指标,以下哪些指标可代表:
①城乡居民人均收入比(　　)
②城乡义务教育生均经费比(　　)
③城乡居民卫生保健人均投入比(　　)
其他_____
(3) 如选"两性机会平等"指标,以下哪些指标可代表:
①接受高等教育的男女比例(　　)
②有酬工作就业人员的女性比重(　　)
③立法委员中的女性比例(　　)
其他_____

(八) 评价"选择自由"的指标,应采用:
1. 自由闲暇时间(　　)
2. 职业变动的自由选择(　　)
其他_____
(1) 如选"自由闲暇"指标,以下哪些指标可代表:
①每周人均闲暇时间(　　)
②每月人均康乐活动次数(　　)
③每年人均外出旅游(　　)
④体育场地人年均使用次数(　　)
其他_____
(2) 如选"职业变动的自由选择"指标,以下哪些指标可代表:
①自由择业率(　　)
②三大产业间就业人员比重的变动(　　)
其他_____

(九) 评价"主观幸福"的指标,以此设计更为详细和具体的问卷,应采用:
1. 知足充裕满足感(　　)

2. 身心健康愉悦感（　）
3. 自我实现成就感（　）
4. 人际关系认同感（　）
5. 心态平衡自信感（　）
6. 婚恋家庭幸福感（　）
其他_____

（1）如选"知足充裕满足感"指标，以下哪些指标可代表：
①对个人及家庭经济收入满意度（　）
②对住房状况及居住环境满意度（　）
③对个人及家庭存款的满意度（　）
④控制物欲能力的强弱（　）
⑤生活压力感强度（　）
其他_____

（2）如选"身心健康愉悦感"指标，以下哪些指标可代表：
①对自身健康状况满意度（　）
②身体某些部位是否感觉特别不舒服（　）
③是否为一些严重的疾病所困扰（　）
④精力充沛，能从容不迫地应付日常生活和工作压力而不感到过分紧张（　）
⑤处事乐观，态度积极，乐于承担责任，事无巨细不挑剔（　）
⑥应变能力强，能适应环境的各种变化（　）
⑦善于休息，睡眠良好（　）
⑧能够抵抗一般性感冒和传染病（　）
⑨有无职业病困扰（　）
⑩对自己所享受的医疗保障的满意度（　）
其他_____

（3）如选"自我实现成就感"指标，以下哪些指标可代表：
①对自己所从事的职业的满意度（　）
②对自身级别、职务、职称的满意度（与自己的实际能力相符合的程度）（　）
③对工作环境与工作关系的满意度（　）
④对薪酬的满意度（　）
⑤对自己的直接上级的满意度（　）

⑥对单位管理制度与流程的满意度（　　）
⑦工作安全度评价（　　）
⑧自我感觉能力指数（　　）
⑨工作自主程度（　　）
⑩是否胜任目前的工作（　　）
⑪工作职责是否明确（　　）
⑫工作量是否合理（　　）
⑬工作与生活之间有无冲突（　　）
⑭工作能力被认可度（　　）
⑮晋升机会的满意度（　　）
⑯认为自身价值实现程度（　　）
其他_____

（4）如选"人际关系认同感"指标，以下哪些指标可代表：
①对自己人际关系的满意度（　　）
②与同事或亲朋好友关系融洽度（　　）
③对他人、企业和政府的诚信满意度（　　）
④在交友中所获得的尊重与信任度（　　）
⑤困难中所获帮助的互助度（　　）
⑥人际交往容忍度（　　）
⑦国际交往了解度（　　）
⑧对隔居的了解程度（　　）
⑨网络交往频繁度（　　）
其他_____

（5）如选"心态平衡自信感"指标，以下哪些指标可代表：
①自卑感程度（　　）
②妒忌心强弱（　　）
③与别人相比，你的心态平衡程度（　　）
④与自己过去经历相比，对自己现状的满意度（　　）
⑤对自己缺点的自知自爱程度（　　）
⑥对和自己有重要关系的人的尊重度（　　）
⑦自我感觉社会福利的受惠程度（　　）
⑧对自身受教育程度的满意度（　　）
⑨对自己未来工作是否有很好的预期（　　）

⑩对自己未来发展的自信度(　　)
其他_____
(6) 如选"婚恋家庭幸福感"指标,以下哪些指标可代表:
①对家庭生活总的满意度(　　)
②对自己婚恋状态的满意度(　　)
③对家庭气氛的满意度(　　)
④亲子关系和谐度(　　)
⑤敬老关系感恩度(　　)
其他_____

附录三　个人主观幸福感受调查表

编号_____

（共 43 道题目）

朋友：

　　您好！我们正在进行一项与您的个人发展有关的调查研究。您的参与将对我们的研究提供很大的帮助。问卷采用匿名填写的方式，您在回答问题时不必有任何顾虑。请您在认真阅读，每个项目之后，凭第一感觉做出选择，不要过多思考。请严格按照各部分的要求进行回答，不要遗漏任何题目，否则您的答卷将无效。

　　谢谢您对我们的支持与帮助！

2009 年 10 月

个人基本情况

1. 性别：A 男；B 女
2. 您的年龄（周岁）：_____ 岁
2. 您每月的平均收入：_____ 元
3. 您的受教育程度
A 小学及小学以下　　　B 初中　　　　　C 高中（中专、职高）
D 大专以上；　　　　　E 大学本科　　　F 研究生班以上
5. 您目前的就业状况：
A 在职在岗　　B 离退休　　　C 病伤休　　　D 内退
E 下岗　　　　F 再就业　　　G 自由职业　　H 无业

6. 您的工作单位类型：
A 国家事业单位　　B 国有企业　　C 集体企业　　D 外资、合资企业
E 私营/民营企业　　F 个体经营　　G 其他（请说明）_____
7. 您的婚姻状况
A 未婚　　　　　B 已婚　　　　　C 离异　　　　　D 丧偶
E 分居　　　　　F 其他（请注明）_____

调查问卷部分

这是一份描述您主观幸福感受方面或看法的问卷，请您仔细阅读每道题目，根据自己的第一感觉尽快做出回答。每道题目都有从"很不满意"（或"很不同意"）到"很满意"（"很同意"）六个等级的答案，请在最符合您情况的答案代码下打"√"。每道题都要回答，请不要遗漏。

1. 您对个人及家庭经济收入的满意度
①很满意（同意）　　②比较满意（同意）　　③一般
④不太满意（同意）　　⑤很不满意（同意）　　⑥说不清楚

2. 您对自身住房状况及居住环境的满意度
①很满意（同意）　　②比较满意（同意）　　③一般
④不太满意（同意）　　⑤很不满意（同意）　　⑥说不清楚

3. 您对个人及家庭存款的满意度
①很满意（同意）　　②比较满意（同意）　　③一般
④不太满意（同意）　　⑤很不满意（同意）　　⑥说不清楚

4. 您认为自己对物欲有很强的控制能力
①很同意（满意）　　②比较同意（满意）　　③一般
④不太同意（满意）　　⑤很不同意（满意）　　⑥说不清楚

5. 您对自身健康状况的满意度
①很满意（同意）　　②比较满意（同意）　　③一般
④不太满意（同意）　　⑤很不满意（同意）　　⑥说不清楚

6. 您感觉自己精力充沛，能从容不迫地应付日常生活和工作压力而不感到过分紧张
①很同意（满意）　　②比较同意（满意）　　③一般
④不太同意（满意）　　⑤很不同意（满意）　　⑥说不清楚

7. 您常常处事乐观，态度积极，乐于承担责任，事无巨细不挑剔
①很同意（满意）　　②比较同意（满意）　　③一般
④不太同意（满意）　　⑤很不同意（满意）　　⑥说不清楚
8. 您认为自己应变能力强，能适应环境的各种变化
①很同意（满意）　　②比较同意（满意）　　③一般
④不太同意（满意）　　⑤很不同意（满意）　　⑥说不清楚
9. 您善于休息，睡眠良好
①很同意（满意）　　②比较同意（满意）　　③一般
④不太同意（满意）　　⑤很不同意（满意）　　⑥说不清楚
10. 您对自己所享受的医疗保障的满意度
①很满意（同意）　　②比较满意（同意）　　③一般
④不太满意（同意）　　⑤很不满意（同意）　　⑥说不清楚
11. 您对自己所从事的职业的满意度
①很满意（同意）　　②比较满意（同意）　　③一般
④不太满意（同意）　　⑤很不满意（同意）　　⑥说不清楚
12. 您对自身级别、职务、职称的满意度（与自己的实力能力相符合的程度）
①很满意（同意）　　②比较满意（同意）　　③一般
④不太满意（同意）　　⑤很不满意（同意）　　⑥说不清楚
13. 您对工作环境和工作关系的满意度
①很满意（同意）　　②比较满意（同意）　　③一般
④不太满意（同意）　　⑤很不满意（同意）　　⑥说不清楚
14. 您对自己所获薪酬的满意度
①很满意（同意）　　②比较满意（同意）　　③一般
④不太满意（同意）　　⑤很不满意（同意）　　⑥说不清楚
15. 您对自己的直接上级的满意度
①很满意（同意）　　②比较满意（同意）　　③一般
④不太满意（同意）　　⑤很不满意（同意）　　⑥说不清楚
16. 您对单位管理制度和流程的满意度
①很满意（同意）　　②比较满意（同意）　　③一般
④不太满意（同意）　　⑤很不满意（同意）　　⑥说不清楚
17. 您对工作安全状况的满意度
①很满意（同意）　　②比较满意（同意）　　③一般

④不太满意（同意） ⑤很不满意（同意） ⑥说不清楚
18．您自我感觉自身能力指数
①很满意（同意） ②比较满意（同意） ③一般
④不太满意（同意） ⑤很不满意（同意） ⑥说不清楚
19．您对自身工作量合理度的感受
①很同意（满意） ②比较同意（满意） ③一般
④不太同意（满意） ⑤很不同意（满意） ⑥说不清楚
20．您认为自身工作职责很明确
①很同意（满意） ②比较同意（满意） ③一般
④不太同意（满意） ⑤很不同意（满意） ⑥说不清楚
21．您的工作和生活之间不存在冲突
①很同意（满意） ②比较同意（满意） ③一般
④不太同意（满意） ⑤很不同意（满意） ⑥说不清楚
22．您感觉自身工作能力得到了认可
①很同意（满意） ②比较同意（满意） ③一般
④不太同意（满意） ⑤很不同意（满意） ⑥说不清楚
23．您对晋升机会的满意度
①很满意（同意） ②比较满意（同意） ③一般
④不太满意（同意） ⑤很不满意（同意） ⑥说不清楚
24．您对自身价值实现程度的满意度
①很满意（同意） ②比较满意（同意） ③一般
④不太满意（同意） ⑤很不满意（同意） ⑥说不清楚
25．您对自己人际关系的满意度
①很满意（同意） ②比较满意（同意） ③一般
④不太满意（同意） ⑤很不满意（同意） ⑥说不清楚
26．你常常感觉到自己与同事或亲朋好友间的关系很融洽
①很同意（满意） ②比较同意（满意） ③一般
④不太同意（满意） ⑤很不同意（满意） ⑥说不清楚
27．您对他人、企业或政府诚信状况的满意度
①很满意（同意） ②比较满意（同意） ③一般
④不太满意（同意） ⑤很不满意（同意） ⑥说不清楚
28．你常常感到自己在交友中能获得尊重与信任
①很同意（满意） ②比较同意（满意） ③一般

④不太同意(满意) ⑤很不同意(满意) ⑥说不清楚
29. 遇到困难时,您总能从他人那里获得帮助
①很同意(满意) ②比较同意(满意) ③一般
④不太同意(满意) ⑤很不同意(满意) ⑥说不清楚
30. 您认为自己在人际交往中有很好的容忍度
①很同意(满意) ②比较同意(满意) ③一般
④不太同意(满意) ⑤很不同意(满意) ⑥说不清楚
31. 您认为自己对隔居情况很了解
①很同意(满意) ②比较同意(满意) ③一般
④不太同意(满意) ⑤很不同意(满意) ⑥说不清楚
32. 和他人相比,您的心态很平衡
①很同意(满意) ②比较同意(满意) ③一般
④不太同意(满意) ⑤很不同意(满意) ⑥说不清楚
33. 与自己的过去相比,您对自己现状的满意度
①很满意(同意) ②比较满意(同意) ③一般
④不太满意(同意) ⑤很不满意(同意) ⑥说不清楚
34. 对自己的缺点,您总是很自知也很自爱
①很同意(满意) ②比较同意(满意) ③一般
④不太同意(满意) ⑤很不同意(满意) ⑥说不清楚
35. 对自己有重大关系的人,你总是很尊重
①很同意(满意) ②比较同意(满意) ③一般
④不太同意(满意) ⑤很不同意(满意) ⑥说不清楚
36. 在社会福利的受惠程度上,你感觉很满意
①很满意(同意) ②比较满意(同意) ③一般
④不太满意(同意) ⑤很不满意(同意) ⑥说不清楚
37. 您对自身受教育程度的满意度
①很满意(同意) ②比较满意(同意) ③一般
④不太满意(同意) ⑤很不满意(同意) ⑥说不清楚
38. 您总是相信,自己的未来发展会越来越好
①很同意(满意) ②比较同意(满意) ③一般
④不太同意(满意) ⑤很不同意(满意) ⑥说不清楚
39. 您对家庭生活总的满意度
①很满意(同意) ②比较满意(同意) ③一般

④不太满意(同意) ⑤很不满意(同意) ⑥说不清楚

40. 您对自己婚恋状况的满意度
①很满意(同意) ②比较满意(同意) ③一般
④不太满意(同意) ⑤很不满意(同意) ⑥说不清楚

41. 在您家,亲子间(您的父母和您,或您和您的孩子)能很好地沟通
①很同意(满意) ②比较同意(满意) ③一般
④不太同意(满意) ⑤很不同意(满意) ⑥说不清楚

42. 对于长辈(祖父母、父母、岳父母等),您总是心存感恩并能很好的孝顺
①很同意(满意) ②比较同意(满意) ③一般
④不太同意(满意) ⑤很不同意(满意) ⑥说不清楚

43. 总的来说,你对现在自身发展是否满意
①很满意(同意) ②比较满意(同意) ③一般
④不太满意(同意) ⑤很不满意(同意) ⑥说不清楚

谢谢您的合作!

参考文献

一、中文文献

（一）著作类

1. 经典著作

① 《马克思恩格斯选集》第 1—4 卷，北京：人民出版社，1995。

② 《马克思恩格斯全集》第 1、2、3、23、25、26（Ⅰ、Ⅱ）、40、42、46（上、下）卷，北京：人民出版社，1956—1982。

③ 《马克思恩格斯全集》第 30 卷，北京：人民出版社，1995。

④ 《马克思恩格斯全集》第 44 卷，北京：人民出版社，2001。

⑤ 马克思：《1844 年经济学哲学手稿》（单行本），北京：人民出版社，2000。

⑥ 《列宁全集》第 2 卷，北京：人民出版社，1984。

⑦ 《邓小平文选》第 2、3 卷，北京：人民出版社，1994、1993。

2. 中文译著

⑧ 联合国开发计划署著：《2009 年人类发展报告：跨越障碍：人员流动与发展》，刘民权等译，北京：中国财政经济出版社，2009。

⑨ 联合国开发计划署组织编写：《2004 年人类发展报告：当今多样化世界中的文化自由》，本书翻译组译，北京：中国财政经济出版社，2004。

⑩ 联合国开发计划署组织编写：《2003 年人类发展报告：千年发展目标：消除人类贫困的全球公约》，本书翻译组译，北京：中国财政经济出版社，2003。

⑪ 联合国开发计划署组织编写：《2001 年人类发展报告：让新技术为人类发展服务》，本书翻译组译，北京：中国财政经济出版社，2001。

⑫ 联合国开发计划署组织编写：《2000 年人类发展报告》，本书翻译

组译，北京：中国财政经济出版社，2001。

⑬ 联合国开发计划署编：《1999年人类发展报告：富于人性的全球化》，中国财政经济出版社译，北京：中国财政经济出版社，2002。

⑭ 联合国开发计划署编：《1998年人类发展报告：消费模式对人类发展的影响》，高春燕等译，北京：中国财政经济出版社，2000。

⑮ 世界银行：《2009年世界发展报告：重塑世界经济地理》，胡光宇等译，北京：清华大学出版社，2009。

⑯ 联合国经济与社会事务部统计处：《社会和人口统计体系》，许成钢等译，北京：中国财政出版社，1985。

⑰ [美] 杰罗姆·格伦、西奥多J·戈登编著：《1999年未来展望：千年时刻我们面临的挑战》，《1999年未来展望：千年时刻我们面临的挑战》翻译组译，北京：中国财政经济出版社，2000。

⑱ [印] 阿马蒂亚·森：《以自由看待发展》，任赜、于真译，北京：中国人民大学出版社，2002。

⑲ [古希腊] 亚里士多德：《政治学》，吴寿彭译，北京：商务印书馆，1965。

⑳ [美] 约翰·罗尔斯：《正义论》，何怀宏等译，北京：中国社会科学出版社，1988。

㉑ [法] 让-保罗·萨特：《存在与虚无》，陈宣良等译，合肥：安徽文艺出版社，1998。

㉒ [美] 马斯洛：《人性能达的境界》，林方译，昆明：云南人民出版社，1987。

㉓ [美] 马斯洛：《动机与人格》，许金声等译，北京：华夏出版社，1987。

㉔ [美] 马斯洛等：《人的潜能和价值》，林方主编，北京：华夏出版社，1987。

㉕ [美] 罗伯特·达尔著：《现代政治分析》，王沪宁、陈峰译，上海：上海译文出版社，1987。

㉖ [英] 保罗·罗杰斯：《失控：21世纪的全球安全》，肖欢容译，北京：新华出版社，2004

㉗ [法] 让-弗朗索瓦·利奥塔尔著：《后现代状态——关于知识的报告》，车槿山译，上海：三联书店，1997。

㉘ [美] 阿瑟·奥肯《平等与效率》，王奔洲等译，北京：华夏出版

社，1999。

㉙ [美] 乔·萨托利《民主新论》，冯克利、阎克文译，北京：东方出版社，1998。

㉚ [新西兰] 杰瑞米·波普：《制约腐败——建构国家廉政体系》，清华大学公共管理学院廉政研究室译，北京：中国方正出版社，2003。

3. 中文著作

㉛ 联合国开发计划署编，中国海南改革发展研究院协调撰写：《中国人类发展报告2007-008：惠及13亿人的基本公共服务》，北京：中国对外翻译出版公司，2008。

㉜ 联合国开发计划署编，中国发展研究基金会协调撰写：《中国人类发展报告2005年：追求公平的人类发展》，北京：中国对外翻译出版公司，2005。

㉝ 联合国开发计划署驻华代表处等编著：《中国人类发展报告2002：绿色发展必选之路》，北京：中国财政经济出版社，2002。

㉞ 江泽民：《论"三个代表"》，北京：中央文献出版社，2001。

㉟ 胡锦涛：《在中央人口资源环境工作座谈会上的讲话》，《十六大以来重要文献选编》（上），北京：中央文献出版社出版，2005。

㊱ 中共中央文献研究室编：《十三大以来重要文献选编》（上），北京：人民出版社，1991。

㊲ 夏甄陶：《人是什么》，北京：商务印书馆，2000。

㊳ 杨金海：《人的存在论》，北京：中华书局，2009。

㊴ 俞可平等主编：《人的基本理论研究》（《马克思主义研究论丛》第8辑），北京：中央编译出版社，2007。

㊵ 李惠斌等主编：《生态文明与马克思主义》，北京：中央编译出版社，2008。

㊶ 何增科：《反腐败新路：转型期中国腐败问题研究》，北京：中央编译出版社，2002。

㊷ 何增科：《政治之癌：发展中国家孵化问题研究》，北京：中央编译出版社，2008。

㊸ 周长城、柯燕：《客观生活质量：现状与评价——以澳门特区为例》，北京：社会科学文献出版社，2008。

㊹ 周长城等：《社会发展与生活质量》，北京：社会科学文献出版社，2001。

㊺ 殷理田:《中国小康社会论》, 北京: 人民出版社, 1996。

㊻ 中国科学院可持续发展战略研究组:《2005 中国可持续发展战略报告》, 北京: 科学出版社, 2005。

㊼ 中国现代化战略研究课题组:《中国科学院中国现代化研究中心中国现代化报告 2006》, 北京: 北京大学出版社, 2006。

㊽ 谢庆奎、佟福玲主编:《政府创新的理论与实践》, 哈尔滨: 黑龙江人民出版社, 2008。

㊾ 韩庆祥:《思想史时代的声音: 从哲学到人学》, 北京: 新世界出版社, 2005。

㊿ 韩庆祥:《人学——人的问题的当代阐释》, 昆明: 云南人民出版社, 2001。

(51) 倪瑞华:《可持续发展的伦理精神》, 北京: 中国社会科学出版社, 2004。

(52) 张德昭:《深度的人文关怀: 环境伦理学的内在价值范畴研究》, 北京: 中国社会科学出版社, 2006。

(53) 郑杭生、李强、李路路:《社会指标理论研究》, 北京: 中国人民大学出版社, 1989。

(54) 陆学艺主编:《当代中国社会流动》, 北京: 社会科学文献出版社, 2004。

(55) 苏绍智:《经济发展和民主化》, 北京: 中国社会科学出版社, 1982。

(56) 王浦劬:《政治学基础》, 北京: 北京大学出版社, 2006。

(57) 金瑞林:《环境法——大自然的保护者》, 北京: 时事出版社, 1985。

(58) 梁捷:《幸福指数: 中国人幸福吗?》, 广州: 中山大学出版社, 2007。

(59) 陈立新:《社会指标与社会协调发展》, 长沙: 湖南大学出版社, 2005。

(60) 陈来成:《休闲学》, 广州: 中山大学出版社, 2009。

(61) 周振华:《体制变革与经济增长》, 上海: 上海人民出版社, 1999。

(62) 白杨:《中国人史纲》, 北京: 同心出版社, 2005。

(63) 国家统计局:《中国统计年鉴 (1996 - 2009)》, 北京: 中国统计出版社，1996 - 2009 年。

㉔ 国家统计局：《国际统计年鉴 1995 - 2009》，北京：中国统计出版社，1995 - 2009 年。

㉕ 国家统计局：《中国统计摘要——2008 年》，北京：中国统计出版社，2008。

㉖ 国家统计局：《中国统计摘要——2009 年》，北京：中国统计出版社，2009。

㉗ 国家统计局：《辉煌三十年》，北京：中国统计出版社，2008。

㉘ 国家统计局：《2004 中国发展报告》，北京：中国统计出版社，2004。

㉙ 中华人民共和国教育部发展规划司编：《中国教育统计年鉴 2006》，北京：人民教育出版社，2007。

㉚ 中华人民共和国劳动和社会保障部编：《中国劳动和社会保障年鉴 2006》，北京：中国劳动和社会保障出版社，2007。

㉛ 中国环境年鉴社编：《中国环境年鉴 2008》，北京：中国环境年鉴社，2008。

㉜ 邹东涛主编：《中国经济发展和体制改革报告 NO. 2：中国道路与中国模式（1949~2009）》，北京：社会科学文献出版社，2009。

㉝ 顾宝昌：《新时期的中国人口态势》，蔡昉，顾宝昌主编：《人口转变的社会经济后果》，北京：社会科学文献出版社，2006。

㉞ 谭琳、姜秀花主编：《妇女/性别理论与实践》，北京：社会科学文献出版社，2009。

㉟ 谭琳主编：《妇女研究论丛》，社会科学文献出版社，2006。

㊱ 邹东涛主编：《中国经济发展和体制改革报告 NO. 2：中国道路与中国模式（1949~2009）》，北京：社会科学文献出版社，2009。

㊲ 袁卫、彭非主编：《中国人民大学中国报告，2007》，北京：中国人民大学出版社，2008。

㊳ 徐安琪、叶文振：《中国婚姻质量研究》，北京：中国社会科学出版社，1999。

㊴ 孙立平：《失衡——断裂社会的运作逻辑》，北京：社会科学文化出版社，2004。

㊵ 余锦华、杨维权：《多元统计分析与应用》，广州：中山大学出版社，2005。

㉛ 李晶:《人类发展的测度方法研究》,北京:中国财政经济出版社,2009。

㉜ 刘峰、龚维斌主编:《社会建设与政治建设研究》,北京:中央文献出版社,2008。

㉝ 胡鞍钢:《中国:挑战腐败》,杭州:浙江人民出版社,2001;

㉞ 王明高等:《中国新世纪惩治腐败对策研究》,长沙:湖南人民出版社,2002;

㉟ 周卫东:《廉政理论研究》,北京:中央编译出版社,2005。

㊱ 石亚军主编:《中国政治建设与发展研究》,北京:人民出版社,2009。

㊲ 陈竺:《建设全面皆享的医疗卫生体系》,张玉台主编:《中国2020:发展目标与政策取向》,北京:中国发展出版社,2008。

㊳ 奚恺元、王佳艺、陈景秋:《撬动幸福》,北京:中信出版社,2008。

㊴ 任银睦、孔庆峒:《青岛市经济社会发展蓝皮书2006》,青岛:中国海洋大学出版社,2006。

（二）论文类

㊵ 江泽民:《在庆祝中国共产党成立八十周年大会上的讲话》,《人民日报》,2001-7-2。

㊶ 《中共中央关于完善社会主义市场经济体制若干问题的决定》,《人民日报》,2003-10-22。

㊷ 中国互联网信息中心(CNNIC):《第22次中国互联网络发展状况统计报告》,2008-7-24。

㊸ 财政部:《中央财政2008年义教专项资金同比增长69.6%》,《人民日报》,2008-9-17。

㊹ 胡锦涛:《高举中国特色社会主义伟大旗帜 为夺取全面建设小康社会新胜利而奋斗——在中国共产党十七次全国代表大会上的报告》,《人民日报》,2007-10-25。

㊺ 张贺福:《中国共产党人的雄心壮志—论全面建设小康社会的奋斗目标》,《中国青年报》,2002-11-17。

㊻ 李善同:《全面建设小康社会的16项指标》,《经济参考报》,2004-3-12。

㊼ 张彬:《怎样看待改革开放以来政治建设成就》,《解放军报》,

2009 - 8 - 11。

⑱ 杨桂青：《农村教育：中国教育改革的攻坚战》，《中国教育报》，2008 - 11 - 8。

⑲ 金人庆：《大力支持社会主义新农村建设》，《人民日报》，2006 - 3 - 3。

⑳ 唐若水：《幸福学家的科学新发现》，《光明日报》，2005 - 12 - 2。

㉑ 胡鞍钢、熊义志：《我国应普及十二年义务教育》，《发展导报》，2000 - 11 - 3。

㉒ 《省县级两级地方人大情况问卷调查报告》，《法制日报》，1994 - 9 - 14。

㉓ 冯雪梅等：《中国女性从政参政比例渐高 政治因"她"更添魅力》，《中国青年报》，2008 - 3 - 9。

㉔ 薛澜：《我国科技发展的国际比较及政策建议》，《文汇报》，2003 - 12 - 22。

㉕ 陈淮：《构建符合中国国情的住房保障体系》，《北京日报》，2009 - 3 - 2。

㉖ 财政部社会保障司课题组：《社会保障支出水平的国际比较》，《财政研究》，2007（10）。

㉗ 黄克剑：《"个人自主活动"与马克思历史观》，《中国社会科学》，1988（5）。

㉘ 朱庆芳：《小康社会体系及2000年目标的综合评价》，《中国社会科学》，1992（1）。

㉙ 何增科：《人类发展与治理引论》，《马克思主义与现实》，2002（6）。

㉚ 何增科：《推动政府改革与创新 完善反之腐败的制度安排》，《马克思主义与现实》，2001（5）。

㉛ 邢占军、金瑜：《城市居民婚姻状况与主观幸福感关系的初步研究》，《心理科学》，2003（6）。

㉜ 邢占军：《幸福指数与社会决策》，《中国职工教育》，2008（5）。

㉝ 李强：《当前中国社会的四个利益群体》，《学术界》，2000（3）。

㉞ 林南、卢汉龙：《生活质量的结构与指标》，《社会学研究》，1987，（5）。

㉟ 林南、王玲：《社会指标与生活质量的结构模型》，《中国社会科

学》，1989（4）。

⑯ 刘传祥、承继成、李琦：《可持续发展的基本理论分析》，《中国人口·资源与环境》，1996（2）。

⑰ 郝晓辉：《中国可持续发展指标体系探讨》，《科技导报》，1998（11）。

⑱ 刘求实、沈红：《区域可持续发展指标体系与评价方法研究》，《中国人口？资源与环境》，1997（12）。

⑲ 毛汉英：《山东省可持续发展指标体系初步研究》，《地理研究》，1996（4）。

⑳ 谢洪礼：《关于可持续发展指标体系的述评（三）》，《统计研究》，1999（1）。

㉑ 陈年红：《我国可持续发展评价指标体系研究》，《技术经济》，2000（3）。

㉒ 魏雪莹：《广西可持续发展指标体系建立与评价初探》，《理论探讨》，2001（5）。

㉓ 吴忠民：《中国现阶段机会平等问题分析》，《科技导报》，2000（9）。

㉔ 王兆熊：《科学理解马克思关于人的自由发展和全面发展思想》，《河池师专学报》，2003（4）。

㉕ 要兴磊：《人的全面发展以人的自由发展为基础》，《石油大学学报》（社会科学版），2001（5）。

㉖ 王友洛：《不能以"人的全面发展"代替"个人全面而自由的发展"》，《哲学研究》，1993（8）。

㉗ 李白鹤：《论人的自由发展与全面发展》，《湖北社会科学》，2003（9）。

㉘ 顾海滨：《30年来中国经济市场化程度的实证考量》，《中外企业家》，2009（1）（下）。

㉙ 张耀灿、曹清燕：《论我国思想政治教育目的的定位——基于马克思主义人学的视角》，《江汉论坛》，2008（1）。

㉚ 钱民辉：《女性教育机会均等与可持续发展》，《教育理论与实践》，1999（4）。

㉛ 陆彦明、马惠娣：《马克思休闲思想初探》，《自然辩证法研究》，2002（1）。

⑬² 罗萍、姜星莉：《试论生活质量评估的客观指标、主观指标及主客观指标辐合趋势》，《市场与人口分析》，2002（2）。

⑬³ 《人民生活质量指标体系研究》课题组：《德国和瑞典的生活质量指标体系研究》，《江苏社会科学》，2002（1）。

⑬⁴ 国家计委社会发展研究所课题组：《"十五"社会发展计划内涵研究》，《宏观经济研究》，2000（11）。

⑬⁵ 国家统计局课题组：《和谐社会统计监测指标体系研究》，《统计研究》，2006（5）.

⑬⁶ 国家发改委宏观经济研究院课题组：《促进形成合理的居民收入分配机制》，《宏观经济研究》，2009（5）。

⑬⁷ 包国宪、周云飞：《中国公共治理评价的几个问题》，《中国行政管理》，2009（2）。

⑬⁸ 吴晓峰：《公共治理指标的测量——关于治理指标的一项文献回顾》，《苏州大学学报》（哲学社会科学版），2006（1）。

⑬⁹ 朱孔来：《自主创新能力指标体系及综合评价方法》，《统计与决策》，2007（9）。

⑭⁰ 李亚伯：《我国劳动力市场化程度进程与测算》，《当代财经》，2003（3）。

⑭¹ 张雷，刘慧：《中国国家资源环境安全问题初探》，《中国人口·资源与环境》，2002（1）。

⑭² 吴国庆：《区域农业可持续发展的生态安全及其评价研究》，《自然资源学报》，2001（3）。

⑭³ 郭中伟：《建设国家生态安全预警系统与维护体系——面对严重的生态危机的对策》，《科技导报》，2001（1）。

⑭⁴ 李海燕、刘晖：《教育指标体系：国际比较与启示》，《广州大学学报》（社会科学版），2007（8）。

⑭⁵ 杨绪忠：《人的精神生活质量的指标体系研究》，《上海统计》，2002（10）。

⑭⁶ 陈晓辉：《当代中国实现人的全面发展的指标体系探寻》，《统计与咨询》，2008（1）。

⑭⁷ 张灿，谢思全，董利：《中国劳动力市场进程测度》，《经济改革与发展》，1998（5）。

⑭⁸ 徐明华：《经济市场化进程：方法讨论与若干地区比较研究》，

《中共浙江省委党校学报》,1999(5)。

⑭ 刘四龙:《环境执法体制障碍及其消除对策》,《环境保护》,2000(1)。

⑮ 黄会明、陈宁、赵匀:《应用加权综合指数法评价大学生综合素质》,《中国高等教育评估》,2009(2)。

⑯ 郭志刚:《对2000年人口普查出生性别比的分层模型分析》,《人口研究》2007(3)。

⑰ 《卫生部办公厅关于2008年全国食物中毒报告情况的通报》,《中国食品卫生杂志》,2009(3)。

⑱ 智强:《浅谈我国住房改革的方向》,《财经视点》,2009(4)。

⑲ 王元京 崔盛:《论城乡义务教育投入分配方式的转变》,《宏观经济研究》,2009(6)。

⑳ 易松国、风笑天:《城市居民主观生活质量研究——武汉、北京、西安三地调查资料比较》,《华中理工大学学报》(社会科学版),1997(3)。

㉑ 范旭斌:《关于完善危机管理法律制度的思考》,《学海》,2004(4)。

㉒ 莫于川:《. 我国的公共应急法制建设——非典危机管理实践提出的法制建设课题》,《中国人民大学学报》,2003(4)。

㉓ 周桂琴:《. 论突发公共事件引发的安全问题及其处置》,《华北科技学院学报》,2006(4)。

㉔ 尹平:《城市水生态环境保护问题探讨》,《东北水利水电》,2009(6)。

㉕ 彭心安:《当代反腐败的体制路径》,《中共福建省委党校学报》,2003(7);

㉖ 阳化冰:《媒介素养教育及其作用》,《当代传播》,2005(10)。

㉗ 上海市教科院发展研究中心:《我国普及义务教育的进展及问题分析》,《教育发展研究》,2002(1)。

㉘ 李锦顺:《我国城乡平等发展阶段建立和谐社会的政策选择》,《统计与决策》,2005(2)。

㉙ 汪忠杰:《当代中国女性教育差异问题研究》,《武汉科技大学学报》(社会科学版),2009(4)。

㉚ 谷秀峰:《当代中国婚姻家庭现状与对策》,《黑龙江史志》,2007

(10)。

二、外文文献

① UNDP, Human Development Report 1990: Conception and Measurement of Human Development, Oxford University Press, 1990.

② UNDP, Human Development Report 1991: Finacing Human Development, Oxford University Press, 1991.

UNDP, Human Development Report 1992: Global Dimensions of Human Development, Oxford University Press, 1990.

③ UNDP, Human Development Report 1996: Economic Growth and Human Development, Oxford University Press, 1996.

④ UNDP, Human Development Report 1998: Consumption for Human development, Oxford University Press, 1999.

⑤ UNDP, Human Development Report 2000: Human Rights and Human Development. Oxford University Press, 2000.

⑥ UNDP, Human Development Report 2003: Millennium Development Goals: A Compact Among Nations to End Human Poverty, Oxford University Press, 2003.

⑦ UNDP, Human Development Report 2004: Cultural Liberty in Today's Diverse World, Oxford University Press,, 2004.

⑧ UNDP, Human Development Report 2006: beyond scarcity: power, poverty and the global water crisis, Oxford University Press, 2006.

⑨ UNDP, Human Development Report 2007/2008: climate change and human solidarity, Oxford University Press, 2008.

⑩ D. G. Blanchflower, & A. Oswald, Well-being over time in Britain and the USA, Paper presented at NBERConference, London, 2000.

⑪ Argyle, M., The psychology of happiness, London: Routledge, 1987.

⑫ Sakiko Fukuda-Parr, Kate Raworth and A. k. Shiva, 2002, Using the HDI for policy analysis, UNDP working paper.

⑬ Sakiko Fukuda-Parr, 2001, Rescuing the Human Development Concept from the HDI: Reflections on a New Agenda, UNDP working paper.

⑭ Sudhir Anand and Amartya K. Sen, 1994, Human Development Index: Methodology and Measurement, UNDP working paper.

⑮ Selim Jahan, 2002, Measuring Human Development: Evolution of the Human Development Index, UNDP working paper.

⑯ Daniel Kahneman, Alan B. Krueger, David Schkade, Norbert Schwarz, Arthure. Stone. Would You Be Happier If You Were Richer? A Focusing Illusion. Science, 2006 (312).

⑰ Wood, Wendy, Nancy Rhodes, and Mhelan, 1989. Sex differences in positive well-being: A Consideration of Emotional Style and Martial Status. Psychological Bulletin 106 (2).

⑱ Lee, Gary R. , Karen Seccombe, and Constance L. Shehan, 1991. Marital Status and Personal Happiness: An Analysis of Trend Data. Journal of Marriage and the Family53.

⑲ Michalos, A. C. , 1985. Multiple Discrepancies Theory. Social Indicators Research16.

⑳ Veenhoven, Ruut. 1996. Happy Life-Expectancy: A Commprhensive Measure of Quality-of-Life in Nations. Social Indicators Research39.

后　记

　　本书是在我的博士后出站报告的基础上修订、完善而成的。
　　衷心感谢我的合作导师杨金海研究员的无私教诲！在我学术成长中能得到老师的精心指导实乃人生一大幸事。本书从选题、框架、写作、成稿的每一个环节都离不开老师的点拨、督促与鼓励！老师为人、为学的精神和风范都是我学习的榜样，老师的睿智、宽容不仅给我信心，更让我心怀感激，老师的信任与期待是我不断进取、追求卓越的巨大动力。对我来说，杨老师不仅是令我钦佩的学者，更是提携后辈的长者，老师的教导与关爱我将永远铭记在心。当然，作为中央编译局的博士后科研人员，我很高兴也很荣幸得到了俞可平、魏海生、王学东等局领导与何增科、李惠斌、冯雷、鲁克俭等多位老师的帮助与支持。无论是在中期考核过程中，还是在专家咨询环节中，他们都曾抽出宝贵的时间为我的研究提出了许多建设性意见和建议，这不仅使我少走了弯路，也增加了我继续研究的信心。在博士后日常事务方面，曹荣湘、董莹、于智明等都为我提供了很多方便和帮助。此外，在就一些问题的讨论中，当代所的各位同仁也给了我不少启发，使我受益颇多，在此深表感谢！
　　我的成长还离不开两位如父般的恩师的关心与呵护，他们就是我的博导中国人民大学夏甄陶教授和硕导湖南省社科院院长朱有志教授。感谢夏老师为我的学术和人生指明了方向，每当跟夏老师聊天时，他既会为我取得的成绩和进步而高兴，也会鼓励我谦虚谨慎、不断进步，我想这也是我对先生的厚爱的最好报答。感谢朱老师，每当面对难题时，他都会为我解疑释惑，增强了我克服困难的勇气和信心。但愿本书不辜负两位恩师的期望！
　　作为博士后科学基金课题的最终成果，本书的完成还得到了中国人学学会会长陈志尚教授、中共中央党校韩庆祥教授、北京大学王东教授、聂锦芳教授、中国人民大学郑杭生教授、李路路教授以及山东省委党校人才测评与社会调查研究中心邢占军主任等前辈和师长的无私帮助和真心鼓励。诸位老师渊博的知识和开阔的视野使我受益匪浅,在此向他们表示衷心谢意!此外,我要感谢为本书的顺利完成提供了丰富研究资料的国家图书馆、中央编译局图书馆、国家统计局资料室及其工作人员;感谢已有相关研究成果的作者们;感谢各位接受我问卷调查的人们,是他们为我提供了深入考察调研的第一手资料。

中央编译出版社的谭洁女士、王丽芳女士对本书的出版给予了大力支持,付出了大量心血,在此深表感谢!

我还要特别感谢我的家人。感谢我的公婆、父母、哥嫂,他们的支持与理解使我得以安心学习。感谢我的爱人王虎学博士的一路相伴和全心支持。我是一个幸福的女人,我还要把这本书作为礼物将这份幸福传递给我即将出生的孩子!

我深知,在学术研究这条漫长而崎岖的路上,我才刚刚起步!

万资姿
于中共中央党校
2011 年 6 月 1 日

图书在版编目（CIP）数据

人的全面发展：从理论到指标体系 / 万资姿著 . —
北京：中央编译出版社，2011.7
ISBN 978-7-5117-0963-9

Ⅰ.①人…
Ⅱ.①万…
Ⅲ.①全面发展（教育）- 理论研究
Ⅳ.① G40-012

中国版本图书馆 CIP 数据核字（2011）第 169884 号

人的全面发展：从理论到指标体系

出 版 人	和 龑
责任编辑	王丽芳
责任印制	尹 珺
出版发行	中央编译出版社
地　　址	北京西城区车公庄大街乙 5 号（100044）
电　　话	（010）52612345（总编室）　（010）52612349（编辑室）
	（010）66130345（发行部）　（010）66509618（读者服务部）
	（010）66161011（团购部）　（010）52612332（网络销售）
网　　址	www.cctpbook.com
经　　销	全国新华书店
印　　刷	北京瑞哲印刷厂
开　　本	787 毫米 × 1092 毫米　1/16
字　　数	340 千字
印　　张	28.5
版　　次	2011 年 7 月第 1 版第 1 次印刷
定　　价	78.00 元

本社常年法律顾问：北京大成律师事务所首席顾问律师　鲁哈达
凡有印装质量问题，本社负责调换，电话：（010）66509618